Kohlhammer

Der Autor

Dr. rer. nat. Rainer Lutz ist Diplom-Psychologe, approbierter Verhaltenstherapeut, Dozent und Supervisor für Verhaltenstherapie an mehreren Weiterbildungseinrichtungen. Seine Arbeitsschwerpunkte am Fachbereich Psychologie der Philipps-Universität Marburg waren Persönlichkeits- und Verhaltensdiagnostik, Gesprächsführung sowie Verhaltenstherapie. Ein zentrales Arbeitsgebiet ist die Weiterentwicklung des Euthymen Ansatzes. Er arbeitet als Supervisor für psychosomatische Kliniken und Psychiatrien.

Rainer Lutz

Verhaltenstherapeutische Gesprächsführung

Grundlagen, Methoden und Praxis gelingender therapeutischer Arbeit

Verlag W. Kohlhammer

1. Auflage 2026

Gesamtherstellung: W. Kohlhammer GmbH, Heßbrühlstr. 69, 70565 Stuttgart
produktsicherheit@kohlhammer.de

Print:
ISBN 978-3-17-044788-2

E-Book-Formate:
pdf: ISBN 978-3-17-044789-9
epub: ISBN 978-3-17-044790-5

Dieses Buch widme ich meinen Enkelkindern
Alma, Anouk, Jakob, Luisa und Zelda.

Inhalt

Teil III – Diagnostische Grundlagen der Gesprächsführung

Teil IV – Theoretischer Hintergrund

Teil V – Techniken der Gesprächsführung – Grundlegende Fragen und Vorgehensweisen

Verzeichnisse

Anhang – Transkripte

Teil I – Vorwort und Konzept des Buches

Vorwort

Liebe Leserin, lieber Leser,

Sie haben viel zu lesen vor sich. Lesen Sie, was Sie interessiert. Manche Kapitel zählen zu den eher »trockenen« Grundlagen und sind vielleicht nicht für jeden Leser gleichermaßen spannend, helfen aber bei dem Gesamtverständnis der Inhalte.

Dieser Text ist nicht genderkorrekt geschrieben. Aus Gründen der besseren Lesbarkeit habe ich mich für das generische Maskulinum entschieden. Selbstverständlich sollen sich alle Geschlechter (m, w, d) gleichermaßen angesprochen fühlen.

Für dieses Buch habe ich lange vor dem Monitor gesessen. So bin ich meiner Frau überaus dankbar, dass sie mich hat schreiben lassen und mir viele (Haus-) Arbeiten abgenommen hat. Sie hat zudem Korrektur gelesen, was ich sehr zu schätzen weiß. Ich bin stolz darauf, meiner Enkeltochter Luisa für die Hilfe bei der Literaturliste danken zu können.

Auch bin ich Freundinnen und Kolleginnen sowie Freunden und Kollegen zu großem Dank für das Korrekturlesen und Diskussionen verbunden, insbesondere Frau Siegrid Kusserow für das erste Lesen der Vorfassung und Herrn Dr. Dieter Kallinke für die vielen hilfreichen Hinweise.

Dem Verlag Kohlhammer und allen beteiligten Mitarbeitern danke ich für die stets freundliche Unterstützung und professionelle Begleitung des Buchprojektes.

Dreihausen, Lüneburg im Herbst 2025
Rainer Lutz

Onlinezusatzmaterialien

Zum Buch gibt es das Angebot, verschiedene Zusatzmaterialien herunterzuladen. Weitere Informationen hierzu finden Sie im Buchteil »Verzeichnisse« gegen Ende des Buches (siehe Verzeichnis der Onlinezusatzmateralien).

1 Konzept des Buches

1.1 Der rote Faden

Das vorliegende Buch versteht sich als ein Beitrag zur Gesprächsführung im Bereich klinisch-psychologischer Diagnostik und Therapie. Es richtet sich an interessierte Mitarbeiter in der Pflege, Ärzte und Psychologen und insbesondere an Teilnehmer von Weiterbildungs-Seminaren zur Approbation als Psychotherapeut. Dieses Buch ist verhaltenstherapeutisch fundiert; es werden ausgesuchte Grundlagen beschrieben, die das Verständnis des Autors von Verhaltenstherapie (VT) dokumentieren, nämlich als eine erprobte Heuristik zur klinischen Problemlösung, zur Entwicklung eines individuellen Fallkonzeptes und Durchführung von Therapie.

Charakteristisch für die verhaltenstherapeutische Gesprächsführung ist der Wechsel von eher defensiven Fragestrategien wie aktives Zuhören und Paraphrasieren hin zu eher aktiven Strategien wie Nachfragen, Präzisieren oder auch Konfrontieren. Es ist guter Brauch unter den therapeutischen Modellen geworden, dass wechselseitig erfolgreiche Fragestrategien importiert werden. Einige werden auch in diesem Buch referiert, wenn auch nicht immer erschöpfend. Interessierte sollten daher auch bei anderen Autoren wie z. B. bei Linehan (1996) oder Argelander (2014) nachlesen, wie die ihre Gespräche mit Patienten führen. In der Tab. 1.1 wird die Gliederung verdeutlicht, der dieses Buch folgt.

Im Mittelpunkt einer Gesprächssituation steht die Dyade Therapeut und Patient. Deren je spezifische und ein Gespräch prägende Bedingungen werden daher zuerst beschrieben. Welchen Anforderungen muss ein Therapeut gerecht werden, die das berufliche Umfeld (z. B. Arbeit in einer Klinik oder in einer freien Praxis) an ihn stellt. Die Qualität der Beziehung entwickelt sich aus der therapeutischen Interaktion und beeinflusst den Erfolg der Behandlung. Die theoretische Orientierung und die beruflichen Erfahrungen bestimmen maßgeblich, **was** gefragt wird, also welche Inhalte der Therapeut aus dem Bericht des Patienten fokussiert und wie er diese konzeptionell in einen Therapieplan überführt. Es wird entwickelt, auf welche Aspekte ein Verhaltenstherapeut achtet. Er wird seinen Patienten fragen nach:

Tab. 1.1: Arbeitsmodell

		Die Gesprächssituation		
		Dyade Therapeut – Patient Beziehung Therapeut – Patient		
Bedingungen des Therapeuten	**Wer fragt**	**Was wird gefragt** **Wie wird gefragt**	**Wer antwortet**	**Bedingungen des Patienten**
Beruflicher theoretischer Hintergrund Person des Therapeuten	Therapeut	Probleme, Ressourcen und deren Handhabung Thema Fragen Gesprächsstrategien	Patient	Kulturelle Prägung des Patienten Person des Patienten
		Berufliches Setting		

- Beschwerden, auffälligem Verhalten und er wird nach einem Behandlungsthema suchen.
- Ressourcen, Positiva. Sie ergänzen das Bild des Patienten, können Hilfen zur Durchführung der Therapie sein aber auch Ziel werden.
- Handhabung der Beschwerden und Ressourcen. Wie geht ein Patient mit seiner Symptomatik und seinen Bewältigungsmöglichkeiten im sozialen Umfeld um? Welche Einstellung zu sich selbst oder welche Selbstverbalisierung hat er entwickelt?

Anschließend an diesen Abschnitt wird dargestellt, **wie** gefragt wird. Welche Strategien der Gesprächsführung werden verfolgt und welche konkreten Fragen werden also gestellt?

Der Abschluss ist dem Themenbereich gewidmet, der dem Autor wichtig ist: Welche Bedeutung haben Positiva in der Klinischen Psychologie und insbesondere in Therapie; wie werden diese erfasst und therapeutisch eingesetzt. Der Themenbereich Berufliches Setting wird nicht in einem eigenen Kapitel dargestellt, sondern wird im Text an relevanten Stellen erwähnt. Im letzten Kapitel sind Transkripte von Patienten abgedruckt, die im Text erwähnt werden.

1.2 Zum Therapieverständnis des Autors

Die Konzepte der Gesprächsführung und die konkreten Fragen sind unmittelbar vom Therapieverständnis eines Interviewers bzw. Therapeuten abhängig. Die Attribute meines Therapieverständnisses sind:

- *Theoretischer Hintergrund.*
  Ich verstehe mich als Klinischer Psychologe, der bestrebt ist, seine theoretischen Konzepte und seine Therapiepraxis allgemeinpsychologisch zu begründen. Meine ersten Berufserfahrungen habe ich in einer Arbeitsgruppe mit zwei älteren tiefenpsychologisch orientierten Kollegen gesammelt. Die Teilnahme am ersten Kongress für Verhaltenstherapie war für mich prägend. Es herrschte eine begeisterte Aufbruchstimmung, die Kommunikation war direkt und offen und nicht dezent-verdruckst, wie ich es von so manchen Psychologen gewohnt war. Vor allen Dingen: Die Behandlungsmethoden waren unmittelbar nachvollziehbar und bei einem breiten Spektrum von Patienten anwendbar.
- *Therapie folgt rationalen Regeln.*
  Therapie folgt rationalen Regeln und hat nichts Mystisches. Therapeut und Patient kommunizieren in einer bewusst-kontrollierten Sprache.
- *Therapie folgt Intuitionen.*
  Das Prinzip der rationalen Regeln schließt Intuition oder Spontanität nicht aus. Prozesse wie z. B. Aspekte der Gegenübertragung oder empathische Reaktionen sind hochvalide Informationen.
- *Therapie ist verhaltensnah.*
  Eine therapeutische Veränderung findet zunächst auf einer Verhaltensebene, vornehmlich auf der Ebene des beobachtbaren und des kognitiven Verhaltens, statt. In einem eigenen Therapieschritt werden Verhaltensänderungen in die Konzeptebene (Oberpläne) integriert. Auch die Änderung von Einstellungen beginnt auf der Verhaltensebene, nämlich der des kognitiven Verhaltens.
- *Therapie ist ein spezielles Arbeitsbündnis.*
  Therapie impliziert zwar spezifische Interaktionen und folgt speziellen Regeln. Aber: Therapie ist mitnichten eine in irgendeiner Weise abgehobene menschliche Begegnung. Therapeuten und Patienten sind ganz »normale« Menschen, auch wenn in akuten Ausnahmezuständen »abnormes« Verhalten auftreten kann. Die Basis der Zusammenarbeit von Seiten des Therapeuten ist Respekt.
- *Ein Therapeut muss Distanz wahren können.*
  Ein Therapeut wird seinem Patienten mit Respekt und Empathie begegnen, er wird versuchen so gut er kann ihn zu verstehen. Gleichwohl muss er eine gewisse Distanz wahren können und sich, im Idealfall, nach Beendigung einer Therapiestunde nicht mehr mit ihm gedanklich oder emotional auseinandersetzen. Diese Form der Distanzierung ist als Selbstfürsorge zu verstehen.
- *Geteilte Verantwortlichkeit.*
  Der Therapeut übernimmt mit Beginn der Therapie Verantwortung für seinen Patienten. Dadurch kann aber der Patient nicht alle Verantwortlichkeiten able-

gen. Er ist mitverantwortlich sowohl für den Therapiefortschritt wie auch für eine gute Therapeuten-Patienten-Beziehung.

- *Therapie klärt auf.*
  In jeder Therapie sollte der Patient eine neue Sicht auf sich selber und seine soziale Umgebung erfahren, die er zuvor nicht erkennen konnte oder nicht wahrhaben wollte. Nicht alle Aspekte der neu gestifteten Zusammenhänge müssen »objektiv wahr« sein. Die Perspektiven anderer Personen können divergieren und Verhalten ist multipel determiniert. Die neue Sichtweise allerdings muss unterstützender und sinnvoller sein als die vorige, die hinderlicher und abträglicher war.

Teil II – Patient und Therapeut

2 Der Patient und sein Therapeut

In der Literatur zur Gesprächsführung gibt es eine klassische Rollenzuschreibung: Die am »... Gespräch beteiligten Personen sind in ihren Rollen eindeutig festgelegt. Auf der einen Seite sehen wir den psychotherapeutischen Fachmann, der sich auf Grund seiner Ausbildung als qualifiziert ausweist, auf der anderen Seite den Patienten, der auf der Suche nach Hilfe ist« (Argelander, 2014, S.22). Dieser Aussage eines tiefenpsychologischen Autors können im Grundsatz auch Therapeuten anderer Provenienz zustimmen, z. B. Verhaltenstherapeuten wie Kanfer et al. (2012); diese Aussage gilt auch, selbst wenn Therapeuten eine partnerschaftliche Begegnung auf Augenhöhe anstreben.

2.1 Der kranke und der gesunde Patient

Die Unterscheidung zwischen einem gesunden und einem kranken Patienten mag überraschend oder ungewohnt sein. »Eigentlich« vermeiden Verhaltenstherapeuten eine solche Typisierung; sie sind zu verhaltensnahen Beschreibungen angehalten. Korrekt müsste es heißen: Personen mit und ohne auffälliges Verhalten bzw. Personen mit statistisch außerhalb des Normbereichs liegenden Verhaltensweisen. Solche Ausführungen schreiben sich nicht gut und sind nicht schmerzfrei zu lesen. Dagegen ist die simple Unterscheidung zwischen kranken und gesunden Patienten für die Gesprächsführung recht hilfreich. Ein Patient definiert sich zwar i. d. R. über seine Beschwerden und erlebt sich als krank; seine Beschwerden sind der Anlass, ein Gespräch zu suchen. Patienten unterscheiden sich jedoch erheblich im Ausmaß ihrer gesunden Anteile. Ein gesunder Patient verfügt über vergleichbar viele gesunde Anteile wie z. B. eine positive Lebenseinstellung, ein geordnetes soziales Umfeld, Intelligenz, sicheres Einkommen, etc. Das Leben eines gesunden Patienten ist deutlich weniger durch seine Störung eingeschränkt; er ist meist belastbarer und kann im Gespräch und in der Therapie besser mitarbeiten. Ein kranker Patient dagegen kann auf solche Ressourcen nur bedingt zurückgreifen. Auch im Auftreten und in ihrer Erscheinungsform unterscheiden sich gesunde und kranke Patienten erheblich, z. B. in ihrer Wortwahl, in para- und nonverbalen Signalen, in ihrer Körperhaltung, dem Sprachduktus oder auch im Blickkontakt. So sitzt Frau Otto im Erstgespräch (s. Transkript im Anhang) vorne auf der Kante des Sessels, spricht schnell mit schwacher und leiser Stimme etc. Sie betont, lediglich unter Panikattacken zu leiden. Frau Otto vermittelt aber schon durch ihr Auftreten, dass daneben noch mit weiteren behandlungsrelevanten Symptomen und auch mit Defiziten an gesunden Verhaltensweisen zu rechnen ist.

Es ist sinnvoll, schon früh nach Merkmalen der seelischen Gesundheit insbesondere nach Ressourcen zu fragen und danach, wie die mit der aktuellen Symptomatik interagieren. Weiterhin sollte abgeklärt werden, inwieweit Merkmale der seelischen Gesundheit die prämorbide Persönlichkeit geprägt haben und ob Wechselwirkungen bei der Entwicklung der Störung bestehen.

Die folgenden Anhaltspunkte sind hilfreich, um kranke und gesunde Patienten zu erkennen:

Anzahl und Bedeutung problematischer Bereiche. Eine basale Strategie zur Überprüfung, wie krank ein Patient ist, ist es, die Anzahl der auffälligen Verhaltens- und Erlebensbereiche zu bestimmen. Weiterhin ist es angezeigt, zu überprüfen, welche Bedeutung und Funktion eine Symptomatik in den relevanten Lebensbereichen hat, z. B. am Arbeitsplatz oder im sozialen Umfeld. Wie viele Personen sind in welchem Umfang betroffen? Welche spezifische Patientenrolle hat sich entwickelt? Erwartet ein Patient mit seiner Symptomatik ganz bestimmte Konsequenzen? Welche Ziele verfolgt er?

YAVIS- vs. HOUND-Patient. Der Inbegriff eines gesunden Patienten ist der YAVIS-Patient (Kaswell & Martin, 2001). Er ist young, attractive, verbal (elaboriert, Anmerkung R. L.), intelligent und successful. Ein YAVIS-Patient hat z. B. eine Arbeit, ist sozial eingebunden in familiäre oder freundschaftliche Bindungen, ist in einem Verein oder mit einer sozialen Aufgabe beschäftigt, ist bereit, sich mit seiner Störung aktiv auseinanderzusetzen, kann »Gutes annehmen« und sieht in seiner Krankheit eine Chance.

Ein kranker Patient dagegen ist ein sog. HOUND-Patient. Das Akronym steht für homely, old, unsuccessful, nonverbal und dumb (Bohart & Wade, 2013). Ein kranker Patient verfügt über vergleichsweise wenige Ressourcen, seine Störung hat eine lange Vorgeschichte, mitunter ist ein Bruch in der Biographie zu finden.

Achse V des DSM, GAF (Global Assessment of Functioning-Scale). Auf der Achse V des DSM wird das aktuelle psychische, soziale und berufliche Funktionsniveau eines Patienten in 10 aufsteigenden Funktionsniveaus beschrieben. Die beste Stufe 10 attestiert »hervorragende Leistungsfähigkeit in einem breiten Spektrum von Aktivitäten«, die schlechteste Stufe 1 »ständige Gefahr, sich oder andere schwer zu verletzen, Selbstmordabsichten (Suizidalität) oder die anhaltende Unfähigkeit, die minimale persönliche Hygiene aufrechtzuerhalten.« Die Einstufung eines GAF-Niveaus erfolgt entweder durch die Höhe der Ausprägung einer Störung oder durch den Verlust von Kompetenzen bzw. Ressourcen. Die fünfte Niveaustufe z. B. wird entweder vergeben, wenn »ernste Symptome« oder wenn »eine ernste Beeinträchtigung der sozialen, beruflichen und schulischen Leistungsfähigkeit« vorliegt. Eine Person kann also eine Stufe durch die Ausprägung von zwei unterschiedlichen Merkmalsgruppen erreichen, was für eine Interpretation problematisch ist.

Unabhängigkeitsmodell. Im Unabhängigkeitsmodell (► Abb. 25.2) werden gesunde und kranke Anteile unabhängig voneinander konzipiert, die unabhängig voneinander variieren: eine Person kann beschrieben werden, ob bei ihr viele oder wenige gesunde und viele oder wenige kranke Anteile beobachtet werden können. Dies führt zu einem 4-Felder-Schema (▶ Tab. 2.1).

Tab. 2.1: Gesunde und kranke Anteile

		kranke Anteile	
		viele	**wenige**
gesunde Anteile	viele	(1)	(3)
	wenige	(2)	(4)

Patienten werden gehäuft in den Feldern (1) und (2) zugeordnet. Ein gesunder Patient würde zudem über vergleichsweise viele gesunde Anteile verfügen (s. Felder (1) und (3)), nicht so der kranke Patient (s. Felder (2) und (4)). Meist ist diese Klassifikation in einem Gespräch ausreichend. Für eine eingehendere und qualitative Abschätzung können die jeweiligen Inhalte getrennt aufgelistet werden.

Fragebogendiagnostik. Neben den oben beschriebenen Einschätzungen durch den Therapeuten können Fragebögen zur Erfassung des Schweregrads eingesetzt werden, die als Operationalisierungen der Kriterien des DSM-5 und/oder des ICD-11 zu verstehen sind (Zusammenstellung s. Zimmermann & Benecke, 2025, S.196).

2.2 Krankheitsgewinn

I. d. R. ist ein Patient motiviert, psychotherapeutische Unterstützung zur Veränderung zu nutzen. Schon im Erstgespräch können Kräfte offensichtlich werden, die dem entgegenstehen und die einem Patienten nicht bewusst sein müssen. In unterschiedlicher Weise können Patienten Gewinn aus ihrer Erkrankung ziehen:

2.2.1 Patienten ziehen Gewinn aus ihrer Erkrankung

Mächtige primäre und sekundäre Krankheitsgewinne
Es liegt in der Logik der Krankheitsgewinne, dass ein Patient die Vorteile einer Erkrankung erhalten (C+) und folglich nicht auf seine Störung verzichten möchte: Manche Patienten haben sich in »ihrem Elend eingerichtet«, das ihnen vertraut ist (C+). Jede Änderung führt in eine unbekannte Situation und wird als Bedrohung erlebt (C-). Es fehlen ein akzeptierter Entwurf eines guten Lebens und der Wunsch, dorthin zu gelangen. Folglich ist es für sie wenig erstrebenswert, ihre Symptome aufzugeben.

Nicht selten haben Vorwürfe an andere, Lamentieren oder das Beklagen der Umstände die Funktion, sich vor einer unangenehmen Selbsteinsicht zu schützen. Die Attribuierung »Nicht ich, sondern die Anderen sind schuld« ist als ₵- zu bestimmen.

Kranksein ist Lebensinhalt

Kranksein kann zum zentralen Inhalt der Lebensgestaltung werden. Krank und hilfsbedürftig zu sein wird positiv bewertet und wird zentrales Thema der Kommunikation (s. tertiärer Krankheitsgewinn). Meist ist ein soziales System involviert, z. B. Bezugspersonen wie die Mutter. In einem solchen System werden Erzählungen über Beschwerden über viele Jahre miteinander geteilt und dadurch stabilisiert. In der Logik der Störung liegt es, sehr hohe Ansprüche an Kontaktpersonen und das Behandlungssetting zu stellen. Der Krankheitsgewinn liegt u. a. darin, »es besser zu wissen«, Rolle eines Fachmanns und die abgehobene Position eines Jurors einzunehmen.

Eine 31-jährige Patientin schildert Niedergeschlagenheit, Erschöpfung und häufige Infekte. Ihr Hausarzt riet ihr nach vielen medizinischen Untersuchungen bei ihm und Fachärzten, einen Psychologen aufzusuchen. Weder fühlte sie sich von ihm verstanden und hinreichend untersucht noch verspricht sie sich von einem Psychologen Hilfe. Sie redet anklagend, jammerig und ausufernd. Sie telefoniert täglich ca. eine Stunde mit ihrer Mutter. Beide beklagen, von ihren Partnern verlassen worden und alleinerziehende Mütter zu sein. Sie sind froh, ihre Probleme teilen zu können. Nach dem Telefonat ist ihre Stimmungslage unterschiedlich: erleichtert, froh, meist aber traurig und niedergeschlagen. Die Patientin nimmt sich ca. eine halbe Stunde, um das Gespräch zu reflektieren.

Eine Besserung trat ein, als sie gezwungen war, eine Arbeit zu suchen und tatsächlich eine erhielt, die ihrem Talent entsprach. Der Schritt in die Berufstätigkeit wurde von der Mutter problematisiert, die ihre Tochter überfordert sah. Der Therapeut unterstützte sie. Die Patientin hatte nicht mehr die Zeit für lange Telefonate, erhielt im Job positive Rückmeldung und lernte diese mit Hilfe des Therapeuten anzunehmen.

Faszination des Klinikbetriebes

Für Patienten mit Anzeichen eines Münchhausen-Symptoms in einem weiteren Sinn übt der Klinikbetrieb eine hohe Faszination aus. Sie streben deshalb gerne die Einweisung in eine Klinik oder einen Reha-Aufenthalt an. Sie suchen die Aufmerksamkeit von Ärzten und der Pflege sowie die professionelle Versorgung (C+). Mit der Aufnahme in einen klinischen Betrieb treten Alltagssorgen ebenso in den Hintergrund (₵-) wie auch die Sorgen über eine Erkrankung (₵-). Damit hat ein solcher Patient ein wesentliches Ziel bereits beim Betreten einer Klinik erreicht: Er ist versorgt (C+). Grundsätzlich gefährdet eine Besserung der Symptomatik dieses Ziel.

2.2.2 Bedeutung für die Gesprächsführung

Im Erstgespräch glänzen viele dieser Patienten durch eine anschauliche Schilderung ihrer Beschwerden; sie suchen den Therapeuten und das Gespräch mit ihm, meiden aber die Therapie. Sie tun das nicht aus einer Art Boshaftigkeit. Dieses Meidungsverhalten ist ihre bisherige und erfolgreiche Strategie mit Problemen umzugehen; sie hatten keine Gelegenheit sinnvollere Strategien zu lernen.

Krankheitsgewinne werden i. d. R. schnell sichtbar und bringen den Therapeuten in Entscheidungsdilemmata: Welches Thema wird fokussiert? Die vorgetragenen Beschwerden oder der Krankheitsgewinn? Geht der Therapeut lediglich auf die Beschwerden ein, wird er mit hoher Wahrscheinlichkeit scheitern. Thematisiert er den Umgang mit den Beschwerden, steht er vor der Wahl zwischen zwei konträren Strategien: Konfrontation oder Anteilnahme. Wie hoch ist Anteilnahme zu dosieren, um die Mitarbeit zu gewährleisten, wie viel Konfrontation ist möglich, ohne den Kontaktabbruch zu riskieren? Welches Vorgehen ein Interviewer wählt, hängt stark ab vom individuellen Arbeitsstil und den Möglichkeiten in einem vorgegebenen Setting, sich zu engagieren (s. auch Doktor- bzw. Therapeutenhopping; dieses tritt eher selten auf, wie Statistiken der Krankenkassen zeigen[1]). Ein weiteres Dilemma erwächst aus der Tatsache, dass solche Patienten quasi in einer Sackgasse stecken und Unterstützung benötigen, eine Veränderung aber abwehren und dem Therapeuten eine frustrierende Niederlage droht. Eine solche Erfahrung schmerzt selbst erfahrene Psychoanalytiker (z. B. Moser, 2018). Daher ist in einem Gespräch mit Patienten mit hohem Krankheitsgewinn folgendes angezeigt:

- Zeitreihen anlegen und die Konsequenzen des Krankheitsgewinnverhaltens detailliert beschreiben, insbesondere auch den Zeitaufwand.
- Im Erstgespräch, insbesondere zu Beginn eines Klinikaufenthaltes, klären, was in der beschränkten Zeit realisierbar ist.
- Selbstfürsorge realisieren, eine respektierende Distanz einnehmen und sich nicht auf die Bitten nach schnellen Ratschlägen einlassen.

Es sollte angesprochen werden, welche Vor- und Nachteile eine angestrebte Veränderung mit sich bringt und wie eine Güterabwägung zwischen Krankheitsgewinn und Therapiegewinn ausfällt. Es ist förderlich, wenn der Patient seine Aufmerksamkeit weniger auf den Verlust und mehr auf den Gewinn richtet. Der Vorteil einer angestrebten Veränderung sollte nicht nur rational und als eher abstraktes Ziel herausgearbeitet werden. Der Benefit einer Veränderung kann bildhaft und emotional erfahrbar gemacht werden und zwar an einem konkreten Beispiel, z. B. durch imaginative Verfahren. Unter Entspannung stellt sich der Patient detailliert eine Situation vor, in der er das angestrebte Verhalten realisiert. So konnte sich Frau Engel (Beispiel in ▶ Kap. 7.1) nicht vorstellen, dass sich ihre Situation jemals bessern würde. Es wurde mit ihr ein Ziel formuliert, das sie in 5 Jahren erreichen wollte (time distortion): Sie wohnt in einer kleinen Wohnung an Rande der Stadt. Von ihrem Fenster aus sieht sie einen Kastanienbaum. Der Flor des

1 https://de.wikipedia.org/wiki/%C3%84rztehopping

blauen Teppichbodens ist so hoch, dass sie mit dem Fuß einsinkt etc. Dieses Bild stellte sie sich unter Entspannung vor. In der Instruktion wurden Sätze aufgenommen wie: »In kleinen Schritten werde ich meine Ziele erreichen«; »Mir wird es Stück für Stück gelingen, meine Isolierung zu verlassen.«

2.3 Einstellung zur Behandlung

Symptomfreiheit. Das Ziel, symptomfrei eine Therapie zu verlassen, ist zwar möglich, ist aber nicht immer realistisch. Schmerzpatienten z. B. suchen häufig eine gezielte Intervention, auch ein Medikament oder einen chirurgischen Eingriff zur Beseitigung der Schmerzen. Symptomfreiheit ist i. d. R. nicht Therapieziel, sondern besser mit Schmerzen umgehen zu lernen. In den ersten Gesprächen kann ein Therapeut nicht erwarten, dass ein Patient eine solche Reduktion seines Anspruchs akzeptieren kann. Sie ist mitunter das Ziel der Therapie.

Wunsch nach schneller Genesung. Der Wunsch, schnell zu genesen, wird von einigen Verhaltenstherapeuten und einschlägigen Publikationen geschürt. Historisch ist diese Überzeugung auf die Erfolge in der Angstbehandlung zurückzuführen (► Kap. 6.3). Mit der Erweiterung des Störungsspektrums in den unterschiedlichsten Settings mit verschiedenen Behandlern wurden die Zeiträume für Therapieerfolge realistischer bemessen.

Dem Wunsch nach schneller Genesung muss ein Therapeut sein Fachwissen entgegensetzen: Frau Otto z. B. sah sich selber als eine Angstpatientin. Die Verhaltensanalyse verwies auf eine vorrangige Behandlung einer depressiven Störung. Deren Behandlung erschien Frau Otto zu langwierig und sie begab sich in eine Behandlungseinrichtung, die sich auf die konfrontative Therapie von Panikstörungen spezialisiert hatte. Es wurde eine Akrophobie entdeckt. Die Konfrontationen sahen u. a. Flüge in Kleinstflugzeugen und den Aufenthalt auf einer Glasfläche an der Spitze eines Hochhauses vor. Diese Interventionen lösten Entsetzen und eine psychotische Episode aus. Nachdem diese abgeklungen war, konnte die ambulante Behandlung der Depression fortgesetzt werden.

Rentenwunsch (s. Transkript im Anhang, Frau Noak). Ein Rentenwunsch bedeutet, dass ein Patient das Ende seiner Berufstätigkeit und eine Berentung anstrebt. Ist ein Patient entschlossen »in Rente zu gehen«, sind i. d. R. therapeutische Bemühungen zum Scheitern verurteilt. Es ist also sinnvoll, dies möglichst schon im Erstgespräch abzuklären. Es ist günstig, nicht nach einem »Wunsch« zu fragen, sondern danach, wie rentenbedürftig ein Patient sich sieht. Dieser feine Unterschied hat Auswirkungen auf die Äußerungsbereitschaft (self-disclosure). Es ist vergleichsweise unproblematisch bedürftig zu sein, sodass ein Patient dem eher zustimmen kann. Der Wunsch nach Rente ist im klinischen Setting eher als neurotisch konnotiert und es wird angenommen, ein Patient würde seine Beschwerden aggravieren, um sich die Rente zu »erschleichen«. Solche Fälle gibt es, sie sind aber selten. Die Mehrheit der Patienten mit einem Rentenanliegen hat eine langwährende Krankheitsgeschichte

(15 bis 20 Jahre) mit zahllosen und erfolglosen Behandlungsversuchen hinter sich. Insofern ist der Wunsch nachvollziehbar und die Einstufung als »Rentenneurose« meist nicht angemessen.

Sich aufgeben. Es gibt eine kleine Gruppe von Patienten, die sich aufgegeben haben. Manche Patienten haben sich mit ihrem Schicksal abgefunden und sind nicht änderungsmotiviert. Wenige haben sich dazu entschlossen, ihre Aktivitäten maximal zu drosseln und nicht mehr am Leben teilzunehmen; einige von ihnen legen sich ins Bett und warten auf den Tod (»Aufgeben-Syndrom«, Schmale, 1972, z. n. Becker, 1982). Aktuell wird das Resignationssyndrom[2] diskutiert, insbesondere in Schweden (z.B. Sallin et al., 2023). Anlass war die Beobachtung von Flüchtlingskindern, die nach der Flucht apathisch und teilnahmslos waren (»Dornröschenkinder«).

Persönliche Anmerkung. Wer auf diesem Feld wenig Erfahrung hat, sollte eine Überweisung prüfen oder sich umgehend in die Supervision eines erfahrenen Kollegen begeben.

Ungerecht. Viele Patienten erleben ihre Lebenssituation als zutiefst ungerecht. Sie können i.d.R. bestimmte Ereignisse oder Personen benennen, die ihnen geschadet haben. Sie leiden unter ihren Beschwerden und müssen Kraft aufbringen, um mit ihnen fertig zu werden. Eine weitere Belastung wird nun in einer Therapie von ihnen verlangt; sie müssen Zeit, Energie und mitunter Geld aufbringen, um einen Schaden zu beheben, den nicht sie verschuldet haben. Sie haben den Schaden und müssen sich nun auch noch um dessen Behebung kümmern.

Diese Sichtweise im Erstgespräch zu relativieren ist meist nicht erfolgreich, zumal Patienten ein Motiv haben können, weiterhin andere anzuschuldigen (Krankheitsgewinn). Es ist günstig, Verständnis für die Situation auszudrücken und dem Patienten eine Güterabwägung vorzustellen:

- *Position 1*
  Beschwerden beibehalten, weiter leiden und seinen Alltag so einrichten, dass die Themen Leid und Ungerechtigkeit aufrechterhalten werden
  Verstärker: Vorwurf, andere sind schuld; Selbstbedauern; Lamentieren; Entlastungen durch die Rolle des Kranken
  Belastungen: Kurz- und langfristige Schädigungen durch die Symptomatik, soziale Isolierung
- *Position2*
  Verantwortung für sich übernehmen, d.h. die Mühen einer Therapie auf sich zu nehmen und zu akzeptieren, dass der Erfolg nicht garantiert ist
  Verstärker: Hoffnung auf Erfolg, Freude an Veränderungen und (kleinen) Erfolgen, positive Selbstsicht; den Fortschritt mit anderen teilen können
  Belastungen: Verlust des Krankheitsgewinns, z.B. Verlust von Themen wie Selbstbedauern oder Lamentieren; Belastungen durch die Therapie

---

2 In Schweden wird das »uppgivenhetssyndrom« unter dem Diagnosecode F32.3 A in der schwedischen Version des ICD-10 geführt.

Eine mögliche Argumentationsfigur bei der Güterabwägung zwischen den Alternativen kann sein: dem Patienten recht geben, nichts beschönigen; es ist ungerecht, nun auch noch die Last einer Therapie tragen zu müssen. Aber: »Es gibt zwei Wege. Welchen Weg wollen Sie gehen?« Ein Therapeut kann von seinem Patienten nicht erwarten, dass dieser schon nach der ersten kritischen Analyse die Position B teilen kann. Ihm wird eine weitreichende Entscheidung abverlangt. Allein den bisher verfolgten Weg zu verlassen und sich den Belastungen einer Therapie zu stellen, ist als ein eigener Therapieschritt zu verstehen.

Schon das Reden über dieses Dilemma kann eine erste Entlastung sein. Weiterhin ist es günstig, die Entscheidung durch das Entwickeln plastischer positiver Bilder zu unterstützen (► Kap. 2.2). Deren Inhalte sollten erreichbare und erwünschte Ziele sein; auch müssen die Schwierigkeiten auf diesem Weg antizipiert werden (s. a. Oettingen, 2017). Eine solche Güterabwägung wie auch die Klärung der Motivation kann das Ziel des ersten Therapieabschnittes sein. Es hat sich zudem bewährt, erste Veränderungsschritte kurzfristig umzusetzen und die Aufmerksamkeit auf den Erfolg zu richten.

Den Erwartungen Dritter entsprechen. Es ist gar nicht so selten, dass Patienten von einem Angehörigen oder von einer Institution »zum Psychologen« geschickt werden. Conen und Cecchin (2022) sprechen von einem Zwangskontext. Es stellt sich im Erstgespräch die Frage, welchen Anteil die Fremdmotivation hat und inwieweit der Patient selber motiviert ist. Folgende Konstellationen sind zu beobachten:

Tab. 2.2: Erwartung an die Behandlung

Patient	Geschickt von	Einstellung zum Kontakt	Motivation
Herr Carl s. Transkript Ambulant	Ehefrau	sieht den Sinn eines Kontaktes; ist offen für die Behandlung	Zu Beginn: hoch Im Verlauf: hoch
Herr Saubert s. Transkript Ambulant	Ehefrau	sieht den Kontakt kritisch	Zu Beginn: abwartend Im Verlauf: hoch
Herr Brotler s. Transkript Klinik	Betriebsarzt	sieht keinen Sinn im Kontakt; kommt der Klinikroutine nach; er »muss« zum Psychologen	Zu Beginn: ablehnend Im Verlauf: hoch
Frau Till Ambulant	Mutter	sieht keinen Sinn im Kontakt; will keine Behandlung	Zu Beginn: keine Motivation sagt nach Klärung der Lage im Erstgespräch ab

Optimal ist die Zusammenarbeit mit Herrn Carl, seine initiale Therapiemotivation ist hoch und sie bleibt hoch. Herr Saubert kommt zwar nicht aus freien Stücken. Er lehnt die Zusammenarbeit aber nicht ab, wie Herr Brotler es zu Beginn tut. Beide erkennen den Gewinn einer Therapie und entwickeln eine gute Einstellung. Frau

Till kam nicht aus freien Stücken, wollte keine Therapie, sodass die nicht starten konnte.

Eine hohe Eigenmotivation ist keine Eingangsvoraussetzung, um einen diagnostisch-therapeutischen Prozess zu beginnen. Notwendig ist allein die Bereitschaft, sich zu beteiligen: den Therapieraum nicht zu verlassen, einen basalen Kontakt zuzulassen und auf Fragen zu antworten. Erfahrungsgemäß verbessert sich die Eigenmotivation nach dem Erstgespräch. Erscheinen zu Beginn fremdmotivierte Personen zum zweiten Gespräch, kann im Folgenden mit einer guten Zusammenarbeit gerechnet werden. Allerdings: Der Therapeut muss im Erstgespräch respektvoll und sachlich seinen Arbeitsroutinen folgen und mit dem Patienten Behandlungsmöglichkeiten prüfen. Conen und Cecchin (2022) thematisieren auf eine witzige und konfrontative Weise die Situation, wenn sie fragen: »Wie kann ich Ihnen helfen, mich wieder loszuwerden?«

»Wasch mich, mach mich aber nicht nass«. Der Wunsch nach Veränderung ohne eigene Anstrengung ist zunächst als kindlicher Wunsch nach uneingeschränkter Bemutterung zu verstehen, dann aber auch als ubiquitäre Erwartung in einer auf Versorgung und Konsum aufgebauten Gesellschaft. Ein Interviewer sollte eine solche Haltung nicht so sehr als persönliches Manko seines Patienten sehen, sondern vielmehr als eine verbreitete Einstellung. Diese Haltung zeigt sich, wenn er den Therapeuten vertrauensvoll, quasi mit großen Augen ansieht und auf Hilfe wartet, wenn er sehr schnell nach Tipps und Ratschlägen fragt, nicht aber selber aktiv wird; in Fragen wie: »Und was soll ich jetzt machen?«, bevor eine Problemanalyse abgeschlossen ist, sowie, wenn er nicht kritisch nachfragt und eher eilfertig »dem Therapeuten nach dem Munde redet«.

Eine unangemessene Einstellung zur Behandlung kann den Beginn der Therapie erschweren. Ein Patient muss lernen, wie er sich sinnvollerweise als Patient verhält. Mitunter wird genau dadurch ein zentrales Thema eröffnet, wie z. B. bei der zwar gesellschaftlich vermittelten aber individuell vertretenen Versorgungserwartung.

2.4 Lernen, Patient zu sein

Vor einer Erstbehandlung weiß niemand so recht, wie sich ein Patient in einer Therapie optimal verhält. Ein Patient muss also lernen, Patient zu sein und u. a. die Spielregeln eines therapeutischen Settings anzunehmen. Günstig ist es, bewusst diese Rolle zu übernehmen. Ambulant behandelte Patienten, insbesondere YAVIS-Patienten, können sich i. d. R. schnell orientieren und mitarbeiten. Andere Patienten müssen von ihrem Therapeuten schon im Erstgespräch instruiert werden, wie sie sinnvoll mitarbeiten können.

Pünktlichkeit und Verlässlichkeit z. B. bei Terminen, bei Verabredungen, bei der Übernahme und dem Erledigen von Hausaufgaben. Zum Punkt Verlässlichkeit gehört auch, dass Patienten sich auf die Therapiesitzung bewusst einstellen und sie nicht zwischen zwei anderen Terminen abarbeiten. Dazu gehört, sich vorher und nachher einen Moment der Besinnung einzurichten etc.

Angemessener Umgang im Therapiesetting. Dieser Gesichtspunkt ist insbesondere auf psychiatrischen Stationen oder in Suchtabteilungen wichtig und kann folgende Aspekte beinhalten:

- Einhalten angemessener und spezifischer Verhaltensnormen und Umgangsformen, z. B. Lautstärke auf der Station (Radio, Handytelefonate), Hygiene
- Umgang mit Mitpatienten, dem Team und der Einrichtung (z. B. Anspruch an andere, von ihnen versorgt zu werden; Vorbereitung auf Visiten etc.)
- Respekt gegenüber Mitpatienten und den involvierten Berufsgruppen.

»Der unerzogene Patient«. Dieser Aspekt hat in den letzten Jahren zunehmend an Bedeutung gewonnen, insbesondere auf psychiatrischen Stationen: Manche Patienten – unabhängig von ihrer Herkunft und Diagnose – fordern z. B. von den Pflegekräften Dienstleistungen, als seien sie nachgeordnetes Personal, dem sie Weisungen erteilen oder das sie »springen lassen« können; sie machen abfällige Bemerkungen über alle und versuchen die Mitarbeiter einer Klinik oder das Versorgungssystem zu disqualifizieren. Eine nicht immer leichte Entscheidung steht an: Welches Verhalten ist einer Störung anzulasten, welches ist als Unerzogenheit zu werten? Die Belastung durch unerzogene Patienten haben vor allem die Pflegekräfte zu tragen. Ärzte und Psychologen sind i. d. R. weniger unmittelbar betroffen und übersehen mitunter die Problematik. Für die Zusammenarbeit auf einer Station ist es unabdingbar, dass auch diese Berufsgruppen genau auf solche Patienten achten und die Pflege unterstützen.

Komfortzone verlassen. Vielfach haben Patienten eine Komfortzone um sich herum aufgebaut, haben Verantwortung abgegeben und die Rolle eines zu bemutternden Kindes angenommen (s. o.). Es ist angezeigt dem Patienten zu vermitteln, dass neben der Behandlung einer umschriebenen Symptomatik auch der Umgang mit ihr thematisiert werden muss, genauer, dass er selber Verantwortung übernehmen muss. Für die Gesprächsführung bedeutet das zu explorieren, wie ein Patient zu einem Oberplan steht, der für diesen Verhaltensbereich zu entwickeln wäre. Der könnte z. B. lauten: »Selbst ist die Frau« oder »Ich sorge für mich selber«.

Wunsch nach mehr Therapie. Ein Patient beginnt häufig eine stationäre Behandlung mit dem Wunsch und der Erwartung, dass ihm Zeit eingeräumt wird, sich gründlich auszusprechen. Sein Wunsch nach intensiverer Behandlung ist meist gut nachzuvollziehen, kollidiert aber mit dem organisatorischen Rahmen einer Klinik. Oft ist für ihn z. B. in einer psychosomatischen Klinik nur eine Stunde Einzeltherapie pro Woche vorgesehen. Er wird seinen Wunsch relativieren müssen. Auf der anderen Seite sollten Therapeuten sich hüten, diesen Wunsch als eine ungebührliche Forderung zu begreifen.

Wichtige Themen beizeiten einbringen. Es ist sinnvoll, wichtige Themen zu Beginn eines Gesprächs anzusprechen. Es hat sich bewährt, als Einleitung nach den Punkten zu fragen, die zum jetzigen Termin besprochen werden sollen.

Beispiele:

- »Wir starten wie immer mit einer Zusammenfassung dessen, was Ihnen aktuell passiert ist. Ich selber will anknüpfen an dem, was wir letztes Mal besprochen haben, nämlich an xy. Gibt es einen Punkt, den Sie gerne besprechen wollen?«
- »Was liegt heute an? Gibt es ein wichtiges Thema, das wir nicht übersehen sollten?«
- »Sie wissen, wir müssen um 10.50 Uhr unser Gespräch beenden. Also: Was liegt heute an?«

Eine solche Vorschau soll auch dazu dienen, dass Patienten nicht kurz vor Ende der Stunde ihr zentrales Thema einbringen.

Aktiv mitarbeiten. Es gibt einige günstige Verhaltensweisen von Patienten für eine erfolgreiche und aktive Beteiligung an der Therapie. Im Einzelnen sind das nach Schulte (1996): Mitarbeit, Selbstöffnung, Erproben neuer Verhaltensweisen sowie Therapienachfrage (Motivation).

Hilfen annehmen. Es ist günstig, wenn ein Patient Hilfen im weiteren Sinne annehmen kann. So korreliert die Skala »Gutes annehmen können« mit dem Therapieerfolg (Lutz & Michalak, 2001). Wenig selbstfürsorgliche Patienten können i. d. R. Therapieerfolge schlecht akzeptieren. Das gilt auch für solche Patienten, die sich selber nicht loben können. Aus der Sichtweise des Euthymen Ansatzes sollten daher solche Themen schon in den ersten Gesprächsterminen angesprochen werden.

Konventionen einhalten. Es mag schulmeisterlich wirken, auf sprachliche Konventionen zu achten, z. B. den Patienten zu bitten, in ganzen Sätzen und nicht nur in Stichworten zu kommunizieren; wenn möglich, auch Blickkontakt zu halten und nicht vor sich hin zu nuscheln. Manche junge Therapeuten müssen sich selber ermutigen, solche Umgangsformen einzufordern. Gerade auch in Gruppentherapien hat es sich bewährt, gleich zu Beginn eine deutliche Sprech- und Ausdrucksweise als Arbeitsgrundlage von den Patienten zu erwarten.

2.5 Reden und Sich-Darstellen

2.5.1 Äußerungsbereitschaft und Mitverantwortung

Ein psychologisches Gespräch hängt unmittelbar von der Äußerungsbereitschaft (self-disclosure) (Farber & Sohn, 2007) des Patienten ab. Diese wird bestimmt durch:

- die Mitteilungsbereitschaft. Eine Person ist eher gesprächig und gewohnt über sich zu reden, eine andere ist eher wortkarg
- die Selbstgrenze, Offenheit (self-boundary). Mit diesem Begriff wird beschrieben, inwieweit eine Person ihre Privatsphäre schützt, und in der Lage ist, die Selbstgrenze zu regulieren

- das Vulnerabilitätsrisiko des Erzählers. Dieses variiert mit dem Ausmaß des Vertrauens in den Gesprächspartner
- die dyadische Grenze. Diese beschreibt die subjektive Sicherheit, dass private Informationen innerhalb der Dyade aus Erzähler und Zuhörer bleiben.

Die Äußerungsbereitschaft ist dann erhöht, wenn die Selbstgrenze durchlässig und die dyadische Grenze geschlossen ist. Hohe Vulnerabilitätstoleranz entsteht dann, wenn auf Seiten des Erzählers ein hohes Mitteilungsbedürfnis und ein großes Vertrauen in die Diskretion des Zuhörers bestehen.

Für den Gesprächsverlauf ist es günstig, wenn sich Patienten auf die Situation einlassen, sich selbst Fragen stellen können, den Interviewer »seine Arbeit machen« und fragen lassen, Antworten geben, so gut sie können, und dem Gesprächsverlauf mit Interesse folgen. Für andere Patienten kann es ein Verlust der Kontrolle sein, wenn sie sich in eine therapeutische Situation begeben. In einer Gesprächssituation kann sich das äußern, indem nachgefragt wird, »was eine Frage soll«, einem Gedankengang schlecht gefolgt werden kann und/oder Hausaufgaben als lästiger Fremdauftrag hinterfragt werden.

2.5.2 Wenig hilfreiche Sprechgewohnheiten

Gesunde Patienten verfügen über angemessene sprachliche Kompetenzen und können ihre Anliegen meist klar und verständlich ausdrücken. Stocken diese Patienten, können sie leicht Hilfen vom Therapeuten annehmen. Der Bericht manch anderer Patienten ist schwer zu verstehen oder es ist anstrengend ihnen zu folgen. Ihr Bericht ist mehrdimensional kontrolliert: Während des Redeflusses assoziiert der Patient verschiedenste Inhalte, die in seinen Vortrag einfließen und den Redefluss stören. Hier einige Beispiele:

Wenn in einer Erzählung potentiell missverständliche Inhalte auftauchen, werden eventuell negative Bezüge antizipiert und klargestellt. Berichtet z. B. ein männlicher Patient ein Problem zu einer Frau, einem jüdischen, schwarzen oder behinderten Menschen, dann muss er sofort erklären, dass er ansonsten keine Probleme mit Vertretern dieser vermeintlichen »Rand«-Gruppe hat.

Herr Zweigelt, vorgestellt im Beispiel im ▶ Kap.3.2.1, kommt typisch für einen Zwangspatienten mit seinen Problemdarstellungen nur langsam voran, weil er jedes Detail und jeden Nebengedanken zwanghaft genau ausdrücken und mitunter denselben Sachverhalt erneut mit anderen Wörtern schildern muss.

Patienten fallen schon einmal einem Therapeuten ins Wort, bevor der eine Frage zu Ende formuliert hat. Sie möchten alles richtig machen und haben Angst, nicht schnell genug zu antworten.

Solche Sprechgewohnheiten können anstrengend sein. Es muss z. B. ständig entschieden werden, was wichtig ist und was den Klärungsprozess behindert; auch sind Paraphrasen schwieriger zu formulieren. Ein solcher Redestil kann ein Hinweis auf ein behandlungsrelevantes Thema sein. Herr Zweigelt etwa hatte sich diese Sprechgewohnheit als Kind im Umgang mit seinem jähzornigen Vater zugelegt: Er wollte keinen Fehler machen und einer potentiellen Kritik zuvorkommen. Es ist angezeigt, mit solchen Sprechgewohnheiten aktiv umzugehen, auch zu unterbrechen, was von Patienten i.d.R. gut toleriert oder sogar als Erleichterung angenommen wird.

Mitunter reden Patienten zu leise oder zu laut, zu schnell oder mit langen Pausen, meiden Blickkontakt, reden einen schwer zu verstehenden Dialekt, obwohl sie sich verständlich ausdrücken könnten usw. Solche Sprechvarianten können störungsbedingt sein; sie können auch Hinweise für Widerstände sein. Diese wird ein Therapeut dann auch in anderen Zusammenhängen erkennen und dann die vermuteten Widerstände ansprechen können. Aber: Solche Sprechweisen müssen keine Widerstände gegen die Therapie oder den Therapeuten sein. Es kann sich um schlichte Gewohnheiten handeln. Es ist sinnvoll, zunächst nicht den vermuteten Widerstand, sondern den auffälligen Aspekt anzusprechen, z.B. leises Sprechen, und die Antwort des Patienten abzuwarten.

Beispiele:
»Sie sprechen sehr leise.«
»Sprechen Sie auch in anderen Situationen so leise?«
»In welchen Situationen sprechen Sie leise und in welchen lauter?«
»Haben Sie schon mal von einem Gesprächspartner eine Rückmeldung erhalten?«
»Hat jemand das schon mal angesprochen?«
»In dieser Lautstärke ist es für mich anstrengend zuzuhören.«

2.6 Therapeuten unterscheiden sich

Die Feststellung ist trivial, dass sich nicht nur die Patienten, sondern auch die Therapeuten unterscheiden, was im nachfolgenden Kasten deutlich wird:

Box 1: Zwei Therapeuten, zwei Arbeitsstile

Therapeuten wie Lovaas und Wolpe, zwei prominente Pioniere der VT, beide überaus erfolgreich, konnten als Personen nicht widersprüchlicher sein. Ihr Verhalten im Umgang mit ihren Patienten, zwangsläufig auch im Beziehungsaufbau, differierte erheblich. Die Therapeuten und ihre Patienten waren offensichtlich in der Lage, sich jeweils so aufeinander einzustellen, dass sie gut miteinander arbeiten konnten.

Auf dem ersten deutschen Kongress für VT im Sommer 1970 in München präsentierten Loovas und Wolpe ihre Ansätze. Es war heiß. Lovaas, ein kräftiger Mann aus Norwegen, hatte seine Jacke ausgezogen und seine Ärmel hochgekrempelt. Sein Umgang mit den von ihm behandelten Kindern war »hemdsärmelig«; er nahm sie – verschmutzt wie sie waren – auch schon mal in den Arm. Er vertrat einen operanten Ansatz.

Wolpe behielt während seines Vortrags im überfüllten und stickigen Hörsaal sein blaues Sakko an; er kam aus Südafrika und sprach ein distinguiertes Englisch. Er war eher schmächtig. Seine Behandlungsmethode, die systematische Desensibilisierung, war diszipliniert und geordnet.

Die persönliche Erscheinung beider Therapeuten und ihre jeweilige Behandlungsmethode passten genau zueinander. Es war aber unvorstellbar, dass sie ihre Methoden tauschen könnten.

Klinische Psychologen unterscheiden sich nicht nur hinsichtlich ihrer »Schulen«-Zugehörigkeit:

Therapeuten unterscheiden sich in ihrer Fähigkeit, empathisch, echt und akzeptierend, aber auch kompetent zu wirken (Norcross & Lambert, 2011).

Therapeuten verschiedener Schulen unterscheiden sich u.a. in den Variablen Unterstützung und Neutralität (Klug et al., 2008).

Verhaltenstherapeuten beschreiben ihr Vorgehen sehr unterschiedlich (Lutz et al., 1992): Das Spektrum reicht von technizistisch und planend bis humorvoll und genüsslich.

Verschiedene Interviewer bevorzugen verschiedene Interventionsformen oder Techniken der Gesprächsführung und fokussieren unterschiedliche Themen schon im Erstinterview (z.B. Argelander, 2014).

Sie haben divergierende berufliche Entwicklungen hinter sich und haben z.B. mit jeweils anderen Patientengruppen in spezifischen klinischen Einrichtungen gearbeitet. Ein Therapeut aus einer Klinik für Alkoholiker wird sich fragen, wie weit er auf deren Erzählung bauen kann. Hat ein Therapeut dagegen mit Depressiven gearbeitet, wird er zunächst eher zurückhaltend agieren.

Wenn Therapeuten und auch die Patienten sich in vielerlei Hinsichten unterscheiden, müssen die Dyaden »Therapeut-Patient« sehr spezifisch sein. Also werden deren Gespräche zwangsläufig unterschiedlich sein. Einem an einem Leitfaden orientierten Vorgehen sind damit Grenzen gesetzt. Die in diesem Buch präsentierten transkribierten Gespräche differieren deutlich. Für die VT ist es kennzeichnend, dass keine definierten Standards für ein »richtiges« Therapeutenverhalten formuliert sind (s.a. Lammers, 2017). Der Verhaltenstherapeut hat die Freiheit, sich je nach Patient und Sachlage anders zu verhalten und ein Gespräch individuell zu gestalten. Somit werden sich zwangsläufig unterschiedliche Beziehungsmuster ausbilden.

2.7 Der Therapeut und sein Narzissmus

Alle Jagdgeschichten werden den Jäger bis zu dem Tag glorifizieren, an dem die Löwen ihre eigenen Geschichtsschreiber haben.
Afrikanisches Sprichwort (zitiert nach Hubble et al., 2001, S.85)

Ist der Erzähler einer Geschichte identisch mit dem Akteur, wird der Akteur nahezu zwangsläufig auch zum Helden des Geschehens. Das illustriert ein Sprichwort aus Afrika, das in einem völlig anderen kulturellen Zusammenhang entstand (s. o.) und das besonders treffend den therapeutischen Narzissmus pointiert.

Ein Therapeut muss mehrfach qualifiziert sein, nämlich in den Bereichen Diagnostik und Therapie sowie im Umgang mit Patienten. Eine solche Mehrfachqualifikation wird auch in anderen sozialen Berufen gefordert, z. B. in der psychiatrischen Pflege. Approbierte Psychotherapeuten haben sich in besonderer Weise qualifiziert, definiert über die Dauer der Aus- und Weiterbildung, die investierte Zeit und Ausbildungskosten, aber auch definiert über die Entscheidungsmöglichkeiten (z. B. Einweisungen, Krankschreibungen), die ihnen im Versorgungssystem zugewiesen werden. Solchen Personen wird im kollektiven Gedächtnis eine herausragende Stellung in einem Sozialgefüge zugesprochen (z. B. der Medizinmann, der »Heiler« etc.). Manche therapeutische »Schule« beschreibt sich selbst als so hervorragend, »extrem gut« und komplex, sodass sie nur überragende Experten anwenden. Ein gewisses Maß an therapeutischem Narzissmus dürfte gesetzt sein. Therapeuten schätzen sich gerne als überdurchschnittlich gut ein, sodass Lambert (2010, S.239) fordert: »Yes, it is time for clinicians to routinely monitor treatment outcome.« Therapeuten verhalten sich in diesem Punkt wie andere Menschen auch, sie unterliegen der Tendenz zur positiven Selbstdarstellung (z. B. Abramson & Alloy, 1981; Taylor & Brown, 1988). Jaeggi durchforstete die einschlägige Literatur unter der Fragestellung, welcher Typ Mensch als ein guter Therapeut von Therapeuten beschrieben wird. Eine bedeutsam große Gruppe von Therapeuten fasst sie unter dem Typ der »Idealisierer« zusammen. In dieser Gruppe beschreiben Therapeuten sich selber und ihre Arbeit als narzisstisch überhöht. So antwortete eine Therapeutin auf die Frage nach dem therapeutischen Ideal: »Das ist eine Frage des Menschseins überhaupt. Der ideale Therapeut und der ideale Mensch, das ist eins« (Jaeggi, 2001, S. 125)[3].

Gibt es tatsächlich nur gute Therapeuten? Eine derart linksschiefe Verteilung ist nicht zu erwarten. Tatsächlich gibt es gute Therapeuten, die konstant positive Therapieeffekte erzielen, und schlechtere, die konstant weniger gute Therapieeffekte vorweisen (Norcross & Wampold, 2019). Wie in anderen Berufen auch, gibt es

---

3 Narzissmen dieser Art sind tatsächlich zu beobachten. Mir ist eine Bemerkung einer Kollegin auch nach vielen Jahren immer noch in sehr peinlicher Erinnerung (»Fremdschämen«). Sie sprach mit souveränem Lächeln davon, dass sie die Interaktion zwischen ihr und ihrem Patienten verzaubern könne. Sie nahm Bezug auf ihre überragende Kunst der Menschenführung und ihren persönlichen Charme, vielleicht auch auf ihre Kompetenz und ihre Erfahrung.

also erfolgreichere und weniger erfolgreiche Fachvertreter; letztere werden in der Außendarstellung ihre geringeren Erfolge nicht verbreiten.

Immer wieder drücken Patienten die Erwartung aus, »ihr« Therapeut möge zu den »ganz Großen« gehören und bedienen damit dessen Therapeuten-Narzissmus. Mitunter spielen sie mit der Eitelkeit von Therapeuten: Berichten sie im Erstkontakt kritisch von vorgehergehenden Behandlungen, ist Vorsicht angebracht, insbesondere wenn sie vom jetzigen Behandler wegen seiner Reputation ein gutes Therapieergebnis erwarten. Natürlich kann in der vorhergehenden Therapie ein Behandlungsfehler passiert sein, und hoffentlich erwartet ein Patient Erfolg beim jetzigen Behandler. Verspürt dieser jedoch bei sich ein Gefühl der Überlegenheit, dann sollte genau dieses Gefühl bei ihm Warnglocken auslösen, ihn an seinen eigenen Narzissmus denken und Vorsicht walten lassen. Will der Patient ihn für sich einnehmen und ihn zum Agieren verführen?

In der bezugnehmenden Literatur wird die Frage gestellt, wer »eigentlich« den Erfolg bewirkt hat. War es der Therapeut mit seinen Methoden oder der Patient, der seinen Veränderungsprozess vorangetrieben hat und sich hierfür einen Helfer engagiert hat? Der Therapieliteratur liegt i. d. R. die gängige Meinung zugrunde, die Therapeuten seien die »Helden« (Hubble et. al, 2001): Dem Therapeuten wird nach diesem Verständnis die Rolle des Wissenden und des Machers zugeschrieben.

In diesem Buch kann nicht der Forschungsstand zur Rolle des Therapeuten referiert werden, der bei Baldwin und Imel (2013) dargestellt ist; Crits-Christoph et al. (2013) referieren die Schwierigkeiten der Forschung in diesem Bereich. Die Zusammenfassung ist naheliegend: Die Variable Therapeut ist ein wesentlicher Prädiktor des Therapieerfolgs und eines gut geführten Gesprächs; darüber hinaus ist er aber nicht der »Held«. Gleichwohl muss es sein Anliegen sein, seinen Arbeitsstil für jeden einzelnen Patienten zu individualisieren (Bollmann, et al. 2021).

2.8 Die Philosophie der Dinge und die Haltung des Therapeuten

Eine völlig andere Sichtweise auf die Rolle des Therapeuten und dessen Beitrag zur Therapie entsteht, wenn ein Gedanke aus der Philosophie der Dinge analog auf die Tätigkeit des Therapeuten übertragen wird. In der Akteur-Netzwerk-Theorie wird diskutiert, ob Menschen als Akteure die Dinge für ihre Zwecke einsetzen und »die Welt« organisieren, oder ob auch die Dinge das Verhalten von Menschen steuern können (Latour et al., 2007). Aus dem Zen-Buddhismus wird die Frage eines Weisen überliefert: Spielt der Harfner seine Harfe oder die Harfe den Harfner? Sind es die Besonderheiten eines Instrumentes, die den Musiker leiten?[4] Ist es der Koch,

4 Es ist faszinierend, bedeutsamen Musikerinnen und Musikern zuzuhören, wie sie von

der einen Fisch filetiert oder das speziell für diesen Akt geschaffene Messer (Härtig, 2018, S. 91)? Ein solches Messer nämlich repräsentiert eine lange tradierte Kochkultur, wie mit einem frischen Fisch umzugehen ist. Die inhärente Logik des Messers, die Idee, die bei dessen Konstruktion realisiert wurde, bestimmt das Verhalten des Kochs. Der Koch spielt zwar einen notwendigen Part in dieser Inszenierung, aber der Fisch und das Messer stehen im Fokus. Der Koch spielt die Nebenrolle, die Hauptrolle ist dem Messer übertragen.

»Diese Art zu denken, fordert Respekt und Neugierde, eine gewisse Haltung, geprägt durch Bescheidenheit. Vom Handelnden wird Aufmerksamkeit (um nicht zu sagen Achtsamkeit) und .... Demut gefordert« (Härtig, 2018, S. 96). Der Fachmann ist nicht der Macher, er stellt sich vielmehr in den Dienst einer Sache und lässt sich von deren inhärenter Logik leiten. Im Sprachgebrauch der VT geht es um die Frage, wer oder was kontrolliert wen oder was. Inwieweit unterwirft sich also der Interviewer dem Anliegen, ein problematisches Verhalten angemessen zu beschreiben, und dem Wunsch nach Veränderung? Nach dieser Sicht kontrolliert das Problem das Verhalten des Interviewers.

In der Gesprächsführung kann die Suche nach diagnostischen Daten entweder durch einen Leitfaden (► Kap. 5.3.1) oder eine Klassifikation (z. B. ICD) vorgegeben sein Der Nutzer eines Leitfadens arbeitet einen externen Auftrag ab, der zwar durch das Anliegen des Patienten gestartet wird, dessen aktuelles Verhalten in der Gesprächsführungssituation aber weitgehend unberücksichtigt bleibt (Priorität der Reliabilität). Das betont strukturierte Gespräch ist durch viele geschlossene Fragen geprägt. Bei der offenen Suche dagegen orientiert sich der Interviewer im Wesentlichen an den Berichten des Patienten oder an dem, was er selber beobachtet (► Kap. 5.3.2, »offene Suche«). Er folgt dem Rational einer sequenziellen Diagnostik, die folgendermaßen bestimmt wird: Der Interviewer greift eine Äußerung auf und lässt sich von ihr zu seiner nächsten Frage oder Aussage leiten; seine Überlegungen orientieren sich also in dieser diagnostischen Phase an dem, was der Patient sagt; die verwendeten Gesprächsführungstechniken sind eher abwartend, wie z. B. Aktives Zuhören, Paraphrasieren, Schildernlassen oder auch Nachfragen. Hierbei stellt sich nicht die Frage, wer der Held ist. In diesen Phasen ist die Haltung des Interviewers eher defensiv und nicht die eines Machers. Er verwendet eher offene Fragen, stellt sich mit seinem Wissen in den Dienst der Aufklärung eines problematischen Prozesses.

---

berühmten Geigen sprechen, welche die Spieler in je besonderer Weise fordern. Es ist die Geige, die den Künstler, die Künstlerin zu einem unverwechselbaren Klang leitet.

2.9 Merkmale eines guten Therapeuten

Die Rogers-Variablen gelten als universelle Basis und als notwendige und hinreichende Bedingung für den therapeutischen Erfolg. Sie sind Aspekte der Arbeitshaltung des Therapeuten (Biermann-Ratjen et al., 2016) und definieren das Verhalten in einem Gespräch:

- *Empathie.* Verbalisierung emotionaler Erlebnisinhalte, auch nonverbaler Äußerungen des Patienten
- *Akzeptanz.* Unbedingte Wertschätzung, nicht an Bedingungen geknüpftes Akzeptieren, emotionale Wärme, Verstehenwollen; keine Wertung von psychologischen Sachverhalten
- *Kongruenz.* Das Verhalten des Therapeuten soll offen und echt (kongruent) sein. Der Therapeut soll »er selbst« sein. Ohne Echtheit werden die anderen beiden Variablen als wirkungslos angenommen.

Höger (2007) weist darauf hin, dass Rogers selber drei notwendige Bedingungen benennt, damit diese Variablen zum Erfolg führen: Zwischen dem Patienten und dem Therapeuten gibt es einen psychologischen Kontakt, d. h. sie reagieren aufeinander als Personen, die einander etwas bedeuten. Das ist z. B. nicht der Fall, wenn ein Patient den Kontakt ablehnt oder wenn ein Patient floride psychotisch ist und z. B. im Therapeuten einen Geheimagenten wähnt.

Die Probleme, Symptome oder inadäquaten Verhaltensweisen des Patienten sind Ausdruck von Inkongruenz, d. h. Erfahrungen und Selbstbild sind unvereinbar. Das bedeutet auch, dass sie psychischen Ursprungs sind.

Der Patient muss fähig sein, das Beziehungsangebot des Gesprächspsychotherapeuten zumindest ansatzweise wahr- und auch anzunehmen, dass nämlich dieser ihn empathisch versteht und unbedingt positiv in seinen Erfahrungen beachtet.

Die Rogers-Variablen können unschwer im Kontakt mit einem idealen YAVIS-Patienten, nicht aber mit einem HOUND-Patienten realisiert werden. Die professionelle Begegnung mit einem »unerzogenen Patienten« auf einer geschützten Psychiatriestation ist herausfordernd und die Realisierung der Rogers-Variablen nicht immer zielführend. Sind solche Patienten therapeutischen Maßnahmen nicht zugänglich, sind pädagogische Interventionen zu überprüfen.

Die Rogers-Variablen wirken differentiell: So zeigt sich z. B., dass die Realisierung empathischen Verhaltens günstiger für den Umgang mit Patientinnen ist als mit männlichen Patienten (Gross & Steins, 1998). Solche Relativierungen der Rogers-Variablen schmälern nicht deren grundlegende Bedeutung für die Gesprächsführung. Ein Diagnostiker oder Therapeut sollte sich allerdings im Einzelfall überlegen, wann non-direktive Interventionen indiziert sind. Das Verbalisieren emotionaler Inhalte z. B. ist eine günstige Intervention, wenn ein Patient über sich und seine Konzepte reflektiert. Sie sind aber nicht zur Exploration einer Zeitachse geeignet.

Im Folgenden sind verhaltensnahe Merkmale benannt, die hilfreich für den Umgang mit Patienten und weiterhin für die langfristige Zufriedenheit eines

Therapeuten mit seinem Beruf nützlich sind. Sie haben sich im Gespräch mit Kollegen als praktikabel und erlernbar ergeben. Es sind keine verbindlichen Kriterien, sie kommen nicht in jedem therapeutischen Kontakt zum Tragen:

Interesse an menschlichem Verhalten. Wie ein Gärtner Interesse an Pflanzen haben sollte, ist es günstig, wenn Therapeuten sich für menschliches Erleben und Verhalten interessieren.

Beziehungsfähigkeit. Im Kontakt mit einem Patienten kommt es zwangsläufig zu einer Beziehung, auf die ein Therapeut eingehen muss. Insbesondere im Erstgespräch sollte er sensibel für die Kontaktangebote des Patienten sein.

Gegenübertragung zulassen können. In jeder Therapie entstehen Übertragungs- und Gegenübertragungsprozesse. Diese sollte ein Therapeut erkennen und mit ihnen umgehen können.

Zuhören. Das Ideal des Zuhörens wurde von Freud eindrücklich beschrieben. Gleichschwebende Aufmerksamkeit in der analytischen Sitzung lautet seine wichtigste technische Grundregel: »Man halte alle bewußten Einwirkungen von seiner Merkfähigkeit ferne und überlasse sich völlig seinem »unbewußten Gedächtnisse«, oder rein technisch ausgedrückt: Man höre zu und kümmere sich nicht darum, ob man sich etwas merke« (Freud, 1912; 1999, S. 376).

Dasein. Dieser Aspekt ist einerseits trivial. In speziellen, mitunter existentiellen Situationen kann zwar ein Therapeut nicht verändernd intervenieren. Seine Präsenz aber ist dann für den Patienten hilfreich. Eine solche Situation macht hilflos und es kann für Therapeuten schwierig sein, diese auszuhalten.

Respekt vor der Person des anderen. Dieses Kriterium ist von grundlegender Bedeutung. Für manche Patienten ist eine empathische Beziehung nicht herstellbar oder auch nicht hilfreich. Respekt allerdings sollte ein Therapeut seinem Patienten immer entgegenbringen.

Feldunabhängigkeit, Beherztheit. Patienten tragen ihre Sicht und ihre Wertung vor. Ein empathischer Therapeut wird bestrebt sein, diese nachzuvollziehen und zu verstehen. Damit ist immer die Gefahr verbunden, die Sichtweise des Patienten auch zu übernehmen und zu »agieren«. Um dem zu begegnen, sollte er schon im Erstgespräch beginnen, sein eigenes Konzept zu entwickeln in Bezug zur Störung und den aufrechterhaltenden Bedingungen, zur Therapieplanung und zur Prognose, zur Person des Patienten und seinen handlungsleitenden Motiven etc. Der Interviewer muss also das Konzept des Patienten nachvollziehen, es zugleich auf Stimmigkeit prüfen und ggf. eine alternative Sichtweise entwickeln; er muss bereit sein, beherzt »gegen den Strich zu kämmen«.

Fähigkeit zum Perspektivwechsel. Ein Perspektivwechsel ist eine gute Methode, sich gegen eine Konzeptübernahme zu schützen: Wie stellt sich der Ablauf eines Ereignisses aus der Sicht eines weiteren Beteiligten oder eines Beobachters dar, wie schätzt der Interviewer einen vom Patienten geschilderten Ablauf ein?

Geduld, »langen Atem« haben. Ein Patient wird nicht immer alles beizeiten und umfassend berichten. Vielleicht kann er sich noch nicht öffnen, vielleicht vermag er Implikationen noch nicht zu erkennen. Auch haben Patienten mitunter widersprüchliche Sichtweisen, die ihnen nicht bewusst sind. Ein Interviewer wird eine Entwicklung abwarten, bis eine passende Gelegenheit (Timing) für eine Nachfrage oder Konfrontation gegeben ist.

Realistische Erwartungen an den Patienten stellen. Allgemein gilt, dass gut gemeinte Aufforderungen Druck erzeugen. Mitunter ist es eine Gratwanderung zwischen einer Ermutigung, einen Veränderungsschritt zu wagen, und dem Bremsen vor zu großen Ansprüchen, die ein Patient an sich selber stellt.

Realistische Einschätzung der eigenen Kompetenz. Ein Therapeut wird sich nach dem Erstgespräch die Frage stellen, ob er dem Anliegen eines bestimmten Patienten gerecht werden kann oder ob er ihn nicht besser überweist. Das sollte nicht zur Kränkung seines therapeutischen Narzissmus führen, sondern zur Bestätigung seiner Kompetenz zur korrekten Einschätzung des Machbaren.

Sinn für Witz und Komik, Humor. Humor hat in der Gesprächsführung für den Patienten mehrere günstige Funktionen: Methode zur Distanzierung, Erleichterung, eine Konfrontation anzunehmen, Verbesserung des Kontaktes.
Witz, Komik und Humor führen beileibe nicht zu oberflächlichen Interventionen. Auch erleichtert sich ein Therapeut seinen Arbeitsalltag, wenn er mit seinem Patienten mitunter lachen kann (z. B. Falkenberg et al., 2021).

Betonen von Positiva. Bei allem Streben nach unmittelbarer therapeutischer Effizienz ist es aus vielerlei Gründen sinnvoll, im Gespräch und in der Therapie auch auf Positiva einzugehen. Das gelingt dann besser, wenn der Interviewer sich diesen Zugang zu eigen macht und früh im Gespräch auf Aspekte wie Selbstfürsorge oder Loben achtet.

Akzeptieren, nicht perfekt zu sein und Erfolge würdigen können. Im therapeutischen Vorgehen sollten Fortschritte gewürdigt werden. Das gilt für den Patienten wie auch für den Therapeuten. Letzterer kann ein Modell sein, eine Verbesserung in aller Selbstverständlichkeit zu betonen.

Diese Merkmale sind vergleichsweise wenig ambitioniert. Der Anspruch an die Kandidaten in den psychoanalytischen Schulen ist es, dass ein Behandler seine Konflikte und Probleme gelöst hat, bevor er als Therapeut arbeitet. Sie durchlaufen zeitlich sehr aufwändige Lehranalysen, die ca. 1.000 Stunden umfassen können: Ungelöste Konflikte und Probleme (»blinde Flecken«) des Kandidaten sollen entdeckt und korrigiert werden, die die Übertragung bzw. Gegenübertragung beeinträchtigen könnten. Auch in anderen Therapieformen, ebenso mitunter in der VT, werden von einem Therapeuten neben fachlicher Befähigung auch hervorragende menschliche Qualitäten gefordert. So fassen Zimmer et al. (1994, S. 16) ihre Ausführungen zusammen: »… der Patient kommt in der Regel nicht weiter als der Therapeut für sich.« Danach kann ein Patient nur bis zu der Grenze seine Störung überwinden bzw. gesunden, die durch die Neurose seines Behandlers gesetzt ist. Vergleichbar positioniert sich Lammers (2017, S. 100): »Es ist nicht vorstellbar, dass eine Therapeutin auf ihren Patienten empathisch reagieren kann, ohne dass sie sich selbst ausreichend kennt, d. h. sich ihrer eigenen Erfahrung, Reaktionen, Probleme etc. bewusst ist«. Nur der Behandler also, der sich »ausreichend«[5] gut kennt, kann sich in der Therapie empathisch verhalten. Die vielen Therapeuten, von denen Jaeggi (2001) berichtet, zeichnen von sich das Bild einer idealisierten und geläu-

5 »Ausreichend« in einer solchen Aussage ist eine Art »Hintertürchen« zur Relativierung.

terten Person, nämlich eines nicht-neurotischen und seelisch absolut gesunden und großartigen Menschen[6].

Nur schwerlich kann eine Person solche hohen Standards hinsichtlich Empathie und persönlicher Qualifikation erfüllen[7] (s. Box 2). Es gibt allerdings Ausnahmen: Marsha Linehan z. B. wird von ihren Kolleginnen und Kollegen als eine Therapeutin von überragendem persönlichem Format beschrieben. Solche herausragenden Persönlichkeiten wird es immer geben. Gleichwohl wird das Paradigma der Großartigkeit des Therapeutenstandes angezweifelt. So gibt es Therapeuten, die hervorragend mit ihren Patienten umgehen und zugleich äußerst problematisch im Kontakt mit Kollegen sind, insbesondere mit rangniedrigen. Hervorragende Therapeuten können im Privatbereich wenig sozialkompetente Personen sein.

Box 2: Das rechte Maß an Empathie

»Mit allem, was einem gut und heilig ist, muss man lernen Maß zu halten, auch mit der Empathie. Es ist eine Art Wettrennen unter Therapeuten und Therapieschulen im Gange – vergleichbar mit dem Wettrennen um die beste Therapiemethode[8]. Das Maß ist das Quantum abgegebener Empathie, vermittelter menschlicher Nähe und gelebter Redlichkeit. Nur wer diese bedingungslos vertritt, gehört zu den Guten. Mir kommt das wie eine Art empathischer Selbstbeschönigung vor« (Scheid, 2018[9]).

Auch sollte bei diesen Diskussionen bedacht werden:

Die Neurosen von Freud sind gut dokumentiert; gleichwohl war er ein genialer Therapeut. Nord (2000; zit. nach Eckert, 2008, S. 337) berichtet, dass etwa die Hälfte der Therapeuten sich selber als bedingt sicher gebunden einschätzt. Daher gehe ich davon aus, dass es wohl kaum einen Neurose-freien oder Problem-bereinigten Therapeuten gibt und dass das auch nicht notwendig ist.

Zumal gilt: Nicht alle Patienten sind nur »Leidende«, sondern auch Personen mit gesunden Anteilen und klaren Zielen; sie nehmen ihre Therapie selber in die Hand und sind nur bedingt abhängig vom Therapeuten. Bei diesen Patienten müssen vorhandene Fähigkeiten und Kräfte zur Veränderung angestoßen werden. Schon Dollard und Miller (1950) oder Menninger (1938, 1968) entwickelten die Vorstellung, dass im Wesentlichen die Kompetenzen von Patienten geweckt werden müssen, damit diese sich selber helfen zu können. Bei gesunden Patienten z. B. ist das häufig der Fall. Auch schwerer gestörte Patienten, so sie in der Therapie und vom Setting ermutigt wurden, verbessern ihre Lage aus eigenem Antrieb. Das ist quasi »normal«: Studien belegen, dass in den meisten Fällen auch schwierige Be-

6 Ellis würde dieses Statement als irrationalen Gedanken bezeichnen.

7 Der Autor unterzog sich einer kritischen Selbsteinschätzung und musste feststellen, dass er die meisten Kriterien verfehlte. Gleichwohl ist er der Überzeugung, in vielen Fällen gute therapeutische Arbeit geleistet zu haben.

8 S. auch das »dodo bird verdict«

9 Ich danke Frau Brigitte Scheid für diese mündliche Mitteilung.

lastungssituationen ohne professionelle Hilfe überwunden werden (Bonanno & Mancini, 2008; Gebauer, 2017).

Die Tatsache, dass viele Patienten solche Kompetenzen mitbringen, macht sie weitgehend frei von den Neurosen ihrer Behandler. Die Idee, dass die Neurose des Behandlers methodisch als ein Deckeneffekt angesehen werden muss, ist eine Ableitung aus dem Großartigkeitsparadigma, entspricht aber nicht der Behandlungsrealität.

Empathisches Verhalten kann anstrengend sein. Im Sinne der Burnout-Prophylaxe erscheint es sinnvoll, bei der Betreuung von vielen Patienten in einem beschränkten Zeitrahmen seine Kräfte gut einzuteilen: Ein Therapeut kann nicht in allen Situationen und Settings allen Patienten ein »idealer« Therapeut sein. Dies mag von einem Patienten als ablehnend missverstanden werden. Folgt eine Zusammenarbeit, wird sich die Einschätzung ändern.

2.10 Erwartungshaltung des Therapeuten

Ein Therapeut muss seine Erwartungen an seinen Patienten kontinuierlich überprüfen. Nicht jeder Patient kann zu Therapiebeginn Aspekte des vereinbarten Ziels realisieren. Mitunter wird von einem Patienten zu Beginn einer Therapie das erwartet, was er erst am Ende leisten kann, z. B. Verantwortung zu übernehmen, bewusst Stellung zu beziehen oder sich klar zu entscheiden. Grundsätzlich sollten keine solcher Ziele schon im Erstgespräch erwartet werden, auch wenn sie bei begrenzter Behandlungszeit z. B. in psychosomatischen Kliniken gleich zu Beginn eingefordert werden.

Kompetenzen werden sich im Verlauf der Therapie wieder einstellen. In der Gesprächsführung sollten keine Forderungen anklingen, die ein Patient zu einem gegebenen Zeitpunkt nur schwer erfüllen kann (Timing). Eine gewisse Geduld (»langer Atem«) ist nicht verkehrt. Ein Therapeut sollte darauf vertrauen, dass sich Kompetenzen des Patienten im Verlauf der Therapie wieder einstellen.

Erfolgsversprechen erzeugen Druck. Ein Therapeut sollte es vermeiden, in den ersten Gesprächen zu versprechen: »Das schaffen wir schon«. Ein solches Erfolgsversprechen kann Erfolgsdruck beim Patienten wie auch bei ihm selber auslösen. Gleichwohl ist i. d. R. eine optimistische Haltung unterstützend. Es ist eine Gratwanderung zwischen diesen Positionen. Im Einzelnen muss sich ein Interviewer schon in den ersten Gesprächen (probatorische Sitzungen) fragen: Was kann realistischerweise bei einer bestimmten Problematik und/oder in einem vorgegebenen Behandlungssetting erreicht werden? Ist Genesung tatsächlich das Ziel? Ist es sinnvoller, dass Patienten lernen, besser mit ihren Symptomatiken zu leben?

Wissen, was zu tun ist, muss nicht dazu führen, es tatsächlich auch umsetzen zu können. In einer Vielzahl von Situationen in der Gesprächsführung und in der Therapie weiß ein Therapeut eigentlich genau, wie er »lege artis« intervenieren müsste, er unterlässt es aber aus mancherlei Gründen: Belastung und Überforderung des Patienten; mangelnde Kooperation des sozialen Umfeldes des Patienten; verfügbare Zeit; Implikationen für den Alltag und eingefahrene Routinen auch im Umgang mit nahestehenden Personen; Störung der Arbeitsbeziehung; etc.

Ähnlichkeiten verleiten zur Überschätzung. Es ist Vorsicht geboten bei sympathischen Patienten oder wenn Patient und Therapeut sich ähnlich sind (z. B. Alter oder sozialer Hintergrund). Solche Ähnlichkeiten können Therapeuten dazu verleiten, die Kompetenz des Patienten zu überschätzen.

Veränderungen sind schwierig und mitunter langwierig. Teilnehmer aus Selbsterfahrungsgruppen berichten, wie schwer es ihnen fällt, gewonnene Einsichten in einen Änderungsprozess umzusetzen: »Wenn es uns schon schwerfällt, ein gestecktes Ziel umzusetzen, wie muss es erst Patienten gehen?« Für diese Teilnehmer ist es eine wichtige Einsicht, wie schwierig es ist, das zu tun, was man tun sollte. Für den Umgang mit Patienten kann dies nur bedeuten, seine Ansprüche zu überdenken.

Nur das erwarten, was möglich ist[10]. Nur das von einem Patienten zu erwarten, was er realisieren kann, ist ein sinnvoller Grundsatz nicht nur für den Patienten, sondern auch für den Therapeuten, z. B. für seine eigene Selbstfürsorge. Das Prinzip der kleinen Schritte kann für eine angemessene Erwartung sorgen. Es ist günstig, in den Gesprächen eher kleine Veränderungsziele anzusetzen und diese in den folgenden Gesprächen wieder aufzugreifen.

Auch ein Therapeut muss an sich selber realistische Erwartungen stellen und seine Erfolgserwartung überdenken. Diese können mit der Motivation des Patienten zu einer Veränderung konkurrieren und mit der Möglichkeit des Patienten, eine »positive« Veränderung auch akzeptieren zu können.

2.11 Therapeuten machen Fehler

Es ist sinnvoll, zwei Arten von Fehlern im Kontakt mit Patienten zu unterscheiden, nämlich passagere bzw. umgrenzte Unzulänglichkeiten, die als kleinere Fehler zu werten sind, und größere Fehler, wie grobe Entgleisungen (Fouls) oder Übergriffe. Als kleinere Fehler sind einzuschätzen, wenn folgende umgrenzte Unzulänglichkeiten gelegentlich im Gespräch auftreten:

- Versprecher
- etwas vergessen
- geringfügige und nachvollziehbare Verspätungen
- eine Frage unbeabsichtigt ein zweites Mal stellen
- gelegentliches Abschweifen

10 Im »Kleinen Prinzen« von Saint-Exupéry befiehlt der König zur Wahrung seiner Autorität nur das, was auch wirklich eintreten wird. So ordnet er an, dass morgens die Sonne auf- und abends untergeht.

- zu schnell oder zu leise reden
- etc.

Allzu menschliche Schwächen stören i. d. R. weder die Therapie noch die Beziehung. Allerdings kann der Therapeut einen Fehler im Umgang mit solchen Schwächen machen, wenn er sie selbst zu sehr beachtet und damit betont. Eine gewisse Souveränität ist angebracht; Fehler sollten weder zu sehr beachtet noch betont werden. Ein solcher Umgang mit einem Fehler kann für den Patienten ein gutes Modell sein, wie mit kleineren Unzulänglichkeiten umzugehen ist.
Als gravierende Fehler sind zu werten:

- emotionale Entgleisungen ins Negative wie ins Positive. Verliebtheiten im weitesten Sinne sind ebenso kontraproduktiv wie alle Äußerungen der Abneigung
- Unterstellungen, Beharren auf seiner Meinung im Gespräch
- Permanentes Weggucken
- Aktives Weghören; allerdings nicht, wenn es gezielt als Technik eingesetzt wurde
- Respektlosigkeit und Arroganz
- Übergriffigkeiten jedweder Art
- etc.

Gravierende Fehler haben im Gegensatz zu leichteren Fehlern qualitativ einen anderen Stellenwert: Denn es werden allgemein gültige Regeln der Kommunikation und des Umgangs mit anderen Personen missachtet, die auch im täglichen Leben gelten. Sie beeinträchtigen die Patient-Therapeut-Beziehung meist nachhaltig. Grobe Fehler beeinträchtigen zudem die Validität der Diagnose. Patienten reagieren i. d. R. mit Vertrauensverlust, Misstrauen, Retraumatisierung, Abbruch der Therapie etc.

Ein Therapeut sollte sich nicht unter ein generelles Fehler-Vermeidungs-Diktat stellen. Er muss grobe Fehler vermeiden und sollte nachsichtig in Bezug auf kleine Fehler sein. Diese Einstellung zur Fehlerkultur ist nicht empirisch abgesichert. Sie hat sich aber in der Therapie und Supervision bewährt. Ein Interviewer behindert sich selber, wenn er sich in einem laufenden Gespräch z. B. vorhält, eine Frage nicht optimal verständlich formuliert oder eine Paraphrase nicht ganz genau getroffen zu haben.

2.12 Fazit

Die Ausführungen in diesem Kapitel sind als Abgrenzung zu den mitunter angemahnten hohen personalen Kompetenzen eines Therapeuten zu verstehen. Stattdessen wird vertreten, dass eine ganz »normale« Person ein guter Therapeut werden kann, Interesse und gute Ausbildung vorausgesetzt.

Persönliche Anmerkung: Ich will eine riskante Parallele wagen. Winnicott et al. (1987) stellt erhebliche Nachteile von Über-Müttern auf die kindliche Entwicklung fest, z. B. bei der Entstehung von Selbst-Konzepten und propagiert die »good enough mother«. Damian (2024, S.30)[11] fasst eine Studie mit einem N ≈ 400.000 zusammen »…good enough parenting. Alles, was darüber hinausgeht, wird keinen großen Unterschied machen.« In Analogie zu diesem Konzept ist ein hinreichend guter Therapeut der optimale Therapeut und der vermeintlich beste, nämlich der narzisstische Therapeut, kein guter Therapeut (Beckmann, 1974). Es gibt nicht die ideale Persönlichkeit des perfekten Therapeuten. Man kann getrost sein, als nicht perfekter Mensch erfolgreich zu arbeiten. Das Hinreichend-genug-Prinzip dürfte zudem vor Burnout schützen.

Mit dieser Analogie will ich nicht der unverbindlichen Mittelmäßigkeit das Wort reden. Mein Vorbild in diesem Punkt sind die vielen klugen und engagierten Kolleginnen und Kollegen, die sehr bemüht sind, ihre Patientinnen und Patienten bestmöglich zu versorgen. Sie leiten daraus aber nicht ab, die Besten und die alles Wissenden zu sein.

In der Gesprächsführung gibt es zahlreiche Entscheidungen angesichts der vielfältigen Möglichkeiten des Vorgehens. Greift z. B. ein Interviewer einen verdeckten Hinweis eines Patienten sofort auf oder erst später (»Eins im Sinn«). Es ist unmöglich, alle denkbaren Wege zu beschreiben, theoretisch zu begründen oder gar empirisch zu untermauern. In einem sequenziellen Vorgehen gilt es, ein Rational für die Begründung einer Entscheidung und für eine Abfolge von Entscheidungen zu entwickeln. Hilfreich für einen Therapeuten ist der Rückgriff auf grundlegendes Wissen und Fertigkeiten der Gesprächsführung, welche er angepasst an den Gesprächsverlauf abruft. Weiterhin gilt:

- Es gibt nicht den einzig richtigen theoretischen Hintergrund.
- Es gilt seinen eigenen Stil zu finden und diesen in gewissen Grenzen beizubehalten. Gleichwohl werden gute Therapeuten immer wieder dazulernen, neue Erfahrungen zulassen und die Ergebnisse in geändertes Therapeutenverhalten umsetzen.
- Auch Patienten stellen sich auf ihre Therapeuten ein und übernehmen eine gewisse Verantwortung für den Verlauf der Zusammenarbeit. Dieser Effekt ist auch in Gruppen zu beobachten (s. u.: Verpflichtungen eines Patienten).
- Ein Therapeut kann nicht immer alles richtig machen.
- Entscheidend ist: Er darf aber keine gravierenden Fehler machen.

Eine gewisse Toleranz gegenüber Fehlern soll nicht zum Fehlschluss verleiten, dass Schulung und Selbstkorrektur überflüssig seien. Es wurde wiederholt darauf hingewiesen, dass für Weiterbildungskandidaten die Schulung in Gesprächsführung unzulänglich ist (s. a. Hoyer & Wittchen, 2011; Lammers, 2017). Jeder Therapeut ist für seine Arbeit selber verantwortlich. Für Ausbildungskandidaten wie auch für

11 Rodica Damian, 2024. Zombietheorie. Zeit, 30, S. 30

erfahrene Therapeuten ist es angezeigt, die eigene Gesprächsführungskompetenz zu überprüfen:

Box 3: Ein Gespräch selbst korrigieren

Die Kontrolle diagnostischer oder therapeutischer Gespräche geschieht optimal durch einen erfahrenen Kollegen. Das ist nicht immer realisierbar. Darum wird vorgeschlagen, seine eigenen Gespräche aufzuzeichnen und zu analysieren. Es ist sinnvoll, sich die Aufzeichnung in kleinen Schritten, mitunter Satz für Satz, anzuhören und sich Fragen zu stellen, z. B. folgende:

- Was habe ich in diesem Augenblick gedacht, warum habe ich diesen Sachverhalt gerade jetzt angesprochen?
- Habe ich das richtig ausgedrückt, war meine Formulierung passend, wie könnte ich das ggf. günstiger formulieren?
- Auf welchen Aspekt der Aussage des Patienten bin ich eingegangen, welche habe ich bewusst übergangen, welche habe ich überhaupt nicht gehört?
- Wie reagiert der Patient auf meine Aussage, was greift er auf von dem, was ich sage?
- Umgeht der Patient einen thematisierten Punkt? Merke ich, dass er meidet?

Folgende organisatorischen bzw. technischen Punkte sind zu beachten:

Patienten um Einwilligung fragen. Wichtig ist der Hinweis, dass die Aufzeichnung ausschließlich zur Kontrolle des Diagnostikers oder des Therapeuten dient und zeitnah gelöscht wird. In der folgenden Stunde bestätigt der Diagnostiker oder Therapeut dem Patienten, dass das geschehen ist.

Datenschutz. Die Patientendaten sind immer unter Verschluss zu halten; sie werden nach einer Therapiestunde so weggeschlossen, dass sie für andere Personen unzugänglich sind; sie werden nicht in einer Cloud gespeichert etc.

Technische Hinweise. Die technischen Hilfsmittel sind i. d. R. verfügbar, es reicht ein handelsübliches Handy: Es sollte auf einer weichen Unterlage liegen und nicht direkt z. B. auf einer harten Tischplatte. Das Mikrofon sollte in Richtung des Patienten gerichtet sein. Alles, was rascheln oder klappern kann ist weggeräumt, und das Telefon ist ausgeschaltet.

3 Worauf ein Therapeut im Gespräch achtet

In einem diagnostischen wie auch in einem therapeutischen Gespräch muss ein Therapeut mehrere und z. T. ganz unterschiedliche Aspekte im Blick haben. Es ist eine klassische Multitasking-Situation, die eine sogenannte Mehrfachaufgabenperformanz verlangt. Gerade zum Berufseinstieg ist das kräftezehrend und es ist in dieser Situation klug, Belastungen zu dosieren.

3.1 Ein Therapeut achtet auf den Gesprächsverlauf

3.1.1 Ein Gespräch führen

Der Diagnostiker bzw. Therapeut ist einerseits involviert in den inhaltlichen Verlauf eines Gesprächs. Andererseits übernimmt er gleichzeitig eine Beobachterrolle, kontrolliert den Verlauf und führt das Gespräch, fragt gezielt oder wartet ab, je nach Anlass. Er muss von dieser Aufgabe überzeugt sein und in seiner Haltung repräsentieren, dass es Teil seiner beruflichen Identität ist, ein Gespräch zu leiten, Therapieschritte zu initiieren, etc. Mitunter müssen Therapeuten sich diese Rolle bewusst aneignen und ihren eigenen Worten Glauben schenken. Ein Gespräch zu führen bedeutet im Einzelnen:

- Der Therapeut sollte die klassischen Merkmale sozial-kompetenten Verhaltens in hinreichendem Ausmaß realisieren, wie z. B. den Patienten ansehen, klar und deutlich reden etc.
- Die verbale, die non-verbale und die para-verbale Aussage müssen i. d. R. konkordant sein.
- Er vermittelt sein Vorgehen (Meta-Kommunikation): »Können wir jetzt den Aspekt der … verlassen?« »Kommen wir jetzt zu Punkt …«; »Ich möchte noch einmal zurück zur Frage …«.
- Ein Gespräch zu führen bedeutet nicht, in irgendeiner Weise autoritär aufzutreten. In der Columbo Technik (▶ Kap. 22.5.1) verhält sich der Interviewer mitunter sogar etwas trottelig, gleichwohl strukturiert er das Gespräch und verfolgt ein Ziel.
- Der Anspruch ein Gespräch zu führen gilt auch dann, wenn in einer Gesprächspassage eine eher defensive Grundhaltung indiziert ist. Der Interviewer

verfolgt auch dann das Gespräch und er entscheidet, wann er sein Gesprächsverhalten ändert.

3.1.2 Auf Regeln und Umgangsformen achten

Zum Führen eines Gesprächs gehört es auch, dass der Therapeut auf Regeln und Umgangsformen achtet. Mitunter müssen Patienten lernen, Patient zu sein. Sozial kluge Personen durchschauen schnell die Abläufe, z. B. auf einer Station. Für andere sind Anleitungen sinnvoll; wenn sie nicht wissen, wie sich sinnvollerweise ein Patient verhält, dann sollte das nicht als Widerstand interpretiert werden. In den letzten Jahren hat die Anzahl der Patienten – insbesondere in der Psychiatrie – zugenommen, deren Umgangsformen kritisch sind. So müssen sich die Mitarbeiter aus dem Pflegebereich zunehmend »unerzogenen Patienten« (▶ Kap. 2.4) erwehren. Zum eigenen Schutz und zur Wahrung einer guten Stationskultur (wichtiger Therapiefaktor für Patienten) müssen alle Berufsgruppen klare Grenzen ziehen. Akademische Therapeuten entziehen sich mitunter dieser Pflicht. Auch sie haben aber die Aufgabe darauf zu achten, dass Patienten Regeln und Umgangsformen einhalten.

3.2 Der Therapeut achtet auf die Beziehung

3.2.1 Kontakt halten und pflegen

Die Beziehung zum Patienten wird wesentlich dadurch geprägt, was ein Therapeut fragt und wie er handelt. Weiterhin ist es für den Kontakt förderlich, wenn der Therapeut auch sein Interesse am Patienten vermittelt, z. B. an seinen Vorlieben und Interessen. Scheinbare Nebensächlichkeiten können hilfreich sein. So fragt z. B. der Therapeut Frau Zwora (s. Box 35 »Alles gut?«) nach dem Befinden ihrer Katze oder Herrn Saubert (s. Onlinezusatzmaterial), wie gut er das viele Stehen in seinem Beruf verträgt. Kleine freundliche Gesten sind durchaus erlaubt, z. B. zum Geburtstag zu gratulieren. Bei einer basalen Souveränität des Therapeuten muss die Abstinenzregel nicht rigoros ausgelegt werden.

Auch muss er fortlaufend beobachten, wie Interventionen aufgenommen werden. Ist der Rapport gut genug, um konfrontieren zu können? Wie sehr trifft es den Patienten, eine Grenze einzuziehen, könnte der Kontakt gefährdet werden? Grenzen können notwendig werden, z. B. wenn ein Patient plant, sich durch falsche Angaben einen Geldvorteil zu verschaffen; einen Widersacher auszutricksen; eine Aufgabe, die er selber erledigen müsste, seinem Arbeitskollegen zuzuschieben; wenn ein Mitarbeiter über seinen Betrieb lamentiert; von Übergriffen seinerseits berichtet etc. Mitunter sind nicht-soziale Bestrebungen Aspekte einer Störung. Solche Anliegen widersprechen i. d. R. den Wertvorstellungen eines Therapeuten.

Dieser muss sachlich und durchaus auch freundlich erkennen lassen, welches Verhalten tragbar ist und welches nicht. Unterbleibt das, wird ein Therapeut zum »Kumpel«, was ein No-Go ist.

Herr Zweigelt sondierte die Möglichkeit, durch nicht ganz korrekte Angaben Wohngeld zu erhalten. Dieses stand ihm nicht zu; es war für ihn auch nicht notwendig. Die Wohngeldidee bediente seinen Vorwurf »an das Leben«, zu kurz gekommen zu sein und seine Angst zu verarmen. Der Therapeut lehnt es strikt ab, diese Aktion zu begleiten. Seine Argumente: Herr Zweigelt ist finanziell gut versorgt und es ist nicht zu rechtfertigen, das soziale Netz zu belasten, wenn es weder notwendig noch legitim ist. Würde er nicht korrekte Angaben machen, wäre zu erwarten, dass er sich über Wochen zwanghaft damit beschäftigen und Ängste entwickeln wird, entdeckt und bestraft zu werden. Weitere therapeutische Arbeit wird nicht möglich sein. Der Therapeut wollte nicht zur Verfügung stehen, den selber herbeigeführten Tumult zu klären. Er redete langsam und betont, begründete seine Entscheidung und ließ keine Diskussion zu.

Der Patient kam zur Ruhe, nahm die Argumente an. Er sah es als Therapiefortschritt an, in den kommenden Tagen nicht weiter an das Thema denken zu müssen. Früher hätte eine solche Entscheidung noch über viele Wochen nachgeklungen und innere Dialoge aufrecht gehalten.

Später wurden die Themen »zu kurz zu kommen und zu verarmen« und »Gier« (»Gierschlund«) erneut aufgegriffen und eine alternative Sichtweise erörtert: Herr Zweigelt missbrauchte seine Erkrankung zur Rechtfertigung seiner Gier, die unabhängig von seinen Beschwerden gesehen werden kann.

3.2.2 Patienten und Therapeut werden Freunde

Therapie baut auf Interaktionen und psychologischen Funktionen, die auch in freundschaftlichen und intimen Kontakten wichtig sind, wie z. B.: Begegnung in einem Raum, den kein Dritter betreten wird, verringerte Distanz, Blickkontakt, Bereitschaft eine Beziehung aufzunehmen, intime Themen, erhöhte Äußerungsbereitschaft etc. Insofern ist eine Therapie eine permanente Versuchungssituation, Freundschaften zu schließen. So sprechen Patienten mitunter von »meinem« Therapeuten, himmeln ihn an etc., was seinem therapeutischen Narzissmus Vorschub leisten kann.

Beobachtet ein Therapeut bei sich ein Gefühl ausgeprägter Freundschaft, sollten bei ihm Alarmglocken angehen. Er muss sich selber fragen, ob er gerade eine distant-wohlwollende Sicht zugunsten einer freundschaftlichen aufgibt. Wenn Patient und Therapeut aus vergleichbaren Lebensumständen stammen, etwa gleichaltrig sind oder ähnliche Interessen haben, kann der Therapeut meinen, der Patient sei wie er selber. Dieser Denkschluss ist i. d. R. nicht bewusst. Er kann dazu führen, dass der Therapeut nicht sorgfältig nachfragt, weil er vermeintlich die Lage ja kennt und die Antwort schon weiß. Also: Bei erlebter Nähe gilt, differenziert nachzufragen.

Mitunter entwickelt ein Therapeut eine zu wohlmeinende Sicht auf den Patienten und eine Art Solidarität zwischen Therapeuten und Patient. Das kann dazu führen, dass Patienten zu positiv gesehen und deren Negativa negiert werden. Auch kann der Beitrag zu sozialen Konflikten zu stark aus dem Blickwinkel des Patienten betrachtet werden. Es kann daher zur Kontrolle sinnvoll sein, auch eine Frage der Art zu stellen, wie sie im LHQ, Absatz 10 (Life History Questionnaire, zuerst Lazarus, 1971; s. Onlinezusatzmaterial unter »Hilfsmittel und Fragebögen«) wiedergegeben ist: »Wie würde ein Mensch, der Sie nicht mag und nur Ihre schlechten Eigenschaften sieht, Sie beschreiben?«

3.2.3 Distanz wahren

Es ist sinnvoll, dass ein Therapeut eine gewisse Distanz zur Person des Patienten und dessen Schilderungen wahrt und eine Berufsroutine erwirbt, die ihm entgegenkommt und zugleich den Anforderungen seiner Arbeitsstelle gerecht wird. Distanz zu wahren ist nicht mit einem unterkühlten oder hoffärtigen Umgangsstil gleichzusetzen und ist vereinbar mit Interesse, Engagement und auch Empathie. Die Gründe, Distanz zu wahren, sind vielfältig:

- um sich selber zu schützen (s. Selbstfürsorge)
- um ein vom Patienten unabhängiges Konzept entwickeln zu können und nicht unhinterfragt das Konzept der Patienten zu übernehmen (s. Validität)
- um Hinweise für eine kritische Entwicklung beim Patienten beizeiten registrieren zu können (keinen Beta-Fehler machen).

Hoffmann und Hofman greifen 2020 wiederholt als vulnerablen Faktor auf, dass Therapeuten und Berater immer in einer Auge-in-Auge-Situation arbeiten und sich nicht oder nur schwierig distanzieren können.

3.3 Das Tempo regulieren

Das Sprechtempo ist ein Merkmal der paraverbalen Kommunikation. Ein angemessenes Sprechtempo kann einem Patienten vermitteln, sich sicher und verstanden zu fühlen. Es ist eine Trivialität, dass Menschen unterschiedlich schnell reden. So sprechen Deutsche vergleichsweise langsamer, Spanier und Chinesen dagegen erreichen wesentlich höhere Sprechtempomesswerte (Gebhard, 2012, S.121). Im Sprechtempo unterscheiden sich Frauen und Männer unwesentlich. Frauen sprechen also im Schnitt nicht schneller als Männer (Gebhard, 2012; Weirich & Simpson, 2014). Mitunter wird von männlichen Therapeuten geäußert, dass Patientinnen zu schnell reden würden. Das kann vorkommen. Ein anderer Effekt kann allerdings auch zum Tragen kommen: die Tonlage. Spricht eine weibliche Person in einer Tonlage, die von einer männlichen Person schlechter verstanden wird, dann mag der sich wünschen, sie würde langsamer reden. Sie redet dann nicht schneller, dem männlichen Zuhörer kommt es allerdings zu schnell vor.

Auch ist es üblich, dass Patienten bei speziellen Berichten ihr Tempo verändern. Sie beschleunigen es, wenn sie z. B. erregt oder vorwurfsvoll sind; sie können es in nachdenklichen oder traurigen Passagen verlangsamen. Es besteht eine generelle Tendenz, sich dem Sprechtempo des Gegenübers anzupassen. Es gilt als ein Merkmal von Professionalität, sich auch im Tempo auf seinen Probanden einzustellen, ohne selber aus dem Trott zu geraten. Allerdings muss ein Interviewer insgesamt darauf achten, sein eigenes Tempo beizubehalten. Es ist anstrengend, wenn er sich immer wieder umstellen muss. Günstig ist es, wenn er das bewusst tut und so die Kontrolle beibehält.

In einer Studie von Hautzinger et al. (1991) verringern Therapeuten bei depressiven Patienten spontan ihr Sprechtempo und verlangsamen auch ihre Gestik, d. h. sie übernehmen depressives Verhalten. Sie werden somit extern kontrolliert. Dieser Sachverhalt entspricht einem Priming-Effekt: Werden Probanden z. B. angehalten, wie alte Personen verlangsamt zu gehen, erkennen sie schneller auf das Alter bezogene Wörter; hören Probanden solche Wörter, gehen sie langsamer (Florida-Effekt, Bargh et al., 1996). Solche Priming-Effekte ereignen sich täglich und sind den Betroffenen i. d. R. nicht bewusst. Gleichwohl sollten Therapeuten es merken, wenn sie ihr Sprechtempo verlangsamen, das dann bewusst tun, um sich vor einer Stimmungsverschlechterung zu schützen. Das gilt auch bei zu schnellem Reden. Erfahrungen lehren, dass auch hohes Sprechtempo oder hektische Wechsel der Themen das Befinden eines Therapeuten beeinflussen können. Der muss dem gegensteuern. In der Box 29 ist ein Beispiel dokumentiert, wie sich der Interviewer mit einer Patientin einigen konnte, die für sein eigenes Tempo zu schnell redete. War es schwierig, ihr gedanklich zu folgen, zeigte er auf einen kleinen Spielzeugzug. Die Patientin wusste, dass ihr Tempo schnell war. Dieses Vorgehen ist Beispiel dafür, dass ein Interviewer im Sinne seiner eigenen Selbstfürsorge eine Patientin bittet, sich für ihn günstig zu verhalten (▶ Kap. 2.4; ▶ Kap. 19.1) und eine Patientin damit auch eine Verantwortung für den Therapieverlauf übernimmt.

3.4 Der Therapeut achtet auf den Patienten

Parallel zum inhaltlichen Verlauf eines Gesprächs, registriert ein Therapeut ständig, wie es dem Patienten in diesem Augenblick geht und passt sein Verhalten an (z. B. das Gespräch unterbrechen oder forcieren). So kann er z. B. dann eingreifen und seinen Patienten stoppen, wenn sein Bericht zu belastend wird. Erzählen hat nicht immer einen kathartischen Effekt, sondern kann auch schädigend sein (▶ Kap. 17.1). Auch sollte ein Therapeut seinen Patienten stoppen, wenn dieser emotional betroffen ist und z. B. sich unter Schluchzen selber drängt, weiter zu sprechen:

»Warten Sie einen Moment, wir haben Zeit.«
»Bitte drängen Sie sich nicht.« »Bitte nehmen Sie sich Zeit.«

Es kann für einen Patienten ungünstig sein, wie er sich in einer bestimmten Passage des Gesprächs verhält oder wie er einen Sachverhalt darstellt. Es muss überlegt werden, ob auf dieses aktuell sichtbare problematische Verhalten eingegangen oder das vorherige Thema weiter verfolgt werden soll. Erscheint die letztere Alternative sinnvoll, wird kein Themenwechsel vorgenommen und die Störung ignoriert (► Kap. 19.2). Herr Brotler z. B. zeigt im Erstkontakt eine ablehnende und eher feindliche Haltung; sein Verhalten war von falschen Annahmen geprägt (► Kap. 23.2.1). Es erschien dem Interviewer sinnvoller, nicht auf dessen Verärgerung einzugehen, sondern sich einen Überblick zu verschaffen. Zum folgenden Termin hatten sich die Befürchtungen des Patienten erübrigt.

Patienten können sich in Form negativer Gedankenspiralen in irrationale Inhalte hineinmanövrieren. Das zu beobachten ist zwar oft diagnostisch aufschlussreich. In Gruppen- oder Paargesprächen kann es aber für sie selber und mitunter auch für die Gruppe abträglich sein. Ein Patient kann sich so in eine wenig hilfreiche Position bringen, aus der er im Verlauf eines Klinikaufenthaltes nur schwer wieder herauskommt, insbesondere bei kürzeren Therapiezeiten. Ein Therapeut muss entscheiden, ob die vorgetragenen Inhalte förderlich für die Therapie bzw. für die Beziehung sind, und ihn ggf. stoppen. Das kollidiert zwar mit einer non-direktiven Haltung. Gleichwohl muss ein Therapeut zum Schutz seines Patienten in aller Gelassenheit genau das tun können.

3.5 Der Therapeut achtet auf sich

3.5.1 Sich selber steuern

Im Erstgespräch breiten Patienten eine Unsumme von Informationen aus, wobei die vorgebrachten Beschwerden und Behinderungen, Einschätzungen, Ängste, Vorwürfe, etc. als ungeordnet, einseitig oder zusammenhanglos imponieren mögen. Einen Gedanken wie: »Und ich soll mich da durchfinden und Ordnung in das Chaos bringen« kennen auch erfahrene Therapeuten. Ihr Vorteil ist es zu wissen, dies schon vielfach geschafft und sich selber erfolgreich geleitet zu haben. So werden sie sich z. B. selber hilfreich kommentieren: »Nutze dein Handwerkszeug!«; »Ein Schritt nach dem anderen!« Weniger erfahrene Therapeuten können von dieser berichteten Erfahrung profitieren und sich sagen, dass auch sie genau diese Erfahrung machen werden.

3.5.2 Sich Zeit zum Nachdenken verschaffen

In jedem Gespräch kann es vorkommen, dass der Diagnostiker oder Therapeut nicht weiterweiß und Zeit benötigt, sich den nächsten Schritt zu überlegen. Er muss sich »Luft verschaffen«, um während eines Gesprächs nachdenken zu können. Auch kann er Zeit brauchen, um sich zu sammeln, wenn er durch eine situative Störung unterbrochen wurde, er gedanklich abgelenkt oder emotional belastet war. Für Situationen dieser Art muss er Strategien parat haben, um sich besinnen zu können. Eine ist, die Situation direkt anzusprechen und zu vermitteln, dass das ganz normal ist und es gleich weiter geht:

»Ich muss gerade mal nachdenken und brauche eine kleine Pause.«
»Wenn ich Sie für einen kurzen Moment nicht anschaue und aus dem Fenster sehe, dann liegt das daran, dass ich mich dann besser konzentrieren kann.«

Will er die Situation nicht ansprechen, kann folgendes weiterhelfen:

- Eine Paraphrase einfügen, was Redundanz schafft: »Habe ich Sie so richtig verstanden?«
- Nach einem weiteren Beispiel fragen: »Bitte schildern Sie mir ein (weiteres) Beispiel, ich will mir die Situation genau vorstellen können.«
- Sachverhalt wiederholt erfragen: »Noch mal zurück, wie war das mit …?«
- Weiter gehen (Meta-Kommunikation), das augenblickliche Thema verlassen: »Wir verlassen jetzt mal diesen Punkt und kommen zu …!«
- Dem Patienten das Wort übergeben: »Was habe ich vergessen zu fragen?«, »Möchten Sie noch was hinzufügen?«

3.5.3 Der Diagnostiker als Diagnostikum

Übertragung und Gegenübertragung sind Aspekte jedweder therapeutischen Arbeit. Die folgenden Reaktionen können Hinweise sein: stutzen, aufmerken; ins Nachdenken kommen; emotional reagieren; Emotionen erleben, die »eigentlich« der Patient erleben müsste; merken, dass der Bericht des Patienten nicht stimmig ist; den Patienten anders erleben (z. B. unterwürfig), als der sich selber beschreibt (z. B. dem Chef gegenüber auftrumpfend) sowie sich fragen, wie es wäre, selber in der berichteten Geschichte involviert zu sein.

Solche Selbstwahrnehmungen von Emotionen und Gedanken, die durch den Patienten beim Interviewer angestoßen werden, sind in zweierlei Hinsicht bedeutsam. Es können Hinweise für den Interviewer sein, welche Themen ihn berühren. Wichtiger für Diagnostik und Therapie ist, dass der Interviewer als ein Teil der sozialen Umgebung des Patienten eine externe Realität zur subjektiven Wahrnehmung des Patienten darstellt. Wenn ein Lamento des Patienten dem Interviewer unangemessen erscheint, kann er rückschließen, wie ein solches Lamento auf die Angehörigen des Patienten wirken muss. Der Interviewer muss entscheiden, ob und wann er diese Information an seinen Patienten zurückmeldet.

3.5.4 Burnout und Selbstfürsorge

Therapeuten wie auch andere Akteure in sozialen Berufen sind prädestiniert für Burnout-Erkrankungen[12]. Eine Studie des Robert Koch-Instituts aus dem Jahr 2012[13] zeigt, dass Burnout gehäuft bei Personen mit hohem sozioökonomischem Status[14] (SES) auftritt (niedriger SES 2,5 %; mittlerer SES 4,2 %; hoher SES 5,8 %). Rehan-Sommer und Kämmerer (2019) benennen als Burnout-Risikofaktoren für Psychotherapeutinnen u. a. die Bereitschaft, sich für andere zu engagieren, hohe Empathiefähigkeit, hohe eigene Standards und hohe Erwartungen von Patienten und Institutionen etc. und insbesondere »Selbstaufopferung« (»Helfende Hände«). Es ist ein Akt der Selbstfürsorge, wenn ein Kliniker in seinem Arbeitsalltag auf sich achtet und schon in der Weiterbildung diese Problematik und Möglichkeiten der Prophylaxe angesprochen werden (Lutz, 1982; 2007).

In der Literatur zu Burnout und Selbstfürsorge wird auf ein Bündel von vulnerablen Bedingungen und Faktoren aufmerksam gemacht, z. B. geringes Training und Unerfahrenheit, Perfektionismus und Stress bei der Arbeit. Auch wird argumentiert, dass diese Arbeitsbedingungen zu behandlungswürdigen Störungen führen (z. B. Hoffmann & Hofmann, 2020). Allerdings halten die sich in einem erwartbaren Rahmen und belegen aus Sicht des Autors lediglich, dass auch Psychotherapeuten nicht vor psychischen Erkrankungen geschützt sind.

Die Arbeitsabläufe manch eines Psychotherapeuten sehen genau so aus, wie er sie bei seinen Patienten bemängeln würde. Vieles wird er nicht abstellen können, zumindest nicht kurzfristig. Gleichwohl ist er gehalten, selbstfürsorglich zu sein. Im Einzelnen kann das bedeuten:

- Distanz zu wahren (► Kap. 3.2.3)
- die Arbeit so zu organisieren, dass sie erfolgreich abgeschlossen werden kann
- sich selbst nicht unter Druck zu setzen (s. auch ► Kap. 3.5.2: Sich Zeit zum Nachdenken verschaffen)
- Rituale einzuführen zur Strukturierung des Tages oder für die Verabschiedung von Patienten (z. B.: Patienten-Unterlagen ordnen, Lüften)
- auf seine körperlichen Bedürfnisse zu achten (wichtig insbesondere für Ärzte, die vielfach glauben, ihren eng getakteten Arbeitsalltag ohne Trinken und Essen durchstehen zu müssen)
- auf seine kommunikativen Bedürfnisse zu achten (z. B. Schwatz mit Kollegen)
- auf Pausen zu achten
- seinen eigenen Stil zu finden und diesen in gewissen Grenzen beizubehalten.

---

12 https://de.statista.com/statistik/daten/studie/239672/umfrage/berufsgruppen-mit-den-meisten-fehltagen-durch-burn-outerkrankungen/Studie an AOK-Versicherten, 2019

13 https://de.statista.com/statistik/daten/studie/233475/umfrage/praevalenz-von-burn-out-nach-geschlecht-alter-und-sozialem-status/

14 Bündel von Merkmalen, z. B.: Schulabschluss, Ausbildung und Studium, Beruf und Einkommen, Besitz von Kulturgütern, kulturelle Teilhabe, Wohnort und Eigentumsverhältnisse, Liquidität und Kreditwürdigkeit

Selbstfürsorglich auf die Arbeitsbelastung zu achten bedeutet nicht, jede Belastungsspitze zu meiden, für einen Kollegen nicht einzuspringen oder einem Patienten in einer Notsituation Hilfe vorzuenthalten. In sozialen Berufen sind unvorhergesehene Belastungen nicht zu vermeiden. Aber: Belastungsspitzen dürfen nicht zur Regel werden, sondern müssen Anlass sein, für einen Belastungsausgleich zu sorgen.

4 Patient – Therapeut – Beziehung – Erfolg

Die folgenden Ausführungen gelten nicht für Patienten mit Beziehungsstörungen, bei denen die Beziehung die Störung definiert, und nicht für zwangsweise in einer Einrichtung untergebrachte Patienten. Die Patient-Therapeut-Beziehung ist ein überaus komplexes Thema (Überblick für die Verhaltenstherapie s. Bollmann et al. 2020). In diesem Buch kann im Wesentlichen nur ein Aspekt mit dem Ziel hervorgehoben werden, nämlich Therapieanfänger zu ermutigen, ihren Kompetenzen zu vertrauen.

Die Bedeutung der Patient-Therapeut-Beziehung für den Therapieerfolg wird in der Literatur konträr diskutiert:

(1) Die Qualität der therapeutischen Beziehung ist entscheidend für das Behandlungsergebnis. Irvin D. Yalom (2003) unterstreicht das Diktum von Carl Rogers: Es ist die Beziehung, die heilt. Diese Position gilt als eine Art Goldstandard aller Therapieschulen und gilt darüber hinaus als das Gütesiegel für ein humanes und verantwortungsbewusstes Umgehen mit Patienten.

(2) Die Patient-Therapeut-Beziehung hat keinen oder nur geringen Einfluss auf das Behandlungsergebnis. Diese Schlussfolgerung wurde aus früheren Untersuchungen zur Systematischen Desensibilisierung gezogen: Automatisierte Angstbehandlungen waren gleich erfolgreich wie solche, die von einem Therapeuten durchgeführt wurden. So belegen Kiropoulus et al. (2008) für Patienten mit einer Panikstörung, dass sie gleichermaßen von einer kognitiven VT in Anwesenheit eines Therapeuten wie auch von einem internetbasierten Trainingsprogramm profitierten. Auch Schultz et al. berichten 2025 gute Erfolge für Angst, Panik und depressive Symptome mit internetbasierter Kognitiver VT ohne die Anwesenheit eines Therapeuten.

Studienergebnisse zum Therapieerfolg und der Güte der Beziehung zeigen durchweg, dass die »... Qualität der Patient/Therapeut Beziehung einen signifikanten und konsistenten, wenn auch kleinen Anteil am Behandlungserfolg ...« hat (z. B. Beutler & Wong, 2007, S. 1120). So berichten Martin et al. (2000) in einer Metaanalyse eine mittlere Korrelation von $r = .22$; die Metaanalyse von Flückiger et al. (2018) kommt auf eine mittlere Korrelation von $r = .28$., Dieser Zusammenhang ist als minimal zu bewerten. Solche Ergebnisse veranlassen Margraf und Bieta (2018, S. 383) zur Position: »die oft geäußerte Annahme, eine gute therapeutische Beziehung sei eine notwendige Voraussetzung für Therapieerfolg ... ist nicht belegt.«

Studien zu diesem Thema sind methodisch schwierig: Für die meisten Patienten gilt, dass die Patient-Therapeut-Beziehung gut ist. Das führt zu einer Varianzeinschränkung und senkt die Höhe einer Korrelation. Weitere Probleme sind z. B. die

Wahl der Item-Formate oder die Selektion der Patienten und deren Störung (umschrieben vs. komplex). So ist festzuhalten, dass der Schulen-unabhängige Konsens der allermeisten Therapeuten hinsichtlich einer guten Patient-Therapeut-Beziehung sich in Studien nicht so recht zeigen will.

Die Patient-Therapeut-Beziehung ist in der Regel gut (z. B. Norcross, 2001). Dieser Befund ist zu erwarten und allgemeinpsychologisch begründet: Das Streben nach einer guten Beziehung entspricht dem Grundbedürfnis nach Bindung (z. B. Maslow, 1973, Epstein, 1973). Menschen suchen als soziale Wesen Kontakte und Bindungen zu anderen Menschen. Es ist eine plausible Annahme, dass zwei Personen bei einem Zusammentreffen ihr Gegenüber spontan und i. d. R. nicht bewusst prüfen, ob es einen Beitrag zur Erfüllung des Bedürfnisses nach Bindung leisten kann. Sie sind bereit, quasi genetisch programmiert, eine Bindung einzugehen. Vor diesem Hintergrund leitet ein therapeutischer Erstkontakt eine Sonderform ein, sich nämlich auf ein Arbeitsbündnis und eine spezielle Bindung, die Patient-Therapeut-Beziehung, einzulassen. Dies wird durch das Setting begünstigt, garantiert dieses doch einen geschützten Raum.

Ein Patient sucht Hilfe und weiß i. d. R., dass er diese nur bekommen kann, wenn er bereit ist sich zu öffnen. Es ist eine tradierte Selbstverständlichkeit, dass private Informationen nur an solche Personen weitergegeben werden, die Vertrauen genießen und redlich damit umgehen werden. Qua Funktion genießen Therapeuten einen Vertrauensvorsprung und die meisten Patienten werden beginnen, sich zu öffnen und auch die Vertrauenswürdigkeit testen. Manche Patienten sind zu Beginn einer Therapie in diesem Punkt zurückhaltender – wenige bleiben es auch. Ein Therapeut kennt diese Zusammenhänge und wird dem Patienten vermitteln, dass er bereit ist, mit den privaten Informationen sorgfältig umzugehen. Damit definiert er seinerseits seine Bereitschaft zu einer guten therapeutischen Beziehung.

Die Grundlage einer Therapie von Seiten des Patienten ist also die meist schon vor dem Erstgespräch entwickelte Bereitschaft sich zu öffnen und damit eine therapeutische Beziehung einzugehen. Diese Bereitschaft ist so wirkmächtig, dass selbst unter ungünstigen Bedingungen eine gute therapeutische Beziehung entsteht: Online-Therapien zur Coronazeit führten ebenfalls zu guten Therapeut-Patient-Beziehungen (Ahn & Scheidt, 2022).

Die Therapeut-Patient-Beziehung wird durch die Zusammenarbeit gefestigt. Sind sich die beiden Personen spontan und eindeutig unsympathisch, werden sie wahrscheinlich die gemeinsame Arbeit z. B. nach den probatorischen Sitzungen abbrechen. Diese Selektion begünstigt den Befund, dass die Patient-Therapeut-Beziehung i. d. R. gut ist. Vielleicht sollte verstärkt untersucht werden, was in den eher seltenen Fällen passiert, wenn die Patient-Therapeut-Beziehung weniger gut ist.

Der Zusammenhang von therapeutischer Beziehung und Therapieerfolg wird als Korrelation beschrieben. Es ist methodisch trivial, dass daraus keine kausale Interpretation abgeleitet werden kann. Für beide möglichen Aussagen gibt es plausible Begründungen:

- *Eine gute Beziehung begünstigt einen guten Erfolg.* Daraus wird abgeleitet: Der Therapeut muss erst einmal eine gute Beziehung herstellen, bevor er gut arbeiten kann. Die Qualität der Beziehung und die Kunstfertigkeit des Therapeuten, diese herzustellen, geraten in das Zentrum einer Therapiereflexion.
- *Ein guter Erfolg begünstigt eine gute Beziehung.* Begründet das Erstgespräch beim Patienten eine erste Hoffnung auf Erfolg und wird diese im Verlauf der gemeinsamen Arbeit bestätigt, so entwickelt sich eine gute und belastbare Beziehung. Daraus wird abgeleitet: Der Therapeut muss solide arbeiten, insbesondere im Erstgespräch, dann kann er mit einer guten Beziehung rechnen.

Natürlich begünstigt eine gute Beziehung einen guten Erfolg. Die muss aber nicht erst in irgendeiner artifiziellen Weise hergestellt werden. Selbst wenn die Beziehung nicht sonderlich gut, aber insoweit tragfähig ist, dass der Therapeut mit seiner Arbeit beginnen kann, sind es die weiteren positiven Erfahrungen, die zu einer guten Beziehung führen. Eine gute Patient-Therapeut-Beziehung ist die (psycho-) logische Konsequenz aus einem angemessenen Umgang mit einem Patienten und einer guten therapeutischen Arbeit. Sie hängt also von den konkreten positiven Erfahrungen ab, die ein Patient mit seinem Therapeuten macht.

In der therapeutischen Praxis sind drei Möglichkeiten zu beobachten, wie sich die Qualität der Beziehung und Therapieerfolg entwickelt:

1. *Eine gute Patient-Therapeut-Beziehung kovariiert mit einem guten Therapieerfolg.* Diese Relation ist sicher dokumentiert, s. o., und entspricht der Therapieroutine.
2. *Eine gute Patient-Therapeut-Beziehung garantiert nicht den Erfolg.* Bei einer (zu) guten Beziehung zwischen Therapeut und Patient werden immer wieder Fälle berichtet, dass der Patient keine Fortschritte macht. Mitunter mögen beide ein Motiv haben, die gemeinsamen Sitzungen fortzusetzen. Ein erfolgreicher Abschluss würde dem entgegenstehen. Bei einer ins Freundschaftliche tendierenden Beziehung sind mitunter konfrontative und notwendige »klare Worte« schwierig.
3. *Eine schlechte Patient-Therapeut-Beziehung, zumindest initial, kann gleichwohl zu einem guten Erfolg führen.* Diese theoretisch interessante Konstellation kann durch Einzelfälle illustriert werden:

Eine pensionierte Buchhalterin fühlte sich deprimiert und so erschöpft, dass sie auch an Suizid dachte. Damit der Therapeut selber ein Bild der Situation entwickeln konnte, wurde eine Zeitreihe des Tagesablaufs erstellt: Sie stand wie auch in Zeiten ihrer Erwerbstätigkeit um 6.30 Uhr auf, machte eine ½ stündige Mittagspause um 12 Uhr und später eine kurze Kaffeepause. Sie beendete um 18 Uhr ihre diversen Tätigkeiten. Sie war zwar mittags müde, hielt aber durch. Ihr alter Hausarzt, dem sie vertraute, hatte geraten, ihren alten Tagesablauf auch nach der Berentung beizubehalten, was ihrer protestantischen Arbeitsethik entgegenkam. Der Therapeut allerdings hatte den Eindruck, dass die Patientin einerseits erschöpft war; andererseits generierte sie mit dieser Tagesregelung viel

Zeit, die sie nicht sinnvoll füllen konnte. Beide Bedingungen begünstigten eine depressive Stimmungslage. Er riet ihr folglich, auszuschlafen und nicht mit Hilfe des Weckers aufzustehen und außerdem eine ausgedehnte Mittagsruhe einzuhalten. Die Patientin war empört. Dieser Rat widersprach ihren Grundsätzen und dem Rat ihrer Vertrauensperson. Der Therapeut wiederum drängte auf eine Veränderung des Tagesablaufs. Die Therapie, die die Patientin auf Anraten und nicht aus freien Stücken begonnen hatte, war in der Anfangsphase; die Patientin-Therapeut-Beziehung war sichtbar schlecht. Die Patientin ließ sich auf die Tagesveränderung ein, pflichtbewusst, wie sie war, und unter Vorbehalt. Zur Mittagsruhe war sie nur quasi per Verordnung zum Ausprobieren (▶ Kap. 26.2.8 Anstiften zum Probehandeln) zu bewegen.

Es stellte sich eine durchgreifende Verbesserung ein. Sie erlebte sich tatkräftiger, war besser gestimmt, sie lächelte häufiger und war unternehmungslustiger. Auch die Patientin-Therapeut-Beziehung hatte sich deutlich gebessert. Die Themen Gebote und Verbote sowie die Sinnhaftigkeit einer protestantischen Arbeitsethik konnten angesprochen werden. Der Effekt des Mittagsschlafes war beeindruckend, selbst Müßiggang konnte thematisiert werden und die Patientin war bereit, eine Entspannungstechnik mit Genusshinweisen zu erlernen.

Die Themen Bindung oder Patient-Therapeut-Beziehung werden teilweise als ein extraordinärer Prozess beschrieben, der unter den Fittichen eines empathischen Therapeuten aufblüht. Hier wird eine konträre Position bezogen: Eine gute Beziehung hängt von den positiven Erfahrungen ab, die ein Patient mit seinem Therapeuten macht – und umgekehrt. Diese Bedingungen werden zu jedem Zeitpunkt eines Gesprächs realisiert. Sie sind deshalb grundlegend zum Beziehungsaufbau. Einzelne umschriebene Techniken zum Beziehungsaufbau sind aus dieser Sichtweise eher nachgeordnet (Interventionen speziell zum Beziehungsaufbau s. Sachse, 2015; Flüger & Holtforth, 2017).

Teil III – Diagnostische Grundlagen der Gesprächsführung

5 Konzeptionelle Grundlagen

5.1 Wechselwirkung von Diagnostik, Therapie und Beziehung

In jedem klinisch-psychologischen Gespräch werden drei Aspekte realisiert, nämlich Diagnostik, Therapie und Beziehung. Diese interagieren: eine Frage (Diagnostik) führt zugleich zu einer Veränderung (Therapie). Eine therapeutische Intervention erbringt einen diagnostischen Gewinn. Die Qualität der Patient-Therapeut-Beziehung prägt wiederum Diagnostik und Therapie.

Schmerzpatienten z. B. berichten im Erstgespräch häufig, dass sie immer Schmerzen haben. Die Frage, unter welchen Bedingungen diese geringer und unter welchen diese stärker ausgeprägt sind (Diagnostik), kann zu der Einsicht (Therapie) führen, dass sich die Schmerzintensität in situativer Abhängigkeit ändert.

Die Beziehung zum Patienten wird vom Therapeuten maßgeblich durch seinen Arbeits- und Umgangsstil beeinflusst, auf welche Weise er also Diagnostik und Therapie betreibt:

- *Wie er Fragen formuliert.* Fragt er z. B. kühl: »Haben Sie denn immer Schmerzen?« und vermittelt dabei, ohne es zu sagen: »Das kann doch gar nicht sein«, versus empathisch: »Gibt es Situationen, in denen der Schmerz besonders stark ist, und andere, in denen es nicht gar so arg ist?« (das vermittelt dem Patienten: »Ich will verstehen, wie genau bei Ihnen der Schmerz aussieht.«)
- *Was einen Diagnostiker interessiert, was er erfragt und was er übergeht.* Erfragt er z. B. im Erstgespräch die biographischen Fakten und gibt diesen viel Raum oder erkundigt er sich interessiert nach dem Erleben des Patienten in einer Situation: »Wann traten die Beschwerden erstmals auf, wie alt waren Sie, wo wohnten Sie?« versus: »Wie erging es Ihnen, als Sie zum ersten Mal diese Ängste erlebten?«
- *Welche Interventionen ein Therapeut verwendet.* Ist ein Diagnostiker eher direkt und konfrontierend oder eher vorsichtig und paraphrasierend; neigt ein Therapeut eher zu Reizkonfrontation in vivo oder bereitet er diese in sensu vor?
- *Wie er sein non- und paraverbales Verhalten gestaltet.* Interviewer unterscheiden sich erheblich darin, ob sie sich verständlich ausdrücken, wie gut sie Blickkontakt halten können, etc.

Es ist naheliegend, dass die Qualität der Patient-Therapeut-Beziehung auch durch das Verhalten des Patienten bestimmt wird, z. B. durch: seine Bereitschaft, eine

Beziehung zum Therapeuten aufzunehmen; seine Äußerungsbereitschaft generell; seine Compliance sowie seine Verlässlichkeit und Pünktlichkeit.

5.2 Zur Frage der Güte eines psychologischen Gesprächs

Zur Gesprächsführung liegen vergleichsweise wenige empirische Daten vor. Ihre empirische Evidenzbasierung ist also beschränkt. Gleichwohl gibt es psychologisch gut begründete Vorgehensweisen in der Gesprächsführung, die einem nachvollziehbaren Rational folgen. So sollten Interviewer (nahezu) immer eine bestimmte Frage oder ein Vorgehen begründen können und sie sollten ihr Vorgehen routinemäßig in einer (kollegialen) Supervision kontrollieren lassen. Auch ist eine Selbstkontrolle sinnvoll, indem sie ein diagnostisches oder klinisches Gespräch aufzeichnen und selber abhören (s. Box 3 »Ein Gespräch selbst korrigieren«).

Die Frage danach, ob der Bericht von Patienten wahr ist oder nicht, führt auf ein schwieriges Terrain: Sind die Schilderungen früherer Ereignisse »richtig« und »objektiv« oder »falsch« und »subjektiv«? Und wie verlässlich ist der Bericht aktueller Ereignisse? Die menschliche Informationsverarbeitung ist tatsächlich zur korrekten Abspeicherung von Ereignissen nicht angelegt (z. B. Kraepelin, 1886: Erinnerungsfälschungen; Steffens & Mecklenbräuker, 2007). Die Sicht auf die eigene Biographie ist vielfach falsch. So wird Alfred Adler die folgende Begebenheit zugesprochen: Er war überzeugt, dass an einer ganz bestimmten Stelle in einem Wiener Bezirk ein Friedhof lag. Nach vielen Jahren überprüfte er diese Erinnerung und stellte fest, dass sie falsch war. Es gab diesen Friedhof an dieser Stelle nicht. Auch Piaget war von einer Fehlinformation betroffen. Er war überzeugt, als kleines Kind entführt worden zu sein. Diese Erzählung allerdings war von seinem Kindermädchen erfunden; er hatte sie übernommen und ihre Berichte bildhaft ausgeschmückt und zu eigenen gemacht. Weiterhin: Jeder dürfte schon einmal Zeuge oder Beteiligter gewesen sein, wenn zwei Personen sich streiten, wie ein Ablauf eines früheren Geschehens war, wer also z. B. was und wann zu Tante Trude am Geburtstag gesagt hatte und wo die Feier stattfand … Vielfach ist eine korrekte biographische Rekonstruktion also nicht möglich. Die Konsequenzen für die Gesprächsführung sind nahe liegend:

Adler folgerte, dass die objektive Wahrheit, wo genau der Friedhof liegt, letztendlich für ihn und für die Entwicklung seines Selbstkonzeptes irrelevant war. Wichtig für ihn war, dass er sich mit diesem Thema auseinandergesetzt hat. Loftus (1993) weist darauf hin, dass Piaget ein Opfer eines Fehlinformationseffektes war. Der kann jeden treffen und keiner kann sicher sein, dass der jemals aufgeklärt wird. Watzlawick (2005) pointiert daher: Wie wirklich ist die Wirklichkeit?

Psychotherapie ist mitunter eine Frage der Definition von Zusammenhängen: Im Erinnerungsspeicher einer Person sind immer sehr viele Ereignisse abgelegt, so dass mit hoher Wahrscheinlichkeit erwünschte und konkordante, zugleich aber auch unerwünschte und diskordante Vorkommnisse bereitstehen, um einen Zusammenhang zu stiften. Es ist keine Frage der Objektivität, sondern der Opportunität, welcher Zusammenhang hergestellt und welche Sichtweise vom »Selbst einer Person« bevorzugt werden. Diejenige Erinnerung wird aufgerufen, die kompatibel mit dem Gesamt der Oberpläne und Selbstaussagen einer Person ist. Auch in der therapeutischen Gesprächsführung muss ständig geprüft werden, wie sinnvoll es ist, bestimmte Zusammenhänge zu fördern.

> Frau Stein, trockene Alkoholikerin, 68 Jahre, stammte aus einem Dorf mit damals engstirnigen Bewohnern. Sie wurde früh von den Eltern mit einem Handwerker verheiratet, begann zu trinken, wurde Mutter von zwei Söhnen, wurde geschieden und sah sich genötigt, das Dorf zu verlassen. Mit vielen Umwegen schaffte sie es, einen qualifizierten Beruf zu erlernen, wurde wohlhabend und hatte in vielfacher Hinsicht die Dorfbewohner und ihre Familienangehörigen überflügelt. Ihr Weg war schwierig, beschämende Erinnerungen belasteten sie immer wieder, auch bis ins Alter. Im Laufe der Jahre benötigte sie Unterstützung von verschiedenen Therapeuten. In der Biographiearbeit galt es, den überwundenen Alkoholabusus zu akzeptieren. Es war Ziel des Therapeuten, ihren Blick auf ihre Leistung zu richten, ihren Werdegang positiv zu werten und ihre Lebensleistung insgesamt zu würdigen. Hierzu war sie nur in Ansätzen in der Lage, waren doch der Alkoholismus und seine negativen Folgen »wahr«. Für sie weiterführend war der wohlwollende Blick auf die gelungene Überwindung. Eine eher provokante Nebenbemerkung des Therapeuten: »Eigentlich müssen Sie dem Alkohol dankbar sein, er hat Sie aus D. weggebracht«, erinnerte sie später häufiger. Von den zahlreichen Aspekten ihres Alkoholkonsums, z. B. Verzweiflung, Protest, Selbstabwertung, war diese für sie neu und hilfreich. Sie lenkte ihre Sicht weg von den »verlorenen« Jahren hin zum jetzt Erreichten. Der Therapeut definierte ihren Konsum damit in Teilen neu. Es ist unerheblich, ob diese Zuschreibung »wahr« war. Sie war weiterführend und hilfreich und damit therapeutisch richtig.

Es stellt sich folglich die Frage, ob eine Erzählung mit der beobachtbaren Realität übereinstimmen muss. Soll ein Verhalten gezielt verändert werden, ist eine hohe Übereinstimmung notwendig. Therapeuten sollten sich eine plastische Vorstellung von einer kritischen Situation machen können, was sie durch spezielle Techniken wie Nachfragen oder Präzisierung erreichen können. Ist aber eine Klärung von Sichtweisen oder (Selbst-)Konzepten angezeigt, dann ist eine Übereinstimmung zweitrangig, auch in der VT.

Die Suche nach der Wahrheit bei Glaubwürdigkeitsbegutachtungen vor Gericht oder bei der Abklärung traumatischer Übergriffe in Therapie führte zu den »Memory Wars«. So konstatierten Laney und Loftus (2005), dass traumatische Erinnerungen nicht zwingend korrekt sein müssen. Bei der wissenschaftlichen und gesellschaftlichen Kontroverse über die Zuverlässigkeit verdrängter traumatischer Erinnerungen standen sich zwei Positionen gegenüber (Patihis et al., 2014):

- »Recovered Memory Movements«: Die Erinnerung an eine traumatische Situation, z. B. Missbrauch, bezieht sich auf ein tatsächliches Geschehen, das verdrängt war und später, z. B. durch Psychotherapie, aufgedeckt wurde.
- »False Memory Syndrome«: Die Erinnerung an eine traumatische Situation, z. B. Missbrauch, bezieht sich *nicht* auf ein tatsächliches Geschehen. Vielmehr wurden traumatische Vorfälle, z. B. durch die Befragung oder therapeutische Bemühungen mögliche Traumen aufzudecken, induziert. In experimentellen Studien wurde gezeigt, wie schnell und eindringlich schon minimale Suggestionen wirken können.

In einer heutigen Gesprächssituation kann also ein früheres Trauma induziert werden. Auch denkbar ist, dass in einer früheren Situation ein Trauma induziert wurde oder sich das Bild eines Übergriffs entwickelt, das sich tatsächlich nicht ereignet hatte. Das kann der Fall sein, wenn die Mutter von Töchtern von der Angst umgetrieben, dass der gewalttätige Vater nicht nur ihr gegenüber übergriffig ist, sondern es auch den Töchtern gegenüber sein könnte. Eine Tochter kann diese Befürchtung übernehmen, und im Laufe der Zeit diese als real erinnern (zur weiteren Diskussion s. Aronson et al., Kap. 4, 2023).

Ein Therapeut muss sich zuallererst fragen, ob seine Ausbildung und Kompetenz für eine Traumabehandlung hinreichend ist. Für die Gesprächsführung ist vorrangig, auf die aktuelle Belastung eines Patienten einzugehen. Im Verlauf der Behandlung wird er darauf achten müssen, wie die Hinweise für die oben geschilderte Alternative aussehen. Unbedingt sollte er eine Reflexion und Kontrolle seines Vorgehens anstreben, z. B. Supervision.

5.3 Zwei Explorationsstrategien

5.3.1 Leitfaden-Diagnostik

In der klinischen Diagnostik werden unterschiedlichste Leitfäden zur Strukturierung der Gesprächsführung benutzt. Leitfäden können als Richtlinien verstanden werden, wie mit psychodiagnostischen Sachverhalten umzugehen ist. Leitfäden sind mit dem Anliegen einer Verbesserung der Diagnostik und Therapie psychischer Erkrankungen publiziert und öffentlich zugänglich. Andere wurden für die Verwendung in klinischen Einrichtungen, z. B. in einer Rehaklinik, formuliert und gelten nur für die Diagnostik der jeweiligen Klinik. Gängige Leitlinien sind:

- ICD, DSM-Kriterienvorgabe für umschriebene Störungsbilder
- Leitlinien zur Diagnostik und Therapie (z. B.: DGPPN[15], Deutsche Gesellschaft für Psychiatrie und Psychotherapie, Psychosomatik und Nervenheilkunde)
- Life History Questionnaire (zuerst LAZARUS, 1971) (Eine aktuelle Variante s. Onlinezusatzmaterialien unter »Hilfsmittel und Fragebögen«)
- Klinikinterne Leitfäden für definierte Störungen, z. B. Sucht, die bei der Aufnahme die Exploration der Untersucher einheitlich festlegen
- Leitfaden-orientierte Diagnostik (Westhoff & Kluck, 2014)
- Anamnesefragebogen.

Solche Leitfäden stellen sicher, dass einheitliche Kriterien zur Beschreibung bzw. Diagnostik verwendet werden, dass die für eine Klinik notwendigen Informationen erhoben werden und dass bei einer wiederholten Aufnahme oder für eine Weiterbehandlung in einer anderen Einrichtung vergleichbare Daten vorliegen.

Eine standardisierte Informationserhebung kann für die praktische Arbeit von großem Nutzen sein. Das Konzept der ICD- bzw. DSM-Diagnose zwingt zu einer dezidierten Erfassung umschriebener diagnostischer Kriterien. Hilfreich ist die Nutzung von Checklisten, was eine rasche und reliable Diagnose erlaubt. In einem biographischen Manual, z. B. LHQ, werden auch solche Informationen erhoben, die für die Suche nach einem Thema nicht relevant sein mögen und daher übersehen werden können. Bei einer Reflexion des Behandlungsverlaufs oder beim Schreiben einer Stellungnahme kann eine im LHQ erfasste Information relevant werden.

Die Deutsche Gesellschaft für Psychiatrie und Psychotherapie, Psychosomatik und Nervenheilkunde (DGPPN) veröffentlicht Leitlinien zur Diagnostik zahlreicher Störungen (z. B. ADHS, alkoholbezogene Störungen, Angststörungen, Autismus, etc.) sowie zum fachgerechten Umgang mit speziellen klinischen Aufgaben (z. B. Begutachtung, Kinderschutzleitlinie, Notfallpsychiatrie, etc.). In solchen Leitlinien ist das aktuelle Störungswissen zusammengeführt:

> »Ziel ist es, das Wissen zur Verfügung zu stellen, das die in der Krankenversorgung tätigen Expertinnen und Experten benötigen, um psychische Erkrankungen optimal diagnostizieren und behandeln zu können … In die Leitlinien fließen vor allem Erkenntnisse ein, die durch in der Vergangenheit gesammelte Daten belegt sind (empirische Evidenz). Diagnose- und Therapiemöglichkeiten, die in den Leitlinien berücksichtigt werden, müssen zudem unter den beteiligten Experten und in der Fachwelt anerkannt sein[16].«

Beispielfragen[17]

Zwangsstörung: »Haben Sie jemals unter Gedanken gelitten, die unsinnig waren und immer wieder kamen, auch wenn Sie es gar nicht wollten?«

Essstörung: »Haben Sie sich jemals über mehrere Monate hinweg große Sorgen darüber gemacht, wie viel Sie essen, zu dick zu sein oder zuzunehmen?«

15 https://www.dgppn.de/leitlinien-publikationen/leitlinien.html
16 https://www.dgppn.de/leitlinien-publikationen/leitlinien.html
17 S3-Leitlinie/NVL Unipolare Depression Kurzfassung, 2. Auflage, Version 1 © 2017 19

Alkoholmissbrauch oder -abhängigkeit: »Gab es einmal eine Zeit in Ihrem Leben, in der Sie fünf oder mehr Gläser Alkohol pro Tag getrunken haben?«

Beispielfragen[18]

Hauptsymptome depressive Stimmung: »Haben Sie sich in den letzten zwei Wochen niedergeschlagen oder traurig gefühlt?« »Gab es Zeiten, zu denen Ihre Stimmung besser oder schlechter war?«

Interessenverlust und Freudlosigkeit: »Haben Sie in der letzten Zeit das Interesse oder die Freude an wichtigen Aktivitäten (Beruf, Hobby, Familie) verloren?« »Hatten Sie in den letzten zwei Wochen fast ständig das Gefühl, zu nichts mehr Lust zu haben?«

Erhöhte Ermüdbarkeit und Antriebsmangel: »Haben Sie Ihre Energie verloren?« »Fühlen Sie sich ständig müde und abgeschlagen?« »Fällt es Ihnen schwer, die Aufgaben des Alltags wie gewohnt zu bewerkstelligen?«

Die Leitfadendiagnostik (Westhoff & Kluck, 2014[19]) sieht vor, dass vom Diagnostiker vor einer diagnostischen Untersuchung für jeden Probanden ein individueller Leitfaden formuliert wird. Die Formulierung der einzelnen Fragen richtet sich nach der Fragestellung und dem Persönlichkeitsmodell der Autoren. Für das abzuklärende Problem werden die Fragen nach den folgenden inhaltlichen Bereichen ausformuliert:

- körperliche Bedingungen
- motivationale Bedingungen
- äußere Bedingungen
- intellektuelle Bedingungen
- soziale Bedingungen
- emotionale Bedingungen.

Die vorab niedergeschriebenen Fragen werden in der diagnostischen Sitzung wörtlich verlesen, der Diagnostiker notiert die Antworten der Probanden; er fragt nicht nach oder modifiziert eine Frage. Beobachtbare Auffälligkeiten können registriert und in der Planung des folgenden Gesprächs berücksichtigt werden.

Das Bestreben der Autoren ist es, die Reliabilität zu erhöhen, denn: »… ungeplante und nicht oder schlecht vorbereitete Gespräche … (haben; Ergänzung RL) … fehlerhafte und verzerrte Informationen zur Folge … Solche Gespräche sind, auch wenn sog. Experten sie durchführen, nicht auf dem Stand der psychologischen Wissenschaft« (Westhoff & Kluck, 2014, S. 99). Der Alpha-Fehler wird also zu

18 https://www.dgppn.de/_Resources/Persistent/d53e5967ade4134e444e71973752e10bcaebda79/S3-NVL_depression-2aufl-vers1-kurz.pdf (s.17)

19 Dieses Buch ist in der 6. Auflage erschienen. Also wurden viele Studierende der Psychologie mit diesem Ansatz vertraut gemacht. Dieser prägte aus meiner Sicht die universitäre Ausbildung in Gesprächsführung nicht sinnvoll. Der vorliegende Text versteht sich als Alternative.

Lasten des Beta-Fehlers maximal reduziert. Zur Erhöhung der Reliabilität sollen situative Einflüsse ausgeschlossen werden.

Ein wesentliches Element der Beziehungsgestaltung, wie bei einer sequenziellen Diagnostik, entfällt. Auch die Informationen, die aus einer Gegenübertragung entstehen können, werden nicht genutzt. Die non- und paraverbalen Kommunikationskanäle verlieren zwangsläufig ihre Bedeutung.

Zwar sind die Ansprüche der Leitfadendiagnostik mitunter für einen Interviewer eher gering. Gleichwohl gehört es zu seinen Berufsverpflichtungen, freundlich und respektvoll dieselbe Frage zu stellen, auch wenn er diese zuvor zehn anderen Patienten gestellt hatte.

5.3.2 Sequenzielle Diagnostik

Dieser Text versteht sich als Beitrag zu einer sequenziellen Diagnostik. Diese ist im Einzelnen geprägt durch folgende Merkmale:

Ein Diagnostiker oder Therapeut folgt Hinweisen seines Patienten: Äußerungen des Patienten und Antworten, die er versucht zu umgehen, sind Anlass für eine Frage.

Er lässt sich von seinen Beobachtungen und auch von seiner Gegenübertragung leiten.

Der Diagnostiker ist bestrebt den Beta-Fehler zu minimieren. Er wird also auf diagnoserelevante Hinweise von Störungen achten, z. B.: rot geschrubbte Hände als Hinweis auf einen Waschzwang. Solche Auffälligkeiten müssen vom Patienten nicht benannt werden, der sich wegen eines anderen Anliegens vorgestellt hatte.

Er verfolgt ein offenes Diagnoseschema, z. B. das SORKC-Modell.

In seiner Vorplanung definiert er die Informationen, die er erheben will, nicht aber wie das im Einzelnen geschehen soll. Das »Wie« ist vom Gesprächsverlauf abhängig.

In der sequenziellen Diagnostik wird induktiv ein ipsatives Störungsmodell aus den Informationen des Patienten entwickelt. Sie entspricht der TOTE-Strategie (test, operate, test, exist) aus der Allgemeinen Psychologie (Miller, et al., 1960).

Der Beginn einer Therapie in der ambulanten Praxis ist klassischerweise durch eine offene Suche geprägt: Der Therapeut ist bestrebt, die Beschwerden eines Patienten zu erfassen und eine zentrale Thematik zu bestimmen. Eine offene Suche

- hat den Charakter eines interessierten zugewandten Gesprächs
- wird von einem Interviewer so gestaltet, dass er Interesse am Vortrag des Patienten vermittelt
- eröffnet einem Therapeuten eine Sichtweise auf den Patienten, wie dieser »tickt« bzw. »funktioniert«, was ihn bewegt
- weckt/fördert Motivation und Änderungsbereitschaft und Akzeptanz realistischer Ziele
- fördert den Beziehungsaufbau
- ist durch viele offene Fragen geprägt
- folgt dem Rational einer sequenziellen Diagnostik und

- betont die Validität.

Die Gestaltung der Beziehung durch die gemeinsame Arbeit wird bei der offenen Suche und insbesondere bei der Erarbeitung eines Themas stark durch das Geschick des Interviewers geprägt, die »richtigen« Fragen zu stellen. Die Art der Beziehung wird außerdem durch die Wahl der Gesprächsführungstechniken (z. B. konfrontative vs. defensive) bestimmt.

5.4 Welchen Fehler bevorzugt ein Diagnostiker?

Mit den beiden diagnostischen Strategien sind zwei typische Fehler assoziiert. Die Leitfaden-Diagnostik ist primär angelegt, den Fehler erster Art (Alpha-Fehler, α-Fehler) zu vermeiden, die sequenzielle Diagnostik dagegen den Fehler zweiter Art (Beta-Fehler, β-Fehler). Mit dieser Unterscheidung werden für den diagnostischen Entscheidungsprozess zwei unterschiedliche Arbeitsstrategien pointiert:

Verringerung des α-Fehlers. Der Diagnostiker konzentriert sich auf die Frage, ob eine vermutete Diagnose tatsächlich zutrifft oder nicht. Diese wird vielfach initial von Patienten vorgetragen. So stellt sich Frau Otto mit »Angst« vor und ein Diagnostiker übernimmt den Auftrag, möglichst reliabel die Diagnose Angst abzusichern oder sie zu verwerfen.

Verringerung des β-Fehlers. Der Diagnostiker ist bestrebt, keine Symptomatik zu übersehen, um eine valide Diagnose zu finden. Es ist seine Aufgabe, Hinweise für Auffälligkeiten zu erkennen, insbesondere solche, die der Patient selber nicht nennt. Frau Otto hatte sich als Angstpatientin vorgestellt. Als zentrale Symptomatik aber wurde eine Depression offenbar.

Weiterhin achtet der Diagnostiker auf mögliche Themen und besondere Verhaltensweisen oder Merkmale, z. B.: unangemessene Kleidung in einer Rehaklinik; Meiden des Hand-Gebens; rot geschrubbte Hände; fehlende Konkordanz von verbalen, para-verbalen und non-verbalen Mitteilungen …

Im Beispiel zum ▶ Kap. 6.4 wird die Korrektur einer Behandlungsplanung eines Jugendlichen beschrieben. Bei dessen Diagnostik war ein zentraler Hinweis nicht für die Therapieplanung genutzt worden, was als Beta-Fehler zu werten ist.

Es wäre ein grober Beta-Fehler, selbstschädigendes Verhalten zu übersehen: Eine Person fügt sich mehr oder weniger bewusst eine Schädigung zu, die sie auch in therapeutischen Kontakten (zunächst) verbirgt. Die übliche Funktion von C-, Verhalten zu beenden bzw. zu unterdrücken, ist außer Kraft gesetzt. Beim Ritzen tritt der Schmerz, C-, unmittelbar auf und dient mitunter der Kontrolle einer als schlimmer erlebten Symptomatik. Eine Dekompensation z. B. wird durch Ritzen unterbunden (Ȼ-). Insofern spricht Sachse (1987) von einer selbstfürsorglichen Funktion des Ritzens.

Ritzen tut weh (C-) und kann dazu dienen, sich selber zu bestrafen. Damit wird ein negativer Oberplan (z. B.: »Du bist zu nichts nutze«) bekräftigt, was als C+ zu signieren ist. Beide Aspekte haben für einen Patienten eine stabilisierende Funktion und können daher Anlass sein, selbstschädigendes Verhalten nicht anzusprechen.

5.5 Zwei Varianten der Frageformulierung

Es wird zwischen zwei Formaten unterschieden, eine Frage zu formulieren, nämlich zwischen personzentriert (pz) und verhaltenszentriert (vz). Eine pz-Frage spricht die Eigenschaften einer Person an, z. B.: »Sind Sie ein ängstlicher Mensch?«, mit einer vz-Frage wird ein Verhalten fokussiert, z. B.: »Wie häufig haben Sie heute Ihr Kind angelächelt?«. Pz- und vz-Fragen sind neben anderen Frageformen wie z. B. offene oder geschlossene Fragen Gestaltungsmittel eines Interviews. Pz- und vz-Fragen sind auch für die Itemformulierung von Fragebögen relevant und bewirken vorhersagbare Antworttendenzen.

Eine verhaltenszentrierte Frage …

1. zielt auf ein umschriebenes Verhalten in einer bestimmten Situation ab. Dieses ist terminiert, d. h. sie beinhaltet eine umgrenzte Verhaltensweise mit klarem Anfang und Ende
2. fordert vom Antwortenden, eine Beobachterrolle von sich selber einzunehmen
3. impliziert, dass die Person ihr Tun extern attribuieren kann.

Beispiele für verhaltenszentrierte Fragen in einem Interview:

- »Wann/in welcher Situation/bei welchem Anlass haben Sie die Angst beobachtet?«
- »Bitte schildern Sie, was genau nacheinander passiert ist?« (Entwickeln einer Zeitreihe).
- »Was sagt Ihr Partner dazu?«; »Wie würde eine Person, die Sie mag, Ihr Verhalten beschreiben? Wie beschreibt Sie eine Person, die sie nicht so sehr mag?« (Perspektivwechsel).

Beispiele verhaltenszentrierter Items in Fragebögen:

1. »Kam es in der letzten Woche vor, dass du dich freutest, weil dir etwas gelang?«
   BFW[20], Item 35

20 Berner Fragebogen zum Wohlbefinden (Grob, A. et al.1991, Diagnostica 37(1):66–75.

2. »Wie oft haben Sie dem Kind eine Belohnung gegeben für gute Schulleistungen?«
   HAMEL[21], Item 59. Vorgegebener Zeitrahmen: vier Wochen.
3. »Das hat prima geklappt!«
   ISE[22], Item 19. In der Instruktion wird nach Selbstgesprächen, Kognitionen, Äußerungen sich selbst gegenüber in den letzten 14 Tagen gefragt.
   Antwortmodalität: Angabe zur Häufigkeit in einem definierten Zeitrahmen.

Beispiele für vz-Fragen im Gespräch mit Frau Muck:

1. »Was ist Ihnen dabei so durch den Kopf gegangen?«
2. »Wann, in welchen Situationen erschrecken Sie?«
3. »Und wie hat der reagiert?«

Eine personzentrierte Frage …

1. ist situationsübergreifend formuliert und zielt auf die Person als ganze ab
2. führt zu einer umfassenden Selbstaussage. Diese ist generell und nicht terminiert
3. provoziert Antworten, die Aspekte enthalten, wie eine Person sich selber sieht oder gesehen werden will. Sie ist Selbstwert-relevant
4. impliziert, dass die Person für ihr Tun verantwortlich ist.

Beispiele für personzentrierte Fragen in einem Interview:

- »Wie geht es Ihnen?«
- »Sind Sie ein ängstlicher Mensch?«
- »Neigen Sie zum Grübeln?«, »Gehen Sie abends gerne aus?«
- »Wie schätzen Sie die Lage ein?«

Beispiele für personzentrierte Items in Fragebögen:

- »Ich bin nervös«; »Ich bin ruhig«; »Ich fühle mich geborgen« (Items des STAI[23])
- »Ich lebe nach der Devise: Vorsichtig sein und weniger erwarten ist besser, als sorglos leben und immer Erfolg haben.« (Item 37 des TPF[24]).

Antwortmodalität: Zustimmung; Ja-Nein

Beispiele für pz-Fragen im Gespräch mit Herrn Brotler:

---

21 Hamburger Erziehungsverhaltensliste für Mütter (Baumgärtel, F., 1979, Hogrefe, Göttingen)
22 Inventar zur Selbstkommunikation für Erwachsene (Tönnies, 1982, Beltz, Weinheim).
23 State Trait Anxiety Inventory (Laux, L. et al., 1981, Beltz, Weinheim)
24 Trierer Persönlichkeitsfragebogen (Becker, P., 1989, Hogrefe, Göttingen).

- »Könnte man Sie eigentlich als Eigenbrötler bezeichnen?«
- »Das heißt, die machen ihr Ding und Sie machen Ihr Ding?«

Box 4: Itemformat: Effekte der unterschiedlichen Formulierung von Fragen in Fragebögen

Der Unterschied zwischen pz- und vz-Fragebögen wurde empirisch untersucht. Für repräsentative Stichproben (Lutz, 1998) gilt:

Korrelationshöhe. Zwei inhaltlich konträr valente Skalen wie Skalen zur seelischen Gesundheit und Krankheit korrelieren substanziell negativ miteinander (zwischen ca. $r = -.45$ und $r = -.70$), wenn sie pz-operationalisiert sind. Wenn sie aber vz-formuliert sind, korrelieren sie nur zu einem Wert um Null.

Mittelwertausprägung. Positive Merkmale haben einen deutlich höheren Mittelwert als negative (Tendenz zur positiven Selbstdarstellung), wenn sie als pz-Items operationalisiert wurden. Die Werte positiver Merkmale liegen nur gering über denen von negativen, wenn sie als vz-Items gestaltet wurden. Patienten dagegen stellen sich selber in pz-Skalen weniger positiv dar als Gesunde. Die Werte von Gesunden und Patienten unterscheiden sich im vz-Format wesentlich geringer.

Veränderungssensitivität. In Evaluationsstudien aus psychosomatischen Kliniken liegen die Effektstärken (d) von vz-Skalen sehr viel höher als die von pz-Skalen ($d \approx .60$ vs. $d \approx .25$).

Das Konzept der konkurrierenden Itemformate vermag die beiden Gesundheits-Krankheits-Modelle (► Kap. 25.5) verständlich zu machen: Das bipolare Modell wird mit pz-Skalen erzeugt, das orthogonale mit vz-Skalen. Ein optimaler Therapieverlauf wird sich initial mit hohen Verbesserungen im vz-Format abbilden. Mit pz-Skalen sind nur geringere Verbesserungen zu erwarten. Zum Katamnesezeitpunkt reduzieren sich deutlich die vz-Skalenwerte, die von pz-Skalen verändern sich kaum.

Um solche Effekte zu kontrollieren, besteht eine optimale Testbatterie sowohl aus vz- wie aus pz-Skalen. Zugespitzt bedeuten diese Befunde: Nicht der Inhalt einer Frage determiniert die Antwort, sondern die Formulierung der Frage. Damit bestimmt ein Wissenschaftler durch die Wahl seines Forschungsinstrumentariums das Ergebnis seiner Studie.

Die Unterscheidung zwischen Verhaltens- und Konzeptebene entspricht den beiden Itemformaten: Vz-Fragen liefern Informationen für die Verhaltensebene. Eine pz-Frage dagegen führt zu einer Aussage über eine Person auf der Konzeptebene, die als Oberplan umformuliert werden kann z. B.:

- »Direkt gefragt: Sind Sie eine Helikopter-Mutter?« → »Ich bin eine besorgte Mutter.«
- »Sind Sie ein eher ängstlicher Mensch?« → »Ich bin ein ängstlicher Mensch.«

Der empirische Befund, dass nämlich die Tendenz zur positiven Selbstdarstellung sich überwiegend als Folge einer pz-Befragung einstellt, weniger aber mit vz-Fragen, bedeutet für die Gesprächsführung: Werden Patienten mit einer pz-Frage nach Positiva, etwa ihren Ressourcen gefragt, fallen ihnen wesentlich weniger ein, als wenn sie auf eine vz-Frage antworten können. Patienten, insbesondere Depressive, entdecken also mehr Positiva, wenn sie vz- statt pz-Fragen beantworten. Gleichwohl erkennen sie weniger Positiva als gesunde Personen.

Die Beachtung unterschiedlicher Frageformate in der Gesprächsführung heißt zunächst, dass ein Therapeut sich nicht nur auf Inhalte konzentriert, die er verfolgen will, sondern zugleich auch auf die Ausformulierung von Fragen. Das gilt nicht nur für die Wahl des Formates, sondern auch für weitere Varianten, Fragen zu gestalten (z. B. offene vs. geschlossene Fragen). So kann es in einer Einarbeitungsphase sinnvoll sein, in der Vorbereitung auf ein Gespräch nicht nur die anstehenden Themen aufzuschreiben, sondern auch, wie bestimmte Fragen formuliert sein sollten. So kann ein Interviewer spezielle pz- oder vz-Fragen vorbereiten. Es kann sinnvoll sein, beim zirkulären Fragen bewusst das Format der Fragen zu wechseln, nämlich einmal person- und einmal verhaltenszentriert zu explorieren.

Tab. 5.1: Dialog mit Herrn Zweigelt

	Dialog mit Herrn Zweigelt	Anmerkungen
Th.	Herr Zweigelt, Sie hatten Ihren Vater als einen Tyrannen beschrieben …	Zurückführen
P.	Das kann man wohl sagen.	
Th.	Was bringt Sie dazu?	nachfragen
P.	Sein Jähzorn	
Th.	Sein Jähzorn, wie sah der aus?	vz-Frage
P.	Ich frage was wegen der Schule und er gibt mir eine Ohrfeige.	vz-Aussage
P.	Er war unberechenbar.	pz-Aussage

Die bewusste Auswahl von Fragen fordert eine eher distante Haltung. Damit ist eine Gratwanderung zwischen einer überlegt-rationalen Gesprächsführung und einer interessiert-empathischen Haltung verbunden, was nicht immer einfach ist. Diese Balance zu finden, ist in einer Einarbeitungsphase schwieriger, als wenn eine längere Berufspraxis zu sicheren Routinen geführt hat. Daher ist es sinnvoll, Gesprächspassagen aufzuzeichnen und sich selber zu kontrollieren (siehe Box 3).

In einem verhaltenstherapeutischen Setting werden vz-Fragen häufiger auftreten. Will ein Therapeut z. B. eine funktionale Verhaltensanalyse erarbeiten, wird er ein kritisches Verhalten definieren und es im Verlauf eines definierten Zeitrahmens beschreiben. Hilfreich sind Fragetechniken, die zur Präzisierung beitragen, wie z. B. Konkretisieren oder Spezifizieren. Soll ein SORKC-Schema erarbeitet werden, ist die Methode der Wahl eine Beschreibung auf der Zeitachse. Solche Techniken mögen manchen Kollegen etwas kleinlich und buchhalterisch vorkommen. Auch gibt es Befürchtungen, dass Patienten den Charme eines empathischen Verstehens vermissen und sie sich nicht verstanden fühlen könnten. Die Erfahrung zeigt, dass Patienten es sehr wohl würdigen, wenn genau nachgefragt wird. Sie erleben dieses Vorgehen als Interesse und als Bestreben, sie und ihr Anliegen bestmöglich zu verstehen. Bei einer Präzisierung und einer Beschreibung auf der Zeitachse werden i. d. R. auch Vermeidungsstrategien offensichtlich. Diesen Zugewinn an Einsicht in das eigene Verhalten können Patienten durchaus schätzen.

Das genauere Eingehen auf eine Situation kostet Zeit. Angesichts der vielfältigen Möglichkeiten, nach weiteren Inhalten zu fragen, mag das unvorteilhaft erscheinen. Wird aber ein wichtiges Thema exploriert und ein zentrales Verhalten des Patienten in einer typischen Situation eingehend dargestellt, werden zwingend auch relevante Oberpläne bzw. Selbstkonzepte aufgedeckt. Insofern kann eine detaillierte funktionale Analyse als Operationalisierung eines umfassenderen Problems verstanden werden (»pars pro toto«: ein Teil steht für das Ganze).

5.6 Zwei konträre Systeme der Informationsverarbeitung

Zwei konträre Systeme der Informationsverarbeitung können unterschieden werden (Kahneman, 2012): Das System 1 arbeitet schnell, spontan und ohne willentliche Steuerung, es folgt dem »Lust-Prinzip«, generiert Eindrücke und Emotionen, »ungezügelte« Impulse und Assoziationen (»quick and dirty«). Die einzelnen Informationen sind linguistisch nicht codiert und der Introspektion nicht unmittelbar zugänglich, was evolutionsbiologisch begründet wird. Das System 1 ist anfällig für vielerlei Beeinflussungen, z. B. für Priming. Das System 2 ist durch eine langsame, gesteuerte und willentliche Verarbeitung von vergleichbar wenigen Informationen charakterisiert, die sprachlich zugänglich sind. Die bewusste Informationsverarbeitung im System 2 erfordert Selbstkontrolle, strengt an, erschöpft und erhöht den Hirnstoffwechsel.

System 1 und 2 interagieren; im schnelleren System 1 werden viele bewusste Bewertungen und Entscheidungen determiniert. Dieser Effekt wird durch die Emotionen getriggert, die im System 1 blitzschnell entstehen; die mit diesen Emotionen stimmungskongruenten Informationen sind schneller verfügbar.

Dieser Ansatz weist Parallelen zu neuropsychologischen Konzepten der Entstehung von Emotionen auf (Le Doux, 2001; Kandel et al., 2016): Die kognitiven Bewertungen sinnlicher Eindrücke oder die Lenkung der Aufmerksamkeit werden kortikal verarbeitet und erinnern an das System zwei. Subkortikal gesteuerte Informationsflüsse haben funktionale Ähnlichkeiten mit dem System 1. Auch hier wird von unterschiedlichen Geschwindigkeiten berichtet: Das gesamte limbische

System arbeitet sehr viel schneller (im Millisekunden-Bereich) als die bewussten kognitiven Prozesse.

Im Gespräch sind primär die Informationen des bewussten Systems zugänglich. Nicht bewusste Inhalte sind schwieriger im Gespräch zu thematisieren. Es muss also davon ausgegangen werden, dass die Schilderung einer kritischen Verhaltensweise nicht das vollständige Problem wiedergibt. Zur Ergänzung der verbal ausgesprochenen Aspekte können hilfreich sein:

- Beobachtungen der Diagnostiker auch außerhalb des Behandlungszimmers und Schilderung Dritter (Angehörige; in einer Klinik: Beobachtungen von Kollegen, insbesondere auch in der Freizeit und in Therapiegruppen)
- Verhalten auf der Station
- Achten auf non- und paraverbale Hinweise, die stärker vom System 1 geprägt werden
- therapiebegleitende Diagnostik (z. B. wie werden geplante Interventionen angenommen und umgesetzt; zeigt sich Widerstand?)
- imaginative Verfahren, Verbalisieren unter Entspannung.

5.7 Informationsselektion

»Die Kunst der Weisheit besteht darin, zu wissen, was man übersehen muss.«
William James[25]

Die verschiedenen Umwelten einer Person halten sehr viel mehr Informationen vor, als diese verarbeiten kann. Es ist klug sich darauf einzustellen. William James meint sogar, dass es weise ist zu wissen, welche man getrost übersehen kann, wie aus dem obenstehenden Zitat ersichtlich wird.

In einem klinischen Gespräch werden bestimmte Inhalte fokussiert, andere werden dadurch ausgeschlossen; ein Patient berichtet gezielt oder spontan nicht alle Informationen, die klinisch relevant sein mögen. Eine Informationsselektion ist also ständig gegeben. In einem klinischen Gespräch werden Schwerpunkte gesetzt, z. B.:

- durch das Anliegen des Patienten. Übernimmt der Therapeut die Behandlung der vorgetragenen Symptomatik als Ziel, kann eine zweite, möglicherweise die zentrale Störung, übersehen werden (Beta-Fehler). So stellte sich Frau Otto als Panikpatientin vor, vorrangig behandlungsrelevant war aber ihre depressive Symptomatik.

25 https://gutezitate.com/autor/william-james/4

- durch die theoretische Orientierung des Behandlers. Ist dieser tiefenpsychologisch orientiert, wird er eingehend die Mutter-Kind-Entwicklung explorieren; ein Verhaltenstherapeut würde Anzeichen von Meidungsverhalten aufgreifen.
- durch das Behandlungssetting. So ist z. B. in einer Schmerzklinik der Behandlungsschwerpunkt Schmerz.
- durch den Zeitgeist. Vor einigen Jahrzehnten war u. a. die Transaktionsanalyse angesagt, heute ist z. B. der Schemaansatz prominent. Je nach klinischer Orientierung werden konkordante Inhalte gesucht und diskordante übersehen.

Es ist normal, dass Personen Informationen bevorzugt aufnehmen, die konkordant mit ihrem Selbstbild sind (▸ Kap. 9.6 und ▸ Kap. 9.7). Bei Patienten kann die Informationsverarbeitung durch ihre Störung verzerrt sein (z. B.: post-event-processing; Wells, 1997). So können Sie die Überzeugung entwickelt haben, dass sie »alles falsch« machen oder dass andere sie negativ bewerten. Zur Untermauerung können Patienten ihren Therapeuten hierfür jede Menge Beispiele berichten.

Angesichts dieser Sachlage ist es ist keine Option, Vollständigkeit anzustreben; es wäre zu belastend für Patient und Therapeut, zu zeitintensiv; eine unendliche Beschäftigung mit sich wäre die Folge. Daher ist die vorgegebene Beschränkung nicht als Nachteil zu sehen. Da sowohl Verhalten als auch Themen vernetzt sind, ist es nahezu unumgänglich, auf verschiedenen Wegen auf ein relevantes Behandlungsthema zu stoßen.

Für die Gesprächsführung bedeutet das: In einem klinischen Gespräch werden immer mehr Informationen generiert, als der Diagnostiker oder Therapeut weiterverfolgen kann. Er kann also weniger Aspekte ansprechen als auftauchen. Es ist unmöglich, alle psychodiagnostischen Gedanken verbal auszudrücken, die einem Diagnostiker oder Therapeuten während eines Gesprächs durch den Kopf gehen. Es gibt immer mehr diagnostische Beschreibungsmöglichkeiten als Handlungsoptionen. In einer solchen Situation muss der Interviewer sich Zeit zum Nachdenken verschaffen (▸ Kap. 3.5.2). Er muss sich bildlich gesprochen zurücklehnen und darauf achten, ob es Hinweise für ein zentrales Thema gibt.

Um einen Fehler bei der unumgänglichen Informationsselektion zu vermeiden, sollte es zur Routine eines Diagnostikers gehören, immer auch nach einer alternativen Störung bzw. dem zentralen Thema zu suchen. Er muss sich fragen, warum ein Patient eine bestimmte Störung vorgetragen hat, und keine andere. So war es für den Patienten, der in der Box 21 (»Herzattacke«) eingeführt wird, gewissermaßen »leichter«, wegen des Verdachts auf Herzinfarkt notfallmäßig versorgt zu werden, als wegen seiner Zwangshandlungen, die ihm eher peinlich waren. Er selber hatte relevante Informationen unterdrückt.

Mit der Informationsselektion kann die Angst des Interviewers einhergehen, im Interview relevante Daten zu übersehen. Diese Befürchtung wird genährt durch die Erfahrung in manchen Behandlungen, dass sich Entwicklungen einstellen, die »man eigentlich früher hätte sehen können«. Auch kann ein Supervisor diese Angst verstärken, wenn er im Nachhinein (!) souverän entwickelt, warum eine unklare Behandlungssituation eintreten musste, wie sie eingetreten ist. Kein Kliniker ist dagegen gefeit, Informationen zu übersehen. Die Angst davor sollte als ein beruhigender Indikator für das Bestreben gewertet werden, keine Behandlungsfehler zu machen.

Teil IV – Theoretischer Hintergrund

6 Verhaltenstherapeutische Positionen

6.1 Ausdifferenzierung der Verhaltenstherapie

Der verhaltenstherapeutische Ansatz wird ständig erweitert und ausdifferenziert. Zum einen werden inhaltliche Aspekte des Erlebens und Verhaltens stärker betont oder hinzugenommen und integriert, z. B. Kognitionen (Beck, 1976), die zuvor weniger beachtet wurden. Zum anderen werden Empfehlungen von Arbeitsschritten zur Optimierung des diagnostisch-therapeutischen Vorgehens z. B. durch die Prozessorientierung (Hayes & Hofmann, 2018) ausgesprochen. Diese Entwicklungsschritte, auch als Wellen oder Wenden bezeichnet, führten zu Umbenennungen, z. B. von VT in KVT bzw. von BT in CBT (Kognitive VT, cognitive behavioral therapy). Hand (2002, S. 637) räsoniert, ob nicht die nächste Umbenennung in CBEBT, cognitive behavioral emotional therapy, anstehe, würden nun doch auch Emotionen bedacht. Eingedenk der voraussichtlichen Entwicklungen mit den zu erwartenden Neubenennungen – inzwischen gibt es z. B. eine internetbasierte Kognitive VT, iKVT (z. B. Frase et al., 2020) – plädiert er dafür, es bei der Bezeichnung VT bzw. BT zu belassen. Dies wird auch in dieser Ausarbeitung befolgt.

Autoren stellen sich mit immer neueren und moderneren und vermeintlich dann auch besseren Varianten von VT vor; aus anderen klinischen Modellen werden Konzepte, wie z. B. Schemata nach Young importiert. Diese Weiterentwicklungen versprechen, die Unzulänglichkeiten früherer Varianten zu überwinden. So bezeichnet Stangier (2019, S. 236) die »Dritte Welle« als »moderne Ansätze der kognitiven VT«. Wenn die Dritte Welle modern ist, sind damit die vorherigen Wellen unmodern geworden und ist die VT, bevor sich die erste Welle aufbaute, inzwischen überholt? Die Antwort: Die klassische funktionale Verhaltensanalyse sicher nicht.

Ich bin inzwischen davon überzeugt, dass heute eine Welle rückwärts geboten ist: Bei allen Wenden und Wellen wird gerne ausgeblendet, wie hilfreich und zielführend eine präzise Verhaltensanalyse ist, auch wenn ein SORKC-Modell in Unkenntnis ihrer Funktion als »old fashioned« wahrgenommen werden mag. Dieses klassische Handwerkszeug eines Verhaltenstherapeuten ist mit allen Wenden kompatibel. Es ist Konsens unter vielen Therapeuten, auch Verhaltenstherapeuten, nicht »schulenrein« zu arbeiten. Es ist also gegeben und es ist sinnvoll, dass sie Ideen und wirksame Behandlungselemente aus anderen klinischen Modellen übernehmen, mitunter in Form von »Wenden« oder »Wellen«. Diese sind als Vorschläge der jeweiligen Autoren zu sehen, welche inhaltlichen Aspekte oder welche Handlungsempfehlungen bevorzugt beachtet werden sollten. Solche Importe sind als Bereicherungen schon allein deswegen begrüßenswert, weil die VT wenige inhaltliche Theoriebeiträge zum klinischen Denken liefert. Allerdings ersetzen solche Importe keine Verhaltensanalyse. Psychologisch-inhaltliche Bereicherungen sind i.d.R. durch eine verstärkerökologische Betrachtung zu komplettieren. Die Verhaltensanalyse ist so alt wie die VT und begründet zusammen mit einer funktionalen Analyse ein zentrales Bestimmungsstück von VT. Verhalten – beobachtbares wie auch Kognitionen – und Erleben können mit Verstärkerprinzipien beschrieben werden, zumindest ist die verstärkerökologische Analyse nutzbringend anwendbar.

Die Rückbesinnung auf diese Grundlage ist aus meiner Sicht ein Gewinn an Wissen und sichert Behandlungsmöglichkeiten, wenn also die Wirkweise der »modernen« Ansätze verstärkerökologisch beschrieben bzw. begründet werden. So erweitert z.B. eine Prozessorientierung sinnvoll das diagnostisch-therapeutische Vorgehen. Die geschilderten Beispiele (z.B. Stangier, 2019) verdeutlichen allerdings, dass die dargestellten Effekte nur dann aus verhaltenstherapeutischer Sicht nachvollziehbar sind, wenn der Leser die kontrollierenden Verstärker mit bedenkt.

Ein unangemessenes Schema ist nach Young ein weitgefasstes Thema oder Muster, das dysfunktional ist. Es erklärt mit dem Streben nach Konsistenz, warum eine Person Handlungen beibehält, obwohl die für sie abträglich sind. Allerdings ist das Streben nach Konsistenz per se kein universell wirkender psychologischer Mechanismus, der Verhalten erklärt. So gibt es auch das Streben nach Abwechslung (variatio delectat), welche das Explorationsverhalten begründet und zur Suche nach neuen Erfahrungen und nach Weiterentwicklung motiviert. Warum und wann strebt eine Person nach Konsistenz, wann nach Abwechslung? Konsistenz mag manchmal als festgefügt und starr erlebt werden und zum Ausbrechen motivieren; Abwechslung kann als zu trubelig eine Person veranlassen, sich abzuschotten.

Übersetzt man die Idee der Konsistenz in die verstärkerökologische Denkweise, wird die Wirkweise an folgendem Beispiel verständlich: Definiert sich eine Person über einen abwertenden Oberplan oder über ein negatives Selbstkonzept und tritt ein dazu passendes Missgeschick ein, wird ihre Sicht über sich bestätigt, was als C+ zu signieren ist. Eine solche Person wird sogar selber ein Missgeschick provozieren, auf das eine Sanktion, eine Zurückweisung o. Ä. folgt, welches einem korrespondierenden Oberplan, z.B.: »Ich tauge nichts«, entspricht. Dieser wird damit bestätigt, was einer gewissen Genugtuung entspricht. Der Oberplan wird bekräftigt, das nächste Missgeschick wird wahrscheinlicher. Die Charakterisierung dieser Verhaltensabläufe in einer treffenden Überschrift lautet: Konsistenz. Die Person hat durch ihr Handeln aus einer inhaltlichen Sicht Konsistenz hergestellt. Der spezifische Wirkmechanismus allerdings beschreibt aus verhaltenstherapeutischer Perspektive eine verstärkerökologische Analyse.

Ist dagegen eine Person überzeugt: »Ich bin o. k.« wird sie in einer solchen Situation Konsistenz mit völlig anderen Verhaltensweisen erreichen: Sie wird eine Sanktion als unangenehm finden, weil sie nicht konform zum Selbstkonzept ist. Sie wird bestrebt sein, sie zukünftig zu umgehen.

Der Import kann auch zu Nachteilen führen, wenn angesichts der Neuerungen erprobte Strategien schlicht vergessen werden. Hand (2014, S. 153–154) beklagt, dass die empirisch gesicherten Therapieschritte bei Expositionsbehandlungen, veröffentlicht in den 1970er und 1980er Jahre, weder gelesen noch vermittelt werden, was zur Therapieverlängerung führt. »Es ist noch ein langer Weg, bis wir in der VT der Angst- und Zwangserkrankungen wieder das Input/Outcome-Ergebnis erreicht haben, das in den 1970er und 1980er Jahren entscheidend die Akzeptanz dieser Therapierichtung ermöglicht hat!« (Hand, 2014, S. 154).

Meine Erfahrung ist, dass die Systematische Desensibilisierung den meisten Weiterbildungskandidaten nur vom Hörensagen bekannt ist und selten angewendet wird[26]. Dieses intensiv untersuchte Verfahren ist eine effektive Behandlungsvariante bei Ängsten, die den Vorteil hat, überaus schonend zu sein.

6.2 Überschneidungen diverser Ansätze

6.2.1 Ergänzungen zur Verhaltenstherapie

So wie heute die Schematherapie vielerorts favorisiert wird (Young, et. al, 2008), war vor einigen Jahren die Transaktionsanalyse populär (Berne, 1964; 2002). Für eine Exploration sind beide Ansätze hilfreiche Suchheuristiken, die sinnvollerweise im verhaltensdiagnostischen Prozess durch eine verstärkerökologische Sicht ergänzt werden. Diese vermag das Streben nach Konsistenz, s. voriger Abschnitt (► Kap. 6.1), verhaltenstherapeutisch beschreiben.

Mattejat und Quaschner (2006, S. 177) erläutern die Funktion eines Schemas in einem Schaubild. Wird in diesem Modell das Wort »Schema« durch das Wort »Oberplan« ersetzt, so verdeutlicht es die Funktion eines Oberplans; »Schema« und »Oberplan« beschreiben eine identische Funktion.

Young et al. haben insgesamt 18 maladaptive Schemata inhaltsanalytisch ausgearbeitet, die fünf Schemadomänen untergeordnet werden. Die erste Domäne (Disconnection and Rejection) etwa fasst Schemata zum Thema Absonderung und Ablehnung zusammen, z. B.:

- Verlassenheit/Instabilität (Abandonment/Instability)
- emotionale Entbehrung (Emotional Deprivation)
- Unzulänglichkeit/Scham (Defectiveness/Shame)
- soziale Isolierung/Entfremdung (Social Isolation/Alienation).

Eine Person z. B. berichtet, sich den Anforderungen des täglichen Lebens nicht gewachsen zu fühlen und schildert Schwierigkeiten, den Tag zu strukturieren und den Haushalt zu führen. Angesichts einer schwierigen Aufgabe wird ihr Schema »Unzulänglichkeit« aktiviert, die Person wird entmutigt sein, scheitern und somit

26 Das dürfte daran liegen, dass die Systematische Desensibilisierung wenig spektakulär ist und die Durchführung für den Therapeuten »stinklangweilig« ist.

ihr Schema bestätigen. Für einen Interviewer kann es nutzbringend sein, sich das Schema der Unzulänglichkeit als psychologische Kategorie bewusst zu machen. Er nutzt sie dann als inhaltlich definierte Suchanleitung: Er exploriert nicht nur die »objektiven« Merkmale der Aufgabe und die Bewältigungskompetenzen, sondern erfragt auch Merkmale von Unzulänglichkeiten:

- »Wie erleben Sie es, wenn Sie nicht klarkommen, vor einem Berg von Problemen zu stehen, Ihnen alles über den Kopf wächst?«
- »Kennen Sie das Gefühl der Unzulänglichkeit von früher?«
- »Sind andere Personen beteiligt? Was hat Ihre Mutter/Ihr Vater/Bruder dazu gesagt?«
- »Haben Sie den Eindruck, in die Rolle des Ungeschickten hineingewachsen zu sein?«

Die »Spiele der Erwachsenen« (Berne, 1964; 2002) z. B. waren und sind hilfreiche Zusammenstellungen von typischen Inszenierungen, die prägnant die Interaktion von Personen hervorheben. Im »Tumult-Spiel« z. B. wird von der handelnden Person irgendeine Variante von Unruhe oder Verwirrung initiiert, z. B. ein Streit vom Zaun gebrochen. In der Folge kann ein Problem nicht gelöst werden, eine Arbeit wird unterbrochen oder eine Intimität vermieden. Je größer der Tumult, desto größer die Wahrscheinlichkeit, erfolgreich meiden zu können.

Im »Holzbein-Spiel« zieht der Spieler die »Karte« Behinderung: Der Patient kann etwas nicht tun, weil er im weitesten Sinn behindert ist: »Ich kann das nicht, ich habe zwei linke Hände, ich hatte eine schwere Kindheit, habe schlecht geschlafen, habe Kopfschmerzen …« Das »Holzbein-Spiel« zielt auf eine Rechtfertigung ab, etwas nicht tun zu können, keine Verantwortung für die eigene Situation übernehmen zu müssen und gleichzeitig Bedauern oder Mitleid zu wecken. Solche Spiele und deren Namen sind prägnant. Sie sind gut zu erkennen und einem Patienten leicht zu vermitteln. Sie ermöglichen es daher einem Patienten, eine erwünschte Distanzierung zu einem problematischen Geschehen zu erreichen. Das Konzept der Spiele kann präzise in die verhaltenstherapeutische Terminologie übertragen werden. Das »Tumult«- und das »Holzbein«-Spiel imponieren als thematisch gänzlich unterschiedliche Inszenierungen, funktional sind sie aber vergleichbar. Immer wird Meidungsverhalten eingeleitet (Ȼ-), eine positive Verstärkung erreicht (C+) und ein Defizit sichtbar.

Aktuell wird das Thema Optimierung sowie das korrespondierende Thema Perfektionismus diskutiert (z. B. Psychologie Heute, Dezember 2022). Je nach psychologischem Zugang werden unterschiedliche Aspekte dieses Themas pointiert: Eine mögliche Spiel-Idee könnte sein: »Wer ist die Schönste im Lande?«; es könnte auch um die Überwindung des Schemas Unzulänglichkeit gehen. Ellis (1977) würde die irrationale Idee fokussieren, der Größte oder die Schönste sein zu wollen. Ein Beitrag der Verhaltensdiagnostik zielt auf die Vermeidung der erlebten Unzulänglichkeit.

Gutachter des Gutachterverfahrens in der Psychotherapie berichten, dass vermehrt Anträge in der Terminologie der Klärungsorientierten Psychotherapie (KOP) (Truax & Mitchell, 1971; Sachse, 2003) geschrieben werden. Diese grenzt sich sowohl von KT (Kognitive Therapie) und auch von der VT ab (Sachse, 2003; Sachse et al. 2009). Wie sieht gleichwohl deren Bezug zur VT aus und was profitiert eine verhaltenstherapeutische Gesprächsführung?

Im Mittelpunkt der KOP steht eine Klärung der Motive und der dysfunktionalen Schemata. Aus Sicht von Sachse et al. (2009) werden die Schemata verändert, nicht Verhalten direkt.

> »Insgesamt stehen die KOP und die VT gerade wegen dieser Unterschiede in einem Ergänzungsverhältnis. Nach einer erfolgreichen Schemabearbeitung geht es auch in der KOP um einen Transfer in den Alltag des Klienten und um eine Veränderung von Verhaltensweisen. An dieser Stelle können verhaltenstherapeutische Veränderungstechniken und Trainingsmethoden eingesetzt werden, um den Klienten zu unterstützen.«[27]

Also: Die »eigentliche« Therapie wird auf der Konzeptebene von der KOP geleistet, die sich als sehr gut fundierte, empirisch hochgradig validierte und extrem gut empirisch begründete Methode für Experten vorstellt[28]. Danach kann trainiert werden mit Unterstützung durch die VT. Welche VT aus welcher Zeit meinen Sachse und Mitarbeiter? Sollte deren Argumentation auf einem Verhaltensbegriff von Skinner oder Pawlow aufbauen? Übrigens: In der KOP werden letztendlich Gedanken modifiziert, also kognitives Verhalten. Sollte ein klinischer Psychologe von der Idee der Klärung und dieser Variante eines Ziel-orientierten Vorgehens angetan sein, dann kann das sinnvoll sein. Er sollte aber sein Wissen um verstärkerökologische Zusammenhänge nicht vergessen.

Verschiedene klinische Ansätze favorisieren z. T. unterschiedliche Sprachen und Schwerpunkte. Sie beschreiben aber immer denselben Sachverhalt, nämlich menschliches Verhalten – meist in Konflikt- und Problemsituationen. Überschneidungen liegen daher nahe, sind nicht zu vermeiden, sondern erwünscht. Sogar Freud und Skinner müssten sich zunicken, wenn sie Freuds zweite Angsttheorie gemeinsam lesen würden. Sie ist unmittelbar in verhaltenstherapeutische Terminologie übersetzbar.

Ergänzend sei darauf hingewiesen, dass die Psychologie insgesamt einen Fundus an Gesetzmäßigkeiten und psychologischen Effekten zur Beschreibung und Erklärung von Verhaltens- und Erlebensweisen vorhält, die als inhaltliche Suchhilfen in der Gesprächsführung verstanden werden können. Das gilt insbesondere für die Sozialpsychologie, die hilfreiche Denkanstöße liefert wie z. B. die Theorie der gerechten Welt, das Wissen um Priming- und Framing-Effekte oder verzerrte Wahrnehmungen. Es gibt eine Reihe weiterer sozialpsychologischer Effekte, die klinisch psychologische Vorgänge zu erklären vermögen. Daher könnte ich mir auch eine sozialpsychologische Welle vorstellen.

6.2.2 Bedeutung für die Gesprächsführung

In der KOP werden wie auch in der verhaltenstherapeutischen Gesprächsführung umgrenzte Störungsbereiche fokussiert. Die s. g. klärungsorientierten Gespräche

27 https://www.ipp-bochum.de
28 https://www.ipp-bochum.de

entsprechen der Diagnostik von Kognitionen und Oberplänen unter einem verstärkerökologischen Gesichtspunkt. Allerdings wird in der KOP die Bearbeitung der Schemata favorisiert und anschließend Handlungen in spezifischen Situationen modifiziert (top-down), während in der VT bevorzugt die zeitgleiche Interaktion der vier Verhaltensebenen im Blick behalten wird. Beide Strategien imponieren als gangbar.

Die inhaltliche Fundierung der KOP auf die allgemeinpsychologische Motivationstheorie von Kuhl (1983) ist eine Bereicherung für jeden klinischen Psychologen, da diese für eine Reihe von Problemlösungen erhellend ist. Auch hat die KOP hilfreiche Techniken weiterentwickelt wie z. B. das Ein-Personen-Rollenspiel (Sachse, 2003, S. 215), das für einen Perspektivwechsel in der Gesprächsführung (► Kap. 21.1.2) eingesetzt werden kann.

Allgemein soll hervorgehoben werden: Überlegungen und Konzepte verschiedener klinischer Modelle liefern für die verhaltenstherapeutische Gesprächsführung prägnante Suchanleitungen; manche der verwendeten Bilder sind derart plastisch, dass man sie quasi unmittelbar sieht, wenn der angesprochene psychologische Sachverhalt in einem Gespräch auftaucht. So verkörpern manche Patienten das Schema Unzulänglichkeit/Scham, wenn sie das Behandlungszimmer betreten; bei anderen ist das »Holzbein« direkt hörbar.

Vorsichtig sollte ein Therapeut werden, wenn er unterschiedliche Patienten immer wieder nach den gleichen Schemata fragt, er gehäuft zur selben Diagnose kommt und gleiche therapeutische Strategien verfolgt. Er wird sich fragen müssen, ob er gerade einer Welle oder Mode folgt oder seine präferierten Theorien gerne bestätigt sieht. Der Autor dieser Ausarbeitung z. B. kommt schnell zum Thema Selbstfürsorge. Dieses mag bei einem Patienten tatsächlich vorliegen, es muss aber nicht das zentrale Anliegen des Patienten sein. Individuelle Präferenzen eines Therapeuten sind unvermeidbar, sie müssen aber kontrolliert werden. Ihr Einfluss wird sich in Grenzen halten,

- wenn ein Therapeut dem Patienten hilft, seine Problematik möglichst »unbefangen« in seinen Worten darzustellen und zwar auf der Verhaltens- wie auch auf der Konzeptebene,
- wenn er aus diesen Darstellungen das zentrale Thema bzw. die wichtigen Themen seines Patienten umschreiben kann,
- wenn sie keine initialen Suchanleitungen sind. Sie sind immer dem spontanen Bericht des Patienten nachgeordnet. Damit soll vermieden werden, dass der Diagnostiker für seine Lieblingstheorie bestätigende Informationen sucht, die er meist auch finden wird, die aber nicht das zentrale Anliegen eines Patienten sein müssen.

In der Therapiepraxis zögert kein Patient, seine Probleme vorzutragen, auch wenn die gerade laufende Welle nicht zu seinem Problem passt oder für sein Anliegen kein empirisch gesichertes Behandlungsmodul vorliegt. So wird ein Patient schon immer seine emotionalen Probleme geschildert haben und kein Therapeut wird jemals den erfolgreichen Abschluss z. B. einer emotionalen Wende abgewartet haben, um mit einer Behandlung zu beginnen. Er wird eine ipsative Fallkonzeption und einen individuellen Behandlungsplan entwerfen, die einer funktionalen Analyse folgen. Er wird mit hoher Wahrscheinlichkeit erfolgreich sein, auch wenn sein Vorgehen zuvor nicht empirisch untersucht wurde.

Unabhängig von verschiedenen Wellen existieren zwei verhaltenstherapeutische Entwicklungslinien:

- *Techniken-Ansatz.* VT stellt ein Konvolut evidenzbasierter Therapie-Techniken zur Verfügung.
- *Individuelle Verhaltensanalyse.* VT ist die Entwicklung eines individuellen Fallkonzeptes für einen Patienten.

6.3 Evidenzbasierte Techniken und deren additive Anwendung

Ein Anliegen der VT ist es, wirkungsvolle und evidenzbasierte Therapietechniken zur Behandlung umschriebener Beschwerdebilder bereitzustellen:

- Die Techniken sind theoretisch abgeleitet und können lerntheoretisch begründet werden.
- Das therapeutische Vorgehen ist in einem Manual festgeschrieben.
- Die Behandlung ist somit standardisiert und der Therapieerfolg hängt nicht primär von der Kunstfertigkeit eines einzelnen Therapeuten ab.
- Eine eindeutige Indikationsstellung wird ausgearbeitet.
- Die Wirksamkeit der Intervention insgesamt und nach Möglichkeit auch die der einzelnen Komponenten sind empirisch untersucht.
- Die Evaluationsstudien werden i.d.R. in einem Gruppendesign durchgeführt.

Welche Bedeutung dieser Ansatz hat, ist am Beispiel der Systematischen Desensibilisierung (Wolpe, 1958) abzulesen. Diese Technik war unter vielerlei Gesichtspunkten ein Meilenstein. Rachman hob noch 1970 hervor, dass Ängste und Phobien bis in die 70er und 80er Jahre des vorigen Jahrhunderts als nahezu behandlungsresistent galten. Vor einem historischen Hintergrund ist die zeitliche Distanz zu heute marginal. Mit der Systematischen Desensibilisierung veränderte sich die Behandlungsmöglichkeit: Viele Angsterkrankungen sind sicher und risikolos zu beheben. Lange Zeit wurde VT mit der Systematischen Desensibilisierung gleichgesetzt. Diese war, wie später auch die in-vivo-Reizkonfrontation, sehr effizient und in ambulanten Praxen unproblematisch durchzuführen. Beide Behandlungsansätze sind gut in kontrollierten Studien wissenschaftlich untersucht worden. Ihre Wirkkomponenten konnten isoliert und ihr Beitrag zum Therapieerfolg bestimmt werden. Damit war die Grundlage gelegt, dass die VT als wissenschaftlich, wirkungsvoll und sogar auch als wirtschaftlich galt und im Wesentlichen auch heute noch gilt. Psychotherapie wurde stärker als wissenschaftlich begründetes Vorgehen wahrgenommen.

Eine Voraussetzung für die Anwendung eines standardisierten Vorgehens bei einer Angstbehandlung ist es, dass eine Angst ausschließlich als Angst und eine inhaltliche Interpretation als irrelevant betrachtet wird. So ist z. B. eine Schlange in der Desensibilisierung zuallererst eine Schlange. Für die Durchführung der Desensibilisierung ist es ohne Belang, in welchem Bedeutungsumfeld eine Schlange interpretiert wird, etwa als das Unberechenbare oder als sexuelle Bedrohung. Im Einzelfall mag ein Patient eine solche Assoziation haben, diese ändert aber nichts am Rational des Behandlungsplans.

Box 5 Exkurs: Würdigung von Mary Cover Jones

Ich erlaube mir einen Exkurs zur Würdigung von Mary Cover Jones, die für mich eine der großen Pionierinnen der VT ist und die zu Unrecht weitgehend unbekannt blieb. Wolpe hat mit der Entwicklung der Systematischen Desensibilisierung Einzug in die Annalen der Therapieforschung gefunden. Dieser Platz gebührt ebenso Mary Cover Jones. Sie war Mitarbeiterin von Watson, der wegen des Little-Albert-Experiments berühmt und angegriffen wurde.

In der Fallgeschichte des knapp drei Jahre alten Peter beschreibt Jones (1924) die erfolgreiche Behandlung seiner Phobie vor pelzigen Objekten, vor allem vor Kaninchen. Neben weiteren Behandlungselementen sah ihr Therapieplan wie folgt aus: Während Peter in seinem Stühlchen etwas Leckeres aß, war ein weißes Kaninchen im selben Raum anwesend, zu Beginn weit entfernt in der anderen Ecke des Raums. In kleinen Schritten wurde das Tier in Richtung des Kindes bewegt. Währenddessen löffelte Peter sein Lieblingsessen. Das Kaninchen wurde so langsam angenähert, dass der Junge sich nicht stören ließ und offensichtlich keine Angst hatte. Irgendwann konnte das Tier neben Peter sitzen und er konnte es sogar berühren und auf seinen Schoß nehmen. Jones führt auch noch weitere Behandlungselemente ein, so die Anwesenheit von Kindern ohne Kaninchenangst (Modell-Lernen). Die geschilderte technische Vorgabe hätte exakt aus Wolpes Theorie abgeleitet werden können, wäre sie 1924 schon formuliert gewesen.

Heute wird in der verhaltenstherapeutischen Literatur eine Vielzahl von Techniken für eine Vielzahl von Störungen bereitgestellt (z. B. Fliegel & Kämmerer, 2009; Linden & Hautzinger, 2022; Meinlschmidt et al., 2012). Diese sind zumeist originär verhaltenstherapeutisch entwickelt, mitunter auch aus benachbarten klinischen Modellen entlehnt; sie haben meist klare Indikationen und Zielvorgaben; sie sind rational begründet und in der Praxis erprobt und überwiegend auch empirisch getestet. Die Weitergabe einer Behandlungstechnik an die Fachwelt in Anwendungsfeldern und in der Forschung fordert eine dezidierte Handlungsanleitung, was mit ausformulierten Manualen gegeben ist; manualisierte Therapie entspricht dem technik-orientierten Ansatz. Im Zuge der Effizienzforschung führt dieses

Verständnis von VT zu einem wissenschaftlich begründeten Methodenarsenal, das standardisiert angewendet werden kann.

Der Einsatz einer Technik kann in einem klinischen Setting analog der Gabe von Medikamenten in der Medizin organisiert werden. In einem diagnostischen Akt wird eine Diagnose, meist nach ICD, vergeben. Diese determiniert die Zuordnung eines Patienten zu einem evidenzbasierten Behandlungsweg. Die Behandlung in einer psychosomatischen Fachklinik ist häufig in dieser Form geplant. Dabei sind Konzepte denkbar, die den individuellen Kontakt und damit die Gesprächsführung auf ein Minimum reduzieren: Patienten füllen ein Rating aus, das zu einer ICD-Diagnose (z. B. Margraf et al., 2017) führt, die die Zuweisung zu einer Behandlungsgruppe begründet. Dort wird eine manualisierte Behandlung durchgeführt. Bei dieser Behandlungsstrategie erübrigt sich eine individualisierte funktionale Analyse. Folglich spielt die Gesprächsführung eine nachgeordnete Rolle. Deren Durchführung wird von nur wenigen Grundregeln geleitet, mitunter müssen Texte abgelesen werden. Das mag für Therapeuten nicht sonderlich aufregend sein. Gleichwohl gehören zur Berufsroutine der respektvolle Umgang mit Patienten, Blickkontakt zu halten, Interesse zu zeigen, etc. und die Förderung von therapiewirksamen Faktoren wie z. B. Motivation oder Compliance. Dies gilt auch bei der Durchführung einer Leitfadendiagnostik oder wenn in einer Eingangsuntersuchung Routinedaten erhoben werden müssen.

Trotz oder wegen des Verwandtschaftsverhältnisses zur Wissenschaft lohnt ein kritischer Blick: Der Forschungsansatz fordert den Vergleich parallelisierter Gruppen und die Rekrutierung von Patienten mit idealerweise nur einer Diagnose, um Wechselwirkungen zu vermeiden und um die Eindeutigkeit der Interpretation der Befunde sicherzustellen. Eine Selektion der Probanden bringt es mit sich, dass nicht alle anfallenden Patienten in eine Studie aufgenommen werden. Dies führt rechnerisch zu einer Verringerung der Varianz, wodurch die Effektivität einer Behandlung überschätzt wird: Bei der Berechnung der Effektstärke geht die geringere Varianz in den Nenner ein, was die Effektstärke vergrößert. So werden in Studien zur Effektivität von Angstbehandlungstechniken Verbesserungen von gut zwei Standardabweichungen genannt. Solche Erfolge imponieren. Wie immens diese Veränderung ist, soll die Analogie zur Intelligenzförderung illustrieren: Eine Erhöhung der Intelligenz um zwei Standardabweichungen bedeutet, dass eine wenig begabte Person mit einem IQ von 85 (eine Standardabweichung unter dem Mittelwert von IQ=100) durch eine kurzfristige Intervention einen IQ von 115 erreichen würde (eine Standardabweichung über dem Mittelwert). Eine wenig intelligente Person hätte sich quasi »über Nacht« zu einer recht begabten gemausert. Therapieerfolge in dieser Größenordnung sind recht ungewöhnlich und bestenfalls bei sehr gesunden Patienten mit einer eng umschriebenen Störung zu erwarten. Sie sind auch nicht sinnvoll: Die Transformation der Verhaltensänderung auf die Konzeptebene ist ein eigener zeitintensiver Schritt.

Die Ergebnisse einer Evaluationsstudie können unmittelbar nur auf solche Patienten übertragen werden, die in wesentlichen Merkmalen mit den Probanden einer Studie übereinstimmen. Die Anzahl der komorbiden Störungen ist z. B. eine Variable, die identisch sein sollte; sie ist ein Hinweis darauf, wie belastet ein Patient ist. In Therapiestudien werden üblicherweise Patienten mit nur einer Diagnose aufgenommen, um Wechselwirkungen mit weiteren Störungen auszuschließen. In der Therapiepraxis dagegen haben Patienten i. d. R. mehrere Diagnosen, was die Übertragbarkeit der Ergebnisse einschränkt.

Die Selektionsproblematik und die unzulässige Übertragung von Gruppenstudien ist an der viel zitierten Untersuchung der Wirksamkeit einer manualisierten Therapie von Schulte et al. (1992) abzulesen. Drei Aspekte sollen hervorgehoben werden:

1. *Selektion der Patienten:* In der lokalen Presse wurde die Behandlung von Ängsten avisiert; es meldeten sich nach diesem Zeitungsaufruf ca. 600 Probanden mit unterschiedlichen Ängsten und weiteren komorbiden Störungen. Alle Probanden mit komorbiden Beschwerden wurden ausgeschlossen. Die Stichprobe wurde so auf 120 Probanden reduziert; letztendlich schlossen 97 die Behandlung ab. Die Probanden dieser Studie hatten nur eine einzige Angstdiagnose. Sie imponieren als gesunde Patienten, deren Behandlungsverläufe nicht zwingend mit denen von kranken Patienten mit komorbiden Störungen vergleichbar sind.
2. *Selektion der Behandler:* Die Behandler waren vergleichsweise jung. Der Median der abgeschlossenen Therapien zu Studienbeginn lag bei 9. Behandler galten als erfahren, wenn sie mehr als 9 Therapien abgeschlossen hatten. Die Ergebnisse gelten also nur für diese selegierte Gruppe, die sich in einem Übergangsstadium vom Ende des Studiums zur Approbation befindet und nicht für die Allgemeinheit der Therapeuten. Wenn also Therapieanfänger Probanden mit einer isolierten Angstsymptomatik behandeln, dann ist es sinnvoll, wenn sie sich an ein Manual halten. Sie erzielen schlechtere Ergebnisse, wenn sie bei den gesunden Patienten das Manual verlassen, individualisiert vorgehen und ggf. weitere Problembereiche thematisieren. Ein solches Ergebnis ist unmittelbar nachvollziehbar. Wie sind aber die Vorhersagen für eine nicht selegierte Patientengruppe? Der Faktor Berufserfahrung hatte keinen oder nur marginalen Effekt. Dieser unerwartete Effekt bedingt eine hohe Zitierrate. Aber: Es macht keinen Unterschied, ob ein Therapeut 8 oder 10 Therapien abgeschlossen hat. Die allermeisten Behandler waren unerfahren; über erfahrene Therapeuten liegen keine Befunde vor: Wie behandeln Therapeuten mit mehrjähriger Therapieerfahrung Patienten mit mehreren komorbiden Störungen und wie Therapeuten zu Beginn ihrer Berufstätigkeit?

Ist es überhaupt sinnvoll, den Faktor Erfahrung in einem solchen Therapie-Setting wie dem der Studie zu diskutieren? Ein vorab diagnostizierter Patient mit einer isolierten Angstsymptomatik wird einem Therapeuten zugeteilt. Einer der empirisch gesicherten Befunde besagt, dass der wirksame Therapiefaktor bei Angstpatienten »Konfrontation« ist. Ist die Diagnose valide, wird ein erfahrener Therapeut keine Umwege machen und eine Variante der Konfrontation beginnen. Er wird keine besseren Erfolge als sein wenig erfahrener Kollege haben, der sich an ein Manual hält.

Auch stellt sich die Frage, was aus den ca. 500 Personen wurde, die multimorbid gestört waren und deswegen ausgeschlossen wurden. Falls sie ihren Wunsch nach

Therapie weiterverfolgt haben, werden sie ganz überwiegend in ambulanten Praxen versorgt worden sein, wie es das etablierte Versorgungssystem vorsieht. Dort werden sie i. d. R. mit einer individualisierten Therapie behandelt worden sein. Ist der niedergelassene Behandler verhaltenstherapeutisch orientiert, wird die multimorbid gestörte Person sehr wahrscheinlich eine Einzeltherapie erhalten haben, nachdem zuvor eine individuelle Verhaltensanalyse für den Antrag auf Kostenübernahme und die Therapieplanung durchgeführt wurde. So berichtet Malinke (2014; zitiert nach Hand 2014, S. 151), dass die Versicherten der Techniker Krankenkasse (TK) in ambulanten Praxen wie folgt versorgt werden:

- ca. 1 % erhält Gruppentherapie
- ca. 50 % erhält Einzeltherapie bis maximal 12 Stunden
- ca. 50 % erhält Einzeltherapie mit mehr als 12 Stunden

Die Versicherten der TK werden sich nicht grundlegend von denen anderer Krankenkassen unterscheiden. Daher kann angenommen werden, dass die Personen, die nicht in der Schulte-Studie behandelt wurden, eine individualisierte Therapie erhalten haben.

Die Manualisierung und Standardisierung umschriebener therapeutischer Schritte bedingen, dass therapeutische Wirkfaktoren wie Beziehung oder Gesprächsführungskompetenz weniger bedeutsam sind. Allerdings: Im Gegensatz zur Behandlung z. B. in einer psychosomatischen Fachklinik, in der Gruppenbehandlungen dominieren, werden Patienten in einer ambulanten Praxis ganz überwiegend mit einer Einzeltherapie versorgt. Die Ergebnisse der Gruppenstudien sind nur begrenzt auf ein Einzelsetting übertragbar. Ein Therapeut muss sie auf die Behandlung seines Patienten anwenden. Damit werden seine Erfahrung und auch seine subjektive Präferenz, mithin die Therapeutenvariable, zwangsläufig von zentraler Bedeutung sein.

Der technik-orientierte Ansatz hat sich bewährt und u. a. dazu geführt, dass die Versorgungssituation insgesamt erheblich verbessert wurde. So werden z. B. auch in nicht verhaltenstherapeutisch orientierten Kliniken erfolgreich störungsspezifische Behandlungen durchgeführt.

Wurde mehr als eine behandlungswürdige Störung diagnostiziert, wird nach dem technik-orientierten Ansatz sukzessive eine Störung nach der anderen quasi abgearbeitet. Hat ein Patient einer psychosomatischen Fachklinik z. B. zugleich Angst und Depression, so wird er zunächst z. B. in die Angst- und danach in die Depressionsgruppe geschickt. Ein solches additives Vorgehen ist der Struktur einer stationären Therapie und der Notwendigkeit, in Gruppen zu behandeln, geschuldet.

Bei einer modularen Psychotherapie werden für eine einzige Diagnosegruppe behandlungswürdige Teilbereiche festgelegt. Dies können symptomzentrierte Interventionen wie auch die Verbesserung von Defiziten sein, die in einem Gruppenprogramm sukzessive behandelt werden. Marsha Linehan (1996) konzipierte z. B. ein Fertigkeitentraining für Borderline-Patienten, das fünf Module enthielt:

- innere Achtsamkeit
- zwischenmenschliche Fertigkeiten
- Umgang mit Gefühlen
- Stresstoleranz und
- Selbstwert bzw. Selbstakzeptanz
  (Zur modularen Psychotherapie bei Borderline-Persönlichkeitsstörungen s. auch Herpertz, 2020).

In einer Therapiepraxis während einer Einzelfallbehandlung wird idealerweise im Gegensatz zu einer sukzessiven Behandlungsstrategie vorrangig mit Hilfe einer individuellen Verhaltensanalyse nach einem zentralen Thema gesucht, ein funktionales Modell formuliert und ein integrierendes Störungsmodell entwickelt. Klagt etwa ein Patient über Angst und Depression so wird in der Eingangsdiagnostik auch nach einer gemeinsamen Bedingung gesucht. Beide Symptome können z. B. die Folge einer Selbstwertproblematik sein, die vorrangig behandelt wird:

Box 6: Angst, Depression und Selbstfürsorge

In der Supervision wird eine 32-jährige Patientin einer psychiatrischen Tagesklinik mit den Diagnosen Angst und Depression vorgestellt. Sie hat mit mäßigem Erfolg eine Angstgruppe durchlaufen; geplant ist die anschließende Teilnahme an einer Depressionsgruppe.

Zur Genese: sozial wenig kompetente und überforderte Mutter; sie betreut die ältere und behinderte Schwester der Patientin zu Hause; die Betreuung ist intensiv und zeitaufwändig, sodass für die Patientin wenig Zeit bleibt, was sie als ungerecht erlebte; schwacher und entschlussunfähiger Vater; keine Respektierung von Grenzen innerhalb der Familie, weder von den Eltern noch von der behinderten Schwester. Die Patientin musste z. B. immer damit rechnen, dass ein Mitglied der Familie ungefragt zu jeder Tages- und Nachtzeit in ihrem Zimmer stand. Sie verweigerte den Kontakt zur Mutter, weil sie von ihr dominiert wurde und zum Vater, weil der ihr nicht helfen konnte.

Bei einer individuellen Fallkonzeption ist ein gravierendes Defizit der Patientin hervorzuheben, nämlich sich nicht abzugrenzen und nicht zu eigenen Bedürfnissen stehen zu können. Die Angstsymptomatik und die depressiven Verhaltensweisen traten immer nach Situationen auf, in denen sie sich hilflos fühlte. Vor diesem Hintergrund sollte es das Ziel der Patientin sein, eine eigene Position zu finden, sich abzugrenzen und es sich zuzugestehen, als erwachsene Frau den Eltern auch widersprechen zu können. Sie sollte also zuallererst Ja-Sagen lernen – zu ihren Bedürfnissen und zu ihrem Wunsch nach einem geschützten Raum. Erst wenn sie selber diese Bedürfnisse für sich akzeptieren konnte, waren Nein-Sagen-Strategien zu den familiären Übergriffen geplant.

Im Klinik-Setting konnten diese Aspekte nicht in der Angstgruppe thematisiert werden. Da die Inhalte der Depressionsgruppe nach den Bedürfnissen der Gruppenteilnehmer gestaltet werden konnten, wurden Übungen zur sozialen

Kompetenz geplant, die primär ihre soziale Kompetenz und Selbstsicherheit stärken sollten.

6.4 Individuelle Einzelfallanalyse und Fallkonzept

Im technik-orientierten Konzept wird die Behandlung eines Patienten stark an einer Referenzgruppe orientiert, für deren Behandlung empirische Evidenzen vorliegen. Im Verständnis von VT als individuelle Einzelfallanalyse dagegen wird die Behandlung ad hoc für einen speziellen Patienten entwickelt. Hierfür und für die Entwicklung eines Therapieplans ist prinzipiell keine Diagnostik nach ICD oder DMS notwendig. Vereinfacht folgt ein Therapeut folgender Vorgehenslogik: Ein Patient schildert seine Beschwerden. Nach einer Verhaltensanalyse einigen sich Patient und Therapeut, welche der vorgetragenen Beschwerden fokussiert bzw. welches Thema aufgegriffen und behandelt wird. Für das zu behandelnde Symptom entwickelt der Therapeut eine funktionale Analyse. Er ist auf der Suche nach den kontrollierenden Bedingungen der Symptomatik. Sein zentrales Arbeitsmittel ist das SORKC-Modell. Er wird die relevanten Informationen in einem individuellen Fallkonzept bzw. einem ipsativen Störungsmodell integrieren. Berichtet ein Patient nicht nur eine Symptomatik, sondern zwei oder mehrere, wird ein individuelles Fallkonzept im Sinne einer übergeordneten Behandlungsstrategie entwickelt und gefragt, ob es z. B. funktionale Zusammenhänge zwischen beiden Symptomen gibt oder ob problematische Verhaltensweisen oder Bedingungen festzustellen sind, die zugleich für beide Symptome relevant sind.

Bei einer Patientin, geschildert in der Box 6, konnte als ein gemeinsames Element der Angst- wie auch der Depressionsproblematik ein Mangel an sozialer Kompetenz bestimmt werden. Dieser zog sich wie ein »roter Faden« durch ihre frühere und aktuelle Lebenssituation. Initiales Ziel der Behandlung war es, sie zu ermutigen, für sich und ihre Anliegen einzustehen.

Die Konkurrenz der individuellen Fallkonzeptualisierung mit dem additiven Behandlungsansatz wird im Gutachterverfahren sichtbar: Es »… fällt unangenehm auf, dass viele Therapeuten … keine übergeordnete VT-Strategie beherrschen, aus der eine Hierarchisierung von Störungen, Symptomen und Problemen in der Form abgeleitet wird, dass auch ein individuell begründeter, hierarchisierter Behandlungsplan vorgelegt wird. Stattdessen werden die Patienten dann in etliche psychische Einzelteile »psychoseziert«, für die dann eine ganze Reihe unterschiedlicher Interventionen aufgezählt wird« (Hand, 2014, S. 157). Hand moniert weiter, dass akademische Therapeuten in VT-Instituten »störungsspezifische Manuale lernen, anstatt eine klare Strategie der VT zu internalisieren, auf deren Grundlage dann störungsspezifische Einzelfall-Entscheidungen getroffen werden«. Diese Kritik trifft z. B. auch auf den »Leitfaden für die Dokumentation von Ausbildungs- und Prüfungsfällen« von Wälte und von der Laage (2018) zu. Es werden detaillierte

Anweisungen für einzelne »Problembereiche« angeboten, aber keine Hilfen für die Entwicklung eines »roten Fadens«, eines integrierenden Beschwerdeüberblicks, einer Hierarchisierung der Störungen oder eben eines Fallkonzeptes oder einer Fallkonzeptualisierung.

Eine individuelle Fallkonzeptualisierung ist auch dann geboten, wenn im Zentrum einer Behandlung ein Behandlungsmanual steht. So führen Stangier et al. (2009) im Manual zur Therapie sozialer Phobien aus, dass es ein zentrales Merkmal der kognitiven Verhaltensanalyse ist, die Therapie aus einer individuellen Fallkonzeption abzuleiten. Die Wirksamkeit auch der manualisierten Therapie ist nicht primär auf der Anwendung spezifischer Techniken begründet, sondern auf der Ableitung aus einem individuellen Erklärungskonzept für die Störung. Hilfen für eine eingehendere Darstellung sind z. B. bei Mattejat und Quaschner (2006) zu finden. Für diesen Sachverhalt werden in der Literatur unterschiedliche Begriffe verwendet:

Box 7: Viele Namen für einen Sachverhalt

In der verhaltenstherapeutischen Literatur werden die folgenden Begriffe verwendet, um im Großen und Ganzen den gleichen Sachverhalt zu beschreiben:

- individuelles oder ipsatives Störungsmodell
- individuelles Erklärungskonzept – Fallkonzeptualisierung, Fallkonzept
- psychotherapeutische Fallkonzeption
- Fallformulierung
- störungsspezifische Einzelfall-Entscheidungen
- Problemverständnis
- hierarchisierter Behandlungsplan.

Mit der Formulierung eines Fallkonzeptes werden die vielfachen Informationen über einen Patienten integriert; es soll also ein Bild des Patienten gezeichnet werden, das zum Verständnis der Person beiträgt und beschreibt, wie sie »funktioniert« bzw. »tickt«. Das folgende Beispiel soll den unterschiedlichen Lösungsansatz einer ICD- und technik-orientierten versus einer funktionalen Strategie verdeutlichen:

> In einer Supervision wurde die schriftliche Falldarstellung eines Jugendlichen (F91.3: Störung des Sozialverhaltens mit oppositionellem, aufsässigem Verhalten) durchgesprochen. Diese war auf den ersten Blick insofern korrekt, als die ICD-Kriterien vom Therapeuten reliabel erhoben und erfüllt waren. Die Klassifikation nach ICD führte dazu, ein manualisiertes Programm zur Aggressionskontrolle anzuwenden.
>
> Die funktionale Analyse allerdings war nicht stimmig; die handlungsleitenden Oberpläne waren abzuklären. So war z. B. aus Sicht des Jugendlichen der Tritt ans Schienbein eines Mitschülers deshalb »gerechtfertigt«, weil der es verdient habe. Es stellte sich die Frage, ob eine solche Kognition eine aktuelle Rechtfertigung war oder ein Hinweis auf einen problematischen Oberplan.

Warum war ein Tritt gerechtfertigt? Warum suchte er selber Streit? Informationen aus dem LHQ (s. Anhang) waren weiterführend: Der Jugendliche war das Kind eines schwarzen Amerikaners und einer weißen Frau. Er war farbig und hatte sehr unter den Übergriffen seiner weißen Mitschüler gelitten. Der Jugendliche hatte diesen Umstand nicht spontan berichtet, und der Therapeut klärte nicht die O-Variable ab, ob der Patient wegen seiner Hautfarbe von seinen Mitschülern diskriminiert wurde.

Der Patient wiederum mochte aus vielerlei Gründen das Thema Hautfarbe und Diskriminierung verschwiegen haben, vielleicht aus Scham, vielleicht um sich nicht wieder erklären zu müssen. Auch der Therapeut war diesem Thema aus dem Weg gegangen. Er berichtete in der Supervision, dass die diagnostische Ausbildung in seinem Studium stark von Westhoff und Kluck (▶ Kap. 5.3.1, Leitfaden-Diagnostik) geprägt war und folglich seine Beobachtung im Erstgespräch, nämlich die Hautfarbe, aus Gründen der Reliabilität nicht aufgriff; vielleicht wollte der Therapeut aus Gründen der political correctness einer möglichen Diskriminierung keinen Vorschub leisten.

In der Verhaltensdiagnostik ist die Hautfarbe des Patienten als O-Variable in eine funktionale Bedingung aufzunehmen. Im hier berichteten Beispiel war die Variable Hautpigmentierung ein unübersehbarer Hinweis auf einen psychologisch relevanten Sachverhalt, nämlich Kränkung. Diesen zu übersehen, ist ein Beta-Fehler.

Die funktionale Analyse führte zum Leitthema: »Schlagen verhindert Kränkung« oder »Angriff ist die beste Verteidigung«. Das aggressive Verhalten war also als Schutz, möglicherweise auch als Coping zu interpretieren. Als Verstärker für aggressives Verhalten gegenüber Mitschülern konnten exploriert werden:

- Kränkungen unterbinden (Ȼ-)
- nicht an Hänseleien denken müssen (Ȼ-)
- Situation kontrollieren (C+)
- Bewunderung einiger Schüler und Schülerinnen (C+)
- Bestätigung des Oberplans: »Ich lasse mir nichts gefallen« (C+).

Negative Konsequenzen traten später ein oder wurden geleugnet. Im Sinne eines Operants war der Jugendliche darauf eingestellt, schon geringfügige Hinweise (S^D) auf eine mögliche Herabsetzung als Anlass zur Schlägerei zu nehmen. Damit beugte er einer möglichen Kränkung vor und konnte positive Verstärker generieren. Mit dieser Überlegung wurde es verständlich, warum er selber Streit suchte. Das zentrale Thema: »Schlagen verhindert Kränkung« war aus den erlittenen Verletzungen vorgebahnt.

In der Therapie waren zunächst die Kränkungen zu thematisieren; der Therapeut musste vermitteln, dass diese »un-recht« waren und er das Verhalten des Jugendlichen nachvollziehen kann. Unabhängig davon konnte er aber körperliche Angriffe nicht billigen. Mit diesem konzeptuellen Rahmen konnte später die Selbstkontrolle aggressiver Impulse eingebunden werden.

Es erscheint psychologisch nicht sinnvoll, dass ein solcher Patient durch ein Programm lernt, aggressives Verhalten zu kontrollieren, ohne deren Funktion zu kennen. Ist dies verstärkerökologisch geklärt, wird er leichter angemessenes Verhalten übernehmen können. Möglicherweise erübrigt sich ein Manualtraining.

In den folgenden Kapiteln werden die Relationen von Verhalten – Oberplan – Selbstkonzept erörtert. Die Summe der Erfahrungen, insbesondere auf der Verhaltensebene, wird in Oberpläne integriert. Die unterschiedlichen und z. T. auch sich widersprechenden Oberpläne sind die Basis des Selbstkonzeptes. Ein üblicher Weg, wie Oberpläne und ein Selbstkonzept entstehen, kann schematisch wie folgt beschrieben werden:

Verhalten→ Oberplan→ Selbstkonzept

Hat sich ein Selbstkonzept etabliert und drückt es sich in umschriebenen Oberplänen aus, dann werden diese konkretes Verhalten kontrollieren:

Selbstkonzept→ Oberplan → Verhalten

7 Zum Verhaltensbegriff

7.1 Definition und Attribute von Verhalten

Das Anliegen der kommenden Passagen ist es, den Verhaltensbegriff und die funktionale Analyse als ein überaus nützliches Hilfsmittel zur Diagnostik und Therapie in Erinnerung zu bringen.

Definition Verhalten
Verhalten ist die Aktivität eines Menschen und impliziert eine Veränderung in der Zeit. Dieser formale Zugang wird durch inhaltliche Attribute ergänzt: So spricht man von depressivem oder ängstlichem Verhalten. Es hat sich in der VT als sinnvoll erwiesen, Verhalten auf vier Ebenen zu beschreiben:

1. *Ebene des beobachtbaren Verhaltens.* Ein Dritter kann sehen, wie sich eine Person verhält und dieses berichten. Auch kann eine Person zu einem definierten Zeitpunkt die Abfolge ihrer einzelnen Handlungsschritte beobachten.
2. *kognitive Ebene.* Eine Person registriert, was sie zu einem definierten Zeitpunkt denkt oder wie die Abfolge ihrer einzelnen Gedanken ist. Diese können nicht unmittelbar von außen beobachtet werden.
3. *emotionale Ebene.* Eine Person nimmt ihre Emotion zu einem definierten Zeitpunkt oder im Verlauf wahr; sie sind der Beobachtung zugänglich.
4. *physiologische Ebene.* Eine Person erfasst zu einem definierten Zeitpunkt oder in der Abfolge ihre physiologischen Reaktionen. Viele der physiologischen Veränderungen können von Dritten registriert werden.

Verhalten ist eine Heuristik. Die Verwendung des Begriffs »Verhalten« ist eine psychologische Heuristik zur Problemlösung; der Verhaltensbegriff ist also ein pragmatisch sinnvolles Arbeitsmittel. Im klinischen Zusammenhang ist das »think behavior« von Kanfer (▶ Kap. 15.2) eine lösungsorientierte Denkhilfe, um die Beschwerden eines Patienten aufzuklären und ggf. auch zu lösen. Der Geltungsbereich des Verhaltensbegriff ist also eingeschränkt, mit ihm kann man weder die »Welt« erklären noch eine Wesensaussage treffen.

Eine persönliche Stellungnahme. Ich habe einen Vorbehalt, wenn nämlich die Welt oder die Menschen in Gänze mit einer klinischen Theorie erklärt werden. Diese ist ein eingeschränkter Beschreibungsansatz menschlichen Verhaltens, insbesondere von abweichendem Verhalten. Vorsicht ist geboten, wenn Vertreter einer Schulrichtung der Überzeugung sind, dass »ihre« Sichtweise die Realität richtig abbildet.

Sie erheben damit eine Art Alleinvertretungsrecht und ein Monopol, wie Realität zu deuten ist.

Verhalten ist nur Verhalten. Mit einer Verhaltensschilderung ist einzig das beschriebene Verhalten und keine Wesensaussage angesprochen. Eine Person mit ängstlichem Verhalten ist also keine ängstliche Person (»Angsthase«). Im klinischen Alltag ist der Sprachgebrauch allerdings weniger konsequent, wenn z. B. von einem Angstpatienten gesprochen wird. Kliniker, denen das »think behavior« zur Routine geworden ist, werden verhaltensnahe denken, auch wenn sie von der Person des Patienten sprechen. Nach Herrmann (2005) ist die Verwendung von Begriffen wie »der Patient« oder der »gesunde Patient« dem Repertoire der Epi-Sprache von Klinikern entnommen. Begriffe der Epi-Sprache sind zwar nicht exakt operationalisiert, jeder Kliniker versteht aber, was darunter zu verstehen ist. Eine solche Epi-Sprache spiegelt das Vorverständnis einer Subgruppe von Wissenschaftlern und entstand aus heuristischen und kommunikationsökonomischen Gesichtspunkten.

Verhalten ist beobachtbar. Unter Verhalten wird umgangssprachlich motorisches Verhalten verstanden, wie es von einem Dritten beobachtet werden kann. Daher mag es ungewöhnlich sein, dass in der VT auch interne Vorgänge, also auch Kognitionen, als Verhalten bezeichnet werden.

Verhaltenshäufigkeit. Die zentrale Bestimmungsgröße für Verhalten ist die Häufigkeit. Bedingt aussagekräftig ist die Information, dass ein Patient Niedergeschlagenheit oder Optimismus berichtet. Entscheidend ist, wie häufig er das jeweilige Befinden bei sich beobachtet. Daher ist es in einem Erstgespräch sinnvoll, immer auch nach der Verhaltenshäufigkeit zu fragen.

Verhaltensrepertoire. Unter dem Verhaltensrepertoire einer Person wird die Summe ihrer Verhaltensweisen verstanden. Es ist sinnvoll, die potentiell möglichen Verhaltensweisen von den aktuell realisierten zu unterscheiden. Letztere sind eher eingeschränkt. Das gilt insbesondere für positiv valentes Verhalten, während neurotisches Verhalten ausdifferenzierter ist. So ist z. B. das Kontaktverhalten sozial ängstlicher Personen reduziert; ihre Meidungsstrategien dagegen sind vielfältig (s. u., Brunstein et al., 2007).

Es kann sinnvoll sein, nicht nur einen Problemüberblick zu erfragen, sondern auch zu eruieren, über welche Ressourcen ein Patient aktuell verfügt, wie sein positives Repertoire insgesamt ausgelegt ist und welche Positiva ihm also prämorbid zugänglich waren.

Verhaltensbereiche sind unabhängig. Einzelne Verhaltensweisen können zu Clustern oder Verhaltensbereichen zusammengefasst werden. Innerhalb eines Clusters kovariieren einzelne Verhaltensweisen. Sich widersprechende Verhaltenscluster bzw. Verhaltensprogramme können nebeneinander bestehen (Lutz, 1998). So ist aus der Sozialpsychologie bekannt, dass Einstellungen und Verhaltensweisen zum selben Thema nur gering korrelieren, was auch Alltagswissen und klinische Erfahrung bestätigen. Der Mann mit dem Hammer (s. u.) wird von sich das Bild eines liebenswürdigen Mannes haben, der jedem seinen Hammer leihen würde, so er einen hätte und der sein Gegenüber nicht anschreit. Gleichwohl tut er genau das. Eine liebevolle und intelligente Mutter kann riskant mit dem Auto den Kindergarten anfahren; und eine differenzierte Frau liebt Soaps wie z. B. »Rote Rosen«. Neben diesem allgemeinen Trend gibt es andere Zusammenhänge, sodass es geboten ist, für einen einzelnen Patienten für jeden speziellen Verhaltensbereich den Zusammenhang von Konzept und Verhalten zu bestimmen. Herr Zweigelt hat z. B. das Selbstkonzept, ein hilfsbereiter Mensch zu sein und tatsächlich erledigt er Aufgaben für Freunde und Nachbarn oder regelt Konflikte. Zugleich aber hat er sie in anderen Situationen übervorteilt, ohne dass ihm das bewusst war.

Verhalten ist abhängig von biologischen Gegebenheiten. Im Abschnitt zur O-Variable werden organismisch vorgegebene Variablen wie Extraversion oder Intelligenz vorgestellt, die Verhalten kontrollieren können. In diesem Zusammenhang soll noch einmal auf die zentrale Bedeutung der Intelligenz, insbesondere der sozialen Intelligenz hingewiesen werden.

Verhalten ist abhängig von der individuellen Lerngeschichte. Es wird das Verhalten abgerufen, das sich bewährt hat, rezent genutzt wurde oder gut trainiert ist, insbesondere unter Stress oder nach Frustrationen. Ein depressiver Patient reagiert auf sehr viele Situationen mit einer depressiven Strategie, ein Angstpatient mit einer ängstlichen. Diese Denkfigur betont, dass Personen bevorzugt mit umschriebenen Verhaltensweisen reagieren, die jeweils spezifisch für sie sind. Die Frustrations-Aggressions-Hypothese dagegen hebt die Bedeutung der externen Verursachung von Verhalten hervor. Sie besagt, dass weitgehend Person-unabhängig nach Frustration aggressives Verhalten zu erwarten ist. Davitz (1972) führt gegen diese auch heute noch verbreitete Erwartung folgende experimentelle Befunde an: Kindergarten-Kinder wurden entweder zu kooperativem Spiel oder zu aggressivem Verhalten angeleitet. Nach dieser Trainingsphase wurden sie frustriert. Mehrheitlich beschäftigten sie sich so, wie sie zuvor trainiert wurden. Dieses Ergebnis favorisiert die Denkfigur, der zufolge die individuelle Verhaltensbereitschaft über situative Faktoren dominiert. Davitz beobachtete weiterhin, dass nicht alle Kinder in der erwarteten Weise reagierten. Einige kooperativ trainierte Kinder äußerten Aggression, einige aggressiv trainierte reagierten mit Kooperation. Davitz (1972, S.200) folgert daraus: »Obgleich das experimentelle Training ein bedeutsamer Faktor für das Verhalten der Gruppe darstellt, zeigen die Ergebnisse, dass die gesamte Vergangenheit eines Individuums berücksichtigt werden muss, um das Verhalten eines Individuums nach einer Frustrationssituation vorhersagen und verstehen zu können.«

Davitz argumentiert streng lerntheoretisch. Zu ergänzen ist, dass Verhaltensbereitschaften nicht nur gelernt, sondern auch biologisch determiniert sind. So unterscheiden sich die Verhaltensmuster extravertierter Personen deutlich von denen Introvertierter.

Verhalten ist situationsspezifisch. Menschliches Verhalten ist u. a. situationsspezifisch und kann widersprüchlich sein (z. B. eine riskant autofahrende und zugleich treusorgende Mutter). D. h. eine einzelne Person vereint in sich die unterschiedlichsten Verhaltensweisen und diese können einen klaren situativen Bezug haben. Die oben geschilderte Alkoholpatientin konnte mit ihrem Thema »Ich bin zu kurz gekommen« eine Gesellschaft nerven, konnte aber auch eine charmante und großzügige Gastgeberin sein. So sagt sie von sich: »Ich glaube, eine gute Chefin zu sein, ich zahle über Tarif und wenn Weihnachtsmarkt ist, gehen wir zusammen aus und ich bezahle.«

Für die Gesprächsführung bedeutet das: Der jeweilige situative Bezug eines Themas muss erhoben werden und es muss danach gefragt werden, ob sich ein Patient nicht auch ganz anders verhalten kann.

Verhalten will gestartet werden. Eine Verhaltensweise ist leichter zu initiieren und von einer Person zu kontrollieren, wenn sie durch einen bekannten diskriminativen Reiz ausgelöst wird. Mitunter ist es daher sinnvoll, ein Verhalten in Bezug zu einem auslösenden Reiz zu bringen. Dieser Sachverhalt ist im Alltag genauso bekannt wie in der Therapie:

In manchen Familien sieht das Aufstehritual vor, dass die Mutter ihre Kinder weckt, auch wenn die schon lange wach sind. Sie könnten also aufstehen. Sie warten aber auf das morgendliche Ritual und wollen nicht auf die liebevolle Zuwendung verzichten.

In der Therapie kann es sinnvoll sein, einen Hinweisreiz (S^D) einzuführen, damit Patienten eine hilfreiche Reaktion leichter und verlässlicher einsetzen können. Bei der Entspannungstechnik der cue-controlled Relaxation z. B. wird ein S^D eingeführt, damit Patienten die Entspannungsreaktion sicher in einer kritischen Situation abrufen können. Als S^D kann z. B. ein Figürchen (etwa ein Sorgenpüppchen) verwendet werden, welches die Patienten beim Erlernen der Instruktion in der Hand halten (Klassisches Konditionieren). Dieser Logik folgt auch der Ansatz »Genuss zum Anfassen« (Lutz, 2009). Patienten können sich mit Hilfe eines Hinweisreizes leichter in euthyme Situationen hineinbegeben und sich auf eine euthyme Orientierungsreaktion einlassen, wenn zuvor ein S^D für Genuss etabliert wurde.

Mitunter ist das aktuelle Verhalten von Patienten reduziert: Ihr Denken und Handeln ist in ihrer Vielfalt eingeschränkt und weniger variabel. Tatsächlich aber ist ihr potentielles Verhaltensrepertoire umfangreicher, d. h. sie aktualisieren weniger Verhaltensweisen, als ihnen möglich ist. Das gilt insbesondere für gesundes Verhalten und Ressourcen. Für eine Therapieplanung kann es daher sinnvoll sein, gesundes und »normales« Verhalten wieder zu aktivieren. So sollten z. B. Patienten, die sich zurückgezogen haben, wieder mehr selber erledigen und z. B. Aufgaben und Verrichtungen zu Hause wieder übernehmen oder auch die Wohnung verlassen. Um das zu erleichtern, sollte nach möglichen diskriminativen Reizen (S^D) gefragt und feste Arrangements sollten verabredet werden. So kann etwa die Verabredung hilfreich sein, zu einer festen Uhrzeit einen morgendlichen Spaziergang einzurichten und Straßenschuhe und Anorak schon abends bereitzustellen.

Sind positive Verhaltensziele umschrieben, sollten auslösende Situationen bzw. Bedingungen geklärt werden, die die Umsetzung und den Beginn des angestrebten Verhaltens erleichtern. Es soll also in diesem zweiten Schritt für ein angestrebtes Verhalten ein praktikabler auslösender Reiz (S^D) bestimmt werden:

- »Man vergisst mitunter gute Vorsätze. Das geht allen so. Was kann Ihnen helfen, daran zu denken, dass Sie … z. B. zum Schwimmen gehen?«
- »Fällt Ihnen etwas ein, das für Sie eine Erinnerungsstütze sein kann? Ich selber habe diese winzige Holzeisenbahn, die mir unsere Tochter mal geschenkt hat.«
- »Haben Sie einen Talisman, ein Kuscheltier, eine Stoffpuppe, am besten klein, etwas, das man in die Hosentasche stecken kann?«

- »Haben Sie kleine Dekostücke, wie z. B. einen kleinen Stein, den Sie gerne in der Hand halten?«
- »Manchmal verschenken Kinder einen kleinen Gegenstand, ein Steinchen, Figürchen, oder so. Haben Sie so einen Gegenstand, den wir hier in der Therapie nutzen können?«

Spontanes Auftreten von Verhalten. Es widerspricht verhaltensorientiertem Denken, dass Verhalten spontan auftritt. Im Verhaltensbegriff wird implizit mitgedacht, dass es durch ein zeitlich zuvor liegendes Ereignis ausgelöst wird und/oder zu nachfolgenden Konsequenzen führt[29]. Allerdings versichern Patienten, dass ihr Problemverhalten durchaus spontan auftreten kann; sie können keine auslösenden oder verstärkenden Bedingungen beschreiben. Das gilt z. B. für Panikattacken bzw. Panikstörungen (F41.0), die spontan und für den Patienten nicht vorhersagbar auftreten. Dieses Merkmal macht diese Angststörung für Patienten so bedrohlich, weil sie keine bzw. wenige Kontrollmöglichkeiten sehen. Es ist in einem Gespräch müßig, ein verhaltensdiagnostisches Denkschema erfüllen zu wollen und z. B. mit größtem Nachdruck einen diskriminativen Reiz zu suchen. Im Gespräch gilt in dieser Situation, was der Patient sagt. Gleichwohl können im Verlauf der Behandlung auslösende Bedingungen aufgedeckt werden. Das kann gelingen, muss es aber nicht.

Frau Engel erfüllte alle ICD- F-41.0-Kriterien. Im Verlauf der Gespräche stellte sich heraus, dass sie nur unregelmäßig aß und zu wenig trank. Es war nicht auszuschließen, dass die Patientin auf diese Weise Zustände von Dehydrierung provozierte. Eine für die Patientin prägende Attacke ereignete sich in einem Kaufhaus am späten Nachmittag im Hochsommer. Die Patientin wachte an diesem Tag gegen sechs Uhr auf, getrieben vom schlechten Gewissen, etwas tun zu müssen. Ihre inneren Dialoge kreisten um negative Aussagen ihrer Großmutter, die sie als strenge und wenig nachsichtige Frau erlebt hatte. Die Patientin beschrieb als ein Charakteristikum, dass sie dunkle Plissee-Röcke mit scharfen Bügelfalten trug. Den Tag verbrachte die Patientin mit hoher Anspannung (Rating der Unruhe: 80 %), sie ging im Zimmer auf und ab. Sie hatte den Drang, etwas schaffen zu müssen, ohne zu wissen, was. Sie hatte weder gefrühstückt noch zu Mittag gegessen und befolgte das Gebot der Großmutter: »Wer nicht arbeitet, soll auch nicht essen.« Sie hatte auch den ganzen Tag nichts getrunken. Sie war völlig erschöpft, als sie zum Kaufhaus aufbrach, um einen Schreibblock zu kaufen. Vor der Rolltreppe im Kaufhaus kam es zur Panikattacke. Ihr war der Ort vertraut, es war nichts Ängstigendes geschehen. Die Patientin hatte keine Erklärung für Ihre Panik. Allerdings war sie sehr wahrscheinlich dehydriert, was zur Hypothese führte, dass die Panikattacke durch eine Dehydrierung getriggert war. Als Sofortmaßnahme wurde für eine ausrei-

29 Um Missverständnissen vorzubeugen: Das ist keine anthropologische Frage, ob Verhalten spontan auftritt oder nicht. Die Erwartung für ein R auch ein S zu finden resultiert daraus, dass in der Verhaltensdiagnostik eine S-R-C Einheit als eine Suchheuristik an einen Verhaltensablauf angelegt wird.

chende Zufuhr von Flüssigkeit gesorgt. Diese Maßnahme führte zu einer entscheidenden Reduzierung der Angstzustände.

Eine Schwierigkeit für die Behandlung dieser Patientin bestand darin, verlässliche S^D für das vereinbarte Zielverhalten »Wassertrinken« zu finden. Frau Engel waren alle Strategien der Selbstfürsorge fremd. Sie vertrat, dass ihre Gesundheit und ihr Wohlbefinden letztlich egal sind. Der simple Akt des Wassertrinkens musste parallel zum Aufbau von konkordanten Oberplänen erfolgen, dass nämlich Selbstfürsorge für sie erlaubt war.

Bei Frau Engel war für die Gesprächsführung wichtig:

Vom Interviewer wurde nicht infrage gestellt, dass die Patientin keine Bedingungen nennen konnte, die das Auftreten der Panikattacken begünstigte. Andernfalls wäre zu befürchten gewesen, dass die Patientin ein Insistieren als Zweifel an ihrer Glaubwürdigkeit verstanden hätte, zumal sie schnell mit Misstrauen reagieren konnte.

Die Situationen, in denen die Panikattacken auftraten, wurden in einem längeren Zeitintervall untersucht: Es wurde der ganze Tagesablauf rekonstruiert und nicht nur die eine Zeitspanne vor der Panikattacke. Nur so konnte der Interviewer die Hypothese einer Dehydrierung entwickeln.

Ein Patient kann eine Frage nach einem Verhalten, einer Veränderung oder nach auslösenden Bedingungen nicht beantworten, wenn er diese nicht zuvor bewusst registriert hat. Herr Carl (► Abb. 25.5) z. B. hatte seine Stimmungsverbesserung nicht beobachtet. Für ihn war sie zunächst quasi nicht aufgetreten, was im Nachhinein verständlich war. Vor dem Hintergrund seiner calvinistischen Erziehung waren positive Befindlichkeiten nicht akzeptabel. Für Herrn Carl war es hilfreich, seine Stimmungskurve als Graphik darzustellen; er konnte sie sich anschauen und in der Beobachterrolle darüber reden.

Es gehört zur Logik von pathologischen Prozessen, dass die betroffene Person ein kritisches Verhalten nicht immer merkt. Sich nicht erinnern zu können gilt als universeller Schutz vor unliebsamen Informationen. Gleichwohl können Angehörige oder auch der Therapeut die Rolle eines Beobachters übernehmen. Dritte können häufig gut beschreiben, welche Bedingungen bei einem Patienten ein problematisches Verhalten auslösen. Die Methode der Wahl können Paargespräche, Elterngespräche etc. sein.

7.2 Annäherungsverhalten versus Meidungsverhalten

Brunstein et al. (2007) führen aus: Annäherungsverhalten zielt auf ein positives Ziel, Meidungsverhalten bezweckt, dass ein Vermeidungsziel nicht eintritt. Ein Annäherungsziel wird erreicht, wenn ein erfolgreicher Handlungspfad befolgt wird. Dieser ist i.d.R. erprobt und kurz. Ein Vermeidungsziel dagegen zwingt zu einem komplexeren Verhalten. Alles muss vermieden werden, was dazu führen könnte, dass der Zielzustand eintritt, der nicht eintreten sollte. Welche Ereignisse das sind, ist nicht immer genau vorherzusehen. Folglich sind die kognitiven Anforderungen bzw. Belastungen bei Vermeidungszielen viel höher als bei Annäherungszielen. Wenn eine gesunde Person ihren Nachbarn sprechen möchte, besucht sie ihn. Diese Verhaltenssequenz läuft schnell ab, sie wird nicht durch hinderliche Oberpläne verzögert. Wenn aber eine Person einen Kontakt meiden will, muss sie oder eine Vertrauensperson immer erst das Terrain sondieren, bevor sie z.B. ihre Haustüre öffnet. Zur Absicherung dieses Vermeidungsziels muss also ein vergleichsweise umfangreiches Verhaltensrepertoire aktiviert werden.

Die Geschichte mit dem Hammer von Watzlawick wird in diesem Text mehrfach zur Illustration herangezogen, auch für die Aussage von Brunstein:

Box 8: Die Geschichte mit dem Hammer

Ein Mann will ein Bild aufhängen. Den Nagel hat er, nicht aber den Hammer. Der Nachbar hat einen. Also beschließt unser Mann, hinüberzugehen und ihn auszuborgen. Doch da kommt ihm ein Zweifel: Was, wenn der Nachbar mir den Hammer nicht leihen will? Gestern schon grüßte er mich nur so flüchtig. Vielleicht war er in Eile. Vielleicht hat er die Eile nur vorgeschützt, und er hat was gegen mich. Und was? Ich habe ihm nichts getan; der bildet sich da etwas ein. Wenn jemand von mir ein Werkzeug borgen wollte, ich gäbe es ihm sofort. Und warum er nicht? Wie kann man einem Mitmenschen einen so einfachen Gefallen abschlagen? Leute wie dieser Kerl vergiften einem das Leben. Und dann bildet er sich noch ein, ich sei auf ihn angewiesen. Bloß weil er einen Hammer hat. Jetzt reicht's mir wirklich. – Und so stürmt er hinüber, läutet, der Nachbar öffnet, doch bevor er »Guten Tag« sagen kann, schreit ihn unser Mann an: »Behalten Sie Ihren Hammer.«
(Watzlawick, 2021, Anleitung zum Unglücklichsein)

Das Annäherungsverhalten, den Nachbarn anzusprechen, wäre schnell ohne großen Aufwand erledigt und stellt eine einfache Verhaltenssequenz dar. Das beschriebene Meidungsverhalten dagegen kostet im Vergleich dazu viel mehr Zeit und Energie. Zudem werden komplexe kognitive Prozesse angestoßen.

Die These von Brunstein ist ein wichtiger Beitrag zu einer verhaltensnahen Psychopathologie. Sie erklärt die Rastlosigkeit und Getriebenheit mancher Patienten, die sich einer lästigen oder ängstigenden Situation nicht stellen wollen (»Das muss ich mir nicht antun.«). Für diese kurzfristige Ersparnis an Zeit, Misshelligkeiten und Belastungen müssen sie einen hohen Preis bezahlen.

7.3 Ist Verhalten vernetzt, linear oder hierarchisch geordnet?

Der Rückgriff auf eine S-R-C Abfolge folgt einer linearen Idee, die zu einem funktionalen Modell führt. Dieses gehört zum Markenkern der VT. Es steht außer Frage, dass sich die funktionale Analyse in den gut 50 Jahren klinischer Anwendung bewährt hat. Insofern ist das lineare Konzept validiert. Es entspricht auch einem Wunsch von Patienten, die Ursache für ihre Beschwerden zu erfahren.

Die Relation von Verhalten, Oberplänen und Selbstkonzepten kann entweder als Netzwerk oder als hierarchische Struktur abgebildet werden. Beide Zugänge sind hilfreich. Die Idee einer Hierarchie ist bei folgenden Überlegungen weiterführend: Epstein (1973) konzipiert das Selbst als eine Theorie und formuliert eine Hierarchie von Postulaten. Postulate niedriger Ordnung sind verhaltensnahe Selbstaussagen am Fuß einer Hierarchie, wie z. B.: »Ich bin ein guter Tischtennisspieler« oder »Ich kann gut Himbeertorten backen.« Postulate mittlerer Ordnung sind generellere Annahmen über sich, wie z. B.: »Ich bin ein guter Sportler« oder »Ich bin eine gute Bäckerin«. Postulate hoher Ordnung an der Spitze der Hierarchie sind Selbstaussagen wie: »Ich bin ein guter Mensch« oder »Ich bin ein totaler Versager.« Auch kognitive Verhaltenstherapeuten kontrastieren konkrete Verhaltensweisen am Fuße einer Hierarchie mit darüber liegenden Regeln, Plänen und Oberplänen (z. B. Grawe, 1980; Caspar, 2009).

Epstein postuliert, dass Postulate höherer Ordnung weitgehend veränderungsresistent sind. Nur so ist eine Stabilität des Selbst gesichert; dies gilt auch für negative Selbstkonzepte. Postulate niedriger Ordnung dagegen sind weniger Selbstwert-relevant, tragen deshalb weniger zur Stabilität bei und können daher leichter geändert werden. Die zentralen Selbstaussagen einer Person, deren Oberpläne bzw. ihre Postulate höherer Ordnung sind also zeitlich und inhaltlich stabil. Eine Person ist bemüht, ihr Selbstbild konstant zu erhalten. Anstehende Veränderungen zentraler Selbstaussagen werden als bedrohlich erlebt. Epstein führte aus, dass z. B. eine Person das Postulat: »Ich bin ein guter Tischtennisspieler« leicht verändern könne, da es niedriger Ordnung sei. Das mag für gesunde und souveräne Menschen gelten, die angstfrei die Sicht auf sich anpassen können, sofern neue Erfahrungen das sinnvoll erscheinen lassen. Sie können diese Flexibilität sogar als Stärke sehen. Im klinischen Setting dagegen wird von Patienten schon der Verlust von scheinbar marginalen Kompetenzen als selbstwertbedrohlich erlebt (s. Verlustaversion, Tversky & Kahnemann, 1992; Bestreben, Ressourcen zu erhalten, Hobfoll, 2001).

Das Diktum des funktionalen Zusammenhangs von Verhaltensweisen und das der multiplen Determination (▶ Kap. 12.1) verweist darauf, dass eine Verhaltensweise keine isolierte Größe ist, sondern immer mit anderen Verhaltensweisen in einer Verbindung steht. Umschriebene Verhaltensweisen kovariieren mit ähnlichen benachbarten Verhaltensweisen und können mit einer jeweils spezifischen Wahrscheinlichkeit ein benachbartes Verhalten aktivieren. Insofern sind sie vernetzt und bilden ein Cluster. So kann ein psychologisches Thema als ein Verhaltenscluster verstanden werden. Das Thema von Frau Wirtz (Beispiel s. u.) lautete: »Ich bin im Leben zu kurz gekommen.« Es umfasste Verhaltensweisen wie den Vergleich mit der Schwester, Kognitionen wie: »Ich habe nie das bekommen, was ich wollte«, Vorwürfe an die Eltern, Lamentieren in Gaststätten über nicht voll eingeschenkte Gläser, anderen nichts zu gönnen, zu horten, etc. Wenn z. B. situativ einer dieser Aspekte tangiert wurde, wurden die vernetzten Verhaltensweisen bevorzugt erinnert. Wenn z. B. in einer Gaststätte ihr Weinglas nicht randvoll eingeschenkt war, erzählte sie einer Begleitperson Teile ihrer Biographie, die mit dieser Situation vernetzt war. Für die Gesprächsführung bedeutet der Netzwerkgedanke:

- Die Themen einer Person haben einen Bezug zueinander.
- Ein zentrales Thema eines Patienten wird immer zutage treten, unabhängig davon, mit welchem Thema in der Exploration begonnen wurde. Wenn ein Patient ein zentrales Thema meidet (»Widerstand zeigt«, »verdrängt«), wird das Ausweichmanöver zum Hinweis, ein relevantes Thema zu vermuten.
- Wird in einer Behandlung ein relevantes Thema bearbeitet, werden weitere Themen davon betroffen sein und auch diese werden positiv modifiziert (»Schneeball-Effekt«).
- Wenn der Interviewer »den Faden« verlieren sollte oder wenn ihm ein Gedanke entfallen ist, sollte er nicht beunruhigt sein. Wegen der Vernetzung werden solche Inhalte wieder zur Sprache kommen.
- Wird nur ein Aspekt eines störungsrelevanten Clusters angesprochen, werden wahrscheinlich auch die benachbarten Verhaltensweisen zur Sprache kommen. Allerdings muss der Interviewer einem Patienten die Zeit geben, einer Erinnerung zu folgen.

Das zentrale Thema von Frau Wirtz, Alkoholpatientin, lautete: »Ich bin im Leben zu kurz gekommen«, was auch an folgendem Dialog deutlich wird:

Th.: Sie sagten, dass Sie sich darüber ärgern, wenn in einer Gaststätte Ihr Glas nicht über den Eichstrich gefüllt ist.
P.: Das ist doch ärgerlich …
Th.: Fällt Ihnen dazu noch was ein?
P.: Der Wirt bereichert sich auf meine Kosten.
Th.: Er bereichert sich auf Ihre Kosten.
P.: Das lass ich mir nicht mehr gefallen.
Th.: Nicht mehr?
P.: Ja, nicht mehr. Das ist vorbei. Als Kind konnte ich mich nicht dagegen wehren, ich musste das hinnehmen.
Th.: Als Kind mussten Sie es hinnehmen, dass Ihre Schwester bevorzugt wurde.
P.: (lauter) Das ist vorbei, ich lasse mir nichts mehr gefallen.

Für theoretische wie therapeutische Überlegungen erscheint es angemessen zu sein, von einem Netzwerk auszugehen. Einzelne Pfade allerdings sind sinnvoller Weise als lineare oder hierarchische Abfolgen zu beschreiben, um therapeutisch eingreifen zu können (► Kap. 15.4).

8 Oberpläne

8.1 Oberpläne kontrollieren Verhalten

Verhalten und Oberpläne sind wechselseitig aufeinander bezogen: Erfahrungen auf der Verhaltensebene prägen Oberpläne, Oberpläne initiieren und verstärken einzelne Verhaltensweisen.

Personzentrierte Selbstaussagen mit erweitertem Geltungsbereich, insbesondere wenn ein Bezug zu konkretem Verhalten hergestellt wird, werden Oberpläne genannt und sind der Konzeptebene zuzuordnen. Oberpläne sind als spezifische Operationalisierungen von umschriebenen Aspekten des Selbstkonzeptes zu verstehen. In einer Gesprächssituation werden sie damit zu einem probaten Handwerkszeug, um die Auswirkung des Selbst auf eine Symptomatik zu verstehen und ihre Funktion bei der Aufrechterhaltung eines Problemverhaltens zu erkennen. Oberpläne zielen auf den gleichen psychologischen Sachverhalt wie Postulate höherer Ordnung.

Oberpläne repräsentieren Grundüberzeugungen oder Lebensthemen (Kanfer et al., 1996, S. 292). Bei einer erwachsenen Person kontrollieren Oberpläne aktuelles Verhalten und werden vice versa von den Konsequenzen aktueller Verhaltensweisen bestärkt und mitunter auch verändert. Die konkreten Erfahrungen einer Person prägen also ihre Überzeugungen, wie umgekehrt ihre Überzeugungen ihr Tun und Lassen bestimmen. Im Einzelnen können Oberpläne die folgende Gestalt und Funktion annehmen:

- Oberpläne sind Kognitionen mit generalisierter Bedeutung: »Immer mir passieren solche Dinger.«
- Oberpläne sind Selbstaussagen: »Ich bin ein Angsthase/Glückspilz.«
- Oberpläne können positiv wie negativ bewertete psychologische Sachverhalte zusammenfassen; sie sind wertend: »Ich *bin* eine gute Arbeiterin.«; »Ich *bin* eine schlechte Mutter.«
- Oberpläne initiieren konkrete Verhaltensweisen: »Ich bin jemand, der regelmäßig Sport treibt.«
- Oberpläne korrespondieren mit spezifischen Verhaltensbereichen: »Ich bin eine gute Bäckerin.«; »Ich bin ein schlechter Koch.«

Die Verwendung des Begriffs Oberplan zwingt dazu, Kognitionen bzw. Selbstgespräche wortwörtlich auszuformulieren. Das ist für die Therapieplanung insofern günstig, weil sie einem Patienten vorgelegt werden können, der dann entscheidet, ob die Formulierung stimmt:

»Sie sagen sich also: ›Es zählt nur, eine gute Arbeiterin zu sein‹. Habe ich Sie richtig verstanden? Lautet dann Ihr Motto: ›Ich muss eine gute Arbeiterin sein‹?«

»Viele in der Gruppe und auch ich meinen, dass es eine hervorragende Leistung ist, so gut backen zu können. Wer kann das schon? Und: Dass das einer Anerkennung wert ist. Was passiert, wenn Sie sich sagen würden: ›Ich bin stolz auf mich, die beste Himbeertorte der Stadt zu backen‹?«

Die Wirkmächtigkeit von Oberplänen wird augenfällig, wenn Personen »bar jeder Vernunft« und »gesundem Menschenverstand« handeln. Sie verhalten sich so, dass unmittelbar und auch längerfristig negative Konsequenzen auftreten. Bestimmte Oberpläne werden aber bestätigt:

Box 9: Wer noch laufen kann, kann auch zur Arbeit gehen

Für eine 32-jährige Patientin, angestellt in der Verwaltung eines Klinikkonzerns, war es trotz schwerwiegender Krankheitssymptome nicht möglich zu Hause zu bleiben (s. Box 22). »Zu Hause bleiben« und nicht zur Arbeit gehen war inkompatibel mit ihrem Arbeitsethos und mit arbeitsaffinen Oberplänen. Verlässlichkeit und Pünktlichkeit, insbesondere dem Arbeitgeber gegenüber, waren unhinterfragte Selbstverständlichkeiten in ihrer Herkunftsfamilie. Schonung war nicht akzeptabel, solange man aufrecht stehen und zur Arbeit laufen konnte. Angemessen wäre es, im Krankheitsfall zu Hause zu bleiben; ein seelisch gesunder Arbeitnehmer wird das auch tun. Hierfür aber standen der Patientin – bildlich gesprochen – keine hilfreichen Oberpläne zu Seite. Stattdessen wurden Oberpläne der Art: »Wer noch laufen kann, kann auch zur Arbeit gehen« verstärkt.

Ziel einer Therapie kann die Reduzierung einer Symptomatik wie z. B. Angst, ein weiteres Ziel kann der Wunsch nach einem besseren Leben sein. Damit wird die Frage relevant, ob sich ein Patient tatsächlich ein besseres Leben vorstellen kann: Ist das existierende Selbstkonzept kompatibel mit einem guten Leben? Selbst die Tatsache, nach einer erfolgreichen Therapie, ohne ein Symptom zu leben, ist für Patienten eine Umstellung. Diese ist zwar erwünscht, was aber nicht bedeuten muss, dass ein Patient sich mit der neuen Lebenssituation sofort arrangieren kann. Daher ist es sinnvoll bei einer Verhaltensdiagnostik auch danach zu fragen, welche Oberpläne etc. tangiert sind, wenn das Zielverhalten realisiert ist. Gibt es also für ein angstfreies und selbstbestimmtes Leben einen kompatiblen Oberplan? Im therapeutischen Gespräch muss daher eine erwünschte Veränderung auf der Verhaltensebene immer Anlass sein, den tangierten Oberplan anzusprechen, z. B.: »Ich habe es geschafft angstfrei einzukaufen. Das ist gut so und ich bin stolz auf mich.«

Als Grundregel gilt: Eine Veränderung auf der Verhaltensebene muss immer auch zu einer Veränderung des konkordanten Oberplans und damit auch des Selbstkonzeptes führen.

Oberpläne führen zu spezifischen und individuell unterschiedlichen Strategien in Problemsituationen. Eine bestimmte Situation wird daher von zwei Personen verschieden gemeistert, je nachdem, welche Oberpläne handlungsrelevant sind:

Angenommen, Person A. äußert einen Wunsch und B. schlägt ihr diese Bitte aus welchen Gründen auch immer ab. Ist A. erfolgsmotiviert, dann heißen ihre leitenden Oberpläne möglicherweise: »Nicht sofort unterkriegen lassen« oder »Mit Charme gewinne ich alle«; aber auch: »Mir steht zu, was ich will« oder: »Ich bin der Größte, der Erfolgreichste, ich krieg jeden rum.« A. antizipiert in Konfliktsituationen ein C+. Folglich wird sie alle ihre Möglichkeiten einsetzen, um Erfolg zu haben.

Person C. dagegen ist misserfolgsmotiviert, ihr Selbstkonzept ist durch Oberpläne geprägt wie z. B.: »Mir gönnt keiner was«, »Mir steht Gutes nicht zu« oder »Ich habe nie Glück«. Wenn ihr ein Wunsch abgeschlagen wird, wird sie das hinnehmen. Sie wird nicht argumentieren oder versuchen B. umzustimmen. Person C. antizipiert in einer Konfliktsituation eher einen Misserfolg (C-). Tritt der ein, erlebt Person C. das als eine Bestätigung (C+) ihrer früheren negativen Erfahrungen.

Diese beiden typischen Verhaltenstendenzen sind sowohl alltäglich als auch im klinischen Setting zu beobachten. Betritt eine Person ein Restaurant und der Service-Mitarbeiter verneint mit Bedauern deren Wunsch nach einem Tisch, akzeptiert eine misserfolgsmotivierte Person die Absage. Nicht so eine erfolgsmotivierte. Sie wird versuchen, irgendwo doch noch einen Platz zu finden.

8.2 Konkurrierende Oberpläne

Eine einzelne Person vereinigt auf sich i. d. R. viele und mitunter widersprüchliche Selbstkonzepte und Oberpläne. Einige davon werden möglicherweise nie oder selten bewusst oder handlungsrelevant. Im täglichen Leben wird nur ein Teil des potentiellen Verhaltensrepertoires abgerufen. Nur für das auftretende Verhalten werden korrespondierende Bereiche des Selbstkonzepts aktualisiert. So werden die allermeisten Menschen nicht ahnen, wie sie sich genau verhalten werden und welches Selbstkonzept getriggert wird, wenn ihr Haus brennt oder wenn sie einen Millionengewinn im Lotto machen oder aggressive Impulse situativ getriggert werden. Wer sich mutig verhält und das Konzept »Held« aktualisiert, zeigt sich erst, wenn ein Held gefragt ist. Auch werden die wenigsten wissen, was sie mit einem exorbitant hohen Vermögen im Rücken tatsächlich unternehmen.

Personen folgen nicht immer ihren Vorhaben und den bezugnehmenden Oberplänen: Der Einfluss eines Oberplans auf Verhalten konkurriert mit Verstärkereffekten auf der Verhaltensebene. Will ein guter Mensch Gutes tun, können die Belastungen (C-) zu hoch sein oder die Alternativen zu verführerisch (C+, kurzfristig). So fordert z. B. ein rationaler Oberplan von einem Autofahrer Tempolimits einzuhalten und generell spritsparend zu fahren. Der Spaß am Beschleunigen kann diese rationale Regel verblassen lassen. Für die Gesprächsführung bedeutet das, dass eine Person sich durchaus widersprüchlich verhalten und darstellen kann.

Beispiel für den Einfluss konkurrierender Oberpläne

Herr Zweigelt (53 Jahre, zwanghafte Persönlichkeitsstörung, Vernichtungsängste, Kaufsucht) lebte alleine in einer Großstadt. Er war nach einem akademischen Abschluss als erfolgreicher Mitarbeiter in einem Autokonzern tätig. Weil er wegen eines Sortierzwangs keine organisatorischen Aufgaben erledigen konnte, musste er diese Beschäftigung auf dem ersten Arbeitsmarkt vor 10 Jahren aufgeben. Seit sechs Jahren arbeitet er in einer betreuten Einrichtung.

Ein Aspekt in der Behandlung von Herrn Zweigelt (P.) war sein Wunsch in Ruhe frühstücken zu können (Verhaltensebene). Dieses Ziel ist deshalb indiziert, weil Herr Zweigelt nüchtern unkonzentriert seine Arbeit erledigt und hoch riskant Auto fährt. Der Therapeut (Th.) will klären, ob einem Frühstück Verbote (Konzeptebene) entgegenstehen.

	Dialog mit Herrn Zweigelt	Anmerkungen
Th.	Herr Zweigelt, wie hat das mit dem Frühstücken geklappt?	
P.	Ich hatte ja begonnen, mir den Frühstückstisch herzurichten, die rosa Decke aufgelegt, ein Engelchen (verabredeter Hinweise für Selbstfürsorge) geholt und eine Schildkröte (verabredeter Hinweise für langsames Essen). Ich hatte mir Porridge gekocht. Der tut mir gut...	Antwort auf der Verhaltensebene
Th.	Das hört sich gut an ...	
P.	Tja, das habe ich nicht durchhalten können. Das geht so nicht. Mich macht das unruhig ... Ich musste sofort wieder aufstehen.	Sitzen → Unruhe, C- → Aufstehen → ₵-
	Ausführliche Schilderung zwanghaften Arbeitens (Beschäftigtsein), das zunächst nichts mit dem Frühstück zu tun hat. Die zentrale Aussage: »Ich muss arbeiten. Wenn ich nicht arbeite, bekomme ich Angst.«	Das Verhalten Frühstücken kollidiert mit dem Oberplan auf der Konzeptebene, arbeiten zu müssen, der die Funktion eines Gebotes angenommen hat.
Th.	Ja, das habe ich verstanden. Ich will etwas mehr über das Frühstück erfahren.	Zurückführen
Th.	Wir wissen und haben das auch so erfahren, dass ein Frühstück Ihnen guttut, sie konzentrierter Auto fahren und am Vormittag besser mit der Arbeit zurechtkommen ...	Zusammenfassung
P.	Ja, richtig.	

	Dialog mit Herrn Zweigelt	Anmerkungen
Th.	Sich die Zeit für ein Frühstück zu nehmen, geht aber nicht.	Verhaltensbeobachtung
Th.	Das widerspricht einem Gebot oder Verbot, wie sieht das aus?	Direkte Frage nach dem Konzept, warum ein Verhalten, hier Frühstücken, nicht möglich ist.
P.	berichtet sehr detailliert	
	1. Herr Zweigelt schildert seine Kindheit als wenig behütet und seinen Vater als gewalttätig. Wenn jetzt etwas Gutes bzw. Genussvolles eintritt, muss das ganz besonders gut sein, um die erlittenen Versagungen zu kompensieren.	1. Oberplan: Nur das Beste ist für mich gut genug.
	2. Die Zeit für ein ruhiges Frühstück ist verlorene Zeit, in der Herr Zweigelt hätte arbeiten können.	2. Oberplan: Nutze die Zeit zum Arbeiten.
	3. Beim Nichtstun, dem Frühstücken, tauchen negative Gedanken auf: Wie ist der Tagesablauf, was muss erledigt werden.	3. Sitzen → negative Gedanken → Unruhe In Ruhe Frühstücken kollidiert auf der Konzeptebene mit Oberplänen, die zur Arbeit anhalten;
	4. »Früher hat mir niemand ein schönes Frühstück bezubereitet, warum hat mich meine Mutter allein mit dem Vater gelassen und mich nicht versorgt?«	4. Frühstück führt zu belastenden Kognitionen, C-, das Beenden zu ₵-. Das Frühstück heute zurückweisen, statt es von der Mutter bekommen → Autonomie, C+
	Die »Lösung«: Statt am Tisch zu frühstücken, löffelt Herr Zweigelt sein Porridge im Badezimmer, während er sich rasiert.	Kompromiss: das C- wird gemieden und das C+ des Frühstücks gesichert.

In dieser Gesprächspassage wird dokumentiert, dass das Frühstück sowohl auf der Verhaltensebene zu negativen Konsequenzen führt als auch mit Oberplänen auf der Konzeptebene im Widerspruch steht. Die Ruhe (= nicht tätig sein oder nicht arbeiten) begünstigt das Auftreten belastender Gedanken. Zugleich werden auf der Konzeptebene zwei genussaverse Oberpläne aktiviert. Der erste lautet: »Nutze deine Zeit zum Arbeiten.« Folgt Herr Zweigelt nicht diesem Gebot, kommt es zum Widerspruch zwischen Oberplan und Verhalten, was inkonsistent und aversiv erlebt wird. Der zweite Oberplan thematisiert einen Konflikt, der umgangssprachlich als Trotz beschrieben wird: Wenn Herr Zweigelt als Kind nicht gut versorgt wurde, muss es heute das Beste vom Besten sein, quasi als Wiedergutmachung. Er formulierte seinen Leitsatz: »Nur das Beste ist für mich gut genug.« Dieser hat die Funktion eines Oberplans: »Ein simples Porridge reicht nicht.« Dies widerspricht dem, was er aktuell will, nämlich frühstücken. Ihm ist bewusst, dass ihm das schadet. Die negativen Konsequenzen, unkonzentriert Auto zu fahren und zu arbeiten, treten später ein (C-, langfristig).

Sein Kompromiss, den Brei beim Rasieren zu sich zu nehmen, wurde von ihm nicht als Frühstück bewertet, sondern als eine Maßnahme, Kalorien zu sich zu nehmen. Im Verlauf der Therapie geriet das Frühstücken wegen aktueller Probleme in den Hintergrund. Nach ca. einem Jahr wurde die Arbeitszeit des Patienten stark reduziert; sein Wunsch nach einem besseren Leben geriet in den Vordergrund und damit auch das Thema Frühstück. Da er nicht mehr zu einem definierten Zeitpunkt aus dem Haus musste, nahm er es nicht mehr beim Rasieren ein. Er hatte die Möglichkeit, sich für das Frühstück Zeit zu nehmen und es so zu gestalten, wie er sich das wünschte. Eher beiläufig berichtete er, dass er nun irgendwann, meist erst in der Mittagszeit frühstückte. Getrieben von seinem Arbeitszwang nutzte er die Zeit direkt nach dem Aufstehen, um irgendetwas zu ordnen. Dieses Verhalten konnte ihn an den Rand der Dekompensation führen. Er war unterzuckert (O-Variable) und verzweifelt, weil die angestrebte Ordnung vor dem Frühstück meist nicht erreicht war. Es war geboten, dass Herr Zweigelt sein Frühstück direkt nach dem Aufstehen einnahm. Um dem zu erwartenden Konflikt vorzubeugen, verordnete der Therapeut das frühe Frühstück als verbindliche Maßnahme.

Persönliche Anmerkung: Diese Fortschreibung offenbart einen Fehler. Ich kannte die Bedeutung des Frühstücks sowohl unter körperlichen als auch psychologischen Gründen. Mir war auch sein Arbeitszwang klar und ich wusste, dass das zwanghafte Gebot tätig zu sein für den Patienten höherrangig war als der Wunsch nach einem genussvollen Frühstück, zumal durch das Frühstücken problematische Aspekte seines Selbstkonzeptes getriggert wurden. Also war das Aufschieben des Frühstücks vorhersagbar. Wo liegt mein Fehler?

Ich habe mich von seinem Zwang kontrollieren lassen (»mit der Symptomatik agiert«): Als Zwangspatient strukturiert Herr Zweigelt eine Therapiestunde vor, bringt schnell redend eine Vielzahl von Gesichtspunkten ein und will ganz bestimmte Aspekte besprochen haben. Ich habe mich also einmal zu wenig zurückgelehnt und nachgedacht, was gerade passiert.

Wenn ich schon nicht nachgedacht habe, hätte ich zumindest handwerklich besser arbeiten und so einen Fehler vermeiden können. Ich hatte es versäumt, eine Zeitreihe zu bestimmen. Weniger Arbeit bedeutet mehr freie Zeit, die der Patient strukturieren muss. Eine Zeitreihe hätte offenbart, dass er seinen Zwängen folgte, er ohne Frühstück nach und nach unterzuckerte und dehydrierte und zu dekompensieren drohte.

Zur Beruhigung: Ein wichtiges Problem wird sich wieder aufdrängen, wenn es übersehen wurde. Das war auch im geschilderten Beispiel der Fall. Das Problem, zu spät zu frühstücken, wurde zwar verspätet angegangen. Die Zwischenzeit aber war durchaus mit sinnvoller therapeutischer Arbeit gefüllt.

8.3 Werte und Oberpläne

Werden Aspekte von z. B. Partnerschaft, Leistungsfähigkeit, Gemeinschaftsgefühl, Ehrlichkeit, usw. angesprochen, werden allgemein menschliche Werte oder Tugenden thematisiert. Eine Person wird einige von ihnen anstreben und bemüht sein, sie in ihrem Leben realisieren; damit werden diese handlungsrelevant. Dieser Zusammenhang kann für die Formulierung von Oberplänen genutzt werden: Für ein Paar ist z. B. die Tugend Ehrlichkeit als Wert bedeutsam. Es wird folgerichtig einen Oberplan formulieren, der in etwa lauten kann: »Wir sind in unserer Partnerschaft ehrlich miteinander.« Ist der eine ehrlich zum anderen, wird dieser Oberplan bestätigt: C+. Beide sehen sich bestätigt und freuen sich in ihrer Nische. Befolgt allerdings einer nicht diesen Oberplan, wird es Konflikte geben: C-.

Nicht alle Tugenden sind für alle Personen Werte, die sie anstreben. Bei der Arbeit mit einem Patienten muss der Interviewer die Valenz einer Tugend klären, bevor er z. B. eine funktionale Analyse beginnt. Auch verändert sich die Bedeutung von Tugenden. Für den Vater von Frau Vetter z. B. (s. Box 22) war die Tugend Pflichttreue ganz wesentlich für sein Selbstverständnis. Für ihn und seine Tochter war es eine selbstverständliche Pflicht, dem Arbeitgeber bestmögliche Leistung zu erbringen. Sein Oberplan mag gelautet haben: »Ich habe meine Arbeit pflichtgetreu zu erbringen.«

Wurde er diesem Oberplan gerecht, führte das zu einem C+, konnte er dem nicht gerecht werden, führte das zu einem C-. Den Enttäuschungen im Arbeitsleben war es geschuldet, dass der Vater seine Werte änderte. Damit konnte er seiner Tochter helfen, ihre arbeitsaffinen Oberpläne zu korrigieren.

Für das Verständnis von seelischer Gesundheit ist ein »basaler«« oder »Meta«-Oberplan zu postulieren, der lauten könnte: »Mir steht ein erfülltes und glückliches Leben zu.« Personen müssen für sich in Anspruch nehmen, solche Werte für sich umzusetzen, wie auch immer sie im Einzelnen lauten mögen. Im Sinne der kognitiven VT ist das eine Voraussetzung dafür, dass Personen überhaupt seelisch gesund sind oder werden wollen.

Problemzentrierte Gespräche tangieren regelhaft unangemessene Oberpläne (z. B.: »Ich muss perfekt sein«, »Immer muss mir das passieren«). Auch wenn unangemessene Oberpläne korrespondierend mit einem problematischen Verhalten herausgearbeitet werden konnten, darf das nicht das Ende der Exploration bedeuten. Mit Sicherheit sind positive Werte ausfindig zu machen. Fragen danach, wie wichtig diese im Augenblick für einen Patienten sind, wie das früher einmal war oder was er sich für später wünscht, sind erste Hinweise auf gesundheitsbezogene Oberpläne. Man darf sich auch von einer entschiedenen Ablehnung eines solchen Themas nicht schrecken lassen (z. B.: »Ich hatte noch nie eine gute Beziehung, brauche auch keine und will auch keine«). Die entschiedene Negation kann Hinweis auf einen Wunsch sein, der vielleicht aus Furcht vor Enttäuschung nicht zugestanden wird. Der gesundheitsbezogene Oberplan könnte lauten: »Eine zufriedenstellende Partnerschaft gehört zu einem erfüllten Leben«; konkurrierend dazu kann aber stehen: »Ich will nicht enttäuscht werden.«

8.4 Zur Entstehung von Oberplänen

In diesem Kapitel wird nicht umfassend die Entwicklung von Oberplänen dargestellt, sondern es werden Beobachtungen im Umgang mit Patienten referiert und gezeigt, welche Bedingungen bei ihnen zur Ausprägung spezifischer Oberpläne geführt haben. So ist es begründet, dass mehr über negative als über positive Oberpläne oder aufwertende Oberpläne berichtet wird. Kurz sei angemerkt: Positive Oberpläne können entstehen z. B. durch:

- Akzeptanz-Erleben, insbesondere in der Kindheit, sichere Bindung
- positive Rückmeldungen im täglichen Leben oder als Kind beim Spielen
- zufällige Bestätigungen
- Erfolge und deren Würdigung
- Aufwertung
- …

Eine zentrale Bedingung für die Entwicklung positiver wie negativer Oberpläne ist das soziale Umfeld einer Person, insbesondere die familiäre Sozialisation. Dieser Sachverhalt ist für die Gesprächsführung bedeutsam: Oberpläne und Selbstkonzepte entwickeln sich i. d. R. in Übereinstimmung mit dem sozialen Umfeld eines Patienten. Zum einen werden die Normen und Selbstverständlichkeiten einer Familie übernommen. Herr Carl z. B. kommt aus einem calvinistisch geprägten Elternhaus, das arbeitsam und genussfeindlich geprägt war. Folglich sind arbeitsaffine und genussaverse Oberpläne zu erwarten. Die Mutter von Klaus (s. Box 15), eine resolute Geschäftsfrau, war es gewohnt, unklare Situationen sofort zu klären. Sie zögerte nicht, Klaus vermutete Zurückweisung aufzuklären, geleitet von der Devise, keine Schwäche zu zeigen oder sich kein »X für ein U« vormachen zu lassen. Weiterhin prägen die nahen Bezugspersonen die Entwicklung: Die Mutter Herrn Carls war von panischer Angst getrieben, ihre Kinder könnten später versagen, wenn sie nicht jede Zeit zum Lernen nutzen. Naheliegend waren also ängstigende Oberpläne der Art: »Ohne Anstrengung droht mir der Verlust meiner Arbeit/Reputation/etc.«

Naheliegende Oberpläne angesichts eines speziellen familiären Umfeldes können Klischees bedienen. Daher ist es in einem klinischen Gespräch angezeigt, diese kritisch zu überprüfen, wobei gilt: Gerade spontan überzeugende Erwartungen müssen besonders gründlich überprüft werden.

Spezifische Bindungen und Oberpläne kovariieren: So kann eine sichere Bindung als Kind einen Oberplan der Art: »Ich kann mich auf meine Mutter verlassen«, »Die Welt ist geordnet« oder »Alles wird schon gut gehen« begünstigen. Eine Bindungsstörung dagegen macht gänzlich andere Oberpläne wahrscheinlich: »Ich kann mich auf niemanden verlassen.«, »Sei vorsichtig, wenn dir jemand zu nahekommt.«

Die spezifischen Umgangsweisen der Familienmitglieder untereinander prägen die Selbstsicht und führen zur Entwicklung spezifischer Oberpläne. Das gilt insbesondere auch für die Geschwister:

Bei der Oberplananalyse wurde Frau Zwora (s. Box 35 »Alles gut?«) bewusst, wie weitreichend die biologisch vorgegebene Tatsache war, die zweitgeborene Zwillingsschwester zu sein, die mit weniger Ressourcen und Fertigkeiten Ausgestattete zu sein: »Schon bei meiner Geburt war ich schlechter dran. Ich war schmächtig, habe weniger gewogen, meine Schwester war größer. Sie hat sich vorgedrängt«. Diese Gegebenheiten determinierten ihre Grundüberzeugung, die als Vorwurf an das Leben generell formuliert waren. Mit dominanten Oberplänen befeuerte Frau Zwora eine Abwärtsspirale und verstärkte eine depressive Haltung: »Ich bin benachteiligt«; »Was ich auch mache, es wird nichts«; »Ich brauche mich gar nicht erst anzustrengen. Meine Schwester ist eh besser«.

Die Suche nach ihren Stärken war Anlass (S^D) für die Aktivierung des Oberplans, dass die Schwester besser ist und dass sie daran nichts ändern kann. Als Gesprächstechnik war in Grenzen erfolgreich, die Patientin zu unterbrechen mit dem Hinweis, dass dieses Thema jetzt nicht ansteht, und sie anzuhalten, wie sie sich heute – unabhängig von ihrer Schwester – ein gutes Leben einrichten kann. Für diese Patientin war es ein Therapieerfolg, für sie hilfreiche Veränderungen auf der Verhaltensebene umzusetzen, beizubehalten und überhaupt als ihre Leistung zu registrieren.

8.5 Entwicklung von negativen und abwertenden Oberplänen

8.5.1 Schlussfolgerungen aus Erfahrungen des Scheiterns

Auf Scheitern, Unterliegen etc. reagieren Personen unterschiedlich, z. B. mit Trotz oder Enttäuschung. Bei Patienten führen solche Erfahrungen i. d. R. zur Entwicklung eines negativen Oberplans.

Dem Bericht von Versagen, Kränkungen etc. sollte mit Gesprächsführungstechniken wie aktivem Zuhören und Paraphrasieren begegnet werden. Solche Paraphrasen können die Vorlagen für die Formulierung von Oberplänen sein. So fasst z. B. der Therapeut die Schilderung des Umgangs von Frau Zwora mit ihrer Schwester zusammen:

Paraphrase des Therapeuten:	»Sie erleben Ihre Schwester in nahezu allen Belangen als überlegen.«
Möglicher Oberplan:	»Ich bin meiner Schwester unterlegen!« »Ich bin eine Versagerin.«

Der Patientin wurde der vermutete Oberplan vorgelegt und gefragt:

Kontrollfrage:	»Erleben Sie sich als Versagerin?« »Ist der Satz ‚Ich bin eine Versagerin' so eine Art Motto?«

8.5.2 Gezielte Abwertung

Patienten benennen i.d.R. eine Vielzahl von Personen, die sie gezielt abgewertet haben: Eltern, Lehrer, Familienangehörige etc. oder überlegene und/oder missgünstige Personen wie Chefs oder Nachbarn etc. Hören z.B. Kinder oder Heranwachsende häufig genug »schwarze« Erziehungssätze, wie sie online in den Zusatzmaterialien aufgelistet sind, dann glauben sie diese irgendwann und übernehmen sie als ihre eigenen Oberpläne. Frau Bauer (s. Box 27) wuchs in einem kleineren landwirtschaftlichen Betrieb auf. Sie war zwar die Ältere, der jüngere Bruder sollte aber den Hof übernehmen und wurde von den Eltern demonstrativ bevorzugt. Dieser wertete, wo und wann immer er konnte, seine ältere Schwester ab. Von den Eltern erfuhr sie wenig Anerkennung, was sie als Abwertung erlebte. Gleichwohl war es ihr unmöglich, ihre Eltern zu kritisieren, da sie Widerworte als unbotmäßigen Angriff erlebte.

Die Patientin war verbittert und sensibilisiert für alle offenen und versteckten Hinweise möglicher Kränkungen. Sie formulierte Vorwürfe »an das Leben«, an die Eltern und den Bruder meist in Selbstgesprächen, was zu einem stabilen negativen Selbstkonzept beitrug.

8.5.3 Unvermeidbares Scheitern

Scheitern kann ohne Zutun der Person, z.B. lebensgeschichtlich oder biologisch bedingt, eintreten, wie das bei einem Unfall, Erkrankungen oder situativen Unvermeidbarkeiten der Fall ist. Situationen des Misslingens muss eine Person zwar nicht herbeigeführt haben, unglücklicherweise aber kann sie das Scheitern auf sich beziehen. Ein Interviewer muss in solchen Fällen gut zuhören: Es kann sein, dass ein Patient gemäß der Theorie der gerechten Welt die »Schuld« auf sich nimmt, damit die »Welt« als funktionierende und Sicherheit gebende Größe erhalten bleibt.

Gerade kleinere und passagere Misserfolge können aus Konflikt- und Überforderungssituationen stammen, die z.T. auch lebensgeschichtlich eher zufällig und unvermeidbar gewesen sein können, wie etwa ein Umzug in der Kindheit etc. In der Box 15 wird geschildert, wie Klaus, 8 Jahre alt, nach einem Umzug von Hamburg nach Köln bei einem Einkauf wegen des ihm fremden Dialektes die Verkäuferin missversteht. Bei wiederholten Erfahrungen dieser Art, aber bei gut ausgeprägtem Selbstwert hätte er die Überzeugung »Die Kölner sind doof« entwickeln können. Ein verunsichertes Kind aber dürfte den Oberplan »Die Kölner mögen mich nicht« entwickeln und in der Generalisierung nach weiteren solchen Erfahrungen »Keiner mag mich«. Patienten werden tatsächlich häufiger ausgegrenzt oder unfair behandelt, so dass die Überzeugung, nicht gemocht zu sein, begründet ist. Gleichwohl muss ein Interviewer solche zufälligen und ungewollten Erfahrungen des Scheiterns in Betracht ziehen. Da sie häufig nebenbei passieren, werden sie leicht als Ursache übersehen. Stattdessen werden andere Bedingungen zur Erklärung herangezogen, etwa eigenes Versagen. In einer Gesprächssituation ist es die Fremdsicht des Interviewers, die eine andere Sichtweise erleichtert.

In Box 19 wird beschrieben, wie ein Mädchen in Anwesenheit der Mutter die Hausaufgaben erledigt. Die Schülerin hatte schlechte Noten. War sie nicht hinreichend intelligent oder erklärte ein anderes Merkmal (z. B. Trotz) des Mädchens ihr Verhalten? Die Beobachtung ergab: Die Mutter verstärkte unwissentlich und eher zufällig das Fehlermachen und damit ein ungeeignetes Arbeitsverhalten. In dieser Verstärkerfalle waren schlechte Noten (»Scheitern«) nahezu unvermeidbar.

9 Selbstkonzepte

9.1 Verschiedene Selbstkonzepte

Das Selbst ist ein großes Thema der Psychologie, etwa der Allgemeinen Psychologie, z. B. W. James (1890, 1981), der Sozialpsychologie, z. B. Aronson et al. (2023) oder der Klinischen Psychologie, z. B. Rogers (1951) etc. Allerdings gibt es keine einheitliche oder verbindliche Definition. Die Idee des Selbst verführt zu Homunkulus-Theorien: Ein kleines Männchen oder eine kleine weise Frau sitzt im Hinterkopf einer Person und sagt ihr, was zu tun ist. In diesem Text wird das Selbst verhaltensnahe dargestellt, nämlich orientiert an seinen Funktonen.

Auf der Konzeptebene sind die Aussagen einer Person über sich selbst und deren Oberpläne zusammengefasst. Diese Aussagen beschreiben, was eine Person über sich denkt und fühlt, welche Informationen sie bevorzugt aufnimmt, verarbeitet und erinnert, und vor allem, wie sie diese bewertet. Der Begriff Oberpläne wird bevorzugt dann verwendet, wenn ein Bezug spezifischer personzentrierter Selbstaussagen zu konkretem Verhalten hergestellt wird.

Das Selbst insgesamt wird entsprechend der spezifischen Funktionen, die geleistet werden, spezifiziert, z. B. in:

- Selbst-Bild, Selbst-Sicht
- Selbst-Wert
- Selbst-Ideal
- Selbst-Sicherheit
- Selbst-Fürsorge.

Andere Unterteilungen sind möglich. So entwickelt z. B. Bracken (1992) in der »Multidimensional self concept scale« aus bedeutsamen Lebensbereichen inhaltlich definierte Selbstkonzepte:

1. Academic: Success or failure in school (Leistungsorientiertes Selbst)
2. Affect: Awareness of emotional states (Emotionales Selbst)
3. Competence: Ability to meet basic needs (Fähigkeiten-Selbst)
4. Family: How well you work in your family unit (Familien-Selbst)
5. Physical: How you feel about your looks, health, physical condition, and overall appearance (Körper-Selbst)
6. Social: Ability to interact with others (Soziales Selbst).

Eine solche Differenzierung kann als Anregung zur Exploration verstanden werden. In einem klinischen Gespräch allerdings wird keine vollständige Topographie der Selbst-Funktionen eines Patienten angestrebt, sondern lediglich die Aspekte seines Selbst exploriert, die in einem (funktionalen) Zusammenhang mit einem problematischen Verhalten stehen.

Deneke et al. (2009) berichten aus dem Hamburger Gesunden-Projekt (s. a. ► Kap. 14.1), einer qualitativen psychoanalytischen Untersuchung an 21 sich gesund fühlenden Probanden, die im Forschungsprozess wiederholt befragt wurden. Für jeden der Probanden wurde ein »Motto« formuliert, das als eine zentrale Selbstaussage zum wesentlichen Prinzip des eigenen psychischen Funktionierens gekennzeichnet und als ein integratives Selbstkonzept verstanden wurde. Die Untersucher erkennen in diesen integrativen Selbstkonzepten eine steuernde Funktion für die biografische Entwicklung im Lebensverlauf.

Aus verhaltenstherapeutischer Sicht wurden zentrale Themen und Oberpläne der Probanden mit unterschiedlich weiten Geltungsbereichen formuliert und deren Wechselwirkung mit verhaltensnahen Ereignissen beschrieben. Beide therapeutische Modelle haben in diesem Arbeitssektor also vergleichbare Ansätze.

9.2 Exkurs: Kollektives Gedächtnis

Das kollektive Gedächtnis einer ethnischen Gruppe (Assmann, 1988) ist eine mögliche Quelle für die Inhalte eines Selbstkonzeptes einer Person. Im kollektiven Gedächtnis wird u. a. festgeschrieben, welche Aussagen für sie konstituierend sind und welche ausgrenzend sind. Ein solcher Kanon definiert für die Angehörigen der Gruppe, was gedacht und ausgedrückt werden darf und was verpönt ist (s. a. Alheit, 2005: »Mentalität«; Frankl, 1955, Kalender & Pfeifer, 2024: »Pathologie des Zeitgeistes«). Der Kanon des Erlaubten und Nicht-Erlaubten wird zudem durch die individuelle Biographie ergänzt. Auszüge aus dem kollektiven Gedächtnis der Bezugsgruppe und die individuellen Erfahrungen prägen die Inhalte von Oberplänen und konstituieren das Selbstkonzept einer Person.

Solche normativen Vorgaben kontrollieren nicht nur das Handeln von Gruppen und einzelnen Personen, sondern auch deren Kognitionen. So kann sich die Patientin, vorgestellt in Box 9 und 22, nicht krankschreiben lassen. Interne negative Konsequenzen wie Selbstabwertung oder Scham wären die Folge. Sie kann weder den Gedanken einer Krankschreibung zulassen noch tatsächlich von der Arbeit fernbleiben. Sie entspricht damit den Normen, die ihr Vater früher vermittelt hat. Sie ist folglich auch irritiert und ringt nach Worten, als ihr Therapeut eine Krankschreibung als sinnvoll zur Erhaltung der Arbeitskraft und als Akt der Selbstfürsorge postuliert.

Es ist also sinnvoll, das kulturelle Umfeld eines Patienten zu kennen, um ihn zu verstehen: Welche Werte und Normen werden von den Meinungsmachern bzw. der Mehrheit der Bezugsgruppe vertreten und eingefordert? Solche kollektiven

Überzeugungen korrespondieren mit Oberplänen der einzelnen Mitglieder. In einer calvinistischen Gemeinde z. B. gilt das Gebot der Arbeitsamkeit und das Verbot von materiellem Luxus aller Art (»Nutze deine Zeit zur Arbeit«). Bei der Feuerwehr wird auf gegenseitige Verlässlichkeit geachtet (»Dein Nebenmann muss sich auf dich verlassen können«).

Werden diese Werte und Normen eingehalten, werden die bezugnehmenden Oberpläne verstärkt. Ist die Zugehörigkeit eines Patienten zu einer prägenden Bezugsgruppe bekannt, kann es weiterführend sein, deren Überzeugungen zu eruieren und als Hintergrund des Selbstverständnisses eines Patienten zu sehen.

In der Box 39, »Positiva verboten«, fragte sich der Interviewer: »Warum kann es verpönt sein, sich an einem Samstag zum Mittagessen bedienen zu lassen und anschließend ein Mittagsschläfchen zu halten?« Die Antwort: Der korrespondierende Oberplan entsprach den Überzeugungen der Herkunftsfamilie. Die waren selbstverständlich in der Region, in der sie beheimatet war. Dieses Wissen validierte die Annahme, dass die Patientin gegen einen genussfeindlichen Oberplan verstoßen hatte.

9.3 Gegenüberstellung von Konzept und Verhalten

In der kognitiven VT wird die Beziehung der Verhaltens- zu einer Konzeptebene in einer vertikalen Analyse mit Hilfe von Begriffen wie Regeln, Zielen, Plänen, Oberplänen, mitunter auch Schemata etc. mit unterschiedlichen Schwerpunkten in den gängigen verhaltenstherapeutischen Lehrbüchern beschrieben, z. B. Kanfer et al (2012, S. 211 ff). Der vorliegende Text muss sich auf einige Aspekte beschränken, die für die hier vertretene Variante der Gesprächsführung relevant sind.

Sozialpsychologen (z. B. Rammsayer & Weber, 2016) stimmen darin überein, dass sich das Selbstkonzept einer Person größtenteils aus ihren Interaktionserfahrungen ableitet. Gelingen einer Person ihre Unternehmungen, wird sie ein erfolgsorientiertes Selbstkonzept entwickeln. Insbesondere die Reaktionen von Interaktionspartnern auf Äußerungen oder Aktionen einer Person beeinflussen deren Selbstkonzept. Zu ergänzen ist: Selbstkonzepte werden geprägt, wenn zentrale Botschaften bedeutsamer Personen als eigene Oberpläne übernommen werden (z. B.: »Du bist ein gutes Kind« vs. »Du bist zu nichts zu gebrauchen«).

Als Folge der Therapie wird beim Patienten u. a. ein Verhalten evoziert, das für ihn neu ist und das einem Teil seines Selbstkonzeptes nicht entspricht. Soll die gewünschte Veränderung Bestand haben, muss sich auch das Selbstkonzept ändern. Genauer: Es müssen mit dem neuen Verhalten konkordante Oberpläne entstehen. Eine entscheidende Frage folgt: Wie häufig müssen neue Lernerfahrungen auf der Verhaltensebene gemacht werden, bis der sich bezugnehmende Oberplan und folglich das Selbstkonzept verändern? Wann also glaubt ein Patient sich selber, sich tatsächlich verändert zu haben? Für diese Frage gibt es keine präzise Antwort, gleichwohl einige Erfahrungen. Jede erwünschte Veränderung des Verhaltens sollte

Anlass sein, die korrespondierende Konzeptebene anzusprechen, um diese zu verändern. Diese Abfolge ist ein eigener Therapieschritt, der vom Therapeuten initiiert werden muss:

- »Sie waren heute so mutig und haben sich im Unterricht gemeldet. Was haben Sie in der Situation zu sich gesagt? Wie kommentieren Sie das jetzt hier in diesem Augenblick?«
- »Sie haben gerade berichtet, wie Sie sich zu einer Gruppe von Kolleginnen dazu gestellt und zum richtigen Zeitpunkt eine passende Antwort gegeben haben. Hervorragend. Genau so macht das eine gestandene Frau. Können Sie das auch so sehen?«

Die Klärung der Wechselwirkung von Konzept und Verhalten leitet über zu einer Verstärker-ökologischen Frage, warum ein Patient sich so verhält, wie er sich verhält. Welche Verstärker halten das unsinnige Verhalten von Frau Vetter aufrecht? Was hat Frau Otto davon, mit ihrem Mann in einen Clinch zu gehen? Für die Gesprächsführung bedeutet das, Verstärker nicht nur auf der Ebene des motorischen Verhaltens zu suchen. Entscheidend wichtig ist die verstärkerökologische Funktion der Oberpläne.

Die Gegenüberstellung von Konzept und Verhalten ist zum einen eine Heuristik nicht nur für diagnostische Fragen, sondern auch für therapeutische Belange:

Frau Zwora z. B. ist zweiter Zwilling (s. Box 35). Sie sieht sich als Versagerin und in allen Belangen ihrer Schwester unterlegen (Selbstkonzept). Wenn etwas misslingt (motorisches Verhalten), sagt sie sich: »Meine Schwester hätte das gekonnt« (kognitives Verhalten). Diese Kognition bestätigt den Oberplan »Ich bin eine Versagerin«. Die negative Kognition wird also positiv verstärkt.

Fokussiert der Therapeut seine Aufmerksamkeit zunächst auf die Schilderung eines umschriebenen Verhaltens des Patienten, wechselt er dann zur Konzeptebene. Wie reflektiert der Patient sein Verhalten, welche Oberpläne sind angesprochen? Wird z. B. der Patient in einer Situation gelobt (Verhaltensebene), fragt sich der Therapeut, wie der Patient mit dem Lob umgeht (Konzeptebene). Kann er das Lob als Würdigung seiner Person überhaupt annehmen oder wird er es relativieren: »Ja, aber …« oder wird es ihn sogar verunsichern.

Oder: Der Patient entwirft ein Bild von sich und beschreibt auf der Konzeptebene, wer er ist und wie er sich sieht. Der Therapeut wird ihm zunächst auf die gewählte Darstellungsebene folgen und danach seinen Fokus auf die Verhaltensebene richten. Wie setzt der Patient seine Selbstsicht in einer konkreten Situation um (Verhaltensebene)? Frau Meister z. B. (s. Box 19) stellt sich als engagierte Mutter vor, die ihre Tochter bestmöglich fördern möchte (Konzeptebene). Ergänzend will der Therapeut wissen, wie genau in einer konkreten Situation Frau Meister ihr Vorhaben auf der Verhaltensebene realisiert, indem er z. B. beobachtet, wie Mutter und Tochter die Hausaufgaben zusammen erledigen.

Das sinnvolle Vorgehen, Veränderung auf der Verhaltensebene in die Konzeptebene zu integrieren, gilt manchen als zu konkretistisch und zu zeitaufwändig. Gleichwohl ist es sinnvoll, einen Erfolg auf der Verhaltensebene auf der Konzeptebene zu integrieren und damit zu sichern.

Frau Zwora (Box 35 »Alles gut?«) hatte es geschafft, ihr Arrangement beim Nachhausekommen zu realisieren. Das ist ein Erfolg auf der Verhaltensebene. Ziel muss es sein, dass die Patientin sich zugestehen kann, dass diese Veränderung für sie ein sinnvoller Fortschritt war und dass sie es war, die ihn umgesetzt hat (Konzeptebene). Dieser Schritt ist eine Voraussetzung zur Veränderung ihrer Oberpläne: Weg von der Überzeugung, nie etwas zu schaffen, hin zu Selbstkommentaren wie z. B.: »Ich richte mir ein gutes Leben ein«; »Mir steht das zu«.

Solche Sätze können vorbereitet werden:

- »Sie haben das jetzt geschafft. Sie freuen sich, nach Hause zu kommen, Ihre Katze wartet auf Sie.«
- »Sie finden eine schöne Musik zum Entspannen. Wie ist das für Sie?«
- »Haben Sie realisiert, dass Sie das jetzt erreicht haben?«
- »Können Sie sich sagen: ›Das habe ich für mich erreicht‹?«

9.4 Selbstkonzepte erkennen

9.4.1 Menschen erkennen Menschen

Den Arbeiten zu Spiegelneuronen von Rizzolatti und von Gallese Ende der 1990er Jahre (Rizzolatti & Sinigaglia, 2008; Gallese, 2005) folgte ein Forschungs-Boom zum Phänomen, dass Menschen ihre Mitmenschen (und wohl auch Tiere) spontan verstehen, ohne dass sie verbal kommuniziert haben. Menschen sind als soziale Wesen auf mitmenschliche Resonanz und Verstärkung ausgelegt. Die Spiegelneuronen boten sich als neurologisches Korrelat zu einer basalen anthropologischen Gegebenheit an: Das menschliche Gehirn kann Emotionen, Bewegungen und körperliche Zustände anderer Personen nachahmen, »simulieren«, und zwar allein durch die Beobachtung des anderen (embodied simulation, Gallese, 2005). Intuitives Verstehen und Resonanzphänomene wie z. B. ein Lächeln, das spontan erwidert wird, oder Empathie, wird üblicherweise auf positive Interaktionen bezogen. Daneben gibt es auch die »dunklen Seiten der Empathie«, z. B. falsche Empathie oder den empathischen Sadismus (Breithaupt, 2017, S.125, S.149).

Die neuronale Basis empathischer Reaktionen allerdings wird in Frage gestellt. Vorbeck (2021) z. B. führt aus, dass nahezu jeder Aspekt der Spiegelneuronen umstritten ist. Wie dem auch sei. Die Forschung im Umfeld der Empathie ist vielfältig (z. B. wrong beliefs, Wimmer & Perner, 1983; theory of mind, Förstl, 2020; embodiment, Tschacher & Meier, 2023); Übertragungs- und Gegenübertragungsprozesse in Psychotherapien sind gut dokumentiert (z. B. Wahner, 1993). Immer kann abgeleitet werden: Auf der Verhaltens- und Emotionsebene gibt es empathische Reaktionen, auch wenn die neurobiologische Grundlage noch nicht ganz klar ist; Menschen erkennen andere Menschen. Für die Gesprächsführung bedeutet das im Grundsatz: Therapeuten erkennen spontan relevante Merkmale ihrer Patienten.

Das eröffnet einen Weg zur Hypothesenbildung von Selbstkonzepten und Oberplänen seines Patienten. Der Komplexeindruck »Was ist das für einer?« wird versprachlicht in Form eines vermuteten Selbstkonzeptes, das in Form von Oberplänen operationalisiert wird. Der folgende Ablauf wird angenommen:

Details beobachten → Komplexeindruck → Selbstkonzept → Oberpläne, Kognitionen

Frau Otto setzt sich im Erstgespräch aufrecht vorne auf die Kante ihres Stuhls; sie könnte mit einer Bewegung aufstehen und wäre mit wenigen Schritten an der Tür; ihre Kleidung ist hochwertig, dezent (unauffällig), die Farben sind gedeckt; sie spricht leise und schnell; hält Blickkontakt zum Therapeuten; sie hat Ihre Handtasche nicht abgelegt, sondern hält sie mit beiden Händen vor sich auf dem Schoß; sie ist hoch konzentriert und angespannt.

Der Therapeut registriert bei sich den Impuls, sie wie ein kleines Mädchen in den Stuhl zurückzusetzen. Er beobachtet bei sich die folgenden Überlegungen und vermutet die folgenden handlungsleitenden Kognitionen der Patientin:

- *Erster Eindruck/Thema:* »wie brav«
  Kein Chef eines seriösen Betriebs wie einer Bank oder Schule und keine Schwiegermutter könnte an ihrer Kleidung und ihrer Haltung etwas aussetzen. Antizipiert sie Kritik, will sie einer Kritik vorbeugen und hätte sie das »Standing« sich einer Kritik zu erwehren?
- *Komplexeindruck:* selbstunsicher
  Vermutete handlungsleitende Kognition: »Ich muss Kritik vorbeugen«; »Gegen Autoritäten bin ich hilflos«
- *Eindruck/Thema:* »Auf der Flucht«
  Sie sitzt auf der Stuhlkante sehr unbequem. Bei der erstbesten Störung kann sie in Bruchteilen von Sekunden flüchten.
- *Reaktion beim Therapeuten:* »Sie ist nicht angekommen und fühlt sich nicht sicher.«
  Vermutete handlungsleitende Kognition: »Wenn ich störe, kann ich sofort gehen.«
- *Eindruck/Thema:* »Nicht zur Last fallen«
  Durch das schnelle Reden übermittelt sie viele Informationen pro Zeiteinheit und schont so die Zeit des Gegenübers.
  Vermutete handlungsleitende Kognition: »Ich muss mich beeilen. Ich darf die kostbare Zeit des Therapeuten nicht strapazieren«; »Ich darf andere nicht belästigen«; »Bin ich erwünscht?«

Dieses Beispiel soll verdeutlichen, wie in einer therapeutischen Situation Verarbeitungsprozesse komplexer Eindrücke ablaufen können. Aus der geschilderten Situation lassen sich weitere psychologische Aspekte ableiten und es muss klar sein, dass es sich um erste Wahrnehmungen und zunächst um Spekulationen handelt. Arbeitstechnisch sind dies Hypothesen für die Gesprächsführung, die durch Beobachtungen oder detaillierte Schilderungen von Situationen überprüft werden.

Auch muss klar sein, dass nicht bei allen Patienten so schnell so prägnante und inhaltlich eindeutige Bilder auftauchen. Bei Frau Muck (s. Transkripte ► Kap. 29) drängten sich ihm zunächst keine so gut wahrnehmbare Fremdbeobachtung auf. Inhaltlich eindeutigere und thematisch relevantere Eindrücke entwickelten sich erst später im Gesprächsverlauf. Es mag aufschlussreich sein, die Transkripte von Frau Muck und Frau Otto (► Kap. 29 und ► Kap. 30) nacheinander zu lesen und auf die eigenen subjektiven Eindrücke zu achten.

9.4.2 Selbstwertrelevante Details beobachten

Die verschiedenen Varianten ihres Selbst müssen einer Person nicht bewusst sein, sie sind zumeist unhinterfragt und werden als selbstverständlich hingenommen. Möglicherweise sind sie als eine Art Grundstimmung oder als Gedanke subjektiv erfahrbar. Beobachtenden Personen allerdings erschließen sich Selbstkonzepte meist unmittelbar z. B. aus der Körperhaltung oder dem beobachtbaren Verhalten zumindest in akzentuierten Ausprägungen, z. B. bei erfolgreichen oder niedergeschlagenen Personen. Ein junger Mann geht z. B. aufrecht und mit erhobenem Kopf auf eine Gruppe zu, hat seine Hände geöffnet und die Arme angehoben, lächelt und sucht Blickkontakt. Ist geklärt, dass er das spontan tut und weder Schauspieler noch Politiker ist, dann löst er bei einem Beobachter eine ganz bestimmte Erwartung aus: Er ist ein aufgeschlossener Mensch, sein Selbstkonzept entspricht einer Variante von »Ich bin okay«.

Im Internet kursieren Hinweise, wie eine Person einzelne (Verhaltens-) Merkmale, wie z. B. *an die Nase* fassen, deuten kann. So verführerisch eine schnelle Orientierung auch sein mag, es wird allenthalben davor gewarnt, einzelne Merkmale für weitgehende Schlüsse zu nutzen.

In der Sozialpsychologie liegen Befunde vor, dass für die Interaktion relevante Personmerkmale von Beobachtern durchaus angemessen beurteilt werden können (z. B. Aronson et al., 2023). Das erscheint plausibel. Es ist vorteilhaft, sein Gegenüber schnell (s. erster Eindruck) und halbwegs richtig einzuschätzen. Einzelne Details zur Interpretation heranzuziehen, ist naheliegenderweise nicht valide. Ein Fragebogen zur Persönlichkeitsdiagnostik besteht auch nicht aus einem, sondern aus vielen Items, die bei der Testentwicklung selegiert wurden. So sollten in einer Beobachtungssituation mehrere umschriebene Merkmale eine gleichsinnige Interpretation zulassen.

Daneben gibt es schon Einzelmerkmale, die aufmerken lassen (z. B. versteckte Hinweise auf tabuisiertes Verhalten, wie das Schlagen anderer Personen; situationsunangemessenes Weinen; atemraubend dosierte Parfums; etc.). Es wäre der klassische Beta-Fehler, solchen Einzelhinweisen nicht nachzugehen. Die Bedeutung für die Gesprächsführung liegt darin, dass ein Interviewer in einem Gespräch seinen eigenen Beobachtungen und der Gegenübertragung vertrauen sollte. Subjektive Anmutungen können als gute Basis für eine Hypothese angenommen werden, die es zu überprüfen gilt.

9.4.3 Der erste Eindruck – Rückschluss aus der Körperhaltung

Bei jeder sozialen Begegnung werden die Beteiligten ihr Gegenüber spontan einschätzen. Solange sie sich authentisch verhalten, kann aus beobachtbaren Merkmalen wie Körperhaltung, Stimme, Gesichtsausdruck etc. recht genau auf Eigenschaften des Gegenübers geschlossen werden (z. B. Naumann & Vazire, 2009). Auf die Bedeutung für die Gesprächsführung und auf die z. T. widersprüchlichen Befunde kann hier nur hingewiesen werden (z. B. Todorov, 2017). Hier soll lediglich hervorgehoben werden:

Es besteht die Tendenz, dass sich Beurteiler mehr auf ihren Eindruck (Informationssystem 1) als auf Informationen (Informationssystem 2) über die Person verlassen (z. B. Olivola & Todorov, 2010). Für die Gesprächsführung bedeutet das, dass der Interviewer sich disziplinieren muss und den ersten Eindruck, der ja unweigerlich eintritt, ganz bewusst als eine erste Informationsquelle registriert, der andere folgen werden.

Personen sind sich durchaus darüber im Klaren, welchen Eindruck sie bei ihren Kommunikationspartnern hinterlassen (McAleer, 2014). Zu diesem Thema hat der Soziologe Goffman (2003) eine deskriptive Typologie geschrieben: »Wir alle spielen Theater«: Personen inszenieren sich in einem sozialen Raum und übernehmen ganz spezifische Rollen. Die Hypothese liegt daher nahe, dass sich Patienten in einem Gespräch in einer ganz bestimmten Weise präsentieren. Sie werden den Aspekt ihres Selbstkonzeptes hervorheben, der in einem klinischen Setting aus ihrer Sicht angemessen ist.

Persönliche Anmerkung: Jüngeren Berufskollegen mag es fremd, sogar befremdlich erscheinen, einem Patienten, der doch ein Leidender ist, zu unterstellen, er würde sich inszenieren oder sogar Theater spielen. Es steht außer Frage, dass Patienten unter ihren Beschwerden leiden. Sie funktionalisieren diese mitunter aber auch und können einen beachtlichen Krankheitsgewinn erzielen, der eine aufrechterhaltende Bedingung sein kann. Ein Vorteil der Theater- oder Inszenierungsidee ist es, dass der Interviewer sich trainiert, das Auftreten und die Interaktion des Patienten aus einer Distanz zu sehen.

Ich selber inszeniere ab und zu eine humorvolle Situation, indem ich einen Sachverhalt übertreibe, eine unvermutete Parallele ziehe, seltener indem ich einen Bezug zu mir herstelle. Mich interessiert, ob ein Patient einem solchen Perspektivwechsel folgen kann. Dies ist ein guter Hinweis darauf, wie fest ein Patient an seiner gewählten Selbstdarstellung und damit auch an seinen Oberplänen festhält.

Besonders eindrucksvoll sind die Hinweise aus der Körperhaltung. Beispielhaft sind in der folgenden Tabelle zur Illustration Beobachtungen für einige Patienten und deren Umsetzung in Hypothesen aufgelistet, die als Vorlagen für die Formulierung von Oberplänen dienen können. Solche Umsetzungen sind nicht frei von Klischees. Gleichwohl erscheint es sinnvoll, sie auszusprechen. Damit können sie auf Plausibilität geprüft werden und wirken nicht unkontrolliert.

Tab. 9.1: Körperhaltung und Selbstkonzept

Patient / Patientin	Situationsbeschreibung	Ausdruck	Botschaft * Oberplan
Frau Otto Lehrerin, Fachoberschule	sitzt auf der Stuhlkante dezent seriös gekleidet	spricht viel und leise gewählter Ausdruck	»Bin ich erwünscht?« »Nicht auffallen«
Herr Saubert Lagerist (s. Onlinezusatzmaterial)	hängende Schultern Hände über den Oberschenkeln gefaltet	zu Beginn: wenig Blickkontakt. spricht leise und auf Nachfrage	»Ich muss nicht im Vordergrund stehen«
Joachims Mutter Hausfrau	»gepflegte Erscheinung« Oberkörper nach vorne gebeugt	Blickkontakt verbindlich, freundlich	»Was wollen Sie von mir hören?« »Ich will es Ihnen recht machen.«
Joachims Vater Zahnarzt	aufrecht mit Kontakt zur Rückenlehne	Blickkontakt Wortwahl überlegt akzentuiert	»Ich bin orientiert.«

9.5 Konkordanz von Selbstkonzept und Verhalten

Für eine Person ist es »normal« und »passend«, wenn ihr Tun mit ihrem Selbstverständnis übereinstimmt. Aus der Sozialpsychologie ist bekannt, dass bevorzugt die Informationen gesucht und wahrgenommen werden, die den Erwartungen, Konzepten, Einstellungen etc. einer Person entsprechen, und vice versa diejenigen nicht bemerkt werden, die nicht erwartungskonform sind. Ein Patient wird vornehmlich also das Verhalten schildern, das mit seinem Konzept übereinstimmt. Er wird weiterhin die Ereignisse, die seinen Oberplänen widersprechen, kaum wahrnehmen und auch nicht berichten. So schildert

- Herr Zweigelt fast die ganze Therapiestunde, was nicht geklappt hat und welchen Ereignissen er mit Sorge entgegensieht. Erst auf Nachfrage fallen ihm Änderungen ein, die lange angestrebt waren und die zu zentralen Verbesserungen geführt haben
- Frau Otto in der Auseinandersetzung mit ihrem Mann zunächst nur die Aspekte, die aus ihrer Sicht belegen, dass ihr Mann sie nicht unterstützt, und nicht die, die eine Unterstützung waren.

Eine Familie, Mutter (M., 69 J.), Vater (V., 73 J.), Sohn (Alexander, 41 J.) und Schwiegertochter (Julia, 38 J.) wollen ihre belastete Kommunikation in einem Familiengespräch erörtern. Die Mutter äußert sich besorgt über den Ernährungszustand ihres Kindes, der bei 67 kg und 185 cm Körpergröße auffällig war.

Diese Anmerkung ist eine Kritik an ihrer Schwiegertochter, die zu wenig auf ihren Sohn achte und sich zu viel um ihre Angelegenheiten (Beruf, Baby, Haustiere, ...) kümmere. Die Eltern sind mit ihrer Schwiegertochter nicht glücklich, diese wiederum erlebt die Mutter als übergriffig und distanzlos. Die folgende Szene wird im Nachgespräch reflektiert:

M.: Alexander ist derart abgemagert, man spürt die Knochen, wenn man seinen Rücken anfasst.
Julia: Das ist doch übertrieben, stimmt doch nicht.
Sie fasst Alexander auf den Rücken.
Julia: Ja stimmt, ist mir so noch nicht aufgefallen. Du hast recht.

Die Mutter wertet diese Szene als Beleg dafür, dass Julia zu wenig auf ihren Sohn achtet und es nicht einmal merkt, dass er unterernährt ist. Für diese Annahme sucht sie Belege und sieht diese nun bestätigt. Andere Aspekte der Szene nimmt die Mutter nicht wahr, sie widersprechen ihrem Konzept über die Schwiegertochter. Hätte die Mutter ein positives Konzept von Julia, hätte sie bemerkt, dass sie ehrlich zu ihr war, auf ihre Beobachtung eingegangen ist, ihre Sicht einem Realitätscheck unterworfen hat und ihrer Schwiegermutter und deren Beobachtung recht gegeben hat.

Eine Person strebt also eine Konkordanz der Verhaltensebene (beobachtbares und verbales Verhalten) mit der Konzeptebene an; diesen Konsens erlebt sie als richtig und subjektiv als angenehm. Konkordante Verhaltensweisen sind eine Bestätigung des bezugnehmenden Oberplans und können in einer funktionalen Verhaltensanalyse als C+ signiert werden (»Passt«; »Richtig so«). Widersprechen sich Verhalten und Oberplan, »passt« ein Verhalten nicht zum Oberplan und wird als fremd, verunsichernd und damit als aversiv erlebt (»Das kann nicht sein«). In einer funktionalen Analyse wäre ein C- zu signieren. Daher ist es z. B. psychologisch naheliegend, wenn dem Selbstkonzept widersprechende Verhaltensweisen – allgemeiner: Informationen – weggedrängt oder weniger beachtet werden.

Auf der Konzeptebene wird es für eine gesunde Person einen Oberplan der Art »Ich bin o.k.« geben. In einem Gespräch wird sie alle Hinweise hervorheben, die mit diesem Oberplan übereinstimmen. Sie wird z. B. gerne über ihre Erfolge berichten. Misserfolge dagegen werden ihr seltener einfallen oder sie wird diese verschweigen. Diese Informationsverarbeitung entspricht der Tendenz zur positiven Selbstsicht. Patienten dagegen tendieren zur negativen Selbstdarstellung: Negativa werden betont, Positiva kaum erkannt. Die Verstärkersituation ist spiegelbildlich zu der von Gesunden: Ein Misserfolg wird als eine Bestätigung eines negativen Oberplans gewertet und kann als C+ signiert werden (»Ich habe es doch gewusst, immer passiert mir das!«); Positiva dagegen widersprechen einem negativen Selbstkonzept und werden als unpassend, mitunter als verunsichernd (C-) erlebt.

Diese Selbstbild-konkordante Informationsselektion tritt besonders dann auf, wenn personzentriert gefragt wird. Dann nämlich werden Bewertungen evoziert und es sind nur die Antworten zu erwarten, die konform mit dem Selbstkonzept sind. Wird dagegen verhaltenszentriert gefragt, werden die Antworten weniger bewertet und können Selbstbild diskordant sein. Somit können mehr Ereignisse geschildert werden, die dem jeweiligen Oberplan nicht entsprechen. Wird ein Autofahrer gefragt, ob er ein guter Fahrer ist (pz-Frage, Wertung), wird er mit hoher Wahrscheinlichkeit mit JA antworten. In einer verhaltensnahen Exploration (»Haben Sie schon mal ein Überholverbot übersehen?«) wird er dagegen einen Fehler gut zugeben können. Der kann leicht extern attribuiert werden (z. B. auf die Umstände oder auf das Fehlverhalten anderer) und tangiert so weniger sein Selbstkonzept.

Ein Ergebnis aus der Fragebogenforschung stützt diese Analyse: Lutz et al. (1999) überprüften die Verteilungen der Werte von positiven und negativen Skalen, also von Indikatoren von Gesundheit und Krankheit. Für pz-Skalen liegen die Werte für Patienten und für Gesunde deutlich auseinander. Nur zu einem geringen Prozentsatz überschneiden sich die Verteilungen, d. h. nur wenige Personen sind nicht eindeutig als Patienten oder Kranke zu bestimmen. Zugespitzt gilt: Patienten beschreiben sich als krank, Gesunde sich als gesund, Patienten negieren Positiva, Gesunde dagegen Negativa. Für vz-Skalen gibt es dagegen eine wesentlich größere Überschneidung: Gesunde nennen mehr Negativa, Patienten mehr Positiva. Patienten entdecken in einer vz-Selbstbeschreibung auch Positiva und Gesunde können eigene Fehler zugeben. Überträgt man diese Ergebnisse auf eine klinische Exploration, so ist folgendes zu erwarten:

Wird ein depressiver Patient gefragt: »Sind Sie einsam?«, wird er Oberplan-konform antworten: »Ja«. Diese Antwort ist konform mit seinem Selbstkonzept. Er wird das Bild eines einsamen Menschen nicht so eindeutig zeichnen, wenn ihm eine vz-Frage gestellt wird, etwa: »Wie häufig wurden Sie letzte Woche angerufen?«. Die Aussage eines Patienten, nämlich einsam zu sein, ist deswegen aber nicht »falsch«, sie ist »wahr« vor dem Hintergrund eines depressiven Selbstkonzeptes. Die zuwiderlaufenden Informationen auf der Verhaltensebene sind ebenso »wahr« und i. d. R. therapeutisch relevant.

Depressive Patienten können meist ihre Positiva nur unzureichend würdigen (Konzeptebene), über die sie verfügen. So sind z. B. entgegen der ursprünglichen Untersuchungshypothese ihre Patientenzimmer besser und vielfältiger ausgestattet als die von nicht-depressiven Patienten (Petrenko, 2007). Allerdings, sie realisieren das nicht; Depressive »wissen« es nicht, dass sie es sich wohnlich gemacht haben. Es ist daher angezeigt, Positiva mit vz-Fragen zu explorieren und therapeutisch sinnvoll, dass sie lernen, Positiva zu erkennen und zu akzeptieren. Weiterhin sollten Sie es als einen Schritt der Selbstfürsorge akzeptieren, dass sie ihr Zimmer ansprechend gestaltet haben.

9.6 Konkordanz von positivem Selbstkonzept und positivem Verhalten

Die Konkordanz des Verhaltensrepertoires einer Person mit den begleitenden Oberplänen, also die perfekte Passung zwischen dem Tun einer Person und ihrem Selbstkonzept, ist selbst bei einer gesunden Person eher unwahrscheinlich. Es ist allerdings davon auszugehen, dass eine Übereinstimmung von Verhalten und Konzept in Teilbereichen des Verhaltensrepertoires einer Person besteht und sie gelernt hat, mit zahlreichen Diskordanzen zu leben (»Nobody is perfect«). Konkordanzen werden als konsistent und angenehm erlebt, sind daher angestrebt und verstärkend. Eine Person, die gute Himbeertorten herstellt, sollte sich bewusst sein, eine gute Kuchenbäckerin zu sein. Schon während sie arbeitet, insbesondere aber wenn die Torte fertig ist, sollte sie sich in irgendeiner Form verdeutlichen, dass sie das gut macht bzw. gemacht hat. Sie lobt sich also für Tun und ihr Werk und verstärkt damit auch in einem Teilbereich ihr Selbstkonzept.

Es ist für eine gute Selbstsicht sinnvoll, die Selbstbestätigung zu generalisieren. So könnte sich eine gute Kuchenbäckerin z. B. sagen, auch eine gute Hausfrau und vielleicht auch eine gute Nachbarin zu sein – sie gibt ja ihre Rezepte weiter – und letztendlich auch insgesamt o.k. zu sein. Eine solche positive Generalisierung ist genauso irrational wie die negative Generalisierung, wie sie bei vielen Patienten zu beobachten ist. Diese z. B. werfen sich bei einem Misslingen vor, selbst wenn nur ein einzelner Kuchen angebrannt ist, dass sie insgesamt nicht backen können und auch ansonsten zu nichts nutze sind. Beide Generalisierungen sind logisch nicht korrekt. Bei einem Patienten würde man z. B. mit Hilfe einer sokratischen Gesprächsführung den irrationalen Denkschluss aufdecken, um das Missgeschick einzugrenzen. Die positive Generalisierung allerdings ist bei Patienten erwünscht.

Ziel von Therapie ist, die Konkordanz von positivem Selbstkonzept und positivem Verhalten herbeizuführen, und zwar in relevanten Teilbereichen. Die Konkordanz wird als eigener Therapieschritt für einen eng umschriebenen Bereich induziert: Wird auf der Verhaltensebene ein therapeutischer Erfolg erreicht, muss dieser auf der Konzeptebene gespiegelt werden. Kann ein Hundephobiker einen kleinen Hund berühren oder hat es ein depressiver Patient geschafft, an einem Vormittag nicht zu grübeln, dann muss dieser Fortschritt von ihm bewusst registriert werden und er muss sich sinngemäß sagen können: »Ich bin mit meiner Therapie weitergekommen. Ich habe es geschafft, den Hund anzufassen/weniger zu grübeln. Mir geht es besser. Ich bin stolz auf mich, mit mir zufrieden. Ich freue mich auf die nächsten Therapieschritte. Ich habe das gut gemacht.«

Für einen stabilen Therapieerfolg gilt, dass Veränderungen auf der Verhaltensebene als Oberplan repräsentiert sind. Bei einem gesunden Patienten geschieht das spontan: Entwickelte dieser z. B. nach einem Aquaplaning-Unfall Angst vor dem Autofahren, dann wird er nach einer symptomatischen Angstbehandlung den Therapieerfolg als Erfolg würdigen können und einen korrespondierenden Oberplan bestätigen (etwa: »Ich kann die Probleme meines Lebens meistern«; »Ich kann Hilfe annehmen und erfolgreich umsetzen«; »Ich bin o.k.«). Klagt dagegen ein kranker Patient über Angst vor dem Autofahren nach einem Aquaplaning-Unfall, dann wird eine rein symptomatische Angstbehandlung nicht ausreichen. Er wird über keine mit Erfolg assoziierten Oberpläne verfügen und daher einen therapeutischen Erfolg nicht hinreichend würdigen können. Daher muss jeder kleine Therapiefortschritt genutzt werden, bestätigende Selbstkommentare einzuüben. Ein Fortschritt auf der Verhaltensebene muss also als diskriminativer Reiz dienen, eine selbst bestätigende Selbstkommentierung und einen erfolgsaffinen Oberplan zu stärken. (z. B.: »Ich schaffe es inzwischen, angstfrei von A nach B zu fahren«; »Ich werde es hinkriegen, auch längere Strecken zu bewältigen«; »Ich kann schon ganz gut Auto fahren«; »Ich werde von Tag zu Tag sicherer«).

Die Übung zum Loben (▶ Kap. 27.4) kann als Vorlage dienen, Therapieerfolge zu integrieren.

9.7 Konkordanz von negativem Selbstkonzept und negativem Verhalten

Im therapeutischen Kontext ist die Konkordanz von negativem Selbstkonzept und negativem Verhalten eine klassische Konstellation: Ein Patient zeigt unangepasstes Verhalten, das ihn schädigt. Damit übereinstimmend ist sein Selbstkonzept durch negative Oberpläne geprägt. Diese schreiben z. B. fest, dass er ein Versager ist, ihm kein Glück oder ein freundlicher Partner zusteht, es ihm schon recht geschieht, wenn er scheitert etc. Diese Konstellation wird durch eine fatale Verstärkerkonstellation aufrechterhalten: Negative Konsequenzen eines Verhaltens verstärken den korrespondierenden negativen Oberplan. Entspricht ein Missgeschick den Erwartungen, wird das als richtig erlebt: »Siehste, ich hab es gewusst«; »Du bist zu nichts nutze«; »Das musste wieder schief gehen«; »Mir ist einfach nicht zu helfen«. Die Übereinstimmung eines negativen Oberplans mit einem negativen Verhalten garantiert zudem beruhigende Stabilität. Damit nicht genug: Patienten provozieren negative Konsequenzen. Das klingt widersinnig, ist aber verstärkerökologisch erklärbar (▶ Kap. 12.6).

> Frau Otto (s. Box 20) hat Schwierigkeiten, die Unterstützung ihres Mannes anzunehmen. Ihr Verhalten führt dazu, dass der Oberplan »Ich werde nicht ernst genommen« provoziert wird. Ein Therapieziel war es daher, klare Ansagen zu machen (Verhaltensebene) und diese auch als angemessen zu bewerten (Konzeptebene). Frau Vetter (s. Box 22) geht trotz Erkrankung zur Arbeit. Sie folgt und bestätigt den unvernünftigen Oberplan: »Wer noch laufen kann, kann auch zur Arbeit gehen.« Frau Vetters Ziel war es, sich selbstfürsorglicher zu verhalten und auf der Konzeptebene zu akzeptieren, dass das sinnvoll für sie ist aber auch für ihre Kollegen und ihr Unternehmen.

Die Suche nach Konkordanzen zwischen einem auffälligen Verhalten und den bezugnehmenden negativen Oberplänen kann zwar in den ersten diagnostischen Gesprächen zu plausiblen Zusammenhängen führen. Im Verlauf einer Behandlung muss der Therapeut aber darauf achten, ob und welche funktionalen Beziehungen eine umschriebene Problemsituation zu einem Lebenskonzept hat. So ist z. B. dem Mann ohne Hammer (s. Box 8) zunächst mit einem sozialen Kompetenztraining geholfen. Für den nächsten Nagel wird er ermutigt sein, den Nachbarn zu fragen (Verhaltensebene) und er wird sich anerkennend auf die Schulter schlagen (Konzeptebene). Weiterführend ist die Frage, warum er so entmutigt sein konnte, seinen Nachbarn nicht anzusprechen. Waren es zufällige und situativ umschriebene Ereignisse, schlechte Erfahrungen mit Nachbarn etc.? Früh erworbene Ängste können z. B. aber auch zu einem übergreifenden und bedrohlichen Lebenskonzept geführt haben.

Box 10: Der Vater hat Schuld

Herr Zweigelt befürchtet ein »Deal« könnte auffliegen: Sein Freund hatte in seinem Namen einen Verkauf getätigt. Dieser hatte nur in Maßen etwas Unseriöses und war im schlimmsten Falle eine juristische Bagatelle. Der Patient befürchtet allerdings erhebliche juristische und finanzielle Sanktionen. Er hatte mit mehreren Anwälten, mit Vertrauten, mit seinem Bruder etc. gesprochen. Seine Befürchtungen triggerten weitere Symptome: Vernichtungsängste, »Arbeitssucht« als Meidungsverhalten, zwanghafte Rituale etc. Alle diese Bereiche können jeweils mit stimmigen funktionalen Analysen beschrieben werden, ohne dass der Vater benannt wurde. Der Patient erwähnte ihn nicht, der Therapeut war zufrieden mit gelungenen Analysen.

Anlässlich eines Besuches bei seinen Eltern wurde die Beziehung zum Vater thematisiert. Bisher wusste der Therapeut, dass der Vater seinen Sohn körperlich gezüchtigt und gedemütigt hatte. Nun formulierte Herr Zweigelt in einem Nebensatz: »Na ja. Ohne ihn ging es mir sowieso besser«. Dieser Gedanke enthielt einen Vorwurf an seinen Vater, aber auch eine Entschuldigung für seine vielfältigen Probleme und ungelösten Situationen, sinngemäß: »Letztendlich ist er schuld, wenn ich nicht klarkomme«. Damit gibt Herr Zweigelt eine mögliche Eigenverantwortung für ein Versagen an seinen Vater weiter. Da der Vater schuld ist, ist Herr Zweigelt entlastet (Ȼ-). Diese Schuldzuweisung hatte die Funktion eines generalisierten Verstärkers angenommen; die früheren funktionalen Analysen mussten alle um einen Schritt erweitert werden.

9.8 Diskordanz von positivem Selbstkonzept und negativem Verhalten

Charakteristisch für den gesunden Patienten ist es, dass er sich wegen eines umschriebenen Symptoms vorstellt, über keine weiteren nennenswerten Beschwerden klagt und er über Positiva verfügt. Ein solcher Patient versteht sich als gesunde Person, sein Selbstkonzept ist von positiv valenten Oberplänen bestimmt. Daher ist eine umschriebene symptomatische Intervention indiziert. Nach deren Beendigung sollte ein gesunder Patient wieder vollständig genesen sein. Den therapeutischen Erfolg kann er gut annehmen, dieser passt in sein Selbstkonzept. Gesunde Patienten stellen sich eher selten vor, die Behandlung von Frau Krämer ist eine solche Ausnahme:

Frau Krämer wurde aus einer psychiatrischen Ambulanz mit der vorläufigen Diagnose »einer schizoaffektiven Störung des Denkens und Fühlens« zur diagnostischen Abklärung und ggf. Behandlung überwiesen. Die 36-jährige Patientin reagierte mit Entsetzen und Panik auf Schlangen, deren Abbildungen und auf längliche Gegenstände. So musste ihr Ehemann bei einem Waldspaziergang vorausgehen, um gefährlich aussehende Äste zu beseitigen oder eine Zeitschrift auf Abbildungen von Schlangen durchsehen, bevor Frau Krämer diese lesen konnte. Länglich ausgebildete Körperteile ihres Mannes waren nicht angstbesetzt; die Eheleute stimmten überein, ein befriedigendes Sexualleben zu haben. Frau Krämer war berufstätig, gesellschaftlich gut eingebunden und verneinte andere behandlungsrelevante Sorgen.

Die Diagnose beschränkte sich auf: Schlangenphobie, Ophidiophobie, nach ICD 10: F40.2. Es wurde eine klassische Systematische Desensibilisierung in sensu durchgeführt. Nach dem Erreichen von Zwischenzielen, z. B. längliche Gegenstände wie einen kleinen Ast anzusehen und anzufassen, folgten Übungen in vivo. Die Systematische Desensibilisierung wurde beendet, als Frau Krämer Schlangen in einem Terrarium aus der Nähe in Ruhe ansehen konnte. Sie tat das nicht nur angstfrei, sondern auch mit Interesse und registrierte zudem die Verschiedenartigkeit von unterschiedlichen Schlangenarten.

Frau Krämer konnte die einsetzenden Therapieerfolge unmittelbar als ihre Leistung anerkennen. Zum einen passten diese ins Selbstkonzept. Zum anderen war es ein schrittweiser Prozess; die »kleinen« Fortschritte konnten quasi ohne Irritation des Selbstbildes akzeptiert werden. In einem Katamnesegespräch nach einem halben Jahr berichtete Frau Krämer, weiterhin angstfrei zu sein, es traten keine anderen Ängste oder anderen Symptome auf. Das Ehepaar berichtete allerdings von Phasen mit Streitereien über Themen der gegenseitigen Bevormundung.

Eine besondere Situation liegt vor, wenn eine Person von sich überzeugt ist und ein (überhöhtes) positives Selbstkonzept pflegt, Beobachter aber durchaus Verhaltensdefizite erkennen. Das berichten Angestellte mitunter von ihren Chefs. Einzelkinder werden nicht so selten in der Überzeugung gestärkt »Du bist der Größte«, während Außenstehende deren Verhalten als höchst anstrengend und wenig liebenswürdig empfinden. Solche Kinder werden, gerade auch wenn sie älter werden, einen Realitätscheck vermeiden. Dieser muss i. d. R. schlechter als ihr Selbstbild ausfallen. Sie werden auch eigene Fehler oder Schwächen eher leugnen; ein Versagen widerspricht dem Selbstkonzept.

Exkurs

Dieter Kallinke, Verhaltenstherapeut und Arzt, experimentierte mit einer Verdünnung eines Kurzzeit-Narkotikums. Er wählte eine Dosierung, unter der ein Patient entspannt und bei guter Stimmung war und angesprochen werden konnte. Damit ersetzte er die Entspannungstechnik einer Systematischen Desensibilisierung. Unter diesem Arrangement waren Patienten nicht nur angstfrei, sondern bester Dinge. Patienten konnten sich die schwierigsten Angstsituationen in aller Gelassenheit plastisch ansehen. Viele erklärten sich schon nach einem Behandlungsdurchgang für angstfrei und geheilt. Auch traten in den folgenden Tagen und Wochen keine Rückfälle auf. Allerdings berichteten sie von starken Verunsicherungen: Das tägliche Leben ohne Ängste irritierte sie zutiefst. Diese Erfahrung war der therapeutische Anlass, diese Behandlungsvariante zu beenden. Auch eine versicherungsrechtliche Frage war ungeklärt, Anästhesisten befürchteten mögliche Narkosekomplikationen.

Die Diskussion über diese Erfahrung führte zu folgendem Schluss: Eine forcierte Konfrontation in dieser Form ist therapeutisch nicht sinnvoll. Aus einer zwar erwünschten Veränderung können Konflikte mit sich selber oder der Umwelt entstehen. Das Tempo der Veränderung darf nur so schnell sein, wie ein Patient Skills für die neue Situation entwickeln kann. Darüber hinaus muss genügend Zeit sein, angemessene Selbstkommentare und Oberpläne zu entwickeln. Günstig dagegen imponiert ein schrittweises und sequenzielles Vorgehen.

9.9 Diskordanz von negativem Selbstkonzept und positivem Verhalten

9.9.1 Negatives Selbstkonzept und Positiva

Allenthalben ist eine Diskrepanz zu beobachten: Einerseits verfügt eine Person über bestechende Fertigkeiten, positive körperliche Merkmale, meistert bemerkenswerte Herausforderungen oder erschafft etwas Schönes. Andererseits verleugnet sie ihre Leistungen, ist peinlich berührt, wenn sie gewürdigt wird und kommentiert oder denkt: »So herausragend war das gar nicht«; »Das war Zufall«; »Dafür kann ich nicht«; »Eigentlich kann ich das gar nicht«. Dieses ubiquitäre Problem ist unabhängig von der Qualifizierung und trifft Hochschullehrer wie Studenten, Therapeuten wie Patienten, berühmte Menschen und Kulturschaffende. Für eine solche Diskrepanz sind verschiedene Erklärungen denkbar (z. B. können Positiva Neid oder Begehrlichkeiten wecken). Hier wird eine Erklärung thematisiert, nämlich die Diskordanz eines negativen Selbstkonzeptes mit positivem Verhalten. Die abwertenden Oberpläne können z. B. lauten: »Ich darf nicht auffallen; eitel sein; mich nicht selbst erhöhen; mich über andere stellen, etc.«.

Gesellschaftliche Prägungen (► Kap. 9.2, kollektives Gedächtnis) geben vor, wie mit den oben genannten Positiva umzugehen ist. So sieht die schwedische Idee des Zusammenlebens, Lagom, eine flache Hierarchie vor, keiner soll sich über den anderen erheben; sündhaft sind Eitelkeiten aller Art aus calvinistischer und protestantischer Sicht oder der sieben Totsünden. Also: »Das/Anerkennung/Würdigung steht mir nicht zu/gehört sich nicht«.

Selbstzweifel triggern die Überzeugung, die eigenen Erfolge nicht zu verdienen und nicht ansatzweise so kompetent oder talentiert zu sein, wie es aussieht. Aus dieser Überzeugung resultiert bei Betroffenen eine ständige Angst, beim kleinsten Fehler oder durch einen »echten« Profi mit Durchblick aufzufliegen und als Betrüger beurteilt zu werden.

Selbstzweifel werden auch von Hochbegabten berichtet, insbesondere von denen, mit hoher Arbeitsethik: Manche Aufgaben erscheinen ihnen sehr einfach und nicht der Rede wert, es bedarf keiner besonderen Anstrengung, bestimmte Leistungen zu erbringen. Andere Menschen bewerten diese Leistungen aber anders als sie selbst, weil sie sie mit ihrem eigenen Maßstab messen und sie selbst gar nicht oder nur mit großer Kraftanstrengung geschafft hätten. Daraus entsteht für den Hochbegabten[30] eine Zwickmühle, weil er für etwas gelobt wird, was er (nach seinem Maßstab) nicht getan hat (etwas Großartiges geleistet). Er darf das nicht sagen, sonst gilt er als arrogant, herablassend etc., wenn er etwas, was andere auch mit Anstrengung gar nicht zustande bringen, als Kleinigkeit abtut. Aber er kommt sich vor sich selbst vor wie ein Betrüger, ein Hochstapler, weil die Anstrengung fehlt, die andere bewundern. Die Angst, eines Tages »aufzufliegen« bzw. eine diffuse Anspannung, begleiten ihn.

Selbstkonzepte mit der Kernaussage »Nicht zu genügen« triggern Ängste, nicht zu bestehen und unterzugehen. Aktive Personen steuern dem entgehen und wollen so gut wie möglich sein. Diese Selbstoptimierung verspricht Schutz. Allerdings wirft jeder Verbesserungsschritt die Frage auf, ob es nicht doch noch eine Steigerung gibt. Im Zweifelsfall dürfte das der Fall sein und man gerät in die Selbst-Optimierungsfalle. Aus Sicht des hier vertretenen Konzeptes lässt ein negatives Selbstkonzept die Würdigung von Positiva nicht zu. Es wäre hilfreich für die betreffende Person, wenn sie lernt sich zu sagen: »Es ist gut so« (Verhaltensebene) und einen Oberplan der Art entwickelt. »Ich bin o.k.«

30 Ich danke Frau Kusserow herzlich für diesen Hinweis.

Exkurs

Aktuell wird das Hochstapler-Syndrom diskutiert, das eine vergleichbare Basis hat. Es wird auch als Impostor- oder Mogelpackungs-Syndrom, auch Betrüger-Phänomen oder -Syndrom bezeichnet. Die Betroffenen quälen sich mit ausgeprägten Selbstzweifeln hinsichtlich ihrer Fähigkeiten, Leistungen und Erfolge und sind außerstande, solche Positiva als ihre eigenen Stärken zu erkennen.

Box 11: Eine »very important person« (VIP) glaubt nicht an ihren Erfolg

Ein bekannter Moderator in Talkshows gilt als freundlich, gewandt, profund informiert, erfolgreich, kurzum: Er ist eine respektable Erscheinung. Spontan würde man ihm ein gefestigtes, von sich und seinen Leistungen überzeugtes Selbstkonzept zuschreiben. Wiederholt schreibt er, dass er sein Minderwertigkeitsgefühl nicht ablegen konnte. Ein Rest Zweifel blieb, ob alles mit rechten Dingen zugeht, er nicht doch der Hochstapelei überführt würde und andere sein Unvermögen erkennen werden. Dieser VIP wuchs in einer deutschen Kleinstadt in einer wenig reputierlichen Familie auf, was er schon als Kind als Makel empfand. In seiner Jugend argwöhnte er, man könne diese unwürdige Herkunft erkennen und ihn als Hochstapler entlarven.

Auch von anderen Personen des öffentlichen Lebens wird berichtet, dass sie selbst als Stars ihre biographisch angelegten Selbstabwertungen nicht ablegen konnten (z. B. Marylin Monroe, Liz Taylor oder Michael Jackson). Bei solch erfolgreichen Personen wird es offensichtlich, dass Erfolg und Anerkennung nicht zwangsläufig zu einem konkordanten Selbstverständnis führen.

Doris Dörrie[31], deren Reputation als Filmemacherin und Autorin gesetzt ist, hat kein eigenes Arbeitszimmer. Sie meint, das nicht füllen zu können und arbeitet im Bett oder am Küchentisch. Der Platz in der Küche habe den Vorteil, dass sie zwischendurch auch mal was Sinnvolles machen könne.

9.9.2 Doppelte Buchführung

Eine doppelte Buchführung beschreibt eine Verarbeitungsvariante von Erfolg, Lob oder Anerkennung: Eine objektiv gute Leistung wird von einer Person gesehen und von ihr auch als gut akzeptiert. Sie kann sich sagen: »Dieses Produkt/was ich gemacht habe, ist gut«. Sie kann diese Leistung aber nicht zum Anlass nehmen, sich selber auf der Konzeptebene positiv zu würdigen. In einem therapeutischen Gespräch hat sich das Bild der beiden Bilanzbücher bewährt: Ein Erfolg, Lob oder Anerkennung kann zwar in einem beobachtungsnahen Bilanzbuch notiert werden.

31 Doris Dörrie (2025). Wohnen. Berlin: Hanser. https://www.ardmediathek.de/video/swr1-leute/doris-doerrie-oder-regisseurin-und-autorin-oder-wohnen-so-geht-es-richtig/swr/Y3JpZDovL3N3ci5kZS9hZXgvbzIyMzIxNDQ

Im Bilanzbuch, das z. B. »Was ich kann« heißen könnte, steht: »Ich bin eine gute Himbeertorten-Bäckerin.« Es unterbleibt aber der Eintrag in einem Selbstwert-Bilanzbuch, das heißen könnte: »Wer ich bin«. Nach Epstein würde nur ein Postulat niedriger Ordnung aufgerufen werden, nämlich z. B. gut Kuchen backen zu können, nicht aber ein Postulat höherer Ordnung, eine gute Hausfrau oder gar ein tüchtiger Mensch zu sein. Für den auf der Verhaltensebene beobachteten Sachverhalt gibt es keinen korrespondierenden bzw. konkordanten Oberplan. Eine doppelte Buchführung liegt also dann vor, wenn

- eine Person auf der Verhaltensebene erfolgreich ist (Gute Himbeertorte),
- sie die Anerkennung dieser Leistung nur in einer umschriebenen Domäne anerkennt und eine Bestätigung des unmittelbar korrespondierenden Oberplans zulässt (»Ich bin eine gute Himbeertorten-Bäckerin«),
- sie zugleich aber die Würdigung als anerkennenswerte Leistung auf der Konzeptebene unterlässt und nicht einen Oberplan der Art »Ich kann was« oder gar »Ich bin o.k.« ableitet.

Eine doppelte Buchführung verhindert, dass ein Patient trotz gegenteiliger Erfahrung auf der Verhaltensebene sein Selbstkonzept nicht ändert. Insofern sind Selbstkonzeptänderungen ohne therapeutische Unterstützung Grenzen gesetzt: Sie dauern lange und fordern viele neue günstige Erfahrungen.

> Frau Zwora (s. Box 35 »Alles gut?«) (25 Jahre, Depression, Selbstabwertung, Soziale Phobie) war zweitgeborener Zwilling. Im Vergleich zu ihrer Schwester schnitt sie in allen berichteten Bereichen (Gesundheit, soziale Stellung, Job, …) schlechter ab. Es war schwierig für die Patientin, ihre Ressourcen zu benennen und therapeutische Fortschritte zu sehen. Vor dem Vergleich mit der Schwester hatten diese keinen Bestand. So war es schwierig bis unmöglich, verhaltensnahe Verbesserungen zur Entwicklung positiver Selbstaussagen und Oberpläne zu nutzen. Die Schwester war jedes Mal besser. Für diese Patientin war es ein Therapieerfolg, hilfreiche Veränderungen auf der Verhaltensebene umzusetzen, beizubehalten und überhaupt als ihre Leistung zu registrieren. Einen Eintrag ins Bilanzbuch der Fertigkeiten konnte sie tätigen, aber keinen im Selbstwert-Bilanzbuch.
>
> Diese doppelte Buchführung bewahrt die Patientin davor, ihr Selbstkonzept (ein Stück weit) ins Positive zu verändern. An ihrem Selbstkonzept festzuhalten garantiert Stabilität (C+) und vermeidet Unsicherheit (₵-). So war und bleibt Frau Zwora der zweite Zwilling. Therapeutische Erfolge konnten nur in kleinsten Schritten angenommen werden.

Für die Gesprächsführung folgt zunächst eine triviale Einsicht: Positive Merkmale wie Intelligenz, körperliche Attraktivität oder Erfolg müssen nicht kovariieren mit Merkmalen der seelischen Gesundheit. Personen, die sich als gesunde Patienten vorstellen, müssen so gesund nicht sein. Sie haben allerdings gelernt, ihre Probleme zu isolieren und hintan zu stellen. Manche wollen diese Konstellation beibehalten und suchen Hilfen zur Problemlösung. Für andere ist eine isolierte Störung Anlass, den geschützten Raum für eine weitergehende Klärung zu nutzen.

Weiterhin: Stellt sich ein Patient mit einer umschriebenen Störung vor und findet der Therapeut den kleinsten Hinweis auf eine doppelte Buchführung, sollte er dem nachgehen. »Eigentlich« hat der Therapeut dazu keinen Auftrag. Ein Patient muss nicht die Zusammenhänge kennen, die ein Therapeut sieht. So kann es sinnvoll sein, den Patienten auf solche Aspekte anzusprechen. Die können aus dem Bereich der seelischen Gesundheit kommen wie z. B. Selbstfürsorge, aber auch aus einem problematischen Bereich wie z. B. Selbstoptimierungsfalle.

Frau Becker galt als beste Bäckerin der Stadt. Eingeweihte, die wie sie die »Kleine Schule des Genießens« in der Tagesklinik einer Psychiatrie besuchten, schwärmten von ihrer Himbeertorte. Die Patientin akzeptiert zwar die Tatsache, gute Kuchen zu backen und ist auch überzeugt, dass ihre Torten die besten sind. In ihrer Werteordnung ist diese Kompetenz aber wenig relevant: Backen zu können ist es nicht wert, gelobt zu werden. Das »kann man machen, bringt aber nichts«. Sie weist daher die Würdigung zurück, eine gute Kuchenbäckerin zu sein. Für diese Patientin war nahezu ausschließlich selbstwertrelevant, eine gute Arbeiterin zu sein. Ihr Betrieb war geschlossen worden und für sie als ältere Arbeiterin in einer strukturschwachen Gegend waren die Aussichten auf eine neue Festanstellung schlecht.

Bei einer Exploration biographischer Zusammenhänge sollte immer der Frage nachgegangen werden, ob offensichtliche Erfolge auch als Erfolge anerkannt werden. Ein Wirt z. B. hatte völlig »vergessen«, dass er durch beherztes und geschicktes Eingreifen zu Beginn der Corona-Pandemie 2020 seinen Betrieb und acht Arbeitsplätze sicherte. Für diesen Patienten war das wenig spektakulär: »Ich hab nur das Nächstliegende gemacht«. Es war ihm völlig fremd, diesen beruflichen Schritt noch einmal zu thematisieren und ihn als Anlass einer außerordentlichen Leistung zu würdigen. Somit konnte dieser berufliche Erfolg nicht zur Hebung seines Selbstkonzeptes beitragen.

Für eine Reihe älterer depressiver Patienten imponiert, dass nach der Berentung selbstbestätigende Gratifikationen wegfallen (Verstärkerverlust), die sie früher aus beruflichen oder anderen Tätigkeiten, mitunter auch aus ihrer körperlichen Funktionstüchtigkeit ziehen konnten. Diese hatten ein früh geprägtes negatives Selbstbild kompensiert, welches nun wieder prägnant hervortritt. Sie hatten es versäumt, ihre Leistungen und Erfolge auf der Konzeptebene abzulegen und trugen sie nicht in ihr positives Bilanzbuch ein.

Mit der doppelten Buchführung ist ein weiteres allgemeineres Problem erklärbar, das bei Frau Wirtz zu beobachten ist: Der Oberplan »Ich komme zu kurz« entstand in ihrer frühen Kindheit und wurde in ihrer Entwicklung stets weiter bestätigt. Er hinderte sie daran, die erhaltenen Positiva zu sehen und zu würdigen. Der Wunsch »wie alle anderen auch, mal was zu bekommen« konnte also nie befriedigt werden.

Allgemein dürfte gelten: Will eine Person immer mehr von etwas, so ist damit zu rechnen, dass sie keine Erlaubnis hat, das, was sie will und z. T. auch tatsächlich bekommt, überhaupt zu erkennen und anzunehmen. Dazu müsste sie einen erlaubenden Oberplan entwickeln, der durch eine Zuwendung befriedigt wird. Der dürfte sich spontan nicht entwickeln, wohl aber nach einer Behandlung.

10 Diagnostik kognitiver Prozesse

10.1 Exploration von Kognitionen

Auch Kognitionen unterliegen Verstärkerprozessen, wie beobachtbares Verhalten auch. In einem verhaltensdiagnostischen Interview werden also nicht nur einzelne Kognitionen oder gedankliche Abläufe erfragt, sondern auch nach deren Verstärkern gesucht.

Direkte Fragen nach Kognitionen irritieren mitunter, weil solche Fragen unüblich sind. Hilfreich kann eine Art Einführung in das Thema sein, z. B.: »Mich interessiert, was Sie in bestimmten Situationen denken. Manchmal redet man leise mit sich, oder verfolgt seine Gedanken, die einem so durch den Kopf gehen. Jeder Mensch tut das. Ich möchte verstehen, welche Gedanken Sie sich zu unserem Thema xyz machen.« Direkte Fragen können sein:

- »Was geht Ihnen in einer solchen Situation durch den Kopf?«
- »An was denken Sie, wenn Sie vor Ihrem Chef sitzen?«
- »Ihre Himbeertorte ist gelungen. Was sagen Sie sich dann?«
- »Was geht Ihnen jetzt in diesem Moment durch den Kopf, wenn wir uns über Ihren Ehemann unterhalten?«
- »Sie hatten angedeutet, dass Sie Ihrem Mann mal die Meinung sagen wollen. Wie haben Sie die in Ihrem Kopf vorformuliert?«

Es kann nach einem bestimmten Gedanken direkt gefragt werden, der in einer konkreten Situation zu erwarten ist. Hierfür kann ein analoger Vergleich hilfreich sein:

- »In einer solchen Situation geben sich manche Personen die Schuld und sagen sich: ›Warum musstest Du das tun/sagen/…, es bringt Dir nur Ärger‹. Kennen Sie einen solchen Gedanken?«
- »Manche kommentieren ihr Verhalten und sagen sich: ›Gut so, Da hast Du Mist gebaut‹. Wie ist das bei Ihnen?«

Hilfreich sind Fragebögen, deren Items aus wörtlich wiedergegeben Kognitionen bzw. Selbstgesprächen bestehen. Es wird danach gefragt, wie häufig eine Person die aufgeführten Gedanken bei sich beobachtet hat. Bei der Beantwortung werden Patienten sofort ins Thema eingeführt. Zudem stehen dem Diagnostiker Vergleichswerte für einen umschriebenen Themenbereich zur Verfügung. Solche

Items werden verwendet im ISE oder der ISE-Z (Inventare zur Selbstkommunikation, Tönnies, 1982): »Wird schon werden« (Item 1); »Was ich auch mache, ist verkehrt« (Item 6). Der MR SOC (Marburger Fragebogen zum Kohärenzsinn; Lutz et al., 1998; Scheiblechner & Lutz, 2009) ist analog aufgebaut:

Box 12: Auszug aus dem MR SOC

Sicher ist Ihnen schon aufgefallen, dass Sie manchmal in Gedanken auch leise mit sich selber sprechen. Jeder Mensch tut das. Im folgenden Fragebogen finden Sie eine Reihe von Äußerungen, die Menschen in den verschiedensten Situationen zu sich sagen. Bitte lesen Sie jede Äußerung durch und geben Sie anschließend an, wie oft Sie die jeweilige Äußerung sich selbst gegenüber in den letzten beiden Wochen benutzt haben.

Ich sage zu mir in dieser oder einer ähnlichen Art:

	nie	selten	öfter	häufig
1. »Das hat ja doch keinen Zweck«	☐	☐	☐	☐
2. »Ich kann meinen Gefühlen vertrauen«	☐	☐	☐	☐
3. »Mir gleitet alles aus den Händen«	☐	☐	☐	☐

Von besonderem Interesse, insbesondere für die Therapieplanung, ist die Exploration von Gedankenketten: Einzelne Kognitionen werden in der zeitlichen Abfolge ihres Auftretens hintereinander aufgereiht und so eine Zeitreihe erstellt. Gleichzeitig wird geschaut, welche Verstärker als aufrechterhaltende Bedingung(en) fungieren. Im Kopf des Interviewers ist die Suchheuristik der funktionalen Analyse angelaufen. Patienten erleben ihre gedanklichen Prozesse mitunter als chaotisch, sprunghaft und verwirrend. Diesen nachzugehen bedarf einer hohen Konzentration, was für die Gesprächspartner durchaus anstrengend sein kann. Das Prinzip der Linearität schafft etwas Ordnung und kann als klärend und beruhigend erlebt werden. Diese Ordnung ist allerdings zeitlich begrenzt; eine Gedankenkette ist sinnvoller Weise auf eine umschriebene Situation bezogen.

Beispiele für Fragen nach Gedankenketten (► Kap. 15.4, Zeitreihen):

- »Ich habe so ein Bild im Kopf, dass Gedanken nämlich nacheinander auftreten. Die kann man dann wie Perlen hintereinander auf einen Faden aufziehen. Ein Gedanke ist der Anlass, einen zweiten zu denken, einer löst also den nächsten aus. Wir hatten vorhin festgehalten, dass sie in der Situation xyz sauer waren. Sie merken ›Ich bin sauer‹, welcher Gedanke folgt dann?«
- »An was denken Sie danach?«
- »Sie sagen sich also: ›Du hast versagt‹. Was passiert dann? Was für ein Bild oder Gedanke taucht dann auf?«
- »Sie sagten eben: ›Reden ist Silber, Schweigen ist Gold‹. Das mag wohl sein. Gleichwohl haben Sie sich Ihren Teil gedacht. Was genau dachten Sie?«

10.2 Wie Kognitionen und Gedankenketten verstärkt werden

Kognitionen und Gedankenketten werden i. d. R. nicht durch externe Ereignisse verstärkt, sondern intern. Ob eine Kognition oder eine Gedankenkette verstärkt wird oder nicht, hängt von den Oberplänen ab, die jeweils tangiert sind. Tritt eine Oberplan-konforme Kognition auf, bestätigt diese den Oberplan. Eine Person könnte sich also sagen: »Siehste, ich hab's gewusst«. Gelingt einer erfolgsorientierten Person eine Aktion und denkt sie sich: »Gut gemacht«, führt das zu einer Verstärkung. Diese tritt ebenso ein, wenn einer misserfolgsorientierten Person eine Aktion fehlschlägt und sie denkt: »Siehste, ich hab's gewusst«. Dieser verstärkerökologische Zugang erklärt, warum erfolgsorientierte Personen eher Erfolge und misserfolgsorientierte Personen eher Niederlagen inszenieren. Solche Zusammenhänge für eine positive Verstärkung können nicht direkt exploriert werden. Ein Interviewer wird sie aus Informationen erschließen, die er zusammengetragen hat. Ebenso nicht direkt ersichtlich ist eine negative Verstärkung einer Kognition oder einer Gedankenkette. Sie tritt auf, wenn ein Gedanke nicht gedacht werden darf, weil dieser selbstwertbedrohlich wäre. Eine Person meidet einen solchen Gedanken und redet oder denkt stattdessen über andere Themen (Ȼ-).

Zur Bestimmung einzelner Verstärker von Kognitionen werden zunächst die explorierten Kognitionen überprüft, ob sie als positive (C+) oder negative Verstärker (Ȼ-) einzuschätzen sind.

Positive (C+) Verstärker können sein:

- Sich selbst bedauern, Selbstmitleid
- Selbstbestätigung
- Realisierung von Freude
- Bestätigung eines negativen Oberplans (C+; »Siehste, ich hab's gewusst«)

Negative Verstärker (Ȼ-) können sein:

- einen schmerzlichen Gedanken durch eine Handlung unterbrechen
- Der Mann ohne Hammer beendet seine negative Gedankenspirale, indem er zum Nachbarn geht und diesem einen Vorwurf macht. Er meidet den Satz: »Ich trau mich nicht, zum Nachbarn zu gehen«
- Ein Gedankengang wird nicht zu Ende formuliert (Meiden)
- Ein Patient springt von einem Inhalt zum anderen
- Einen selbstwertbedrohenden Gedanken nicht denken
- Sich gedanklich ablenken
- Zappen beim Fernsehen, Abschalten beim Radiohören
- Andere beschuldigen, angreifen, in vivo oder in vitro
- Lamentieren; vorwurfsvoller innerer Dialog, bei dem die Person sich entlastet und Dritte beschuldigt

- Täter-Opfer-Umkehr
  Bei dieser universellen Abwehrstrategie weist der Täter dem Opfer die Schuld zu (₵-), die Tat selber provoziert zu haben.

Exkurs

Die Denkfigur »Täter-Opfer-Umkehr« wurde 1955 von Adorno in die Auseinandersetzung eingeführt, aufgrund der Tatsache, wie Nationalsozialisten die Ermordung jüdischer Menschen begründeten und wie in der Nachkriegszeit die Schuldfrage diskutiert wurde. Juden waren angeblich selber schuld, weil … Diese Art der Schuldzuweisung ist nach Breithaupt (2017) durch die »dunkle Seite der Empathie« getriggert und führt zu einer negativen Verstärkung.

Im Rahmen einer Einzelfalldiagnostik kann die Täter-Opfer-Umkehr z. B. bedeuten, dass ein Kind von den Eltern geschlagen wird (»Der ist derartig frech«), eine Frau selber Schuld hat, wenn sie »angemacht« wird (»Die will das doch selber«) oder ein Partner dem oder der anderen die Taschen heimlich durchsucht, weil der oder sie nicht immer alles erzählt. Der Handelnde merkt (Empathie), dass sein Handeln den anderen verletzt, er übernimmt dafür aber nicht die Verantwortung.

Patienten können sowohl Opfer wie auch Täter sein. In einer Gesprächssituation ist eine Solidarisierung mit dem Opfer naheliegend, er ist der Patient. Der Therapeut muss aber auch bereit sein, »seinem« Patienten die Täter-Rolle zuzutrauen. Begünstigend ist, wenn der Therapeut eine gewisse Distanz wahren konnte (► Kap. 3.2.3).

In der Box 23 zum Lamentieren wird die Aufwertung der eigenen Person (C+) und die gleichzeitige Abwertung einer anderen Person beschrieben. Wenn der Gedanke mitschwingt »Die ist blöd, nicht ich« kann ein ₵-signiert werden. In den seltensten Fällen wird ein Patient einen solchen Gedanken direkt äußern. Der Interviewer muss in diesem ersten Analyseschritt prüfen, ob der abwertende Gedanke gedacht oder gesagt werden könnte, ob er also mitschwingt. Diese Verstärkerfigur, nämlich sich selber auf- und andere abzuwerten, ist häufig zu beobachten, z. B. bei selbstgefälligen Darstellungen einer Person, bei der Kommentierung der Beiträge anderer Berufsgruppen in einer Klinik oder bei Emotionen wie Häme oder Schadenfreude.

Von besonderer Bedeutung ist die Diagnostik kognitiven Meidungsverhaltens. Ein Patient wird tabuisierte Inhalte kaum berichten können, sie sind eben tabu. Sie werden gemieden und nicht gedacht. Mögliche Hinweise auf gemiedene kognitive Inhalte sind:

- vieles Reden
- eine Frage nicht beantworten, sondern das Gespräch auf andere Inhalte lenken
- eine Frage umschweifig beantworten

- Unverständnis der Frage
- etc.

Die Befunde von Brunstein et al. (2007) bedeuten, dass eine Person, die meidet, viel Verhalten evoziert. Beim Annäherungsverhalten dagegen werden im Vergleich dazu nur wenige Verhaltensschritte benötigt. Folglich sind die kognitiven Anforderungen bzw. Belastungen bei Vermeidungszielen viel höher als bei Annäherungszielen.

Das Wissen, was ein Patient nicht denken darf, was peinlich oder tabuisiert ist, führt meist zu zentralen Themen. Auf eine solche Aufklärung reagieren Patienten unterschiedlich. Einige sind entlastet; andere scheuen sich vor einem Konflikt, den sie lieber nicht eingehen wollen.

Die »Geschichte mit dem Hammer« illustriert, wie eine Kognition die nächste auslöst und so eine Zeitreihe entsteht. Eine unbefangene Person wäre ohne Verzug zum Nachbarn gegangen (Annäherungsverhalten), hätte ihn angelächelt, um Hilfe und den Hammer gebeten. Genau das aber hat der Mann ohne Hammer nicht getan. Die Hypothese liegt nahe, dass er den Kontakt meidet (Ȼ-). Möglicherweise leidet er unter einer sozialen Phobie, mangelndem Selbstwert oder er zieht subjektiven Gewinn daraus, die Welt schlecht zu sehen, zu lamentieren und sich zu bedauern (C+). Den Satz: »Ich habe Angst, zum Nachbarn zu gehen« kann er sich nicht zugestehen und er wird ihm auch nicht so schnell über die Lippen kommen.

Angenommen, der Mann sitzt einem Therapeuten gegenüber. Eine solche Geschichte würde ein Patient vom Ende her erzählen; er würde ein Eingeständnis meiden und auch nicht berichten, dass er den Nachbarn in dieser Form angegangen ist. Er könnte z. B. schildern: Er wohne vereinsamt in einem Hochhaus, habe keinen Kontakt zu den Nachbarn, keiner kümmere sich um den anderen, keiner grüße etc. Solche Wohnsituationen gibt es, die Schilderung könnte also korrekt sein. Ein Therapeut – immer bereit zur uneingeschränkten Empathie – könnte seine Sichtweise übernehmen. Er würde dann im Sinne der Symptomatik agieren. Stattdessen sollte er auf seine Gegenübertragung achten: Hört der Patient sich vorwurfsvoll an? Der Therapeut wird bestrebt sein, sich selber ein plastisches Bild von der Situation zu machen, nach dem zeitlichen Ablauf fragen und folgende Fragen stellen können, um dessen Entscheidungssituation zu verstehen:

- »Was hat Sie daran gehindert, postwendend zum Nachbarn zu gehen?«
- »Wie wäre das gewesen, spontan rüberzugehen?«
- »Sie hatten mir von Ihrer Tochter erzählt, die Sie als eine zupackende und selbstbewusste Frau geschildert hatten. Wie hätte die sich verhalten?«
- »Welcher Gedanke kam dann?«; »Was haben Sie dann gedacht?«; »Welcher Gedanke ist unmittelbar danach dann aufgetaucht, … gekommen?«
- »Was haben Sie dann zu sich gesagt?«
- »Wie haben Sie das eingeschätzt, was haben Sie daraufhin gedacht …?«
- »Immer wieder führt man Selbstgespräche. Wie war das in diesem Moment?«

Mögliche therapeutische Intervention in der Planungsphase:

- »Eben will ich Sie kurz unterbrechen. Sie vermuten, dass der Nachbar Ihnen nicht helfen will. Haben Sie das vorher von ihm schon erfahren?«
- »Gerade habe ich den spontanen Eindruck, dass Sie sich scheuen, rüber zu gehen.«
- »Kann es sein, dass Sie es nicht gewohnt sind, einen Fremden anzusprechen?«

10.3 Oberpläne direkt erfragen

Inhalte auf der Selbstkonzept-Ebene können erfragt und damit bewusst werden. Diese Aussagen über sich sind die ausformulierten Operationalisierungen der Selbstkonzepte, Einstellungen, Schemata etc. einer Person. Deren sprachliche Ausformulierung kann entweder in einer person- oder verhaltenszentrierten Form erfolgen. Auf eine Frage der Art »Wer bist Du?« wird eine Person mit einer personzentrierten Selbstaussage »Ich bin …« antworten. Vorausgesetzt, sie kann in der gegebenen Situation eine »ehrliche« Antwort geben, wird ihre Selbstaussage weitgehend übereinstimmen mit dem subjektiven Bild, das sie über sich hat. Auf die Frage: »Was tust du?« wird sie verhaltenszentriert einen Bericht über ihre zurückliegenden Erledigungen vorlegen. Dieser ist tendenziell objektiv und im Prinzip von anderen beobachtbar. William James differenzierte zwischen dem »Me«, dem empirischen und sinnlich erfahrbaren Selbst, und dem »I«, welches er das pure Ego nennt (James, 1890, repr. 1981). Für die klinische Theoriebildung und die Gesprächsführung ist es sinnvoll, das Selbstkonzept personnah zu konzipieren, als »Ich bin …«-Aussagen (»I« nach James), und mit personzentrierten Fragen zu eruieren und weiterhin, Verhalten mit verhaltenszentrierten Fragen zu erfassen und der Verhaltensebene zuzuordnen.

Eine Exploration von Oberplänen kann direkt im Anschluss an eine Gesprächspassage erfolgen, z. B. von einer Situationsschilderung, von biographischen Zusammenhängen etc. Die Präzisierung zu einem Oberplan erfolgt im Wesentlichen dadurch, dass die Quintessenz eines Berichtes markant zusammengefasst und ein Ich-Bezug hergestellt wird. Im Anschluss an die Geschichte mit dem Hammer könnte der Interviewer z. B. nach den Kognitionen fragen und die Antworten in Oberpläne umformulieren:

- »Was denken Sie sich? Welche Gedanken gehen Ihnen im Nachhinein durch den Kopf?«
- »Was schließen Sie aus dieser Situation? Welche Schlussfolgerungen ziehen Sie?«
- »Wie bewerten Sie das? Warum will der Nachbar gerade Ihnen keinen Hammer leihen?«
- »Wie erleben Sie das? Was macht das mit Ihnen?«

Antworten des Patienten können dann vom Therapeuten zu Oberplänen umformuliert werden:

»Ich versteh das nicht, dass mir keiner helfen will.«	➜ »Keiner hilft mir.« ➜ »Immer muss ich alles alleine machen.« ➜ »Ich bin dumm.«
»Jeder macht nur noch seinen eigenen Kram.«	➜ »Ich bin alleine.« ➜ »Menschen sind Egoisten.« ➜ »Keiner mag mich.«

Zur Formulierung von Oberplänen kann die Exploration von Werten und Zielen sowie von Motiven genutzt werden. Die Antwort des Patienten auf solche Fragen enthält zumeist die Vorlage für die Formulierung eines Oberplans. So ist es für Frau Becker ein absoluter Wert, eine gute Arbeiterin zu sein. Ihr Oberplan lautet: »Ich muss eine gute Arbeiterin sein.«

Die Frage nach den Zielen führte zu folgendem Oberplan von Herrn Carl:

Th.: »Was ist Ihnen wichtig im Leben?«

P.: »Erfolgreich sein, Leitung … Irgendwann will ich der Chef sein«

Th.: »Es ist für Sie wichtig, an der Spitze zu stehen. Wie hat sich das entwickelt?«

P.: »Mein Vater war in der Leitung eines großen Betriebes; er ist gar nicht so ehrgeizig, er ist eher in diese Position hineingestolpert. Meine Mutter war aber immer und zu jeder Zeit dahinter her, dass wir Kinder die Besten waren. Nur so können wir nicht im Leben versagen. Sie war getrieben von der Angst, dass wir versagen können«

Th.: »Was ist Ihre Leitschnur? »Ich muss besser sein als andere«?

P.: »So ist das«

Th.: »Das kann ich mir jetzt als eine Richtschnur Ihres Handelns, als Oberplan, merken?

Erstformulierungen von Oberplänen sind immer als ein Versuch zu verstehen. Ein Interviewer muss sie seinem Patienten mit der Frage vorlegen und fragen, ob die Formulierung richtig ist und wie sie ggf. geändert werden muss. In den meisten Fällen dürfte ein Patient zustimmen, mitunter nach Korrekturen. Es kommt durchaus vor, dass ein Patient eine Formulierung und damit eine Aussage über sich zurückweist. Hat aber der Therapeut valide Hinweise, dass er einen richtigen Sachverhalt getroffen hat, sollte er sich diesen Oberplan gut merken, ggf. protokollieren (s. »Eins im Sinn«, ► Kap. 23.4), gerade dann, wenn sein Eindruck nicht mit der Meinung des Patienten übereinstimmt. Zu gegebener Zeit (s. Timing) kann er darauf zurückkommen.

10.4 Paraphrasieren, nachfragen, Oberplan formulieren

Bei der Exploration eines Themas werden fast zwangsläufig auch Oberpläne offenbar. Der Schritt von einer Paraphrase zur Präzisierung eines Oberplans ist kurz. Bei einer Paraphrase wird ein psychologischer Inhalt auf einer abstrakteren Ebene zusammengefasst und mitunter auch interpretiert.

Beispiel

Der Therapeut fasst eine Gesprächspassage mit Frau Otto zusammen:

Th.: »Wiederholt in unseren Gesprächen wurde deutlich, dass Sie nicht auffallen wollen, sich dezent zurückhalten und sich auch ganz bewusst nachordnen, wie in Ihrem Kollegium. Gibt es eine gemeinsame Grundeinstellung dazu? Gibt es eine persönliche Haltung, die dazu passt?«
P.: »Meine Eltern haben sich viel gestritten. Meine Mutter war immer bemüht, den Vater nicht zu erzürnen. Ich habe in der permanenten Angst gelebt, dass sie sich trennen oder der Vater geht… und ich daran schuld bin«
Th.: »Wie alt waren Sie? Wieso schuld?«
P.: »Die ganze Kindheit, ständig. Na … Wenn sie sich, also eher ja der Vater, über mich ärgern, gibt es Zank und sie trennen sich … hab ich wohl gedacht«
Th.: »Habe ich Sie richtig verstanden: Sie mussten als Kind brav sein, damit die Eltern zusammenbleiben. Was sind Ihre Worte?
P.: »Ich darf nicht auffallen, muss unsichtbar sein, keinen Ärger machen.«
T.: »Also: Wenn ich auffalle, droht die Scheidung.«
P.: »So, ja.«
Th.: »Gilt heute: Nicht auffallen. Wenn ich auffalle, droht Gefahr.«
P.: »Irgendwie ja.«

Eine Kontrollfrage zur Bestätigung des Oberplans von Frau Otto lautete: »Gilt heute die Regel: Nicht auffallen?« Eine weitere Validierung ist aus ihrem Verhalten abzulesen (s. Transkript im Anhang, Frau Otto, erstes Gespräch).

Auch bei Frau Zwora war Paraphrasieren eine hilfreiche Technik zur Formulierung eines Oberplans. So fasst z. B. der Therapeut die Schilderung des Umgangs beider Schwestern miteinander zusammen:

Paraphrase des Therapeuten:	»Sie erleben ihre Schwester in nahezu allen Belangen als überlegen.«
Möglicher Oberplan:	»Ich bin meiner Schwester unterlegen!« »Ich bin eine Versagerin.«
Kontrollfrage an Frau Zwora:	»Erleben Sie sich als Versagerin?«

10.5 Rückschluss aus biographischen Fakten

In ▶ Kap. 8.4 (Zur Entstehung von Oberplänen) wurde ausgeführt, dass familiäre Besonderheiten ganz bestimmte Selbstkonzepte und Oberpläne begünstigen. So sind die jeweiligen Selbstkonzepte von Frau Otto oder Herrn Zweigelt verständlich angesichts ihrer familiären Entwicklung. Der Fokus im Gespräch mit Frau Zwora auf die biologisch vorgegebene Tatsache, zweiter Zwilling zu sein, führt zum Konzept der Versagerin. Auch bei dem in ▶ Kap. 6.4 beschriebenen Jugendlichen werden seine Oberpläne erst ersichtlich, als seine Biographie als farbiges Kind beachtet wurde.

Exkurs

Plausible Rekonstruktionen können ihre Tücken haben: Eine Person erlebt in ihrem Werdegang so viele und so unterschiedliche Situationen, dass mit großer Wahrscheinlichkeit zu nahezu jedem aktuellen Ereignis ein dazu passendes früheres Vorkommnis gefunden werden kann, auf das die momentane Situation attribuiert werden kann. Diese Zuschreibung kann falsch, aber hilfreich sein (s. Beispiel Frau Stein, ▶ Kap. 5.2).

Attributionstechnisch sparsam ist es, wenn eine Biographie nur mit dem erzieherischen Einfluss einer wichtigen Person und ausschließlich nur mit belastenden Lebensumständen begründet wird: Eine Person sieht sich dem hilflos ausgeliefert. So begründet Herr Zweigelt alle seine misslungenen Unternehmungen mit seinem Vater: »Ich bin ein missbrauchter Sohn.« Mit dieser Selbst-Definition entschuldigt er sich aber und hat Probleme, Verantwortung für sein Tun zu übernehmen.

Auch die Biographie eines Patienten besteht nicht nur aus belastenden Erfahrungen. Eine valide Erfahrung aus der Gruppentherapie »Kleine Schule des Genießens« ist es, dass Patienten, insbesondere auch depressive und psychiatrische Patienten, schöne und bereichernde Aspekte in ihrer Biographie entdecken. Das veranlasst die Gruppenteilnehmer, ihre Biographie in Teilbereichen neu zu schreiben. Die bekannte belastende Entwicklungslinie wird durch positive Aspekte ergänzt. Diese können Anknüpfungspunkte sein, für positive Oberpläne oder Selbst-Beschreibungen. So erinnerte Frau Zwora nach der Riechübung einen Satz der Mutter: »Du riechst so gut an den Haaren.«

Wenn eine Herleitung der aktuellen Symptomatik aus einer pathogenen Entwicklung vollzogen wird, führt das zu einem geschlossenen und plausiblen ipsativen Störungsmodell. Dieses befriedigt den beruflichen Ehrgeiz des Therapeuten wie auch das Bedürfnis des Patienten nach einem kausalen und einfachen Störungsmodell und führt oft auch zu einem tieferen Verständnis der eigenen Biographie. Eine erste Behandlungsphase kann beginnen. Gleichwohl wird der Therapeut in den folgenden Gesprächen darauf achten müssen, dass eine Biographie immer aus verschiedenen Entwicklungslinien besteht, auch aus gelungenen. Diese können Anknüpfungspunkte für die Formulierung hilfreicher Oberpläne werden zur Stabilisierung des Therapieerfolges.

11 Die S-R-C-Einheit

11.1 Am Anfang steht eine S-R-C-Einheit

Ein Verhaltensverlauf ist als eine (wiederholte) zeitliche Abfolge von Reiz, Reaktion und Konsequenz zu beschreiben; diese ist die Grundlage von Verhaltensdiagnostik und VT schlechthin. Diese Idee entwickelte sich aus der Integration des klassischen Konditionierens (S-R) und des operanten Lernens (R-C). Der Grundgedanke der funktionalen Analyse ist es, dass das Problemverhalten definiert und von einem umschriebenen Reiz oder einer komplexen Situation gestartet wird und zu ganz bestimmten Konsequenzen führt. Ein Patient z. B. reagiert auf eine definierte Situation ängstlich und bewirkt damit ihm bekannte Folgen bei sich selber und in seiner Umwelt.

Ein Patient verhält sich in seiner jeweils einzigartigen Weise. Insgesamt ist sein Verhaltensrepertoire hochkomplex. Eine lineare S-R-C-Einheit kann lediglich post hoc zur Analyse einer umgrenzten Verhaltensstrecke herangezogen werden. Dies ist sinnvoll, um eine definierte Verhaltensweise zu verstehen und um eine therapeutische Vorhersage zu treffen: Wenn S oder C verändert wird, wird sich auch R verändern: Wenn bei einem Angstpatienten durch eine systematische Desensibilisierung die auslösende Bedingung verändert werden kann, tritt die Angst weniger wahrscheinlich auf. Folgte bei einem Kind auf z. B. quengeln Zuwendung, dann wird es weniger quengeln, wenn die positive Konsequenz ausbleibt.

Dieser basale Wirkmechanismus war manch einem Verhaltenstherapeuten zu basal (oder gar banal?). In der kognitiven Wende wurden Kognitionen als vermittelnde Variable eingeführt, sie sollten das Denken in S-R-C-Einheiten überwinden und quasi Licht in die Blackbox bringen. Es war eine zwingende Weiterentwicklung, Kognitionen stärker zu betrachten. Die allerdings können ebenfalls in S-R-C-Einheiten beschrieben werden.

Verhaltensabläufe, der s. g. »Verhaltensstrom« wie z. B. soziale Interaktionen, aber auch eingefahrene Routinen können als S-R-C-Ketten verstanden werden: Die Konsequenz ist der S^D für die folgende Reaktion. Im Dialog zwischen Frau Otto und ihrem Mann (Box 20) liefern beide sich die Stichworte (S^D) für ihren wenig hilfreichen Dialog. Beide manövrieren sich jedes Mal in eine Folge gegenseitiger Schuldzuweisungen, wenn sie sich über das Aufräumen unterhalten. Frau Otto schaffte es erst nach einigen Anläufen, ihr eigenes und vertrautes Handlungsschema aufzugeben, das sie regelmäßig in eine Enttäuschung führte. Im Gespräch wurde verabredet, dass sie probeweise eine klare Bitte mit einer eindeutigen Handlungsanweisung aussprechen sollte: »Bitte hebe die Kiste beiseite, die ist zu schwer für mich«. Damit fehlten Herrn Otto die gewohnten diskriminativen Reize zum Gegenargument und er hatte keinen Anlass, sie nicht zu unterstützen. Beide konnten kooperieren. Es war für Frau Otto schwierig, sich in ihrem eigenen Interesse zielführend zu verhalten. Sie musste sowohl den Gedanken überwinden, warum sie eigentlich den ersten Schritt machen sollte (»Warum immer ich?«), als auch auf die Selbstbestätigung bzw. auf das Selbstbedauern verzichten, dass sie immer alles allein machen muss.

Bleiben in sozialen Interaktionen die gewohnten Konsequenzen aus, so führt das zu Irritationen beim Interaktionspartner, dem der S^D zum Reagieren fehlt. So führte eine Krankenschwester (► Kap. 26.2.11) ein Loriotsches »Ach was« in die Kommunikation mit ihrem Oberarzt ein und veränderte damit komplett die Interaktion. Mit solchen Interventionen werden für einen Patienten Handlungsalternativen geschaffen. Verhält sich ein Patient nicht wie gewohnt, führt das mitunter zur Verwunderung der Interaktionspartner. Da die Veränderung vom Patienten ausgeht und er damit den Dialog kontrolliert, ist er im Vorteil (»Guck mal, wie der guckt«).

Werden eingefahrene Verhaltensketten unterbrochen, erfährt ein Patient, wie sehr er selber die Kontrolle in einer Situation hat. Ein solches Verhaltensexperiment ist die optimale Grundlage zur Exploration von Widerständen und den korrespondierenden Oberplänen, von der Veränderungsmotivation etc.

Verhaltensketten sind ein Sonderfall von Zeitreihen; es geht darum, umschriebene Verhaltensschritte bzw. Ereignisse in eine zeitliche Reihenfolge anzuordnen und S, R und C zu definieren. Bei einer Verhaltenskette steht eher der Gedanke der funktionalen Kontrolle im Vordergrund, bei einer Zeitreihe die Entwicklung einer Abfolge umschriebener Verhaltensschritte bzw. Ereignisse in der Zeit, auch über eine längere Strecke. Diese kann z. B. einen Tag lang sein, wie bei Frau Engel, oder einen sehr viel längeren Zeitraum erfassen, wie bei einem Zeitstrahl.

11.2 Der Raum zwischen S-R-C

Die Überwindung engen S-R-C-Denkens ist eine eingeführte Denkfigur. Dabei stützen sich Autoren unterschiedlicher Provenienz auf dieses Zitat: »Zwischen Reiz und Reaktion liegt ein Raum. In diesem Raum liegt unsere Macht zur Wahl unserer Reaktion. In unserer Reaktion liegen unsere Entwicklung und unsere Freiheit«. Es wird Frankl[32] zugeschrieben[33], was aber ein Irrtum ist[34].

Für die Gesprächsführung bedeutet das Zitat: Manche Patienten berichten ihre Symptomatik als unauflösbar verflochten in eine feste Lebenssituation, in die sie

32 Viktor Frankl (1905–1997), Dr. med. et Dr. phil., österreichischer Neurologe und Psychiater, Professor für Logotherapie an der Universität San Diego

33 https://www.viktorfrankl.org/quote_stimulus.html

34 https://de.wikipedia.org/wiki/Rumi_(Dichter)

verstrickt sind. Der Raum zwischen S und R sowie zwischen R und C ist minimal. Die auslösenden Bedingungen erscheinen unveränderbar; die Folgen, so belastend sie auch sind, werden zwangsläufig eintreten. Das generelle Therapieziel muss es folglich sein, den Spalt zwischen S-R und R-C zu verbreitern und dem Patienten die Chance zu geben, sich zwischen Alternativen entscheiden zu können.

Die zwangsläufig erlebte Abfolge von S-R-C kann als Thema der Hilflosigkeit aufgegriffen werden:

- »Was Sie berichten hört sich sehr zwangläufig an. Ich kann gut verstehen, wenn Sie keinen Ausweg sehen.«
- »Wie ist das eigentlich: Können Sie Ihre Lage von weit außen ansehen? Sehen Sie ein Weg aus dem Dilemma?«
- »Wenn eine Fee daherkäme, was könnte die Ihnen Gutes tun?«
- »Sie beschreiben mir gerade Ihre Lage. Die scheint mir die eines Weihnachtsbaums, der fest in einem Transportnetz eingeschnürt ist.«

Diese Analogie ist insofern günstig, weil sie später wieder aufgegriffen und fortgesetzt werden kann: Im Bild wird das Transportnetz aufgeschnitten. Der Patient entfaltet sich.

Wie festgefahren eine Konstellation auch aussieht, es ist hilfreich, S-R-C-Einheiten zu isolieren und Bewährtes anzuwenden. Es ist durchaus indiziert, den Patienten zu ermutigen, z. B. durch die Aufforderung zum Probehandeln: »Sie müssen noch nicht alles ändern. Sie können mal so tun, als geht Sie das alles gar nichts an und probieren mal, folgendes zu tun, quasi als ob …«

Auch kann der Therapeut unorthodoxe Alternativen vorschlagen: Frau Bauer grämte sich um den Ablauf des Weihnachtsabends. Der fand meist mit festem Ablauf und wiederkehrenden Kränkungen bei den Eltern und in Anwesenheit der Familie des Bruders statt. Die Lage wurde subjektiv unlösbar erschwert: Der neue Freund der Patientin würde beim Bruder zu spöttischen Bemerkungen führen und der Vater würde ihn ablehnen. Der Vorschlag des Therapeuten: Die Patientin lädt selber ein. Dieser Vorschlag irritierte sie zwar, sie betrachtet den Abend aus einer anderen Perspektive. Damit war ein Spalt in die festgezurrten gedanklichen Abläufe geöffnet (► Kap. 23.2.1, Beispiel).

11.3 Auslösende Bedingungen – Suche nach S^D und S^Δ

Zeitlich vorausgehende Bedingungen können auf vielfältige Weise Verhalten auslösen. Sie können umschriebene und inhaltlich markante Ereignisse sein wie ein Angstreiz; aber auch ein »Verhaltensstrom« oder Routineabläufe können als S-R-Sequenzen mit dem Ziel aufgegliedert werden, die aufrechterhaltenden Bedingungen zu definieren. Auslösende Bedingungen können z. B. sein:

Ein zeitlich vorausgehender und umschriebener Reiz. Dieser kann klassisch konditioniert sein, wie das bei einem Angstobjekt häufig der Fall ist.

Vorausgehendes Verhalten ist Anlass für ein zeitlich folgendes Verhalten. Das ist z. B. bei der Interaktion von zwei Personen der Fall, wie bei der Interaktion von Frau Otto mit ihrem Mann (s. Box 20 »Wie kommt das Fahrrad aus der Garage?«). Auch Selbstbeobachtung, ein Gedanke, eine Emotion etc. können auslösendes Verhalten für eine darauffolgende Reaktion sein, wie das in Box 8, »Geschichte mit dem Hammer«, illustriert ist.

Auch kann eine Verhaltensweise eher zufällig auftreten, wenn also zwischen einem Ereignis und dem Verhalten einer Person keine unmittelbare Beziehung besteht. Eine Person beobachtet z. B. zufällig ein Missgeschick eines Fremden und die Person zeigt eine empathische Reaktion, ohne die andere Person zu kennen (Beispiel: Eine Mutter hört ein fremdes Baby weinen und hat den Impuls einzugreifen).

Um abzuschätzen, ob eine vorausgehende Bedingung ein problematisches Verhalten kontrolliert, ist zu klären, ob das Verhalten situationsspezifisch auftritt:
S^D In dieser Situation tritt ein Verhalten auf.
S^Δ (S^{delta}) In dieser Situation tritt ein Verhalten nicht auf.

Frau Muck (s. Transkript) ist von kleinen »Flieg-Tieren« (S^D) beunruhigt, wenn sie alleine ist; nicht aber, wenn ihr Freund bei ihr ist (S^Δ).

Zu Beginn ihres Aufenthaltes in der Klinik war Frau Noak (55 Jahre, schlank, aufrechte Sitzhaltung) überzeugt, dass sie immer Schmerzen hat. Es gab aber schmerzfreie Situationen, wenn nämlich dritte Personen anwesend waren und sie sich unterhielten (S^Δ). Eine solche Situation hatte ihr Therapeut zufällig beobachtet, als er zu seinem Zimmer ging. Frau Noak saß mit anderen Patientinnen im Wartebereich vor seinem Zimmer und unterhielt sich lächelnd und gut gelaunt mit ihrer Nachbarin. Offensichtlich hatte sie keine Schmerzen.

Welche psychologischen Bedingungen führen dazu, dass die Präsenz einer Begleitperson bei Frau Noak zu einer Schmerzreduktion führt? Störungswissen führt zur Hypothese, dass die Patientin abgelenkt ist und weniger auf ihren Schmerz achtet. Der Interviewer wird also nach weiteren Situationen fragen, in denen die Patientin abgelenkt ist. Es ist sinnvoll, zunächst offen zu fragen und danach Situationen vorzugeben, in denen ein Therapeut vermuten kann, dass das kritische Verhalten nicht auftritt:

- »Ist Ihr Schmerz immer da? Gibt es Tageszeiten oder Situationen ohne Schmerzen?«
- »In welchen Situationen haben Sie beobachtet, dass der Schmerz etwas weniger ausgeprägt ist?«; »Wie häufig kommen solche Situationen vor?«
- »Wie ist es mit dem Schmerz, wenn Sie Besuch bekommen?«
- »Wenn wir uns unterhalten, jetzt hier im Augenblick, wenn ich rede und Sie mir zuhören, wie ausgeprägt ist Ihr Schmerz?«
- »Wenn Sie Fernsehen, ein Buch lesen, im Kino sind etc., wie stark ist dann der Schmerz?«

Diese Routinestrategie scheiterte bei Frau Noak. Sie sagte, sich nicht erinnern zu können, und kam immer wieder auf Schmerzthemen zurück. Sie hatte den Wunsch, berentet zu werden. Dies führte zur Annahme, dass es für sie unklug gewesen wäre, zu viele schmerzfreie Situationen zu benennen. Das könnte sie als Schmerzpatientin unglaubwürdig machen. In einer solchen Situation ist es nicht ratsam, weiter nachzufragen. Für das Verständnis der Schmerzsymptomatik war es zunächst ausreichend zu wissen, dass es auch schmerzfreie Situationen gab.

Anmerkung zum weiteren Verlauf: Im Gespräch kristallisierten sich weitere schmerzfreie Situationen heraus. Gemeinsames Element war immer die Anwesenheit von wohlmeinenden und achtsamen Personen. Die psychosomatische Behandlung war allerdings nicht erfolgreich. Frau Noak hatte in ihrem Leben sehr viele Therapien durchlaufen und war demotiviert zur Psychotherapie; eine Berentung wurde befürwortet.

Empirisch konnte belegt werden, dass sich die Symptomatik ehemaliger Schmerzpatienten einer psychosomatischen Klinik wesentlich verbessert, wenn die Rente bewilligt wurde (Lutz & Michalak, 2002). Dieser Befund sollte nicht missinterpretiert werden: Schmerzpatienten haben eine lange Behandlungsvorgeschichte von 15 bis 20 Jahren; manche der Behandlungen waren wenig sinnvoll und einige waren kränkend; die unterschiedlichen Behandlungen waren insgesamt nicht erfolgreich. Mit der Berentung entfallen viele dieser belastenden Faktoren.

Fragen nach auslösenden Bedingungen:

- »Gehen Sie bitte gedanklich noch mal in die Situation. Sie merken, dass der Ärger in Ihnen aufsteigt. Was ist gerade passiert?«
- »Was könnte Ihren Ärger bewirkt haben?«
- »Wie haben Sie es angestellt, in so eine Situation zu geraten?«
- »Haben Sie zuvor etwas gesehen oder gehört? Mussten Sie gerade an etwas denken? Hatten Sie eine bestimmte Erinnerung?«
- »Was passiert vorher?«
- »In welcher Situation beobachten Sie bei sich, dass …?«.

Im Anhang ist das Transkript einer Exploration mit Frau Muck wiedergegeben (► Kap. 29, Ein »Klassiker«: Mückenangst), in dem systematisch S^D und S^Δ erhoben wird. Dort sind weitere Fragen nachzulesen.

11.4 Konsequenzen kontrollieren Verhalten: Die klassischen vier Verstärkervarianten

Empirisch gut gesichert ist der operante Ansatz, demzufolge Verhalten durch die nachfolgenden Konsequenzen kontrolliert wird. Die folgende Klassifikation der unterschiedlichen Verstärker ist zwar simpel, gleichwohl hat sie sich sehr bewährt (Holland & Skinner, 1974):

Tab. 11.1: Vier Verstärkervarianten

	kommt hinzu	**wird entfernt**
positiver Reiz	C+ (1) Gewinn von Positiva Bestätigung positive Verstärkung	₵+ (4) Entzug von Positiva Angenehmes entfällt indirekte Bestrafung
negativer Reiz	C- (3) Negativa folgen einem Verhalten direkte Bestrafung	₵- (2) Negativa werden gemindert aversiver Reiz verschwindet negative Verstärkung

Konsequenzen können in verschiedenen Zeitabständen auf ein Verhalten folgen (kurzfristig bis langfristig). In erster Linie sind es die unmittelbaren Konsequenzen, die die Auftretenswahrscheinlichkeit des Verhaltens verändern. Soll also abgeschätzt werden, welche Konsequenz ein kritisches Verhalten kontrolliert, muss der zeitliche Verzug erfragt werden. Ein C+ durch eine dritte Person z. B. tritt im Prinzip später auf als ein unmittelbar folgendes ₵- während eines Vermeidungsverhaltens.

Diese Klassifikation wurde ursprünglich für beobachtbares motorisches Verhalten entwickelt. Sie gilt aber auch für Kognitionen, z. B. für die Analyse von Gedankenketten und bedeutet im Einzelnen:

1. Die Auftretenswahrscheinlichkeit eines Verhaltens wird erhöht, wenn ihm ein C+ folgt.
2. Die Auftretenswahrscheinlichkeit eines Verhaltens wird erhöht, wenn durch dieses Verhalten ein aversiver Zustand (Reiz) weniger aversiv wird (₵-).
3. Folgt unmittelbar auf ein Verhalten ein aversiver Reiz, C-, so wird die Auftretenswahrscheinlichkeit des Verhaltens gesenkt.
4. Die Auftretenswahrscheinlichkeit eines Verhaltens wird gesenkt, wenn es zum Verlust von Positiva führt (₵+).

Diese Klassifikation ist theoretisch trivial, eine weitere Differenzierung ist z. B. bei Bodenmann et al. (2016) beschrieben. Sie ist nicht gedacht zur umfassenden und kompletten Beschreibung des Verhaltensrepertoires einer Person bzw. all ihrer Beschwerden. Mit Hilfe dieser Verstärkerübersicht soll ein SORKC-Schema erstellt werden; sie ist als eine Art Suchanleitung zu verstehen. Ihre Bedeutung erlangt sie in der praktischen Anwendung. Weil sie so einfach ist, ist sie eine praktikable und hilfreiche Heuristik, in einem laufenden Gespräch gezielt fragen zu können. Ein Interviewer muss sie als Denkfigur quasi im Hinterkopf haben. Die unterschiedlichen Verstärker sind als Beobachtungseinheiten zu verstehen und sie sind trotz ihrer Einfachheit nicht immer einfach zu erkennen. Das gilt insbesondere für die negative Verstärkung. In den folgenden Abschnitten werden für die vier typischen Verstärker einige für die Gesprächsführung relevante Situationen beschrieben.

11.5 Kurzfristige positive Verstärkung, C+

Die Auftretenswahrscheinlichkeit eines Verhaltens wird erhöht, wenn ihm ein C+ folgt. Eine Person tut etwas häufiger, weil sie etwas Angenehmes dafür bekommen hat, und sie erwartet, dass das wieder geschieht, wenn sie ihr Verhalten wiederholt. Wird ein Schüler für eine gute Hausarbeit gelobt, wird er bestrebt sein, auch die nächste gut zu erledigen. Ein Kind bekommt vornehmlich dann von der Mutter Zuwendung, wenn es an der Kasse des Supermarktes quengelt. Es wird weiter quengeln. Ein Patient wird dann von seiner ansonsten taffen Ehefrau umsorgt, wenn er sehr niedergeschlagen ist…

Als ein Verstärker können prinzipiell alle Positiva wirksam werden. Für eine Person werden diejenigen relevant, die für sie in einer speziellen Situation positiv besetzt sind. Die subjektive Valenz von potentiellen Verstärkern kann sich situativ ändern. Ein positiver Reiz wird als Verstärker dann besonders wirksam, wenn ein Individuum depriviert ist. Das kann je nach Bedürfnis in einem materiellen Bereich (z. B. Essen) oder in einem immateriellen Bereich (z. B. Lob) sein. Identische Positiva besitzen für unterschiedliche Personen unterschiedliche Verstärkerfunktion. In jedem Fall muss geklärt werden, ob eine Person Positiva überhaupt annehmen kann. Positiva wie z. B. eine Praline (s. Box 16 Selbstaufwertung durch Verzicht) oder ein schönes Essen (s. Box 39 Positiva verboten) können nur als angenehm erlebt werden und als Verstärker funktionieren, wenn ein positiver- bzw. genussaffiner Oberplan vorhanden ist (▶ Kap. 25, Positiva). Bei einer Exploration muss also darauf geachtet werden, ob eine externe positive Verstärkung auch zur Bestätigung eines korrespondierenden Oberplans führt bzw. prinzipiell führen könnte.

In der klinischen Praxis haben sich Listen bewährt, die Positiva auflisten und die auf die »Pleasant Event Schedule« von Lewinsohn und Libet (1972) zurückgehen. Mit einer solchen Liste kann abgeschätzt werden, ob ein Patient über genügend Verstärker verfügt. Zugleich dient sie als Anregung, um für einen Patienten geeignete positive Aktivitäten zu finden. In den Onlinematerialien ist der MR EEV Fragebogen zum Euthymen Verhalten und Erleben abgelegt. Diese Variante hat den Vorteil, dass sie kurz ist, reliable Skalen entwickelt wurden und sowohl nach der Häufigkeit gefragt wird als auch danach, wie angenehm eine Aktivität erlebt wird.

Eine externe positive Verstärkung liegt vor, wenn eine Person von einer anderen bestätigt wird, wenn sie z. B. Lob oder Zuwendung erhält. Dies gilt für erwünschtes wie für unerwünschtes Verhalten. Letzteres ist im Therapieumfeld von besonderem Interesse. Eine klassische These für die Genese unangepassten Verhaltens lautet, dass dieses positiv verstärkt wurde. Zumeist gibt es weitere aufrechterhaltende Bedingungen; in jedem Fall aber müssen mögliche operante Verstärker exploriert werden. Vielfach ist der Vorgang des Verstärkens dem Betroffenen nicht bewusst. Wenn eine Mutter bei der Erledigung der Hausaufgaben dann mit erhöhter Aufmerksamkeit reagiert, wenn das Kind einen Fehler macht, verstärkt sie eine schlechte Arbeitshaltung (s. Box 19 »Fehlermachen verstärken«). Das ist sicher nicht ihr Ziel; die Zuwendung erfolgt spontan; die Auswirkungen sind den Erziehern i. d. R. nicht bewusst (z. B. Heckhausen & Oswald, 1969). In einem Interview kann folglich die Mutter diesen Vorgang nicht berichten. Der Interviewer kann ihn aber möglicherweise aus den Besonderheiten einer Situation erschließen; in einer Videoaufzeichnung sind solche Verstärkungsprozesse gut zu beobachten.

Eine interne positive Verstärkung liegt dann vor, wenn eine Person sich selber verstärkt. Eine Selbstverstärkung für gesunderhaltendes Verhalten kann z. B. sein:

- »sich etwas zu gönnen«, etwa nach getaner Arbeit
- ein selbstfürsorgliches Arrangement zu treffen, wie eine Pause einrichten
- eine Genusssituation schaffen, z. B. auf einen Sonnenuntergang zu warten und ihn zu genießen
- ein gutes Gefühl nach einem Erfolg oder Lob zuzulassen, indem man sich selber die Zeit dafür einräumt
- Selbstgespräche, die einen positiven Oberplan bestätigen, etwa: »Das hast du gut gemacht«

Pathologisches Verhalten kann intern und positiv verstärkt werden:

- Nach einem Misserfolg wird ein negativer Oberplan positiv verstärkt (»Siehste, hab ich doch gewusst. Keiner mag mich)«
- Meidungsverhalten wird gerechtfertigt (s. z. B. Box 8 »Geschichte mit dem Hammer«)

Eine externe positive Verstärkung von pathologischem Verhalten liegt vor, wenn …

- ein problematisches Verhalten von einer zweiten Person verstärkt wird (s. Box 19 »Fehlermachen verstärken«)
- beim Lästern das Versagen einer anderen Person zur Selbstaufwertung benutzt wird

11.6 Kurzfristige negative Verstärkung, C̶-

Die Auftretenswahrscheinlichkeit eines Verhaltens wird erhöht, wenn durch dieses Verhalten ein aversiver Zustand (Reiz) weniger aversiv wird. Gibt eine Mutter ihrem quengelnden Kind z. B. die verlangten Gummibärchen an der Kasse im Supermarkt, ist das Kind zufrieden (C+) und es hört auf zu quengeln; damit verstärkt sich die Mutter negativ (C̶-). Sie wird dem Kind wieder eine Süßigkeit geben. Durch einen Schluck Alkohol wird der Druck des Alkoholikers, trinken zu müssen, reduziert. Ein ängstlicher Mensch meidet zunehmend beunruhigende Situation.

Box 13: Zur Omnipräsenz der Negativen Verstärkung

In diesem Buch ist bei allen Fallschilderungen ein C̶- auszumachen. Die negative Verstärkung ist die klassische Bedingung zur Stabilisierung pathologischen Verhaltens schlechthin. Daher dürfte gelten: Keine Pathologie ohne C̶- (s. a. ► Kap. 13.8, Keine Symptomatik ohne Meidungsverhalten).

Box		Thema des Patienten	Negative Verstärkung
Box 6	Angst, Depression und Selbstfürsorge	Abgrenzung zur Mutter	(1) Pat. weigert sich Mutter zu sehen. (2) Pat. kann eigene Position nicht vertreten, umgeht Widerspruch.
Box 15	Kölsches Missverständnis	Klaus will nicht mehr in einem Milchladen einkaufen	Für Klaus war der Milchladen negativ konnotiert. Dort wollte er nicht mehr einkaufen.
Box 14	Weil nicht sein kann, was nicht sein darf	Palmström wird angefahren, wo kein Auto fahren darf.	Palmström meidet den Gedanken, dass ein Verbot überschritten wurde.
Box 22	Wie der Vater, so die Tochter	Patientin lässt sich nicht krankschreiben.	Eine Krankschreibung gehört sich nicht.
Box 24	Frühstück im Hotel	Unvorteilhaften Frühstücksplatz suchen	Patient meidet es, den großen und belebten Frühstücksraum zu durchqueren.
Box 26	Stöckelschuhe	Haltung bewahren	Patientin will sich nicht »gehen lassen«.
Box 23	Lamentieren	Lamentieren	»Nicht ich mache einen Fehler, aber die anderen (C̶-)« (Fehler machen: C-).

Box		Thema des Patienten	Negative Verstärkung
Box 8	Geschichte mit dem Hammer	Vorwurf an die Nachbarn, nicht zu helfen	Person meidet zu fragen (ℭ-). Sinngemäß könnte er sagen: »Ich bin ein Angsthase. Ich traue mich nicht (C-)«. »Der andere ist schuld und nicht ich (ℭ-)«.
Box 21	Herzattacke beendet Zwang	falsche Diagnose	Vermeintlicher Herzinfarkt beendet unerträgliche Zwangshandlung
Box 39	Positiva verboten	Patientin verbietet sich ein entspanntes Essen	Normalerweise meidet die Patientin einzukehren, weil sich das nicht gehört. Im zitierten Beispiel hat sie die Regel gebrochen und wird von Schuldgefühlen geplagt.

Auch außerhalb der Klinik sind negative Verstärkerprozesse täglich zu beobachten: Ein abergläubischer Mensch hält Distanz zu einer schwarzen Katze; ein strenger Calvinist scheut Luxus; ein frommer Mensch denkt keine unkeuschen Gedanken. Jeder kennt aus dem täglichen Leben typische Meidungssituationen: Nach schlechten Erfahrungen mit bestimmten Personen wird der Kontakt zu ihnen eingeschränkt und unangenehme Situationen reduziert (z.B. Besuch von nörgelnden Verwandten, Treffen mit herablassenden Kollegen). So ubiquitär und wichtig die negative Verstärkung ist, es ist nicht immer leicht, ein ℭ- zu entdecken.

Der Zeitabstand zwischen einem Verhalten und der negativen Verstärkung kann unterschiedlich lang sein. Hat ein Schüler z. B. eine gute Note bekommen und wird eine Einschränkung z.B. Fernsehverbot (C-) aufgehoben (ℭ-), ist der Zeitverzug zwischen Verhalten und Verstärkung erheblich. Die Verstärkerwirkung ist gut beobachtbar und zu explorieren, wenn auch die verstärkenden Effekte nur mit kognitiven Zwischenschritten zwingend wird.

Dagegen erfolgt ein ℭ- unmittelbar, wenn durch das Verhalten direkt eine Situation verändert wird: Schon beim ersten Schluck Alkohol löst sich die Spannung; Angst vor einem Hund lässt sofort nach, wenn ein Patient einen Schritt zurück geht; die kognitive Beschäftigung mit einem Konflikt endet sofort, wenn eine Person ihre Aufmerksamkeit umlenkt. Solche Prozesse sind alltäglich und geläufig. Sie sind daher nicht berichtenswert. Patienten können sie kaum benennen, vom Therapeuten können sie leicht übersehen werden. Unmittelbar wirksame ℭ- entziehen sich i.d.R. einer kognitiven Kontrolle. In der Geschichte mit dem Hammer (► Kap. 15.4 zur Zeitreihe) ist der zentrale Verstärker der Person nicht bekannt, sie wird sie nicht benennen können.

Solche Verstärkereffekte können kaum exploriert werden, weil sie unwissentlich ablaufen. Der Interviewer kann sie gleichwohl rekonstruieren, wenn es ihm gelingt, eine kritische Situation so zu explorieren, dass er den Ablauf plastisch vor Augen hat bzw. eine Zeitreihe anzulegen. Er kann dann – dem Patienten nicht bewusste – Konditionierungseffekte vermuten und nachfragen.

Abschließend soll die Bedeutung der negativen Verstärkung hervorgehoben werden:

Negative Verstärkung hält positive Verhaltensweisen aufrecht:

- Prävention verhindert (Ȼ-) einen später erwartbaren Schaden. Zähneputzen senkt die Wahrscheinlichkeit von Karies; Aufklärung minimiert Fehler in einer kritischen Situation.
- Sorge, dass anderen nichts Schlimmes passiert. Durch »fürsorgliche Kontrolle« werden Kinder z. B. vor Unglück bewahrt. (Fürsorge ist die positive Seite von Kontrolle, mitunter aber auch deren Rechtfertigung).
- Selbstfürsorglich für eine Pause sorgen: Reduktion von Stress oder Belastung.

Negative Verstärkung hält negative Verhaltensweisen aufrecht:

- Meidungsverhalten, Zwei-Faktoren-Theorie der Angst
- Suchtverhalten
- Beispiele s. Tab. oben

Eine negative Verstärkung ist häufig mit einem C+ assoziiert:

- Alkohol reduziert den »Saufdruck«, schmeckt zudem gut.
- Beim Betreten einer hedonistischen Nische wird Stress reduziert, Positiva der Nische tun gut.
- Unsicherheit wird reduziert, wenn Ungewohntes oder Fremdes beendet wird und Gewohntes und Bekanntes wieder eintritt.

Eine negative Verstärkung ist mitunter schwierig zu entdecken:

- Sie läuft unwissentlich ab, z. B. Geschichte mit dem Hammer.
- Sie tritt zudem spontan und augenblicklich ein; wenn sich z. B. ein Hundephobiker vom Hund wegbewegt, tritt sofort die Angstreduktion ein.

Box 14: Weil nicht sein kann, was nicht sein darf

Palmström, etwas schon an Jahren,
wird an einer Straßenbeuge
und von einem Kraftfahrzeuge
überfahren.

»Wie war« (spricht er, sich erhebend
und entschlossen weiterlebend)
»möglich, wie dies Unglück, ja:
daß es überhaupt geschah?

Ist die Staatskunst anzuklagen
in bezug auf Kraftfahrwagen?
Gab die Polizeivorschrift
hier dem Fahrer freie Trift?

Oder war vielmehr verboten,
hier Lebendige zu Toten
umzuwandeln, – kurz und schlicht:
Durfte hier der Kutscher nicht?«

Eingehüllt in feuchte Tücher,
prüft er die Gesetzesbücher
und ist alsobald im klaren:
Wagen durften dort nicht fahren!

Und er kommt zu dem Ergebnis:
»Nur ein Traum war das Erlebnis.
Weil«, so schließt er messerscharf,
»nicht sein kann, was nicht sein darf.«

Christian Morgenstern, 1909, Die unmögliche Tatsache.

11.7 Negative Konsequenzen, kurzfristige Bestrafung, C-

Folgt unmittelbar auf ein Verhalten ein aversiver Reiz, C-, so wird die Auftretenswahrscheinlichkeit des Verhaltens gesenkt. Ein C- wird als unangenehm erlebt und wirkt vielfach als Strafe, insbesondere, wenn ein C- von einer zweiten Person gesetzt wird. Klinisch relevant sind zeitlich erst verzögert auftretende negative Konsequenzen. Diese führen meist nicht dazu, ein Verhalten zu stoppen.

Aversive Reize können lebensbedrohlich sein. Aus biologischer Sicht ist daher eine einmalige Lernsituation sinnvoll, um Verhalten zu ändern. Eine heiße Herdplatte wird man kein zweites Mal anfassen. Eine einmalige schlechte Erfahrung reicht i.d.R. auch beim Geschmacksaversionslernen aus, um ungenießbare Lebensmittel kein zweites Mal zu versuchen (s. »Sauce-Béarnaise-Syndrom«). Konditionierungsprozesse dieser Art können zufällig erfolgt sein und können daher schlecht exploriert werden. Vor diesem Hintergrund sollten z.B. Ekel oder Widerwille nicht sofort inhaltlich interpretiert und einem psychologischen Motiv zugeordnet werden.

Von besonderem Interesse sind Verhaltensweisen, die aversive Folgen haben und trotzdem wiederholt werden. Ein Schüler z.B. schreibt »nämlich« immer wieder mit einem »h«. Sein Nachhilfelehrer hatte genauso häufig zitiert: »Wer nämlich mit h schreibt, ist dämlich«. Diesen Satz konnte er sich trotz guter Intelligenz nicht merken. Die verhaltensdiagnostische Erklärung geht von einem negativen Oberplan aus, z.B. »Ich kann nichts« oder »Ich habe immer Pech« etc. Entspricht das Ergebnis einer Handlung einem negativen Oberplan, so wird dieser bestätigt. Macht eine Person einen Fehler, so bedeutet das durch ihr eigenes Zutun eine Bekräftigung des Oberplans »Ich kann nichts«. Dieselbe Person mag dagegen mit Verunsicherung reagieren, wenn ihr etwas gelingt, was aber nicht ihrem Selbstkonzept entspricht.

Eine aversive Bedingung, C-, ist häufig Ursache für Meidungsverhalten, es »lenkt Verhalten um«. Im folgenden Beispiel will ein Junge einen speziellen Laden meiden:

Box 15: Ein Kölsches Missverständnis

Der achtjährige Klaus war mit seiner Familie von Hamburg nach Köln gezogen. Klaus sprach Hamburger Dialekt und konnte vieles im Kölner Dialekt nicht verstehen. Das verunsicherte ihn sehr.

Die Mutter schickte ihn in ein nahegelegenes Geschäft für Käsespezialitäten zum Einkaufen von Milch. Als er den Laden betrat, lachten die beiden Verkäuferinnen. Klaus bezog das auf sich, er war verunsichert und fragte sich, ob er was falsch gemacht hatte. Nach dem Einkauf sagte die Verkäuferin: »Tschö, Jung«. Klaus verstand: »Schöner Junge«. Er schämte sich, schön war er sicher nicht, also machten sie sich über ihn lustig. Die Einkaufsituation war für ihn aversiv, C-. Klaus weigerte sich, am nächsten Tag wieder zum Milchholen in diesen Laden zu gehen (Ȼ-). Nach Drängen der Mutter erzählte er, was vorgefallen war. Sie wusste nicht, was sie glauben sollte. Auf der einen Seite war sie erbost; sie hatte sich immer auf die Berichte ihres Sohns verlassen können. Auf der anderen Seite waren die Nachbarn alle nett zu ihnen gewesen und sie konnte den Vorfall daher nicht recht verstehen. Also ging sie selber in den Laden und stellte die beiden Verkäuferinnen zu Rede. Die waren verwundert und zugleich bestürzt, sie fanden den Jungen sympathisch. Als er eintrat, hatte die eine Frau eine Geschichte erzählt, über die sie lachen mussten. Klaus kam zufällig dazu. Und das »Tschö, Jung« war die gängige und freundlich gemeinte Verabschiedung (»Tschüss, auf Wiedersehen, Junge«).

Klaus erlebte das Lachen und die Verabschiedung als Herabsetzung. Er hatte das Lachen falsch attribuiert und die Verabschiedung missverstanden. Beides waren zufällige Lernprozesse. Ohne die Aufklärung der Situation hätte Klaus möglicherweise falsche Schlüsse gezogen und damit u.U. abwertende Überzeugungen bzw. einen negativen Oberplan begründet, die vielleicht folgendermaßen gelautet hätten: »Kölner sind doof«; »Frauen lehnen mich ab«; »Leute machen sich über mich lustig«.

In einer fiktiven Exploration im Erwachsenenalter hätte Klaus möglicherweise die Geschichte als Erklärung seiner abwertenden Kognitionen nicht erinnert oder sie insofern falsch wiedergegeben, als er den Verkäuferinnen unlautere Absichten unterstellt hätte. Für ihn selber wäre die Geschichte ohne Zweifel stimmig und insofern auch wahr.

Kognitive Prozesse können bewirken, dass ein C- nicht handlungsrelevant wird. Man spricht von »heroischem Verhalten«, wenn eine Person ein C- hinnimmt und nicht umgeht, um ein zukünftiges C+ zu erreichen. Diese Verstärker-Ökologie begründet eine kognitive Selbstkontrollstrategie (z. B.: Zahnarztbesuch, Diäten, Anstrengungen, etc.).

Folgen negative Konsequenzen zeitverzögert auf ein Verhalten, so haben diese zunächst keinen kontrollierenden Einfluss. Das gilt für beobachtbares motorisches Verhalten. Sind kognitive Prozesse involviert, können auch längerfristige Konsequenzen aktuelles Verhalten determinieren. Das kann durch kognitive Selbstkontrollprozesse eintreten. Erfahrungen lehren, dass es nach einem ungezügelten abendlichen Alkoholkonsum z. B. am Morgen danach zu Beschwernissen kommen kann. Antizipiert eine Person diese negativen Folgen und sagt sich, dass sie am nächsten Tag fit sein muss, können diese erwarteten später auftretenden aversiven Bedingungen das aktuelle Trinkverhalten stoppen. Solche kognitiven Verarbeitungsprozesse sind bewusst und können daher gut erfragt werden.

In ► Kap. 9.2 wurde ausgeführt, dass im kollektiven Gedächtnis (Assmann, 1988) für einen Kulturkreis hinterlegt ist, was akzeptabel oder was inakzeptabel ist, was politisch korrekt oder was verpönt ist, was als Sünde gilt oder als glaubenskonform etc. Solche normativen Vorgaben kontrollieren nicht nur das Handeln von Gruppen und einzelnen Personen, sondern auch deren Überzeugungen und Kognitionen. So dürfen manche Gedanken nicht gedacht werden, wenn diese im Widerspruch zu einer persönlichen Überzeugung stehen, also mit einem etablierten Oberplan. »Unkeusche« Gedanken werden erst durch einen Bewertungsprozess zu einem C-; der Wunsch nach einer Praline wird durch einen genussaversen Oberplan unterdrückt. Die Patientin, die in der Box 22 »Wie der Vater, so die Tochter« vorgestellt wird, kann sich eine Krankschreibung nicht vorstellen und für sich gutheißen. Sie erwartet interne negative Konsequenzen und kann weder den Gedanken einer Krankschreibung zulassen noch tatsächlich von der Arbeit fernbleiben.

Ein aversives Ereignis kann je nach Perspektive seine Valenz ändern: Ein klares Nein mag zwar unangenehm sein (C-), kann aber für ein Kind eine Strukturierung beinhalten und so hilfreiche Richtschnur sein, an die es sich halten kann. Generell kann ein Nein für eine Person bedeuten, eine Grenze zu ziehen und sich selber z. B. vor Übergriffen zu schützen (₵-) und eine eigene Position zu definieren (»Bis hierhin und nicht weiter«; »Ich stehe für mich selber ein«; C+).

11.8 Wegfall kurzfristiger positiver Verstärkung, ℂ+

Die Auftretenswahrscheinlichkeit eines Verhaltens wird gesenkt, wenn es zum Verlust von Positiva führt. Wenn eine Person befürchten muss, dass sie durch ihr Verhalten etwas Positives verliert, wird sie es unterlassen. Ein Kind ist brav, um Liebesentzug zu vermeiden. Veranlasst eine dritte Person ein ℂ+, erlebt das die betroffene Person als Bestrafung (z. B. Fernsehverbot).

Der Wegfall von Positiva ist ein höchst vulnerabler Vorgang: Tversky und Kahnemann (1992) konstatieren eine Verlustaversion: Menschen reagieren sehr empfindlich auf tatsächliche oder befürchtete Verluste von Positiva. Auch die Theorie der Ressourcenerhaltung von Hobfoll (2001) beschreibt die ausgeprägte Verhaltensbereitschaft, Ressourcen zu schützen und die Befürchtung, diese verlieren zu können. Die Verstärkerverlusttheorie von Lewinsohn und Libet (1972) sagt eine depressive Entwicklung voraus, wenn einer Person Positiva entzogen werden. Der Anlass des Reaktanz-Phänomens von Brehm (1966) ist ebenfalls ein Verlust, nämlich der der Handlungsfreiheit, auf den mit Aggression reagiert wird.

In einem Experiment konnten sich Probanden in der einen Gruppe eine Tafel Schokolade aus einem Angebot von sechs und in der anderen Bedingung von 30 Tafeln auswählen. Ein größeres Angebot wurde zwar als wünschenswert beurteilt, es führte aber dazu, dass die Probanden in dieser Versuchsbedingung unsicherer bei der Wahl waren und sich fragten, ob sie richtig entschieden hatten. Einmal mussten die Versuchsteilnehmer auf fünf Alternativen verzichten, im anderen Fall auf 29. Der Verlust von fünf Alternativen schmerzt weniger als der von 29 (Iyengar & Lepper, 2000).

Bei jeder Wahlsituation verliert eine Person Optionen (ℂ+), was mitunter als ein schmerzlicher Verlust erlebt wird. Das führt i. d. R. dazu, dass die Aufmerksamkeit auf den Verlust gerichtet wird. Dieser Mechanismus ist eines der Motive für Konsum und das Streben, immer mehr zu konsumieren. Im euthymen Ansatz wird die Fokussierung der Aufmerksamkeit auf das gewählte Objekt gefördert und im Gruppentherapie-Programm »Kleine Schule des Genießens« geübt. So werden die positiven Qualitäten des gewählten Objektes hervorgehoben; das abgewählte Objekt gerät in den Hintergrund.

Der Verstärkerverlusttheorie und den verschiedenen Pleasant Events Schedules liegt ein eher quantitatives Konzept zugrunde. Dieses ist bis zu einer gewissen Grenze sinnvoll; Deprivation ist die Folge eines Mangels. Allerdings ist es angeraten, dass Patienten einen kultivierten Umgang mit Positiva, insbesondere euthyme Aktivitäten entwickeln, die für sie bedeutsam sind. Hierbei gilt: »Weniger ist mehr«. Für den Einstieg in die Aneignung von Positiva reicht eine einzige euthyme Aktivität aus. In einer Therapie muss allerdings der Umgang mit dem gewählten Objekt oder der Aktivität von Stunde zu Stunde angesprochen werden.

Der Entzug eines Positivums kann als Strafe eingesetzt werden. Eine der nachhaltigsten und sowohl kurz- als auch mittelfristig sehr bedrohlichen ℂ+ ist Liebesentzug. Dieser Vorgang ist allgemein bekannt, wird in der Erziehung bei Kindern ebenso angewendet wie unter Erwachsenen, z. B. in einer Partnerschaft. Liebesentzug ist eine Strategie zur emotionalen Erpressung: Partner A droht mit Liebesentzug bzw. setzt Liebesentzug ein, um sich Partner B gefügig zu machen. Dies wird in einer pathologischen Interaktionsstruktur begünstigt, wenn emotionale Erpressung eingesetzt wird, um Schuldgefühle zu erzeugen.

In anderen Lebenswelten wird Liebesentzug durchaus auch zu akzeptablen Zielen verwendet. Im Theaterstück des griechischen Dichters Aristophanes (aufgeführt erstmals 411 v. Chr.) besetzten Frauen unter der Führung von Lysistrata die Akropolis, deren Betreten ausschließlich Männern vorbehalten war, und verweigerten sich sexuell ihren Männern (ℂ+). Ihr Ziel war es, Männer als Verursacher von Krieg und den damit verbundenen Leiden zur Räson zu bringen[35].

Abb. 11.1: Lysistrata (Beardsley, 1896)

Werden Verluste exploriert, kann es sinnvoll sein, Pro- und Kontra-Listen anzulegen und mit dem Patienten zusammen eine Güterabwägung durchzuführen. Das ist auch sinnvoll für eine zurückliegende Entscheidung. Mitunter werden nämlich die situativen Notwendigkeiten, die zu einer Entscheidung geführt haben, im Nachhinein vergessen.

35 In Island legten 1975 die Frauen das komplette Land lahm, um auf ihre Benachteiligungen hinzuweisen (https://www.demokratiegeschichten.de/der-islaendische-frauenstreik-1975)

12 Verstärkerökologische Aspekte

12.1 Multiple Determination

Eine konkrete Verhaltensweise kann auf vier Ebenen (motorische, physiologische, verbale, kognitive) beschrieben werden. Das bedeutet verstärkerökologisch: Eine Verstärkung kann auf jeder dieser Ebenen ansetzen. Verstärker auf der motorischen Ebene sind gut wahrnehmbar und daher gut zu explorieren. Weniger bewusste Verstärkungen wie in Box 24 »Frühstück im Hotel« oder wie das Nachlassen einer physiologischen Erregung bei einem Meidungsverhalten sind schwieriger zu erfragen.

Kanfer und Phillipps formulieren 1970 die grundsätzliche These: »Behavior is multiple determined«. Das bedeutet, dass es nicht nur einen einzigen Auslöser oder eine alleinige Konsequenz für ein Verhalten gibt. Eine konkrete Verhaltensweise …

- kann durch mehrere Bedingungen ausgelöst werden. Frau Otto z. B. reagiert mit »Flucht« sowohl in privaten wie auch beruflichen Situationen;
- kann zu unterschiedlichen Konsequenzen führen, vielfach zugleich zu C+ und Ȼ-;
- kann zu lang- und kurzfristigen Konsequenzen führen;
- kann zu Konsequenzen in unterschiedlichen Bereichen führen, wie z. B. in der materialen, konsumatorischen oder auch auf der kognitiven Ebene.

Ein Betroffener begründet sein Verhalten aus seiner subjektiven Sichtweise. Diese muss einer externen verstärkerökologischen Sichtweise nicht entsprechen. Ein Patient muss also nicht die tatsächlichen Verstärkerzusammenhänge seiner Beschwerden kennen. Bei der Exploration der kontrollierenden Bedingungen muss ein Diagnostiker auf der Hut sein, nicht das Konzept seines Patienten zu übernehmen. Er muss sich in die Lage versetzen, einen Sachverhalt selber beurteilen zu können (Methoden: plastisches Bild, Zeitreihe erfragen).

Wird ein genereller und wichtiger Oberplan durch das explorierte Verhalten offenbar, ist es angezeigt zu prüfen, ob die beschriebene Verhaltensequenz als Beispiel eines umfassenden Themas zu verstehen ist. Dieses manifestiert sich in verschiedenen Situationen. So wird das Thema »Ich bin zu kurz gekommen« von Frau Wirtz ersichtlich beim Weintrinken aber auch beim Nichts-Gönnen oder Horten.

12.2 Verstärkerhierarchie

Wenn Verstärker auf unterschiedlichen Ebenen wirksam werden können, kommt es zu einer Konkurrenz zwischen unterschiedlichen Konsequenzen bzw. Verstärkern. So kann etwa ein Verzicht auf der Verhaltensebene schmerzen (C-), auf der Oberplanebene aber zu einem C+ führen, wenn z. B. der Oberplan »Ich habe mich unter Kontrolle« bestätigt wird. Eine 32-jährige Patientin (Vereinsamung im Privatleben; Mobbing am Arbeitsplatz) verzichtet auf eine Praline, was ihr schwerfällt (C-). Mit der Versagung wertet sie aber ihr Selbstkonzept auf (C+):

Box 16: Selbstaufwertung durch Verzicht

Frau Probst versagte sich eine Praline. Die war für sie durchaus attraktiv und »eigentlich« würde sie sie gerne essen (potentieller C+). Dem stand aber ein Verbot entgegen. Eine Praline war für sie ein luxuriöses Konsumobjekt und es war undenkbar, so etwas ohne speziellen Anlass zu essen, erst recht es zu genießen. Diese Einstellung setzt sie auch im Umgang mit anderen hochwertigen Konsumobjekten um, wie z. B. mit Kleidung, Schreibwaren oder Nahrungsmitteln. Sie verfolgt einen speziellen Oberplan: »Eine Praline gibt es nur sonntags«. »Sonntags« war ein wichtiger Aspekt der Familienideologie in Abgrenzung zum täglichen und arbeitsamen Leben. »Sonntags« war der Sammelbegriff für besondere Anlässe, wie z. B. Weihnachten oder Geburtstag, und galt auch für ein Schokoladenosterei zu Ostern.

In der bestehenden Verstärkerökologie wurde ein Verzicht aufgewertet: Versagt sich die Patientin eine Praline, so ist das zwar ein Verzicht und durchaus unangenehm (C-). Gleichzeitig aber bestätigt sie den Oberplan: »Eine Praline gibt es nur sonntags«. Zugleich wird ihre asketische Haltung aktiviert und verstärkt, die mit Gefühlen der Überlegenheit bis hin zur Selbstgefälligkeit assoziiert ist (»Ich bin stark«; »Ich muss nicht jeder Versuchung nachgeben wie die anderen«, C+). Ihr Verbot, eine Praline zu essen, hält also für sie eine substantielle positive Verstärkung bereit.

Die konkurrierenden Verstärker in diesem Beispiel folgen einer Hierarchie. Verzicht zu üben ist vor dem Hintergrund der moralischen Werte dieser Patientin höherrangig als der Genuss einer Praline. Der Aufschub des konsumatorischen Wunsches wird von einem Oberplan gefordert, ist also kognitiv gesteuert (s. Selbstkontrolle; Kanfer et al., 2012). Diese Oberplan-konforme Bevorzugung eines Verstärkers muss gegen die zeitgesteuerte Handlungskontrolle – kurzfristige versus langfristige Konsequenzen – abgegrenzt werden. Generell gilt:

- Treten gleichwertige Verstärker zeitlich gestaffelt auf, ist der früher auftretende primär wirksam.
- Je später negative Konsequenzen auftreten, desto geringer ist deren aktuelle Potenz.

Später auftretende Konsequenzen können durch bewusste Kognitionen der Selbstkontrolle auf der Zeitachse in eine aktuelle Handlungs- und Entscheidungssituation geholt werden. Joachim (s. Box 17) z. B. kann sich sagen: »Wenn ich jetzt ranklotze (Anstrengung, für ihn: C-), schaffe ich die Versetzung (C+)«; »Wenn ich jetzt aufs Musikhören verzichte (₵+), sind heute Abend alle mit mir zufrieden (C+)«.

Für die Gesprächsführung bedeutet das: Werden die Verstärker eines Verhaltensablaufs exploriert, werden sich i. d. R. plausible Kontrollen auftun. Trotz ihrer Plausibilität muss der Interviewer weiter fragen und gewissermaßen den Verstärkerkontext klären und prüfen, welche Oberpläne, Konzepte, auch Lebensentwürfe involviert sind. Frau Probst (s. Box 16) berichtete auf die Frage nach einer kleinen Freude im Alltag, dass eine Kollegin ihr als Anerkennung für eine Unterstützung eine Schachtel Pralinen geschenkt hatte. Die war zwar klein, sie hatte sich aber über diese Geste riesig gefreut, obwohl ein Luxusobjekt wie eine Praline nicht ihr Ding sei. Sie stellte sich damit als sozial integrierte und dankbare Person vor, die auch über hinreichend viele C+ verfügt. Damit hätte der Interviewer die Episode abschließen können. Er fragte sich aber, warum Frau Probst überhaupt die Nebenbemerkung des Luxusobjektes machte und wie die Praline zum Luxusobjekt wird. Dies kann nur durch ein Wertesystem auf der Konzeptebene geschehen. Der Interviewer verlässt also die Verhaltensebene und zielt auf Oberpläne der Konzeptebene ab:

	Dialog mit Frau Probst	Anmerkungen
I.	Eine Praline ist ein Luxusobjekt. Was macht sie dazu?	Paraphrase Offene Frage
P.	Eine Praline kann es nur sonntags geben.	Frau Probst offenbart, dass sie eine Praline vor dem Hintergrund eines Konzeptes bewertet.
I.	Mögen Sie überhaupt Pralinen?	Klären. Einen Konflikt mit einem genussfeindlichen Wertesystem und der Praline gibt es dann, wenn diese als positiv eingeschätzt wird.
P.	Doch, doch, sehr sogar.	Die Praline ist ein potentieller C+.
I.	Sie mögen Pralinen, die sind aber unter Verschluss.	Interpretierende Paraphrase.
P.	Gewissermaßen, aber nicht ganz.	
I.	Das müssen Sie mir erklären.	Offene Frage. I. zeigt Interesse.
	Im folgenden Gespräch beschreibt Frau P. die oben dargestellte Familiennorm.	Die Schilderung auf der Verhaltensebene wird ergänzt durch das dazugehörende Konzept.

Der Interviewer hätte auch auf der Verhaltensebene bleiben können, um mehr Informationen zum Thema Pralinen und Geschenke zu erfahren:

- »Wie häufig erhalten Sie solche Geschenke?«; »Schenken Sie sich schon mal was?«; »Verschenken Sie gerne?«
- »Wann haben Sie sich zuletzt selber Pralinen gekauft?«
- »Wie häufig essen Sie eine Praline/Schokolade/Süßes oder gönnen sich etwas Besonderes?«

Auch bei dieser üblichen Strategie, mehr über einen Gesprächsgegenstand zu erfahren, wären sicherlich auch die familiären Normen deutlich geworden.

12.3 Fremdverstärkung – Selbstverstärkung

Eine Verstärkung kann extern von einer zweiten Person ausgehen, s. z. B. Tab. 12.1: Die Mutter oder der Vater lobt Joachim. Oder eine Person verstärkt sich selber, intern, z. B., wenn sie eine eigene Leistung anerkennt. In einem sozialen Kontext können beide Verstärkerinstanzen wirksam werden.

Ein Schüler macht seine Hausaufgaben, um der Missbilligung des Lehrers zuvorzukommen (₵-) oder die Eltern zufriedenzustellen (C+). Idealerweise sollte er sich selber – bildlich gesprochen – auf die Schulter klopfen und seine Leistung anerkennen (C+). Als zentraler Therapieschritt sollte immer angestrebt werden, dass einer externen Verstärkung eine interne Würdigung folgt.

Im Regelfall wird eine Verstärkung nur dann wirksam, wenn eine Person bereit ist, die Bestätigung, z. B. für eine bestimmte Leistung, anzunehmen. Im Prinzip müsste sie sich selbst dafür verstärken können. Schüler können von einem Lob nur dann profitieren, wenn sie ein positives Selbstkonzept haben; sie können das Lob annehmen und einen konkordanten Oberplan stärken. Schüler, die an sich zweifeln, profitieren nicht vom Loben. Zu einem negativen Oberplan passt keine positive Information. Sie können ein Lob daher nicht annehmen.

Beispiele

Frau Otto hatte versucht abzunehmen. Der Therapeut wusste, dass der Ehemann diese Bemühungen würdigte, auch wenn häufig andere Themen wie das Aufräumen zu Misslichkeiten führten. Ziel war es, dass Frau Otto selber sich dafür lobte. Dem Therapeuten war klar, dass das für sie schwierig war. Er eröffnete daher diesen Punkt mit einer zirkulären Fragestrategie: Die Würdigung ihrer Bestrebungen durch ihren Mann ist Anlass danach zu fragen, wie sie mit diesem Lob umgeht:

- »Wie würdigt Ihr Mann Ihre Bemühungen abzunehmen?«
- »Können Sie das Lob annehmen? Könnten Sie sich genau dieses Lob selber zusprechen?«

Joachims Noten verbesserten sich. Es war unklar, wie Joachim selbst seine Verbesserung wertete:

- »Dein Vater ist stolz, dass du in Mathe eine ›3‹ bekommen hast. Wie sagt er das, wie lobt er dich?«
- »Könntest du das auch selbst zu dir sagen?« »Was sind deine Worte, um dich zu loben?«

12.4 Wechselseitige Verstärkung

Die Interaktion zweier oder auch mehrerer Personen kann gewinnbringend in einer funktionalen Analyse beschrieben werden: Das Verhalten der Person A kann zum S^D für das Verhalten von Person B werden. Deren Reaktionen wiederum kann zum S^D für das Verhalten von Person A werden. Dieser Wechsel kann sich wiederholen.

1. Bei Interaktionsketten können die Beteiligten ihr Verhalten als Antwort auf das der anderen Person werten. Mitunter beschreibt ein Patient sein Verhalten als Folge des Verhaltens der anderen Person. Diese scheint unabhängig vom Verhalten des Patienten zu sein und der »reagiert ja nur darauf«, was der Interaktionspartner zuvor gesagt oder getan hat. Um die Verstärkerökologie angemessen verstehen zu können ist es sinnvoll, eine Interaktion zu einer Interaktionskette um die früheren Interaktionen zu erweitern und auch aus Sicht des Interaktionspartners beginnen zu lassen. Das wird zu einem Perspektivwechsel und zu einer angemesseneren Beschreibung einer Problemsituation führen.
2. Diese Deskription von Verhaltensweisen auf einer Zeitachse ist durch eine Verstärkeranalyse zu ergänzen. Auch eine Interaktionskette wird durch Verstärker aufrechterhalten. Nach einer funktionalen Analyse wird verständlich, wer welche Verstärker wofür bekommt und warum ein soziales System funktioniert, wie es funktioniert.

Box 17: Wie Joachim und seine Eltern sich wechselseitig kontrollieren

Joachim, 12 Jahre, besuchte seit zwei Jahren ein Gymnasium, seine Versetzung war wegen schlechter Leistungen gefährdet. In vier Fächern wurden seine Leistungen mit einer schlechten Vier oder einer guten Fünf bewertet, sein Betragen mit sehr gut. Der Klassenlehrer riet den Eltern, einen Psychologen zu Rate zu ziehen.

Die Familie musste berufsbedingt häufig umziehen; Joachim fand in der jeweils neuen Umgebung nur schlecht Kontakt zu gleichaltrigen Kindern. Er war der Größte in der Klasse, seine Mitschüler bezeichnete er als Kinder. In einem Soziogramm wollte keiner seiner Klassenkameraden neben ihm sitzen. Außerhalb der Schule hatte er Kontakt zu seinem Nachhilfelehrer, einem älteren Schüler, und gelegentlich zu einem gleichaltrigen Mädchen aus der Nachbarschaft. Als Kind sei Joachim eine »giftige Nudel« gewesen. Er mied den Kontakt zu anderen Kindern; der Versuch, in einen Ruderverein zu gehen, scheiterte, weil er nicht sofort Anschluss fand. Er hatte eine zwei Jahre jüngere Schwester, die zwar häufig krank war, aber »pfiffiger« und sozial gut integriert. Sie bewegte sich im ganzen Haus, Joachim überwiegend nur zwischen der Küche und seinem Zimmer.

Durch einen Intelligenztest konnte ausgeschlossen werden, dass die Noten durch ein Intelligenzdefizit bedingt waren. Es wurde verabredet, die soziale Thematik nur marginal, stattdessen das Arbeitsverhalten eingehender zu betrachten. Ziel war die Versetzung, auch deswegen, weil sich Joachim in der folgenden Klasse, sollte er sitzen bleiben, wegen seiner Statur noch deutlicher abgrenzen würde.

Joachim war von häuslichen Pflichten entbunden, um ungestört arbeiten zu können. Nach dem Mittagessen zog er sich in sein Zimmer zurück zum Hausaufgaben machen. Joachims Zimmer war medial komplett ausgestattet (Musikanlage, PC zum Spielen, Laptop, Fernseher); er hatte Zugang zu den gängigen Streamingdiensten. Es dauerte 1 bis 1 ½ Stunden, bis er mit den Hausaufgaben anfing. Er bestand darauf, bei der Erledigung der Schularbeiten Musik zu hören, meist als Musikvideo, weil er sich ohne Musik nicht konzentrieren könne. Die Mutter gab an, dass bei ihren kurzen Besuchen in seinem Zimmer Joachim in zwei von zehn Kontakten tatsächlich Hausaufgaben machte (»Er schafft es nicht, sofort anzufangen«).

Die Mutter, Hausfrau, versorgte ihn regelmäßig mit Erfrischungen, Obst, Süßigkeiten und Getränken auf seinem Zimmer. Sie tat das gerne; ihr Anliegen war es, eine fürsorgliche Mutter zu sein (C+). Sie nahm sich auch gerne Zeit, Vokabeln abzuhören oder Korrektur zu lesen. Auch diese Tätigkeit war für sie ein C+; sie hatte als Sekretärin gearbeitet. Der Vater war Zahnarzt, sein Berufswunsch war eine Dozentur, was sich jedoch nicht realisierte. Sein Beitrag zur Förderung von Joachim war es, bei unklaren Aufgaben zu recherchieren, entweder in einem vielbändigen Lexikon, das er sich zugelegt hatte und in dem er gerne herumsuchte (C+). Um sich ebenfalls im Internet kundig machen zu können, hatte er für zu Hause einen schnellen Laptop angeschafft. Weil in seiner Praxis eine Mitarbeiterin alle Arbeiten am PC übernommen hatte, war für ihn die Einarbeitung ungewohnt und schwierig. Er berichtete aber stolz, auch das geschafft zu haben (C+).

Als Nachhilfelehrer war ein 17-jähriger Gymnasiast engagiert, der drei bis vier Mal pro Woche kam. Zu Beginn bewirtete die Mutter ihn mit Kaffee, den er im

Garten einnahm. Joachim und er unterhielten sich, meist über Musikgruppen (»Er hat ja sonst keinen Kontakt«). Etwa eine Stunde verblieb für schulische Belange; meist erklärte der Nachhilfelehrer ihm den Stoff in Mathematik, der gerade im schulischen Unterricht durchgenommen wurde.

Joachims schulische Leistungen bestimmten die Atmosphäre beim gemeinsamen Essen. Alle waren guter Dinge, wenn Joachim eine gute Note geschrieben hatte, d. h. die Note Vier und besser. Nach einer Fünf saßen alle verspannt um den Tisch.

Die Interaktion von Joachim mit seinen Eltern wird durch gegenseitige Verstärkung begründet. In der ▶ Tab. 12.1 sind Verstärker für die Eltern wiedergegeben. So reagiert der Vater auf eine Frage seines Sohns (S^D) mit einer Recherche, die ihn selber befriedigt (C+). Die Bemühungen des Vaters sind Anlass (S^D) für Joachim, schulische Anstrengungen zu meiden (₵-) und Musik zu hören (C+). Langfristig kann Joachim kein angemessenes Arbeitsverhalten aufbauen. Im nächsten Schritt übermittelt der Vater seinem Sohn das Ergebnis seiner Recherche, Joachim muss aufhören Musik zu hören (₵+) und weiterarbeiten (C-). Auch diese Konsequenzen bewirken eine wenig förderliche Konnotation von Hausaufgabenmachen. Aber: Joachim strahlt dankbar, der Vater ist infolgedessen zufrieden (C+) und beide bekräftigen ihr gutes Verhältnis (C+). Die Mutter bemuttert ihren Sohn, was für sie ein essentieller Verstärker ist (C+), der Sohn lässt sich verwöhnen (C+) und muss sein geliebtes Zimmer nicht verlassen, was ein (₵+) wäre.

Tab. 12.1: Ungünstige Freundlichkeiten

Joachim delegiert Suche von Informationen an seinen Vater		**Verstärker**
Joachim	meidet Anstrengung	kurzfristig positiv ₵-
	freut sich über den Kontakt zum Vater	kurzfristig positiv C+
	entwickelt ungünstiges Arbeitsverhalten	langfristig negativ C-
Vater	bestätigt seinen Oberplan, ein guter Vater zu sein	kurzfristig positiv C+
	bestätigt sein Selbstkonzept, alles zu schaffen	kurzfristig positiv C+
	freut sich über den Kontakt zum Sohn	kurzfristig positiv C+
Mutter	freut sich darüber, wie gut sich Vater und Sohn verstehen	kurzfristig positiv C+
	sieht ihr Lebensziel bestätigt, einer intakten Familie anzugehören	kurzfristig positiv C+

Mutter versorgt Joachim mit Erfrischungen		**Verstärker**
Joachim	meidet Anstrengung, selber in die Küche zu gehen	kurzfristig positiv C-
	freut sich über den Kontakt zur und die Fürsorge der Mutter	kurzfristig positiv C+
	entwickelt Unselbstständigkeit	langfristig negativ C-
Mutter	tut ihre Pflicht; Oberplan: »Du bist verantwortlich für das Wohl deiner Familie«	kurzfristig positiv C+
	füllt sinnvoll ihre Zeit aus	kurzfristig positiv C+
	sieht ihre Lebensaufgabe bestätigt, einer intakten Familie anzugehören	kurzfristig positiv C+

12.5 Kontrolle sozialer Systeme

Das Konzept der Interaktionsketten kann nutzbringend auch auf soziale Systeme wie Gruppen oder Familien übertragen werden. In der Box 17 und ▶ Tab. 12.1 wird beschrieben, wie das Arbeitsverhalten eines Schülers in wesentlichen Bereichen die Interaktionen einer ganzen Familie beeinflussen kann; und umgekehrt, wie die besorgten Eltern in besten Absichten letztendlich das Schulversagen ihres Sohnes begünstigen.

Im Mittelpunkt des ipsativen Störungsmodells stand die wechselseitige Verstärkung von Eltern und Sohn bei der Erledigung der Hausaufgaben. Deren Interaktion begünstigte schlechtes Arbeitsverhalten, was zu ungenügenden schulischen Leistungen führte. Hausaufgaben zu machen war für Joachim negativ konnotiert. Da er viele Lücken hatte, hielt die Auseinandersetzung mit schulischen Aufgaben keine Verstärker bereit. Auch deren Beendigung führte nicht zu positiven Emotionen wie z. B. Stolz oder zu einer anerkennenden Selbstkommentierung. Sie waren auch deswegen negativ besetzt, weil sie ihn von positiven Freizeitaktivitäten abhielten, sie störten. Schularbeiten unterbrachen Musik hören (C+). Ziel musste es sein, dass euthymes Verhalten, nämlich Musik zu hören, als Verstärker fungieren konnte, nachdem Joachim gearbeitet hatte. Ein erledigtes Arbeitspensum sollte zum diskriminativen Reiz für euthymes Verhalten werden.

Der übergeordnete Verstärkerplan sah vor, dass angemessenes Arbeitsverhalten von allen Beteiligten bestätigt und nach Möglichkeit Meidungsverhalten unterbunden wurde. Joachim wurde das Konzept des »heroischen Verhaltens« vermittelt. Jetzige Anstrengungen (C-) werden erst in der Zukunft Früchte tragen (C+). Folgende Interventionen wurden mit den Eltern und mit Joachim abgesprochen:

- feste Arbeitszeiten für Schularbeiten ohne Musik
- definierte Pausen mit Musik

- Erfrischungen während der Pausen in der Küche
- Vater instruiert Joachim, wo und wie er sich fehlende Informationen beschafft, übernimmt keine Zulieferarbeiten
- Wechsel des Nachhilfelehrers. Der sollte den Unterricht nicht wiederholen, sondern Joachims Arbeiten kontrollieren. Hatte der gut gearbeitet, konnte er länger bleiben und mit Joachim über Musik, Videos etc. diskutieren
- Verstärkersystem für gute Leistungen, z. B. neue CDs anschaffen
- Kleinere Pflichten im Haushalt wurden Joachim übertragen (z. B. sein Pausengeschirr selber wegräumen, Rasenmähen)
- keine Schulgespräche während des Essens
- Die Familie verabredet sich zu gemeinsamen Unternehmungen (z. B. Ausfahrt im neuen PKW).

Die Eltern waren wegen des guten Ergebnisses des IQ-Tests beruhigt. Sie hatten aber Schwierigkeiten, die Maßnahmen anzunehmen. Sie mussten auf kurzfristige C+ verzichten, die ihnen in den Rollen »Dozent« oder »gute Mutter« zufielen. Joachim wirkte eher befreit und angespornt.

Die Versetzung gelang mit nur einer »guten Fünf« in Mathematik, einer »Vier« und ansonsten besseren Noten. Joachim entwickelte sich im kommenden Jahr zu einem guten Schüler. Joachim berichtete später, dass die Freude über die Musik ausgeprägter war, wenn er vorher gearbeitet hatte. Hörte er Musik vor dem Erledigen der Hausaufgaben, störte der Gedanke, bald »doch was tun zu müssen«.

Verstärkerökologisch versorgte der Sohn beide Eltern mit positiven Verstärkern. Die Frage ist müßig, wer den größeren subjektiven Gewinn, definiert über die Summe der C+ und ₵-, verbuchen konnte. Deutlich war, dass für die Eltern die jeweiligen Verstärker zentral für ihr eigenes Selbstverständnis war. Verlieren Interaktionspartner bei einer Veränderung positive Verstärker, dann wehren sie Neuerungen ab: Den Eltern war das Programm zu lieblos und viel zu streng. Bei einer Therapieplanung musste daher für die Eltern ein Verstärkerersatz gefunden werden. Sie konnten von den langfristig positiven Aspekten überzeugt werden. Vorgesehen war, dass die Familie gemeinsame Unternehmungen startete, die der Vater vorplanen konnte, indem er sich informierte, wohin sie fuhren. Die Mutter liebte es, einen Picknickkorb zu planen und zu packen.

Es war nicht auszuschließen, dass sie gelegentlich in ihr altes Muster zurückfielen. Das ist unwesentlich, wenn es Ausnahmen blieben und bei Joachim eine gute Arbeitshaltung insgesamt verstärkt wurde.

Der Interviewer folgte folgendem Rational einer sequenziellen Diagnostik. Auf ein Intelligenzdefizit konnte das Schulversagen nicht zurückgeführt werden. Stattdessen liegt es nahe, die Arbeitshaltung als Erklärung zu untersuchen. Auch ohne diese theoretische Hilfestellung kommt man in vergleichbaren Fällen zur gleichen Lösung; nämlich immer dann, wenn der Interviewer sich ein genaues und plastisches Bild der Problemsituation »Schule« macht. Er stößt dann zwangsweise auf das Verhalten der Eltern und verschiebt den Fokus vom Sohn auf die Eltern. Diese kontrollieren Joachims Arbeitsverhalten. Im nächsten Schritt musste dann geklärt werden, welcher unmittelbare Gewinn ihnen aus einer Interaktion mit Joachim zuwächst.

Generell gilt, dass ein Problemverhalten im sozialen Kontext immer auch durch andere Personen getragen wird, die potentiell Einfluss nehmen können. Um die aufrechterhaltenden Bedingungen zu finden, müssen die Interaktionen erfragt werden:

- »Wer ist insgesamt an dieser Situation/diesem Problem/etc. beteiligt?«; »Wer beteiligt sich noch an …?«; »Wer ist noch involviert?«
- »Wie reagiert Ihr Partner darauf?«; »Was sagt Ihr Freund/Chef/Nachbar … dazu?«
- »Haben Sie mal beobachtet, wie Ihre Familienmitglieder darauf reagieren?«

Die aktuelle Recherche ergab: Joachim hat Abitur gemacht, Zahnmedizin studiert und schließlich die Praxis seines Vaters übernommen.

12.6 Operants und Inszenierungen

12.6.1 Operants

Patienten können immer wieder in die gleichen misslichen Situationen geraten. Dies geschieht trotz besseren Wissens und obwohl die Konsequenzen negativ sind. Jeder »vernünftige Mensch« würde sich sofort umstellen oder die Situation meiden. Stattdessen wiederholt ein Patient sein Verhalten und erfährt die gleichen negativen Konsequenzen. Er startet eine Aktion, von der er selber weiß, dass sie nicht gut ausgeht: »Ich stehe wie neben mir, sehe, was passiert, will das nicht und trotzdem tue ich es.« So ein Verhalten mutet widersinnig an. Es muss aber einen Verstärker geben, ansonsten wird ein Verhalten i. d. R. nicht weiter bestehen. Verstärkend wirkt, dass die provozierten negativen Konsequenzen mit einem konkordanten negativen Oberplan korrespondieren (C+) (► Kap. 9.7). Unter verstärkerökologischen Gesichtspunkten führt dieses Verhalten zu einer vertrauten Konstellation und ist eine Strategie zur Stabilisierung des Selbstbildes. Dieses Verhalten wird also durch positive Konsequenzen aufrecht gehalten. Ein solches Verhalten bezeichnet Skinner (1969, 2023, S. 128) als einen Operant: »… an operant … is defined by its consequences.« Das zentrale Element eines Operants ist es also, erwünschte Konsequenzen für die handelnde Person herbeizuführen. Lächelt z. B. ein Kind seine Mutter an, provoziert es bei ihr Zuwendung, sei es ebenfalls ein Lächeln oder das Eis für den Nachmittag.

Fordyce (1976, S. 44) beobachtet, dass »Illness behavior and health behavior are largely operants.« Üblicherweise werden die aufrechterhaltenden Bedingungen in der Umwelt gesucht. Therapeutisch sinnvoll ist es, die Interaktion von Operants mit Kognitionen und Oberplänen zu sehen: Operants führen zu einer Bestätigung bestehender Selbstkonzepte. Nach diesem Ansatz gerät ein Patient immer wieder in die gleichen misslichen Situationen, »weil« er auf diese Weise einen abwertenden Oberplan bestätigt und sein Selbstkonzept als Patient stabilisiert.

Eine operante Strategie kann zwar von einer Person bewusst als intentionales Verhalten angewendet werden. Im klinischen Setting allerdings kennt ein Patient diesen Zusammenhang i. d. R. nicht.[36] Ein Operant im hier verwendeten Sinne ist primär keine bewusste Strategie. Bei Frau Otto, s. folgendes Beispiel, bildete sich ihr operantes Verhalten schrittweise aus, ohne dass ein Anfang oder bewusstes Ziel zu bestimmen wäre. Sie initiiert ihr Verhalten nicht, um eine bestimmte Konstellation zu provozieren, sie tappt in eine Falle.

Beispiele

Frau Otto könnte Hilfe gebrauchen, ihr Fahrrad wieder nutzbar zu machen; ihr Mann ist durchaus hilfsbereit. Sie bittet ihn aber nicht um Hilfe. Dadurch wird eine Verhaltensabfolge gestartet, die regelmäßig Vorwürfe weckt und die in einem Dissens zwischen den Eheleuten endet. Dieser triggert einen zentralen Oberplan von Frau Otto, nämlich, »Ich werde nicht ernst genommen«. Dieser Oberplan wird häufiger und als Abschluss unterschiedlichster Situationen aktiviert; er ist bei Frau Otto mit folgenden positiven Konsequenzen assoziiert:

- Selbstbedauern, C+ (»Ich Arme«)
- sozialer Rückzug; Vermeiden aus Angst, einen Fehler zu machen, die Diskussion mit dem Mann meiden, ₵-
- Vorwurf, der andere ist schuld, ₵-, aber nicht ich

Frau Otto provoziert die aufrechterhaltenden Konsequenzen also selber. Und: Sie verfügt für diese Situation über keine Verhaltensalternative.

Herr Zweigelt hilft immer wieder anderen Personen bei Problemen mit großer Tragweite: Er unterstützt z. B. seinen Partner im Umgang mit Behörden oder regelt für einen Freund finanzielle Notlagen. Er ist dabei hoch involviert, begeistert bei der Sache und fühlt sich bestätigt. Allerdings erledigt er die notwendigen Schritte gehetzt und ohne Pausen und mit Umwegen. Er fühlt sich subjektiv überfordert und ist am Tagesende völlig erschöpft (C-). Im Nachhinein kommentiert er solche Situationen, dass er nicht dazu kommt, was er »eigentlich« will, und hat das Gefühl zu kurz zu kommen (C-). An der Ausgangskonstellation, mit Begeisterung andere zu unterstützen (C+), ist die spätere Konsequenz, nämlich das Gefühl, zu kurz zu kommen, nicht abzulesen. Die Verhaltenskette geht weiter: Das Gefühl, zu kurz zu kommen, wird von Herrn Zweigelt als ein Vorwurf an »das Leben« formuliert, wodurch Herr Zweigelt die Verantwortlichkeit für seine Erschöpfung abgeben kann, ₵-. In der Gedankenkette folgt dann die Schuldzuweisung an den Vater. Der hatte ihn geprügelt und hat letztendlich sein Scheitern zu verantworten, ₵-.

Um Operants zu erkennen, ist es sinnvoll, eine Verhaltenskette möglichst lange zu verfolgen. Frau Otto schildert das Beispiel bis zu dem Punkt, dass sie sich hilflos fühlt und ihr Mann verärgert ist. Das ergibt ein durchaus sinnvolles

36 Wen dieses Phänomen näher interessiert, möge das Konzept des Wiederholungszwangs von Freud studieren.

SORKC-Modell. Weiterführend ist aber die Frage, wie sie diese Situation selber erlebt bzw. kommentiert. Für Herrn Zweigelt ist die Beispielsituation mit der Beobachtung abgeschlossen, dass er erschöpft ist und sich nun mehr schonen muss. Auch das imponiert als sinnvoller Schluss der Beispielsituation. Entscheidend ist aber die Frage danach, welche Gedanken und Gefühle die Erschöpfung bei ihm auslösen.

Werden in einem Gespräch zentrale Oberpläne ersichtlich, liegt die Frage nach weiteren Beispielsituationen nahe, in denen ein Patient ähnliche Gedanken bzw. Selbstgespräche hat:

- »Frau Otto, gibt es andere Situationen, in denen Sie nicht ernst genommen werden?« »Wie ist es bei der Arbeit, wie spricht der Schulleiter Sie an?«
- »Herr Zweigelt, Sie sind erschöpft. Wie geht es Ihnen damit?« »Wie kommentieren Sie diese Situation?«

12.6.2 Inszenierungen

In diesem Text wird verschiedentlich der Begriff der Inszenierung als praktikable Suchanleitung für die Gesprächsführung genutzt: Ein Patient schafft sich selber die ihm vertraute und zumeist krankmachende Umgebung, er inszeniert eine Situation. Eine solche Inszenierung folgt i. d. R. keiner bewussten Strategie, auch wenn der Begriff das nahelegt. Im klinischen Sprachgebrauch wird der Begriff der Inszenierung häufig im Zusammenhang mit der Patient-Therapeut-Beziehung verwendet und mit diesem Beispiel erläutert: Ein Patient versäumt seinen Termin und der Therapeut sorgt sich um ihn. In seiner Inszenierung provoziert er die Anteilnahme bei seinem Therapeuten, die er sich von seinen Eltern gewünscht hatte.

Es wird im Wesentlichen das identische Phänomen angesprochen, das zuvor unter dem Gesichtspunkt von Operants dargestellt wurde. Dieser ist ein nüchterner Begriff, er eignet sich hervorragend zum Aufdecken von kontrollierenden Bedingungen, er ist aber wenig geeignet zur Kommunikation mit Patienten. Den Begriff der Inszenierung dagegen kann man gut in der Gesprächsführung und in der Therapie einsetzen. Ein Interviewer kann ihn fast beiläufig einführen, wenn mit Hilfe von Figuren oder Klötzchen eine familiäre Konfliktsituation nachgestellt wird (► Kap. 18.6), diese damit vergegenständlicht wird und gut zu explorieren ist.

Patienten erleben sich in Konfliktsituationen häufig als Opfer (mögliche Verstärker: Selbstbedauern, C+; Meiden von Verantwortung Ȼ-; keine alternativen Bewältigungsstrategien). Um die Opferrolle zu überwinden, sind Methoden der Distanzierung oder des Perspektivwechsels günstig. Diese sind gut mit der Exploration einer in Szene gesetzten Konfliktsituation zu erreichen. Hilfreich sind weiterhin Fragen, die implizit von einer aktiven Rolle bei einer Inszenierung ausgeht:

- »Wie schaffen Sie es, dass der Chef immer wieder seine Fassung verliert?«
- »Wenn Sie ein Drehbuch zu dieser Situation/Inszenierung schreiben würden, was würden Sie schreiben?«
- »Wer sind die Strippenzieher/die Helden/die Verlierer, ...?«

Das eher nüchterne Konzept der Operants und das eher farbige der Inszenierungen ergänzen sich gut für eine Exploration. Denkt der Interviewer an eine Inszenierung, entsteht bei ihm ein plastisches Bild einer Interaktion und ihm fallen leicht Fragen ein, die das Bild vervollständigen. Insofern hilft ihm das Konzept der Inszenierung, eine kritische Situation zu begreifen.

Denkt ein Interviewer konsequent verhaltensdiagnostisch, wird er für eine kritische Situation die aufrechterhaltenden Bedingungen aufdecken und Operants suchen. Ein plastisches Bild einer Problemsituation, das als Inszenierung entwickelt wurde, ist die beste Grundlage dafür, die relevanten Operants aufzudecken. Diese wiederum sind die Voraussetzung für die Therapieplanung, in der die aufrechterhaltenden Bedingungen modifiziert werden.

12.7 Defizite bei Operants und Inszenierungen

Operants und Inszenierungen treten häufig auf und Patienten haben Routinen aufgebaut. Diese sind klinisch relevant, wenn sie unvorteilhaft sind und einen negativen Oberplan bestätigen. Solche Routinen sind stabil; Patienten verfügen über keine alternativen Bewältigungsstrategien, um solche Situationen angemessen zu gestalten und mit einem guten Ende abzuschließen (Keine Neurose ohne Defizit). Ein Interviewer muss also nicht nur die pathologischen Routinen und deren abträgliche Konsequenzen aufdecken, sondern auch den Mangel an Copingstrategien. Zur vollständigen Beschreibung von Operants und Inszenierungen gehört es also, auch nach den korrespondierenden Defiziten bzw. nach den möglichen Bewältigungsstrategien zu fragen: »Was müsste passieren, dass Sie nicht immer in eine solche Situation geraten?«, »Was müssten Sie können, wollten Sie …?«, »Was könnten Sie selber tun, um xy zu verhindern?«, »Was müsste sich in Ihrem Leben ändern?«

Die Wunderfrage von de Shazer (2004) kann weiterhelfen: »Wenn morgen eine gute Fee alle Probleme behoben hat, was tun Sie dann?«, »Wenn auf einen Schlag alle Ihre Behinderungen aufgehoben sind, was ist dann noch anders?«

Der Interviewer muss sich fragen, ob der Patient den erhofften Erfolg einer Therapie überhaupt akzeptieren kann. Entspricht ein Erfolg dem Selbstkonzept oder widerspricht er einem Oberplan: »Sie haben in diesem Schuljahr durchweg gute Noten geschrieben, nicht eine schlechte Note war dabei. Das kann kein glücklicher Zufall sein, wie Sie eben meinten. Was außer Glück kann Ihnen die guten Noten beschert haben?«, »Wenn Sie sich den Erfolg so vor Augen halten, wie fühlt sich das an? Wenn der reden könnte, was würde er sagen?«, »Regt sich in Ihnen Widerspruch?«

Entscheidend ist es nach den Schwierigkeiten zu fragen, die das Zielverhalten behindern und nach Hilfen, insbesondere nach personaler Unterstützung (Oettingen, 2017; Leicht & Lutz, 1995): »Sie wissen wie ich, dass gute Noten voraussetzen, regelmäßig zu arbeiten. Sicherlich haben Sie sich schon überlegt, warum das so selten geklappt hat«, »Wer kann Ihnen dabei helfen?«

Für soziale Situationen ist es angezeigt, eine Art Drehbuch zu schreiben und sprachliche Redefiguren in einem Rollenspiel einzuüben: »Was genau wollen Sie Ihrer Chefin sagen?«, »Was sagen Sie Ihr, wenn die Sie abwimmeln will?«

Nicht jede Situation, die als Inszenierung imponiert und die als Operant beschreibbar ist, hat eine Person herbeigeführt: Im Verlauf eines Lebens ereignen sich konflikthafte Konstellationen, die eine Person nicht beeinflussen konnte (»shit happens«, Keeley, 1999). Durch ihre spezielle Sozialisierung kann eine Person für gewisse Situationen bzw. Ereignisse schlecht vorbereitet sein. So kann z. B. ein Mädchen im Umgang mit seiner dominanten Mutter ein Defizit entwickelt haben, sich durchzusetzen. Gerät dieses als Angestellte in einem Betrieb an eine dominante Chefin, ist ein Konflikt angebahnt. Tritt der ein, könnte der als Inszenierung imponieren: Die Mitarbeiterin hat sich genau diese Chefin ausgesucht, um ihren alten Konflikt im Sinne eines Operants zu reaktivieren und um einen alten Oberplan zu bestätigen. Das wird zwar mit Sicherheit geschehen. Aber: Die Mitarbeiterin muss diese Problemsituation nicht generiert haben. Die Chefin kann sich z. B. angesichts zunehmender Arbeitsverdichtung in eine dominante Rolle hineinbegeben haben, oder ist gerade erst in die Leitung aufgestiegen, oder … Die Mitarbeiterin kann also zufällig in eine solche Situation geraten sein, für die sie keine Bewältigungsstrategie hat und in der sie unglücklich ist.

13 Verhaltenstherapeutische Denkfiguren

In diesem Kapitel werden für die Verhaltenstherapie wichtige Strategien des Denkens und Problemlösens vorgestellt. Dabei wird auf das Konzept der differentiellen Effekte zurückgegriffen, das im folgenden Exkurs erläutert wird.

13.1 Exkurs: Das Konzept der differentiellen Interventionseffekte

Zur Diskussion der Kritik an der VT (s.u.) ist das Konzept der differentiellen Interventionseffekte (Lutz, 1985) nützlich: Es besagt, dass eine umschriebene Intervention zu mehreren – mindestens drei – unterscheidbaren Effekten führt, nämlich zum:

1. intendierten Effekt
2. verfahrensbezogenen Effekt.
3. kovariaten Effekt

Ad (1): Üblicherweise ist der erwartete intendierte Effekt der Anlass für eine Maßnahme. Eine Entspannungstechnik z.B. soll entspannen, eine Angstbehandlungstechnik, sei es ein Flooding- oder ein Desensibilisierungsverfahren, soll Angst beseitigen. Der intendierte Effekt beschreibt somit die Veränderung, die von einer therapeutischen Maßnahme erwartet wird.

Wird eine Technik durchgeführt und tritt ein intendierter Effekt ein, so werden zwingend zugleich verfahrensbezogene Effekte (2) und kovariate Effekte (3) provoziert.

Ad (2): Jede therapeutische Intervention fordert vom Patienten/der Patientin ein ganz bestimmtes Verhaltensrepertoire, um sie durchführen zu können. So muss sich bei der Durchführung einer Entspannungstechnik ein Patient z.B. konzentrieren können. Besteht ein Defizit im jeweils geforderten Repertoire, so wird dies zwangsläufig trainiert werden. Insofern sind für bestimmte Patienten solche Techniken auch hilfreich zur Konzentrationssteigerung. Mit dem verfahrensbezogenen Effekt wird also die Veränderung in dem Verhaltensrepertoire eines Probanden beschrieben, das notwendigerweise involviert ist, wenn eine therapeutische

Technik durchgeführt wird. Insofern haben der intendierte Effekt und der verfahrensbezogene Effekt eine funktionale Beziehung zueinander.

Ad (3): Mit den kovariaten Effekten werden die Veränderungen bei solchen Verhaltensweisen oder Befindlichkeiten beschrieben, die ebenfalls zu beobachten sind, wenn der intendierte Effekt auftritt. Die entsprechenden Verhaltensweisen sind – bildlich gesprochen – verwandt bzw. vernetzt. Die kovariaten Effekte können auch als »Nebenwirkungen« bezeichnet werden. Mit ihnen wird – wie die Wortwahl nahelegt – ein korrelativer Zusammenhang zum intendierten Effekt beschrieben. Patienten und Patientinnen werden sich nach einem Entspannungstraining nicht nur entspannt fühlen, sie sollten sich auch besser, wenn nicht sogar wohl fühlen etc. Eine negative Stimmung (z. B. gereizt oder verärgert) dagegen sollte ausgeschlossen sein.

Das Effektspektrum einer Intervention ist also nicht auf die intendierten Effekte beschränkt, es wird zu charakteristischen verfahrensbezogenen und kovariaten Effekten kommen. Bei einer Reizkonfrontation mag auch das Motiv des »Durchhaltens« geweckt werden und als verfahrensbezogener Effekt der Stolz auf eine überwundene Gefahr. Bei der systematischen Desensibilisierung dagegen wird eine mächtige Problemsituation in lösbare kleine Zwischenschritte aufgelöst. Als verfahrensbezogener Effekt dürfte ein ruhiges Herangehen an eine Problemsituation vermittelt werden (Prinzip der kleinen Schritte). Lutz und Wieberg (1982) konnten in einer experimentellen Studie zeigen, dass drei unterschiedlich aufgebaute Entspannungstechniken vorhersagbare differentielle verfahrensbezogene und kovariate Effekte bewirken. So führt eine imaginative Entspannungstechnik zu mehr positiven Emotionen als die progressive Muskelrelaxation.

Für die Therapieplanung muss der Therapeut antizipieren, welche weiteren Effekte mit einer symptomzentrierten Intervention bewirkt werden: Wie verhält sich ein depressiver Patient nach einer Aktivierung und welche Oberpläne werden geweckt? Wird er sich über seinen vergrößerten Aktionsradius freuen? Erlaubt ihm dieses ein Oberplan? Oder werden destruktive Oberpläne und Gedanken an einen Suizid belebt? Folglich wird ein Therapeut engmaschig eingeleitete Veränderungen explorieren, um Nebeneffekte zu erkennen. Sinnvollerweise wird er vorab nach der prämorbiden Persönlichkeit und Oberplänen gefragt haben.

13.2 Das SORKC-Modell

Das SORKC-Modell wird als bekannt vorausgesetzt; das gilt für die horizontale wie auch die vertikale Analyse. Hier werden nur einige ausgesuchte Aspekte vorgestellt, die als Grundlagen eines verhaltensdiagnostischen Interviews bzw. der Gesprächsführung sinnvoll sind. Der wichtigste: Das SORKC-Modell ist ein Klassifikationssystem, das nicht universell anwendbar ist. Es hat einen spezifischen Geltungsbereich, wurde für einen speziellen Anlass entwickelt, nämlich für eine funktionale Verhaltensanalyse. Andere Klassifikationssysteme haben andere Geltungsbereiche, um anderen Anforderungen zu genügen. Zur Verdeutlichung sind in der folgenden Box beispielhaft weitere Klassifikationen aufgelistet:

Box 18: Klassifikationssysteme

Klassifikationssysteme sind Heuristiken, die für einen speziellen Geltungsbereich entwickelt wurden, um Informationen zu ordnen. Die Ordnungsgesichtspunkte können ganz unterschiedlich sein:

- Klassifikation nach der Ätiologie
  Beispiel: die klassische Unterteilung von Kraepelin oder ICD bis zur neunten Auflage
- Klassifikation nach beobachtbaren Symptomen
  Beispiel: das ICD nach der zehnten Auflage (deskriptive Klassifikation)
- Klassifikation nach einem theoretisch abgeleiteten inhaltlich definierten Begriff
  Beispiel: Bindungstypen
- Klassifikation nach einem theoretisch abgeleiteten formalen Codierungssystem (1)
  In der Rorschach-Diagnostik[37] z. B. werden psychologische Inhalte einer formalen Klassifikation zugeordnet. Diese ist die Basis für eine Interpretation.
- Klassifikation nach einem theoretisch abgeleiteten formalen Codierungssystem (2)
  Verhaltensdiagnostische Klassifikation zur Funktionalen Analyse nach dem SORKC-Modell. Unterschiedliche psychologische Inhalte werden z. B. als »S« oder »C« identifiziert und signiert.

Im SORKC-Modell werden psychologische Inhalte einem formalen Kategoriensystem zugeordnet. Zunächst werden S, R und C eruiert:

- Die Schilderung der Beschwerden wird in eine zeitliche Ordnung gebracht.
- Das kritische bzw. behandlungswürdige Verhalten wird als R festgelegt.
- Die zeitlich früheren Ereignisse werden auf ihre auslösende Funktion geprüft und ggf. als S definiert.
- Die zeitlich späteren Ereignisse werden auf ihre verstärkende Funktion geprüft und ggf. als C bestimmt.

Die Zuordnung erfolgt hypothesengeleitet, also dass mit S und C die kontrollierenden Bedingungen von R bestimmt werden. Für diesen Arbeitsschritt wird der Begriff »Signieren« verwendet[38]: Ganz unterschiedliche psychologische Inhalte

37 Zur Erinnerung: Der Rorschach-Test gehört zu den intensiv untersuchten Intelligenztests.

38 Auch in der Rorschach-Diagnostik wird signiert: Es werden unterschiedliche Deutungen eines Probanden nach einem formalen Klassifikationssystem eingeordnet. So wird z. B. zwischen Ganz- und Detailantworten unterschieden, je nachdem, ob der Proband für die ganze Bildvorlage eine Interpretation liefern konnte oder ob er sich ein Detail heraus-

können in diesem formalen Akt als S, R, O, K oder C signiert werden, je nachdem, welche Funktion sie erfüllen. So kann in einer funktionalen Analyse ein Lob als Folge einer Tätigkeit als C+ bestimmt werden oder in einer anderen als ein diskriminativer Reiz (S^D), der Freude über die Würdigung auslöst. Bei einer anderen Person wiederum steht Lob als S^D für Zweifel, ob das Lob auch ernst gemeint ist.

Das SORKC-Modell ist die zentrale Denkkategorie in der Verhaltensanalyse und ein Handwerkszeug, um problematische Abläufe erklären zu können. Das SORKC-Modell ist die Vorlage zur Suche nach funktionalen Zusammenhängen. Die Idee ist so einfach wie weiterführend: Welche kontrollierenden Bedingungen halten ein kritisches Verhalten aufrecht? Entweder es sind vorausgehende Bedingungen (signiert als S), oder es sind nachfolgende Bedingungen (signiert als C).

Die Organismus-Variable »O« stand in der ursprünglichen Fassung (Kanfer & Saslow, 1965) für rein körperliche, also durch den Organismus bedingte Aspekte, die ein Problemverhalten unmittelbar beeinflussen, wie z. B. körperliche Besonderheiten und Erkrankungen, Medikamente, Drogenkonsum, Dehydrierung, Unterzuckerung, geschlechtsspezifisches Verhalten, wie auch für

Intelligenz: Diagnostik und Therapie haben eine ausgeprägte kognitive Komponente. Intelligente Personen können schneller eine Problemlage durchschauen und eine therapeutische Empfehlung umsetzen. Der Therapieplan für Joachim sähe bei geringerer Intelligenz in einigen Aspekten sicherlich anders aus. Mangelnde soziale Fertigkeiten können auch unter dem Gesichtspunkt von gering ausgeprägter sozialer Intelligenz betrachtet werden. Karl Bühler spricht von Intelligenz als »Führerin« durchs Leben. In Einzelfällen ist es mitunter schwierig, zwischen sozialer Dummheit (vgl. stupidity, Dollard & Miller, 1950, S. 223) und neurotischem Konflikt zu unterscheiden. Als dessen Folge wird in der Rorschach-Diagnostik eine Intelligenzhemmung beschrieben: Patienten können als Folge einer neurotischen Erkrankung ihr intellektuelles Potential weniger nutzen. Dollard und Miller (1950) pointieren, dass manche Patienten bestimmte Sachverhalte, etwa biographische Zusammenhänge oder einen geänderten Blickwinkel, nicht erkennen können. Dies kann einmal durch ihre Störung bedingt sein (»Neurotische Intelligenzhemmung«) oder durch den Mangel an kognitiven Befähigungen.

In einem diagnostischen Gespräch sollte unbedingt auch eine Einschätzung der intellektuellen Möglichkeiten erfolgen, z. B. bei der Bestimmung der gesunden Anteile eines Patienten.

Persönlichkeitsmerkmale wie Extraversion oder Introversion: Gerade im Bereich sozialer Störungen müssen bei der Diagnostik biologisch vorgegebene Reaktionsbereitschaften mit erhoben werden, die auch die Ziele einer Therapie entscheidend prägen. Am Beispiel von Herrn Saubert (s. Onlinezusatzmaterial) wird diskutiert, ob es ein Therapieziel für ihn tatsächlich sein sollte, sich extravertierter zu verhalten.

---

greift. Den beiden Beantwortungsstrategien kommt eine inhaltliche Bedeutung zu: Eine Ganzantwort wird als ein Indikator (neben anderen) für Übersicht und Intelligenz interpretiert, eine Detailantwort (Antwort nur für einen kleinen Ausschnitt der Bildtafel) u. a. für Ängstlichkeit.

Körperliche Merkmale: Hierunter sind biologisch bzw. körperlich determinierte Variablen gemeint, die das Erscheinungsbild einer Person prägen, wie z. B. deutliche Abweichungen in Körpergröße, Gewicht oder Hautfarbe. Nicht alle dieser Merkmale sind diagnostisch relevant. Sie müssen mit der Problematik interagieren, indem sie z. B. für soziale Interaktionen, die Bewältigung von Aufgaben oder die Regulation des Selbstwertes relevant sein können. Solche Merkmale werden selten von einem Patienten angesprochen, auch wenn sie bedeutsam sind. Sie zu benennen gilt mitunter als unangemessen (s. u., ▶ Kap. 6.4, Beispiel des farbigen Jugendlichen).

Kaum berücksichtigt in der Bestimmung der O-Variable werden relevante und aktuelle Forschungsergebnisse der Neuropsychologie, wie z. B. die Schnelligkeit der Informationsverarbeitung oder der Neuroplastizität (z. B. Zheng & Meister, 2025).

Kanfer et al. kennzeichnen (2012, S. 214) die O-Variable als Schnittstelle zwischen horizontaler und vertikaler Ebene. So ist es üblich geworden Grundeinstellungen, Oberpläne, Erwartungen oder auch Schemata »O« zuzuordnen; rein körperliche Aspekte werden in den Fallkonzepten kaum noch benannt. Das birgt Probleme: Die einzelnen körperlichen O-Variablen sind im Wesentlichen biologisch vorgegeben und invariant, zumindest kurz- und mittelfristig. Sie sind zu jedem Zeitpunkt im Prozess einer Verhaltensanalyse wirksam und bedeutend: Intelligenz z. B. taucht zwar in Fallkonzepten de facto nicht mehr auf und wird auch nicht erhoben oder diskutiert. Tatsächlich ist sie für das Verständnis eines Patienten aber wichtig und kann die Therapieplanung entscheidend beeinflussen. So setzen nicht nur kognitive Interventionen ein gutes mentales Funktionieren voraus.

Beide Aspekte der O-Variable vermögen einen sinnvollen und je spezifischen diagnostischen Beitrag zu leisten. Daher ist es sinnvoll und geboten, beide zu eruieren und kenntlich zu machen, welcher gerade beschrieben wird.

Wird das SORKC-Modell angewendet, so wird die psychologisch-inhaltliche Exploration durch eine eher formale verstärkerökologische Analyse ergänzt. Ein vom Patienten vorgetragenes Problem wird also mit zwei konkurrierenden Sprachen dargestellt. Der Interviewer wird der inhaltlichen Darstellung des Patienten folgen (»schildern lassen«) und sie zunächst nicht hinterfragen. Er wird sie später einer funktionalen bzw. verstärkerökologischen Analyse unterziehen und sie gewissermaßen umschreiben.

Das SORKC-Modell wurde früher wie heute kritisiert. Im Wesentlichen werden folgende Bedenken in der Literatur und in Seminaren angemeldet.

13.3 Kritik: Eingeschränkter Geltungsbereich

Eine grundsätzliche Kritik lastet dem SORKC-Modell an, bestimmte psychologische Inhalte nicht erfassen zu können. Der Geltungsbereich des Modells ist also eingeschränkt. So bemängelt Innerhofer schon 1974 (S.6) z. B., dass »relevante

Variablen ... nicht abbildbar sind«, z. B. Werthaltungen und Zielvorstellungen oder Opposition und Einstellungen. Aktuell meinen Tuschen-Caffier und Gemmeren (2018, S. 291), das SORKC-Modell stoße an Grenzen, »wenn es darum geht, interpersonale Prozesse, z. B. familiäre Konflikte und Interaktionsmuster, abzubilden.«

Solche Kritikpunkte sind irrelevant, sie beruhen auf einem Missverständnis. Das SORKC-Modell ist kein inhaltlich definiertes Notationssystem. Es wurde nicht zur Deskription und schon gar nicht zur vollständigen und inhaltlich orientierten Beschreibung von Verhaltensabläufen oder eines Verhaltensrepertoires entwickelt. Das SORKC-Modell ist als eine Heuristik konzipiert, um funktionale Zusammenhänge eines Problemverhaltens aufzudecken und so die kontrollierenden Bedingungen zu beschreiben. Konflikte oder kritische Interaktionsmuster z. B. sollen nicht »abgebildet« werden. Das ist die Aufgabe anderer Klassifikationssysteme. Stattdessen wird eine Verhaltenssequenz, z. B. ein aktueller Konflikt oder oppositionelles Verhalten, im zeitlichen Ablauf beschrieben, ein kritisches Verhalten definiert und geprüft, welche Bedingungen vorher und welche nachher auftreten und verstärkende Funktion haben.

13.4 Kritik: Komplexität wird reduziert

Die Kritik, dass in der SORKC-Analyse Komplexität ausgeschlossen wird, wird mit folgenden Argumenten gestützt: Das Leben ist komplex; Komplexität ist ein Wert an sich; Personen wollen nicht auf triviale S-R-C-Verbindungen reduziert werden; gerade die Therapie muss einer individuellen Komplexität Rechnung tragen. Solche Argumente sind für sich betrachtet alle »richtig«. Tatsächlich wird im SORKC-Modell die Vielfalt menschlichen Verhaltens auf nur wenige Aspekte reduziert, indem diese zu weiteren Analysen herausgegriffen werden. Das allerdings ist kein Mangel, sondern intendiert und sinnvoll. Eine Person in all ihren vielen Facetten, ihrer Entwicklung und ihrem aktuellen Erscheinungsbild zu beschreiben ist extrem aufwändig, mitunter auch verwirrend und führt zu endlosen Therapien.

In der kognitiven VT werden ausdifferenzierte Schaubilder mit einer Vielzahl von Pfeilen zur Beschreibung komplexer Zusammenhänge der kognitiven Prozesse eines Patienten publiziert. Diese kann man post hoc entwickeln, nicht aber während eines therapeutischen Gesprächs. Zum Ordnen und zur nachträglichen Reflexion sind solche Schaubilder hilfreich, nicht aber als Handlungsanweisung während einer Therapie.

Aktuell wurden von Schiepeck und Schweitzer-Rothers (2020, S.432) zur Erläuterung systemischer Therapie ein ideographisches Systemmodell entwickelt (► Abb. 13.1). 11 psychologische Aspekte wie z. B. Schuldgefühle, Selbstwert oder achtsames Ich sind durch 22 Pfeile in eine relationale Ordnung gebracht. Es entstand eine Graphik, wie es quasi im Kopf eines Patienten aussieht, genauer auf der Konzeptebene. Der Zeitaufwand, ein solches Modell zu entwerfen, dauert Stunden, eine gute Investition, sofern das Modell von Bestand ist. Allerdings: Mit einer einzigen Intervention kippt das gesamte Modell. Wenn z. B. die Variable Selbstfürsorge so verändert wird, dass der Patient eine optimale Arbeitshaltung findet, werden nicht nur die unmittelbar betroffenen Interaktionen, sondern das gesamte Netz geändert.

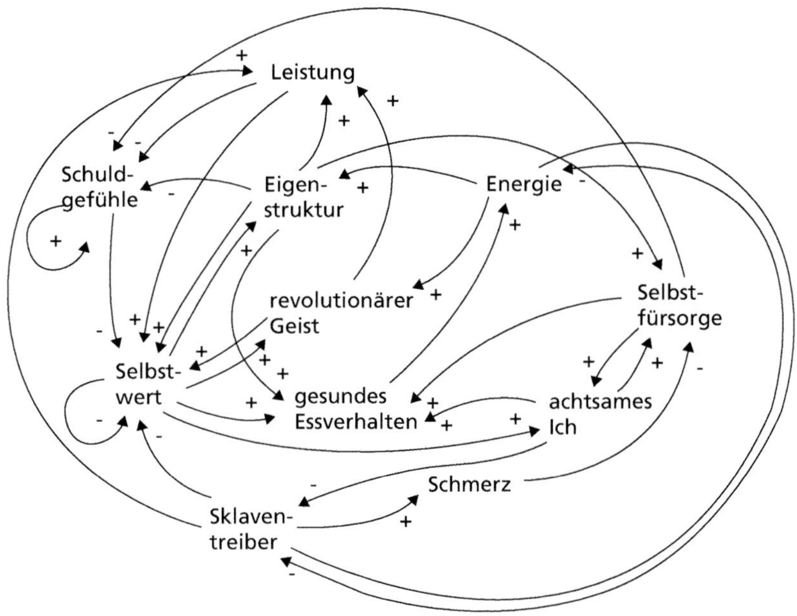

Abb. 13.1: Ideographisches Systemmodell (Schiepek & Schweitzer-Rothers, 2020)

Persönliche Anmerkung: Ein solches Modell befriedigt das Streben nach komplexen und kompletten Darstellungen. Mich erinnert es daran, dass in der klassischen psychologischen Persönlichkeitsdiagnostik eine Person in Gänze, ihr Erleben und Handeln aktuell und überdauernd, dargestellt wurde. Dieses anspruchsvolle Unterfangen wurde abgelöst von (gutachterlichen) Stellungnahmen zur Beantwortung einer umschriebenen Fragestellung.

In diesem Buch wird dafür plädiert, kein vollständiges Gesamtbild einer Person zu entwickeln, mit welchem theoretischen Modell auch immer. Gleichwohl soll sich ein Therapeut einen Überblick über die Anliegen und relevanten Themen seines Patienten erarbeiten. Idealerweise kann er zusammen mit dem Patienten ein zentrales und behandlungsrelevantes Thema definieren und dieses modifizieren. Es ist zu erwarten, dass nicht nur der intendierte Behandlungseffekt auftritt. So übernahm z. B. Frau Meister zunächst nur eine recht isolierte Intervention, nämlich Zuwendung und Lob bei gutem Arbeiten ihrer Tochter. Daraufhin veränderten sich spontan viele weitere Aspekte der familiären Interaktionen. Nach solchen initialen Effekten wird ein Therapeut mit dem Patienten den Fortgang der Therapie überlegen.

Ist der Wunsch bzw. Auftrag des Patienten eine Veränderung, muss aus verhaltenstherapeutischer Sicht die Komplexität des Seins auf behandlungsrelevante psychologische Inhalte reduziert werden. Ist es sein Anliegen, sich selber besser zu verstehen, tritt die Suche nach dem behandlungsrelevanten Thema in den Hintergrund und die Gesprächsführung wird komplexer. Gleichwohl sind auch dann funktionale Überlegungen weiterführend.

Komplexität zu reduzieren gerät zum Vorteil, wenn vorab in der Verhaltensanalyse zentrale Themen herausgearbeitet wurden, um sie gezielt zu verändern. Um Komplexität reduzieren zu können, müssen sich Patient und Therapeut einigen, welches Thema und welches Verhalten eingehender untersucht werden. Erwartet wird, dass das gewählte Ziel besser und schneller erreicht wird, wenn weitere Themen erst einmal zurückgestellt werden. Eine baldige Modifikation eines Problemverhaltens stärkt die Hoffnung auf Erfolg, Mitarbeit und Motivation und ermöglicht erste Selbstkontrolle. Gleichzeitig kann erwartet werden, dass Therapieerfolge in einem umschränkten Verhaltensbereich zu einer erwünschten Generalisierung führen.

Ein solcher idealer Verlauf ist nicht immer möglich. Eine erste Therapieplanung muss ggf. korrigiert werden. Auch kann jederzeit ein Patient das Anliegen haben, aktuelle Entwicklungen und Vorkommnisse einzubringen. Das muss möglich sein. Es ist allerdings Aufgabe des Therapeuten, an die verabredete Vereinbarung zu erinnern:

- »Wie viel Zeit wollen wir für die neue Situation aufwenden?«
- »Wir dürfen unser Ziel nicht aus dem Auge verlieren.«

Werden regelhaft aktuelle Probleme eingebracht, wird die Komplexität wieder erhöht und der Fortgang einer Behandlung unterbrochen. In diesem Fall sollte die Therapieplanung überdacht und der Behandlungsverlauf angesprochen werden:

- »Mir fällt auf, dass von Stunde zu Stunde weitere Probleme auftauchen.«
- »In Ihrem Alltagsleben haben Sie ständig mit vielen Problemen zu kämpfen.«

Zusammenfassend ist die Reduktion von Komplexität sinnvoll:

- Problematische Zusammenhänge werden sichtbar (Transparenz).
- Problematische Zusammenhänge können für den Patient erfassbar werden, was dem Patienten zu einer Einsicht verhelfen kann; Selbstkontrolle wird möglich.
- Patienten erleben die Reduktion von Komplexität durchaus als Erleichterung.
- Nicht selten verstricken sich Patienten in den Verästelungen ihres Problems; Patient und Therapeut können sich darin verlieren. Wird Komplexität reduziert, werden beide wieder handlungsfähig.

13.5 Kritik: Nur ein Ausschnitt eines umfassenden Problems wird behandelt

Der initiale Wunsch eines Patienten nach einer umfassenden Behandlung ist gut nachvollziehbar. Diese bedingt lange Behandlungszeiten. Die Dauer von Psychotherapie ist vielfach diskutiert, insbesondere weil Psychotherapie auch unerwünschte und schädliche Wirkungen haben kann (z.B. Hoffmann et al., 2008). Sinnvoll ist es daher, eine Therapie so kurz wie möglich und nur so lange wie notwendig durchzuführen. Eine kürzere Behandlungszeit ist optimal, wenn ein zentrales Thema herausgearbeitet und der Patient aktiv eine Änderung bewirkten konnte. Damit kann eine professionelle Behandlung beendet sein.

Ein Interviewer muss sich nicht unter Druck setzen, das vermeintlich einzig richtige und wichtige zentrale Thema aufzudecken, bevor ein therapeutischer Schritt initiiert wird. Hierfür ist es völlig ausreichend, mit einer zentralen Symptomatik zu beginnen.

Es ist ein bewährtes verhaltenstherapeutisches Vorgehen, aus der Vielzahl der vorgetragenen Auffälligkeiten, Beschwerden, Symptome und auch der Unzahl von nicht immer relevanten Nebengleisen ein zentrales Thema herauszufiltern. Es gilt das Prinzip: »pars pro toto«: In der funktionalen Verhaltensanalyse wird ein spezielles Verhalten in einer spezifischen Situation herausgegriffen, welches quasi repräsentativ für die Beschwerden des Patienten steht. In ► Kap. 13.1 wurde ausgeführt, dass eine Intervention nicht nur den intendierten Effekt bewirkt, sondern dass zwangsweise auch weitere Veränderungen auftreten. Auch kann ein Patient eine Art Schneeball-Effekt in Gang setzen: Ermutigt durch seine Erfolge beginnt er weitere Aspekte seiner Lebenssituation umzugestalten. Ein ehemaliger Patient »nimmt sein Leben selber in die Hand« und das ohne fremde Hilfe.

Die oben geschilderten Situationen gelten für Patienten, die weniger stark beeinträchtigt sind und für die auch aus ethischen Überlegungen eine Fremdkontrolle nicht indiziert ist. Für diese Patienten ist sinnvoll, die therapeutischen Bemühungen zu begrenzen und ggf. zu einem späteren Zeitpunkt eine Behandlung wieder aufzugreifen. Für die VT sind zwar solche Überlegungen typisch, sie gelten aber auch für andere klinische Modelle.

Die breite Anwendung von VT in der Versorgung bringt es zwangsläufig mit sich, dass auch komplex gestörte Menschen betreut werden müssen. Solche Behandlungen dauern länger, mitunter Jahre. Auch wenn seltener umschriebene Techniken angewendet werden können, werden verhaltenstherapeutische Konzepte realisiert. Als Beispiel sind die in diesem Text wiederholt zitierten Passagen aus der Behandlung von Herr Zweigelt gedacht. Das im Folgenden beschriebene Beispiel soll illustrieren, wie eine Auswahl aus einer Vielzahl von Behandlungsmöglichkeiten gelingen kann.

Beispiel

Herr Carl hatte seit knapp einem Jahr eine leitende Funktion als Oberarzt einer großen neurologischen Klinik übernommen. Er war fachlich gut vorbereitet, fühlte sich aber unsicher in seinen Entscheidungen, seine Furcht vor Fehlern und Misserfolgen war ausgeprägt. Er konnte im Erstgespräch keine berufliche Situation nennen, in der er sich als gelassen und sicher erlebte, stattdessen berichtete er zahlreiche für ihn kritische Situationen, z. B.:

- Korrektur der Arztbriefe aller Stations- und Assistenzärzte: War die Diagnose und Therapie korrekt, hatte er alle Rechtschreib- und Grammatikfehler erkannt?
- Visite: Hatte er alle relevanten Daten des Patienten im Blick? Musste er befürchten, in Anwesenheit eines Patienten von Assistenzärzten oder der Pflege korrigiert zu werden?
- Lumbalpunktion: Obwohl Herr Carl routiniert war, Liquor zu entnehmen, hatte er große Sorgen, Patienten zu verletzen.
- Smalltalk im Stationszimmer: Was sage ich nach dem ersten »Hallo«?

Nachdem viele kritische Situationen detailliert erfragt waren, entschieden sich Herr Carl und der Behandler zwei herauszugreifen, nämlich eine berufliche Situation, Angst bei einer Lumbalpunktion, und eine private, nämlich sich etwas zu gönnen und sich zu loben. Die Angst bei einer Lumbalpunktion zu versagen, hatte vielerlei inhaltliche Bezüge, z. B. zu seiner Belastung bei den Arbeitsroutinen oder zu den Befürchtungen der Mutter, ihre Kinder könnten im Leben versagen. Die Lumbalpunktion war für eine Behandlung günstig, weil sie von hoher Relevanz für Herrn Carl war und weil die einzelnen Verhaltensschritte sehr genau beschreibbar war, z. B.:

- »Wie erkennen Sie, dass die Nadel korrekt angesetzt ist und genau zwischen den Lendenwirbeln hindurch geht?«; »Gibt es taktile/akustische Hinweise, dass die Nadel richtig sitzt?«
- »Was denken Sie, was sagen Sie zu sich, wie sind Ihre Selbstgespräche beim Einführen der Nadel?«

Angstvoll verfolgte Herr Carl die aufeinanderfolgenden Arbeitsschritte bei der Punktion. Diese sollten in der Behandlung positiv kommentiert werden, z. B.: »Die Nadel sitzt richtig, mein Druck ist perfekt, ich bin genau zwischen den Dornfortsätzen, …« Die aufeinanderfolgenden Schritte bei der Punktion sollten als diskriminative Reize (S^D) für eine positive Kommentierung ausgebildet werden. Unter Entspannung wurden diese eingeübt, auch das Selbstlob nach der gelungenen Punktion. Es wurde ein Schneeball-Effekt erwartet, der auch eintrat: Herr Carl fühlte sich gestärkt, er entwickelte z. B. souveräne Strategien bei der Korrektur der Arztbriefe und äußerte zunehmend eine höhere Erfolgsmotivation.

Die Behandlung der Anhedonie wird hier nicht dargestellt, sie dauerte sehr viel länger. Das ist u.a. in den jeweiligen Oberplänen begründet: Die Angst-Behandlung kann als eine Optimierung der Arbeitsfähigkeit von Herrn Carl verstanden werden und ist somit konform mit seinen arbeitsaffinen Oberplänen. Das ist nicht beim zweiten Ziel gegeben. Es tangiert genussfeindliche Oberpläne, die in eine umfassende calvinistische Lebensphilosophie eingebunden waren.

13.6 Inhaltliche versus formale Erklärung

Mit dem SORKC-Modell wird eine formale Analysestrategie an einen psychologisch-inhaltlichen Sachverhalt angelegt. Die inhaltliche Erzählung wird durch eine zweite formale Sicht ergänzt. Die Geschichte von Watzlawick (s. Box 8) verdeutlicht, dass eine Problemsituation unter einem inhaltlichen und einem formalen Aspekt exploriert werden kann:

Inhalt: Der Mann ohne Hammer beklagt sich über seinen Nachbarn, der ihm aus seiner Sicht den Hammer verweigert. Diese inhaltliche Darstellung ist kongruent mit seiner Lebenssituation und für ihn ist offensichtlich: Der Nachbar ist schuld, wenn er sein Bild nicht aufhängen kann.

Formal: Eine formale verstärkerökologische Betrachtung rückt sein Meidungsverhalten (Ȼ-) ins Zentrum: Sein soziales Defizit verhindert die Kontaktaufnahme. Diese Attribution erlaubt es der Person, ihr Unvermögen nicht sehen zu müssen.

Die Unterscheidung zwischen einem inhaltlichen und einem formalen Erklärungsansatz führt zu unterschiedlichen therapeutischen Vorgehensweisen. Wird die inhaltliche Ebene verfolgt, kann der Therapeut z.B. in einem Sokratischen Dialog die Konfliktsituation reflektieren. Im Gegensatz dazu führt die verstärkerökologische Analyse unmittelbar zur Behandlung der sozialen Defizite. Die folgende Behandlungssituation soll die Konkurrenz einer psychologisch-inhaltlichen und einer verstärkerökologischen Sicht verdeutlichen:

Box 19: Wie das Fehlermachen verstärkt wird

Frau Meister (44 Jahre) suchte Rat wegen schlechter Schulleistung ihrer Tochter (9 Jahre). Sie schildert das Mädchen als bemüht »… und eigentlich weiß sie das. Sie macht immer Flüchtigkeitsfehler.« Ein Intelligenztest wurde durchgeführt; sie erzielte ein überdurchschnittliches Ergebnis; eine mangelnde Eignung konnte ausgeschlossen werden. Das Umfeld (z.B. eigener, ungestörter Arbeitsplatz, Unterstützung durch die Mutter bei den Hausaufgaben, die Integration des Mädchens in der Schule und im Freundeskreis etc.) werden als unauffällig geschildert. Frau Meister wirkt freundlich, dem Kind zugetan und zugleich kontrolliert und selbstbewusst.

Bei der Exploration der familiären Interaktionen fällt die folgende Rollenverteilung auf: Die Mutter hatte eher die Pflichten der Haushaltsorganisation und die Beaufsichtigung der schulischen Entwicklung übernommen, was ihrem Naturell auch entsprach. Kam der Vater nach Hause, waren diese Aufgaben weitgehend erledigt, sodass der Vater mit seiner Tochter eher Spielerisches unternahm. Auch ihm kam diese Rollenzuteilung entgegen. Beide Eltern verstärkten damit jeweils die für sie wichtigen Oberpläne, die allerdings recht unterschiedlich waren. Die Mutter hatte den weniger attraktiven Part übernommen und möglicherweise trübte das etwas die Mutter-Kind-Beziehung.

Frau Meister hatte zuvor eine Beratungsstelle besucht. Dort wurde die folgende Konfliktsituation herausgearbeitet: Die Beziehung der Tochter zum Vater war herzlicher. Über ihre vergleichsweise schlechtere Beziehung der Tochter zu ihr war die Mutter enttäuscht, mitunter frustriert. Daraus entwickelte sich eine unterschwellige, allerdings moderate Aggression, die sie auf das Kind übertrug. Dieses zeige nun counter-aggressives Verhalten und »bestrafe« die Mutter mit schlechteren Noten. Das Kind inszeniere also die schulische Situation und stabilisiere so die familiären Interaktionen.

Die familiären Spannungen können einen Einfluss auf die schulischen Leistungen haben. So imponiert z. B. unter einem inhaltlichen Gesichtspunkt, dass im familiären Setting der Mutter die weniger attraktiven Pflichten zugefallen waren und der Vater sich (geschickt?) auf Positiva verlegt hatte. Diesen Aspekt zu explorieren kann möglicherweise zu einer Lösung führen. Allerdings ist aus verhaltensdiagnostischer Sicht eine funktionale Analyse der kritischen Situation, hier das Hausaufgabenmachen, der zwingend nächste Arbeitsschritt. Die Interaktion beim Hausaufgabenmachen kann unabhängig von einer möglichen familiären Konfliktsituation bereinigt werden. Gelingt diese Intervention, wird erwartet, dass sich auch die Konfliktsituation günstiger darstellen wird. Verändert sich diese nicht, kann sie im nächsten Schritt thematisiert werden. In jedem Fall profitiert das Mädchen, wenn die Interaktion mit der Mutter beim Erledigen der Hausaufgaben besser ist.

Um ein plastisches Bild der Interaktion und ggf. auch eine Zeitreihe entwickeln zu können, wurde eine häusliche Hausaufgabensituation mit Video aufgenommen: Mutter und Kind saßen über Eck, sodass die Mutter immer verfolgen konnte, was das Kind schrieb. Die Gesamtsituation war strukturiert und entspannt. Deutlich zu sehen war, dass Frau Meister sich zurückhielt und sich nur dann dem Kind zuwandte, wenn es einen Fehler machte. Sie sagte, dass sie ihrem Kind helfen wollte. Sie wirkte dann emotional beteiligt und ermunterte das Kind, weiterzuarbeiten; ihre kontrollierte Körperhaltung lockerte sich für einen Augenblick. Erledigte das Kind die Aufgaben fehlerfrei, war ihre Haltung aufmerksam und angespannt. Nach Beendigung der Hausaufgaben erfolgten weder Lob, Zuspruch noch Anerkennung. Das Ende der Arbeitszeit wurde neutral festgestellt.

Diese Beobachtung zeigt, dass Frau Meister das Fehlermachen ihrer Tochter operant verstärkte. Sie wendete sich ihr dann zu, wenn ihr ein Fehler unterlief und verhielt sich neutral, wenn das Kind angemessen arbeitete. Die Mutter war mit dem Verteilen von Lob insgesamt zurückhaltend. Als Erziehungsziele nannte sie u. a. Ehrlichkeit und Freundlichkeit im Umgang mit anderen und vor allen Dingen sollte das Kind nicht eitel werden. Sie hatte sich im Internet über Loben informiert und als zentrales Ergebnis mitgenommen, dass man mit Lob sparsam umgehen sollte und man einem Kind mit zu viel Lob nichts Gutes täte.

Es ist eine Frage der Güterabwägung, welcher Erklärungsansatz favorisiert wird: Die Aufklärung der Familiendynamik oder das Verstärken des Fehlermachens? Sollte das familiäre Thema vertieft werden, muss der Aufwand (die »Kosten«) zeitlicher und emotional belastender Art taxiert werden: Wenn die Familiendynamik angesprochen wird, führt das zum offenen Konflikt zwischen den Eltern und belastet das Kind? Hat der behandelnde Psychologe für die Erweiterung der Fragestellung einen Auftrag?

Der verstärkerökologische Weg versprach mit wenigen psychologischen Eingriffen die Arbeitshaltung beim Kind zu verbessern. Daher wurde er beschritten; er führte zur erwarteten Verbesserung. Nachdem vom behandelnden Psychologen der Mutter zum rechten Loben geraten wurde und die Befürchtung entkräftet war, sie könne ihrer Tochter durch zu viel Lob schaden, wurde auch ihre Beziehung wesentlich gelöster. Der Mutter war eine Last genommen. Zudem wurde vereinbart, dass auch der Vater bei den Hausaufgaben half. Der fand das bereichernd. Außerdem starteten Mutter und Tochter euthyme Unternehmungen, die für die Mutter eine gewisse Herausforderung bedeuteten.

Persönliche Anmerkung: Eine funktionale Analyse, die Entwicklung eines SORKC-Modells, kurzum eine verstärkerökologische Analyse ist eher spröde. Demgegenüber ist es spannender, dem inhaltlichen Verlauf einer Problemschilderung zu folgen. Gleichwohl: Beide Aspekte gehören zur Berufsroutine. Es ist für mich aber überaus befriedigend, nach einer systematischen und mitunter verwirrenden Suche »das« Thema gefunden zu haben und Patienten eine probate Lösung verschlagen zu können.

13.7 Funktionale Verknüpfungen

13.7.1 Funktionale Verknüpfung aufeinander folgender Verhaltensweisen

In einem verhaltensdiagnostischen Interview ist im Hinblick auf eine Therapieplanung darauf zu achten, ob aufeinander folgende Verhaltensweisen eine funktionale Verknüpfung haben. Auch in der Therapieplanung müssen funktional aufeinander bezogene Verhaltensweisen bedacht werden:

Box 20: Wie kommt das Fahrrad aus der Garage?

Frau Otto war leicht adipös; sie wollte fitter werden und hatte in der Therapie den Vorsatz mit dem Fahrrad zur Arbeit zu fahren.

I.: Vor einer Woche hatten Sie mit Begeisterung von Ihrem Vorhaben erzählt, wieder mehr Fahrrad zu fahren. Jetzt wollen Sie nicht darüber reden, was …
P.: Gut und schön, aber… es klappt alles nicht.
I.: Es klappt nicht.
P.: Das Rad steht in der Garage, ganz hinten. Um dranzukommen, muss die halbe Garage umgeräumt werden, das Rad muss nachgesehen werden…
I.: Das ist mitunter notwendig.
P.: Ja, aber dann muss ich meinen Mann fragen. Einige Kisten kann ich nicht heben, dann sind das auch seine Sachen. Er ist Ingenieur und keiner wird das Rad so gut wie er reparieren können. Es wird auf die Liste kommen, was zu tun ist und damit hat es sich dann.
I.: Ja …
P.: Dann geht die Litanei los. Ich will immer zu viel wegschmeißen, sagt er. Inzwischen ist die Garage zugestopft. Dann streiten wir uns um alte Zeitungen, die im Haus rumliegen … Wir umgehen, glaub ich, beide so die Themen. Ich hab keine Lust auf die Debatten.

Das für Frau Otto sinnvolle Vorhaben löst negative Folgen aus, die als schwierig gewichtet und vom erhofften Ziel nicht kompensiert werden. Frau Otto muss nun entscheiden, ob in der Therapie Zeit für die Entwicklung einer Strategie zur Lösung dieses Konfliktes verwendet wird. Dieser Konflikt ist ein geeignetes Übungsfeld, selbstsicheres Verhalten zu trainieren und Anlass, bewusst JA-Sagen zu üben, nämlich zu ihren Bedürfnissen und Wünschen zu stehen. Es werden schrittweise Strategien entwickelt, die »großen« Streitpunkte zu isolieren und zu vertagen, um die näher liegenden »kleinen« Wünsche, hier das Fahrradfahren, zu ermöglichen.

13.7.2 Funktionale Verknüpfung aufeinander folgender Symptome

Ein ₵- ist nicht nur innerhalb umschriebener Handlungsabläufe als verstärkende Bedingung zu finden. Auch aufeinander folgende komplexe Symptome können funktional voneinander abhängen. Diese Zuordnung ist diagnostisch von besonderer Wichtigkeit, weil eines der beiden Symptome übersehen werden kann.

Box 21: Herzattacke beendet Zwangshandlung

Ein Patient wird in der Notaufnahme mit der Verdachtsdiagnose Herzinfarkt aufgenommen. Da keine organischen Befunde vorliegen, wird die Diagnose auf herzphobische Symptomatik verändert. Eine herzphobische Reaktion passt gut zum Gesamtbild des Patienten. Der Patient verbrachte relativ viele Tage zur Beobachtung auf der Station. In diesem geschützten Setting traten keine Beschwerden auf.

Es ist sinnvoll, die aktuelle Entstehung einer Symptomatik in einem etwas längeren Zeitintervall zu betrachten: Der Patient hatte sich eine Woche Urlaub genommen, in der er sein Wohnzimmer tapezieren wollte. Er hatte sehr intensiv gearbeitet, mitunter bis spät in die Nacht. In dieser Zeit schaffte er gerade eine Wand. Er war nicht abgelenkt, seine Frau unterstützte ihn, so gut sie konnte, er war handwerklich geschickt und hatte früher, als das Haus bezogen wurde, relativ rasch das gesamte Haus tapeziert und gestrichen. Mangelnde handwerkliche Qualifikation konnte also nicht der Grund sein. Eine Beschreibung der Arbeitsabläufe auf einem Zeitstrahl machte deutlich: Er war versessen darauf, möglichst exakt die Tapetenbahnen zu kleben. Jede Ecke musste vielfach in Angriff genommen werden, neue Tapetenstücke zurechtgeschnitten, eingepasst, eingekleistert, wieder abgenommen werden etc. Die Entwicklung der Zeitreihe führte zur Diagnose Zwangsverhalten.

Verstärkerökologisch ist es bei diesem Patienten einsichtig, dass seine zwei Symptome von Krankheitswert funktional aufeinander bezogen sind: Die herzphobische Symptomatik löst die Zwangssymptomatik ab, diese beendet jene. Dies wäre zunächst als ein Ȼ- zu verstehen. Die Unerträglichkeit der vielfachen und ergebnislosen zwanghaften Versuche wird beendet. Eine herzphobische Symptomatik hat generell den Vorzug, dass sie mit sehr viel Sorge, Zuwendung und Anteilnahme verbunden ist (C+). Sie ist insofern vorteilhaft, weil sie besser zu kontrollieren ist, z. B. durch das Verlassen der auslösenden Situation. Ganz anders die Zwangssymptomatik. Sie dauert länger an, ist schwierig zu beenden und ist (für Außenstehende) weniger verständlich und mutet mitunter absonderlich an.

13.8 Keine Symptomatik ohne Meidungsverhalten

Der Begriff Meidungsverhalten wird in der klinischen Psychologie als Hinweis auf Störungen genannt; »Meiden« weckt umgangssprachlich eher negative Assoziationen. So führt z. B. Meszaros (2009, S. 736) aus:

> »Vermeidungsstrategien sind die gemeinsame Komponente aller Ängste. Die gefürchtete Situation wird nicht aufgesucht, weil aversive Konsequenzen antizipiert werden. Die Vermeidung wird zusätzlich negativ verstärkt. Es wird unterschieden zwischen aktiver Vermeidung (z. B. Flucht, Abbrechen unangenehmer sozialer Kontakte) und passiver (z. B. gedankliche Abwesenheit, Schweigen)«.

Im Gegensatz dazu schreibt man einer gesunden Person zu mutig zu sein und sich einer ängstigenden Situation zu stellen. Meidungsverhalten ist auch für andere

Symptomatiken charakteristisch, z. B. für Zwänge, Grübeln oder auch bei Schmerzen (Schonhaltung).

Ungeachtet dieser Aspekte ist Meidungsverhalten ein normales und gesundes Verhalten. So postulieren Gray und McNaughton (2000), dass im Säuglingsgehirn Handlungsbereitschaften angelegt sind, wovon eine das Kampf-Flucht-System ist. Dieses ist überaus sinnvoll, schützt es doch Unterlegene. Biologisch sinnvoll ist, dass diese schützende Strategie nicht erst gelernt werden muss, sondern spontan auftritt. Allgemein gilt: »Unangenehme Reize lösen eine spontane Vermeidungstendenz aus, angenehme Reize hingegen eine spontane Annäherungstendenz« (Rinck & Becker, 2018, S. 128). Aus biologischer Sicht sind Annäherungs- und Vermeidungsverhalten basale Überlebensstrategien.

So grundlegend Meidungsverhalten für verhaltenstherapeutische Pathologiekonzepte ist, in Gesprächen müssen Verhaltenstherapeuten auch die möglichen gesunden Anteile für einen Patienten berücksichtigen.

Eine Gruppe von Patienten zeigt Verhaltensstrategien, die kurz- und langfristig ungünstig sind, z. B. wie Frau Vetter exzessiv zu arbeiten und Pausen zu meiden:

Box 22: Wie der Vater so die Tochter

Frau Vetter, 32 Jahre, Verwaltungsangestellte in einem Klinikkonzern, war zum zweiten Mal auf der Arbeit zusammengebrochen. Sie hatte eine Erkältung übergangen und war trotz leichten Fiebers zur Arbeit erschienen. Sie war eine geschätzte Mitarbeiterin, voller Verantwortung auch für ihre Kolleginnen und Kollegen. So sagt sie: »Wäre ich zu Hause geblieben, hätten die meine Arbeit erledigen müssen, zusätzlich zu ihrer eigenen«. Sie hatte eine sinnvolle Auszeit vermieden. Die Aufgabe in diesem Abschnitt der Therapie war es, ihr Meidungsverhalten zu verstehen.

Warum konnte sie nicht zu Hause bleiben und sich auskurieren? Die Antwort lag in ihrer Familienbiographie: »Zu Hause zu bleiben« und nicht zur Arbeit zu gehen war inkompatibel mit ihrem Arbeitsethos und mit arbeitsaffinen und pausenaversen Oberplänen. Die Patientin schreibt die Herkunft ihres Arbeitseifers und ihres Pflichtgefühls ihrem Vater zu. Dessen Familie war nach dem Zweiten Weltkrieg aus Schlesien nach Westdeutschland gezogen. Verlässlichkeit und Pünktlichkeit, insbesondere dem Arbeitgeber gegenüber, waren unhinterfragte Selbstverständlichkeiten. Schonung war nicht akzeptabel, solange man alleine stehen und zur Arbeit laufen konnte. In der Therapie war es schwierig, diese Arbeitsethik zu hinterfragen. Es wurde ein Gespräch mit dem Vater angeregt.

Der war bestürzt, dass seine Tochter seine früheren Werte in dieser Form übernommen hatte. Er selbst hatte sich von seiner strikten Arbeitsethik verabschiedet und war zu einer Form von Dienst nach Vorschrift übergegangen. Seine Arbeit war nach wie vor »untadelig«, nichts sollte man ihm vorwerfen können; er erledigte sie aber genau innerhalb seiner Arbeitszeit. Diese Umstellung rechtfertigte er durch seine enttäuschenden Erfahrungen mit seinen wechselnden Chefs. Für seine Verstärkerökologie bedeutete das: geringere Gratifikation am

Arbeitsplatz, mehr Anerkennung im Privatbereich. Diese Entwicklung war für ihn schwierig und schmerzlich. Auch heute ist er darüber nicht froh.

Nach diesem Gespräch konnten mit der Patientin selbstfürsorgliche Strategien im Umgang mit ihren beruflichen Anforderungen entwickelt werden. Für die Patientin war es selbstverständlich, im Betrieb ihr Bestes zu geben. Eine Belobigung auf einer Betriebsversammlung vor ihren Kolleginnen war ihr peinlich. Sie vermisste nach eigenen Aussagen keine Anerkennung ihrer Leistung. Es war »ausreichend«, wenn sie ihr Pensum zum vorgegebenen Zeitpunkt fehlerfrei erledigt hatte. Sie war erleichtert, wenn alles o. k. war (Ȼ-).

Für die Patientin war Lob und Lobenlernen kein Anliegen; zumal sie nach ihrem Zusammenbruch weniger arbeiten sollte, was sie als einen Konflikt erlebte. Die Themen »weniger arbeiten« und sich dafür auch noch zu loben waren inkompatibel. Daher wurde im ersten Therapieabschnitt Loben nicht weiter thematisiert. Nach einem halben Jahr wurde vereinbarungsgemäß die Therapie fortgesetzt. Offensichtlich wirkten die Gespräche mit ihrem Vater nach. Er hatte begonnen, mehr auf sich und seine Frau zu achten. Diese Änderung der Prioritäten des Vaters hatte die Tochter nur schrittweise realisiert. Als sinnvolle Konsequenz dieser Entwicklung konnte mit der Patientin als Ziel ihrer eigenen Therapie Selbstfürsorge, insbesondere Lobenlernen und das sich Gönnen von Positiva (C+) vereinbart werden.

Um Missverständnissen vorzubeugen: Das Therapieziel ist weder eine Abwertung der Bedeutung von Arbeit noch von Verantwortung am Arbeitsplatz. Hoch leistungsorientierte Patienten allerdings müssen lernen, Verantwortung abgeben zu können und zugleich Verantwortung auch für sich selbst im Sinne der Selbstfürsorge zu übernehmen und Belastungen angemessen zu dosieren.

Das Verhalten von Frau Vetter ist gesellschaftlich erwünscht; auf der Konzeptebene werden arbeitsaffine Oberpläne tradiert (»Schaffe, schaffe Häusle bauen«). Solche Pläne wurden bei Frau Vetter familiär weitergegeben. Die Patientin vermied es, »krank zu sein«. Sie verstärkte damit ihren arbeitsaffinen Oberplan, eine belastungsbereite Person zu sein. In der Therapie kann es sinnvoll sein, Vermeiden von Überlastung als Akt der Selbstfürsorge zu sehen und zu vermitteln: Pausen sind dafür da, die eigene Gesundheit zu erhalten und auch langfristig belastbar zu bleiben, und nicht, weil man faul ist oder nicht arbeiten will. Da durch ein selbstfürsorgliches Pausenmanagement Erschöpfung verhindert wird, wird mittelfristig auch die Arbeitsfähigkeit gesichert. Diese Form der Begründung erlaubt es Burnout-Patienten, sich in einem ersten Schritt einer Selbstfürsorge anzunähern.

Von besonderem Interesse ist Meiden auf der Konzeptebene: Der Gedanke, sich wegen Krankheit zu schonen, war Frau Vetter nicht zugänglich. Sie kommentierte: »Der kam mir nicht in den Sinn«. Sie vermied ihn (Ȼ-). Diese Form des Vermeidens ist in der Literatur seit langem beschrieben:

> »Aufgrund von bestimmten, psychoanalytisch beschreibbaren Vorkommnissen und Zusammenhängen während der Entwicklung eines Menschen entstehen in diesem Menschen bestimmte unbewusste Phantasien, unter anderem auch unbewusste Wunsch- und Glaubensvorstellungen (Oberpläne, Anmerkung R. L.). Diese führen dazu, dass bestimmte

> Situationen in ihm Angst und Panik auslösen. Er vermeidet diese Situationen, und dieses Vermeidungsverhalten wird durch den operanten Mechanismus der negativen Verstärkung, der ›Belohnung‹ durch Reduktion von Angst aufrechterhalten« (Kraiker, 1980, S. 263 f).

»Die Erwartung negativer Konsequenzen führt zum Meiden von Gedanken und Handlungen, die in unrealistischer Weise Befürchtungen auslösen« (Michael & Ehlers, 2018, S. 110).

Die Beschreibung eines klinisch relevanten Phänomens ist erst dann vollständig, wenn die Meidungsstrategien beschrieben wurden. Allerdings können i. d R. Patienten ihre Meidungsstrategien nicht benennen, sie kennen diese nicht und natürlich auch nicht die Funktion des Vermeidens. Der Interviewer muss vornehmlich selber danach suchen, was ein Patient vermeidet (s. Box 8 »Geschichte mit dem Hammer«). Ein Interviewer kann also nicht fragen: »Bitte schildern Sie mir Ihr Meidungsverhalten«. Er wird es erschließen müssen, i. d. R. sind hierfür eine Zeitreihe und das Signieren einer Handlungsfolge nach S-R-C sinnvoll. Das Konstrukt eines Ȼ- ist zwar gut verständlich. Es bedarf aber einer systematischen Schulung, ein Ȼ- zu erkennen. Ein Interviewer sollte von der Bedeutung des Meidungsverhaltens für pathologische Prozesse überzeugt sein und gezielt danach suchen. Meidungsstrategien sind i. d. R. aufwändig, ausdifferenziert und versteckt. Sie sind für den Interviewer dann offensichtlicher, wenn z. B. der Umgang mit einer Symptomatik im öffentlichen Leben (Verheimlichung, Verharmlosung, Rückzug aus sozialer Umwelt, etc.) exploriert wird. Kognitives Meiden dagegen ist nicht so leicht als Verstärker zu entdecken. In der Geschichte mit dem Hammer imponiert das spektakuläre Ende; der Interviewer muss selber eine Hypothese dazu entwickeln, was die kognitive Kette aufrechterhält, sie also kontrolliert. In diesem Fall muss sich der Interviewer fragen: »Warum geht der Mann nicht einfach zu seinem Nachbarn?« Dieser Abgleich mit einer üblichen und zielgerichteten Strategie führt ihn zur Idee, dass das Meidungsverhalten durch soziale Inkompetenz bzw. durch eine soziale Phobie veranlasst wird.

Die unmittelbaren positiven Konsequenzen drängen sich zur Erklärung der Arbeitshaltung von Frau Vetter (z. B. Dankbarkeit der Kollegen; Anerkennung vom Chef) auf. Erst in einem zweiten Hinschauen wird ihr arbeitsaffiner Oberplan ersichtlich: Der Gedanke an eine Krankschreibung ist derart negativ konnotiert, dass er weder gedacht noch formuliert werden kann, er wird gemieden.

13.9 Keine Symptomatik ohne Defizit

Nach einer klassischen Denkfigur entstehen neurotische Störungen und umschriebene Symptomatiken als Folge von Konflikten, Stress, belastenden Ereignissen, Traumata etc. Ein Patient erwartet, dass sein Therapeut sich seiner Beschwerden annimmt und die Ursachen ergründet. Für beide ist es naheliegend, nach den »Ursachen«, z. B. nach zurückliegenden Verletzungen zu suchen. Solche wird ein Interviewer auch finden; Patienten haben in ihrem Leben i.d.R. viele Belastungen erlebt. Wird der Interviewer eine plausible Relation einer belastenden Situation und seiner Beschwerde finden, ist die Überführung in ein SORKC-Modell nahezu zwingend. Der Suchprozess ist abgeschlossen und eine Intervention kann geplant werden. Der Einfluss möglicher Defizite gesunderhaltender Faktoren wird dann leicht übersehen: Diesem Ansatz folgend erkrankt eine Person dann, wenn sie über keine Copingstrategien verfügt. Sie wird die Problemsituation meiden. Insofern sind Defizite und Meidungsverhalten häufig verschwistert.

Mögliche Fragen nach Defiziten:

- »Was wäre eine Hilfe gewesen? Welcher Umstand wäre günstig, welche Person hilfreich gewesen?«
- »Was hätten Sie tun müssen, um den Konflikt mit xy zu meistern?«
- »Was hat Ihnen gefehlt, um nicht in diese Situation zu geraten?«
- »Was haben Sie bereits unternommen, um Ihre Situation zu verbessern?«
- »Woran sind die Versuche gescheitert?«; »Welche Hilfen haben Sie sich geholt?«
- »Warum war es nicht möglich, sich eine Hilfe zu organisieren?«
- »Können Sie eigentlich Hilfe annehmen?«
- »Ihre Probleme reichen weit zurück. Sie haben früh erkannt, dass das so nicht weiter gehen kann. Es ist gut und richtig, dass Sie sich nun Hilfe holen. Trotzdem will ich fragen, warum erst jetzt? Was hat Sie so lange zögern lassen?«

14 Strategien im Umgang mit Belastungen und Störungen

Es ist trivial, dass unterschiedliche Personen unterschiedlich mit vergleichbaren Situationen umgehen. Nach einem Rückschlag kann die Reaktion einer Person sein: »Jetzt erst recht«, die einer anderen: »Warum immer ich?« Ebenso trivial ist es, dass sich Patienten im Umgang mit ihrer Symptomatik unterscheiden und mit der Tatsache, erkrankt zu sein. Für die Planung der Therapie muss erörtert werden, ob die vorgetragene Störung fokussiert wird oder der Umgang mit ihr. Für die Gesprächsführung bedeutet das, auch die Strategien im Umgang mit Belastungen und Störungen zu explorieren.

14.1 Günstiger Umgang mit Belastungen und Störungen

Nicht alle Personen erkranken nach Belastungen. In den meisten Fällen gelingt es den Betroffenen, schwierige Belastungssituationen auch ohne professionelle Hilfe zu überwinden (z.B. Bonanno et al., 2008; Gebauer, 2017). Diese Ergebnisse stimmen mit den Erwartungen einer Spontanremission überein. Andere Studien z.B. Emmelkamp (2004) zeigen allerdings, dass spontan nur geringe bis gar keine Verbesserungen ohne professionelle Hilfen zu registrieren sind. Auch wenn im Mittelwert keine Unterschiede beobachtet wurden, muss es in der Verteilung Personen mit guten Verbesserungen geben. Gesichert dürfte sein, dass nicht alle Menschen nach Belastungen erkranken und dass Personen mit guten Copingstrategien in geringerem Maße pathologisch reagieren.

Im Hamburger Gesunden-Projekt befragten Deneke et al. (1987, S. 158) in qualitativen Studien gesunde Personen, wie sie es schaffen, Lebenskrisen zu überwinden. Im Durchschnitt wurden spontan etwas mehr als drei krisenhafte Situationen geschildert. Diese hatten sich am Arbeitsplatz (38%) oder als Folge einer Erkrankung (35%) entwickelt, waren die Folge der Trennung vom Partner (32%), dem Tod eines Elternteils (30%) oder Folgen eines Krieges (30%). Folgende Bewältigungsstrategien wurden von Gesunden eingesetzt

Tab. 14.1: Ergebnisse des Hamburger Gesunden-Projektes

	Bewältigungsstrategien	**Häufigkeit in %**
offensive Strategien		
1	sich auf eigene Fähigkeiten besinnen	73
2	einen Neuanfang machen	59
3	das Beste daraus machen, aus der Krise lernen	57
4	sich der Herausforderung stellen	54
5	sich auf seine optimistische Grundhaltung stützen	53
	…	
10	psychotherapeutische Hilfe suchen	11
defensive Strategien		
1	sich in das Unabänderliche fügen	44
2	Rückzug	32
3	einen Strich ziehen unter das Vergangene	24
4	Erkrankung	19
5	Suizidversuch	5
allgemeine Strategien		
1	Trauern	43
2	das Leid akzeptieren	35
3	Gottvertrauen	14

Weiterhin erfuhren Deneke et al. (1987) von den befragten gesunden Probanden, dass diese eine ausgeprägte Tendenz haben zu selbstbestimmtem Handeln sowie die Fähigkeit zu hoffen. Dadurch wird ihr Vertrauen auf ihre eigenen Kräfte und ihre hoffnungsvoll-zuversichtliche Lebenseinstellung bestärkt.

In einer Krisensituation müssen Ressourcen zur Verfügung stehen und abgerufen werden können. Von besonderer Bedeutung ist ein intaktes soziales Netz. Schon eine zuverlässige Bezugsperson in der Kindheit, die nicht ein Elternteil sein muss, vermag als Schutzfaktor zu fungieren (Werner et al., 1971). Ist die tatsächlich verfügbar? Fallen die gewohnten Sozialkontakte, aus welchen Gründen auch immer, in einer Krise aus? Dann können sie nicht nur nicht hilfreich sein, sondern stellen eine zusätzliche Enttäuschung dar.

Zahlreiche Merkmale können einer pathologischen Entwicklung entgegenwirken. Viele von ihnen haben den Vorzug, dass sie theoretisch und empirisch untermauert oder durch Fragebögen diagnostisch erfassbar sind, wie z. B. bei den folgenden Merkmalen:

Merkmale einer Person

- Optimismus (Carver & Scheier, 2003)
- Resilienz (Garmezy, 1991).
- Selbstwirksamkeit, self-efficacy (Bandura, 1977)
- Sinngebung (Logotherapie: Frankl, 1955; Psychologie des Lebenssinns: Schnell, 2016)
- Intelligenz
- Verhaltensstrategien
- Lenken der Aufmerksamkeit auf Positiva
- Konfrontieren, aktiv werden
- hilfreiche Selbstverbalisierungen
- soziales Netz
- hilfreiche Personen (Gan et al., 2021)
- private Plätze für persönlichen Austausch, hedonistische Nische (▶ Kap. 27.1)
- intakte soziale Strukturen, gut organisierte Gesellschaft (Antonovsky, 1997, S. 102 ff)
- innere Sicherheit, kein Krieg (Antonovsky, 1997, S. 102 ff)

Allgemein dürfte gelten: Verfügen Personen über solche Merkmale werden sie seltener erkranken. Haben sie eine Symptomatik entwickelt, dann können sie besser damit umgehen, und können in der Therapie auch besser mitarbeiten; es sind gesunde Patienten. Personen, bei denen diese Merkmale geringer ausgeprägt sind, werden eher erkranken und haben größere Schwierigkeiten, mit ihrer Problematik umzugehen; es sind kranke Patienten. Es daher günstig, Bewältigunsstrategien zu explorieren und für die Therapie zu nutzen.

14.2 Exploration von Belastungen und Ressourcen

Die oben genannten Variablen sind auf unterschiedlichem Abstraktionsniveau formuliert. Um sie therapeutisch nutzen zu können, müssen sie auf der Verhaltensebene operationalisiert werden. So wird in einer Krisensituation ein Persönlichkeitsmerkmal wie Optimismus nicht per se wirksam, sondern die einzelnen Verhaltenskomponenten: Wie genau ist der Einfluss von z. B. Optimismus, welches Verhalten der Person wird wirksam? Führt Optimismus zu einer Bagatellisierung oder zu einer ermutigenden Selbstkommentierung und wie genau lautet diese? Günstig ist es, wenn pz gefragt wurde und dann eine vz-Frage folgen zu lassen: »Sind Sie ein optimistischer Mensch?« (pz-Frage); »Wie machen Sie das, wenn Sie sich Mut machen?« »Mit welchen Sätzen oder Kommentaren können Sie sich aufmuntern?« (vz-Fragen).

Immer muss nach der sozialen Unterstützung gefragt werden: »Sind Sie ein Mensch mit vielen Kontakten? Sind Sie gut eingebunden?« (pz-Fragen); »Mit wem haben Sie heute schon gesprochen?«, »Mit wem hatten Sie Kontakt?«, »Mit wem sind sie verabredet?« (vz-Fragen).

Die Veränderungen im Leben eines Patienten nach einem traumatischen Ereignis müssen exploriert werden. Wie hat z. B. ein Patient und seine soziale Umgebung sein Leben nach einem Trauma oder Verlust gestaltet? Sind die täglichen Abläufe förderlich oder hinderlich für eine Krisenbewältigung? Hat er gesunderhaltende Routinen beibehalten? Wie geht eine Familie z. B. mit dem Tod eines Familienmitgliedes um? Ist Fürsorge und Selbstfürsorglichkeit gegeben? Kann sie sich die Bedingungen für eine angemessene Trauer gestalten? Wird z. B. Zeit zum Trauern eingeräumt oder werden ungelöste familiäre Zwistigkeiten reaktiviert?

Wenn Copingdefizite exploriert werden, sollte auch nach Abwärtsspiralen gefragt werden. So können negative Gedanken, die in einer Stresssituation getriggert werden, mangelndes Selbstvertrauen verstärken, was den Einsatz von Bewältigungsstrategien behindert und abwertende Oberpläne (»Das schaffe ich nie«) aktiviert. Das wiederum führt zu mehr Belastung usw. Der Beginn einer solchen Abwärtsspirale wird von Patienten mitunter als ein »Knick in der Lebenslinie« beschrieben. Der negative Effekt eines Traumas wird durch mangelnde Bewältigungsstrategien zumindest verstärkt, meist aber wird dadurch überhaupt erst ein Problem geschaffen. Der Patient allerdings attribuiert seine Beschwerden auf das Trauma und nicht auf die Defizite in der Krisenbewältigung.

Zur Exploration von Coping- und Stressstrategien und Ressourcen können Fragebögen hilfreich sein, z. B. die von Erdmann und Janke (SVF, Stressverarbeitungsfragebogen, 2008; FERUS: Fragebogen zur Erfassung von Ressourcen und Selbstmanagementfähigkeiten, 2007). Sie können als Vorlagen für eine Exploration dienen, um auf erprobte Fragen zurückzugreifen. Falls ein Fragebogen vom Patienten ausgefüllt wurde, ist es angezeigt, nachzufragen, wie bestimmte Antworten zu verstehen sind.

14.3 Wie gehen Patienten mit Belastungen und Störungen um?

In ► Kap. 1 wurde ausgeführt, dass Patienten mit recht unterschiedlichen Erwartungen in die Therapie kommen. Die einen wollen schnellstmöglich symptomfrei sein; Patienten mit einem Rentenwunsch streben genau das nicht an. Mitunter stehen mächtige primäre und sekundäre Krankheitsgewinne einer Behandlung entgegen, wenn z. B. Kranksein zum Lebensinhalt geworden ist. Förderlich dagegen ist z. B. die Bereitschaft, beizeiten Hilfe zu suchen und anzunehmen.

Stangier (2019) beschreibt folgende interne Verarbeitungsprozesse:

1. *Aufmerksamkeit*
   Wie fokussiert ein Patient seine Aufmerksamkeit, z. B. als erhöhte Selbstaufmerksamkeit nach innen oder extern als Beobachtung der Reaktion der Sozialpartner? Unter diesem Aspekt geht es bei der Symptomentstehung um die Entwicklung der selektiven Aufmerksamkeit.
2. *Vorstellungen*
   Welche Bilder, Szenen etc. sind mit einer Symptomatik assoziiert? Wie prägen diese das Erleben eines Patienten und seine Schilderungen?
3. *Erinnerungen*
   Welche Ereignisse in der Biographie drängen sich einem Patienten auf? Diese können thematisch unmittelbar im Zusammenhang mit einer berichteten Symptomatik stehen. Sie können aber auch in einem assoziativen Zusammenhang auftreten, wobei die Verbindung zur Beschwerde sich nicht unmittelbar erschließt.
4. *Bewusstsein*
   Im Umgang mit seinen Beschwerden leitet ein Patient Aspekte seines Selbstkonzeptes ab. Die Erfahrungen können sich in Selbstaussagen kondensieren wie z. B. zu nichts nutze zu sein und/oder in Grübeln über die eigene Unzulänglichkeit.

Weiterhin ist es sinnvoll, nach den Oberplänen zu fragen, die durch eine aktuelle Belastung oder Störung aktualisiert werden und den Umgang mit Belastungen prägen. Außerdem: Welche speziellen und für eine Person individuell besonderen Oberpläne haben sich bei der Genese einer Störung entwickelt? Ein 45-jähriger Patient war mit überhöhter Geschwindigkeit von der Autobahn abgebogen und hatte sich überschlagen. Fortan fuhr er Kurven im Schritttempo. Er attribuierte die Schuld auf sich, war erfolgsorientiert. Sein Kommentar: »Ich schaffe das«; »Ich will wieder normal Auto fahren.« Er suchte schon bald therapeutische Hilfe. Die konfrontative Intervention dauerte wenige Tage und war erfolgreich. Angenommen Frau Bauer hätte einen Autounfall, wäre das Thema »ungerecht« aktiviert worden und eine längere Therapie hätte sich angeschlossen.

Ungünstige Verarbeitungsprozesse sind wesentlich an der Aufrechterhaltung einer Störung beteiligt. Der Verarbeitungsstil einer Störung bzw. die Verarbeitungsprozesse können intern sein, wie z. B. erhöhte Selbstaufmerksamkeit auf die Störung. Oder sie können extern sein: Wie geht ein Patient mit seiner Problematik im täglichen Leben um? Welche Strategien hat er entwickelt? Wie sehr hat z. B. ein Patient seine Partnerin beim Umgang mit seiner Problematik funktionalisiert? Solche ungünstigen Strategien sind mitunter schwierig zu erkennen. Für einen Patienten sind sie normal oder er nimmt sie nicht als zugehörig zur vorgetragenen Beschwerde wahr. Der Diagnostiker muss also gezielt nach ihnen fragen.

Es kann für den Interviewer bei der Aufklärung von Bewältigungsstrategien hilfreich sein, sich eine Beschwerde als Netzwerk vorzustellen. Mit welchen Aspekten (z. B. Verhaltensweisen, Oberpläne, sozialen Variablen) ist diese assoziiert? Wie interagieren die untereinander und wie mit den vorgetragenen und weiteren Sypmtomatiken? Ein solches Netzwerk wird i. d. R. als Schaubild dargestellt. Es erleichtert dem Interviewer oder Therapeuten, sich einen Überblick zu verschaffen und mitunter auch die Entscheidung darüber, welcher Aspekt das behandlungsrelevante Thema sein soll. Netzwerke und funktionale Analysen ergänzen sich: In einer funktionalen Analyse wird ein z, T. winziger Ausschnitt eines Netzwerkes betrachtet, der aber zentral ist.

Aus verhaltenstherapeutischer Sicht ist das Vermeiden eine geläufige Strategie im Umgang mit einer Störung. Meiden wird in diesem Buch vielfach angesprochen, sodass es an dieser Stelle nicht aufgegriffen wird. Eine bemerkenswerte Meidungsstrategie soll nachfolgend besonders gewürdigt werden.

14.4 Jammern und Lamentieren

Zur Definition von Lamentieren wird im Duden[39] auf Jammern verwiesen. Dort heißt es: »Über jemanden, etwas laut und wortreich klagen; seiner Unzufriedenheit über etwas Ausdruck geben; in klagendem Ton nach jemandem, etwas verlangen. Jemandes Leid erregen; jemandem im Innersten leidtun«.

Aus psychologischer Sicht sind beim Jammern deutliche Komponenten des Bedauerns herauszuhören: Ein Sachverhalt ist »bejammernswert«. Beim Lamentieren ist der Aspekt des Vorwurfs (»Lamento«) und auch des Abwertens anderer Personen oder Zustände involviert. Beim Jammern beklagen sich Personen über alles: Die spezifischen Inhalte, über die gejammert oder lamentiert wird, können nahezu beliebig sein, sie sind nahezu austauschbar. Man kann auch über Gott und die Welt klagen und jammern. Bevorzugte Themen sind:

- allgemeine oder persönliche Missstände
- das eigene Schicksal
- die Fehler anderer
- das heutige eigene Unvermögen, das früher nicht bestanden hat
- Ungerechtigkeit der Welt; die Person ist Opfer
- Selbstaufwertung (»Ich könnte das besser«) und Abwertung anderer (»Die schnallen das nicht«)

Die Betroffenen sind überzeugt von den bejammerten Aussagen, sie denken und argumentieren in klaren Alternativen: gut und richtig oder schlecht und falsch. Die Positionen werden direkt ausgedrückt oder indirekt vermittelt; diese können meist unmittelbar als Oberpläne übernommen werden:

39 https://www.duden.de/

- »Ich bin arm dran.«
- »Es ist schlimm, wie es ist.«
- »Ich werde benachteiligt.«
- »Ich habe es schon immer gewusst.«

Langfristig sind die Folgen des Jammerns und Lamentierens zwar negativ (Vereinsamung, C-), deren Potenz als Verstärker aber immens:

- Selbstbedauern (»Ich Armer«, C+)
- Selbstaufwertung (»Ich weiß das besser«, »Ich könnte das besser«, C+)
- Weitergabe von Verantwortung (»Ich kann nichts ändern«, Ȼ-)
- Die anderen sind schuld (»Ich kann da nichts machen. Warum macht der das auch?«, Ȼ-)
- Verstärkung eines korrespondierenden negativen Oberplans (»Ich bin ein Depp. Immer muss mir das passieren. Ich hab es schon immer gewusst«, C+)
- Die Vereinsamung kann auch wieder beklagt werden, was positiv verstärkt werden kann, s. o. (»Ich hab's immer schon gewusst«, C+)

Jammern und Lamentieren werden als langfristig erworbene Verhaltensweisen verstanden, die in erster Linie Person-intern und erst in zweiter Linie extern verstärkt werden und die ein stabiles Problemverhalten darstellen. Die Inhalte können Hinweise auf eine problematische Selbst- und Fremdsicht sein und in sozialen Verbänden den Umgangston negativ beeinflussen.

Im hier vorgetragenen Konzept wird vorgeschlagen, entweder nicht auf das Jammern oder Lamentieren einzugehen, wenn es z. B. gelegentlich auftritt oder in einem laufenden diagnostischen oder therapeutischen Prozess vom eingeschlagenen Weg wegführen würde. Meist aber ist es sinnvoll, es zum Thema der Therapie zu machen:

- »Habe ich das gerade richtig herausgehört, dass Sie einen Vorwurf an … formulieren?«
- »Wie Sie das mir gerade erzählen, hört sich das vorwurfsvoll an?«
- »Beschweren Sie sich gerade? Bei wem eigentlich?«
- »Von außen betrachtet, frage ich mich, ob Sie mit all den Verwicklungen überfordert sind.«

Box 23: Das Schöne am Lamentieren

Ein 52-jähriger Patient, Verwaltungsangestellter, klagt über Stress am Arbeitsplatz: Seine Kolleginnen und Kollegen schneiden ihn und machen ihm das Leben im Betrieb schwer. Das kränkt ihn; er wünscht, sich besser abgrenzen zu können. Die erste Arbeitshypothese lautet daher Mobbing, der Patient ist das bedauernswerte Opfer. Erst beim »zweiten Hinhören« fällt dem Interviewer auf, dass der Patient lamentiert (Hinweise: Gegenübertragung, die Schilderung ist ihm unangenehm; Tonfall: dezent jammerig und versteckt anklagend; Attribution von Schuld an Dritte, Abwertungen seiner Kolleginnen etc.).

Die zweite Arbeitshypothese lautet daher, dass er die Konfliktsituationen selber herbeiführt (Operant, Inszenierung), dass seine soziale Kompetenz unzureichend ist (Copingdefizit) und dass sein vorwurfsvoller und lamentierender Umgangsstil die Kolleginnen und Kollegen zu genervten Reaktionen provoziert. Diese werden als Beleg für einen negativen Oberplan, dass ihn keiner mag, gewertet (C+).

Mobbing wurde für die Therapie unwichtig, wohl aber das Thema Jammern, mit dem sich der Patient selber schadete. Ein lamentierender Mitarbeiter ist von seinen Kollegen und Kolleginnen nur schwer zu ertragen. Folglich wurde Jammern als kritisches Verhalten in den Mittelpunkt gestellt. Lamentieren ist verstärkend und deswegen so verführerisch, weil es keine Anstrengung kostet. Der Verstärker-Trick: Die Abwertung der anderen, hier der Kollegen, ist zugleich eine Selbstaufwertung; die anderen sind schuld (Ȼ-) und der Lamentierer weiß (C+), was richtig ist. Daher sind die vorgetragenen Inhalte austauschbar. Ziel des Jammerns ist das Jammern. Diese Sichtweise wurde dem Patienten erst später vermittelt. Initial bestand die therapeutische Hilfe darin, ihm soziale Kompetenz zu vermitteln.

Zugespitzt ausgedrückt: Wer Jammern will, wird Gründe zum Jammern finden. Diese sind ubiquitär und können leicht gefunden oder selber herbeigeführt werden. Sie können als Operants interpretiert werden, die zu einer gewohnten (Selbst-) Belohnung führen. Auch muss sich der Interviewer laufend vergegenwärtigen, dass Verhaltensmuster unabhängig sein können: Auch spontan umgänglich und sympathisch wirkende Patienten können lamentieren.

Andere klinische Ansätze gehen z. T. anders mit dem Jammern um. Z. B. wird in der komplementären Gesprächsführung versucht, einem Patienten sein Jammern zu lassen. Komplementär zum Jammern verhält sich der Therapeut so, dass der Patient keinen Anlass zum Jammern hat: Er gibt ihm zu verstehen, dass er sich für ihn voll engagieren und alles für ihn tun will und ihn nicht überfordern wird. Berger (2006) beschreibt beispielhaft sein Vorgehen in Abbildung 14.1 (▶ Abb. 14.1).

Dieses Beispiel belegt, dass auch andere Kliniker jammernde und lamentierende Patienten haben. Zentral für die Gesprächsführung ist es, mit ihnen zu rechnen, sich zu sensibilisieren, um nicht ins Agieren zu geraten. Berger verfolgt eine andere als die hier vorgestellte Strategie. Er will ihnen quasi den Wind aus den Segeln nehmen. Das funktioniert vorzugsweise im Rahmen seines klinischen Modells, der komplementären Gesprächsführung.

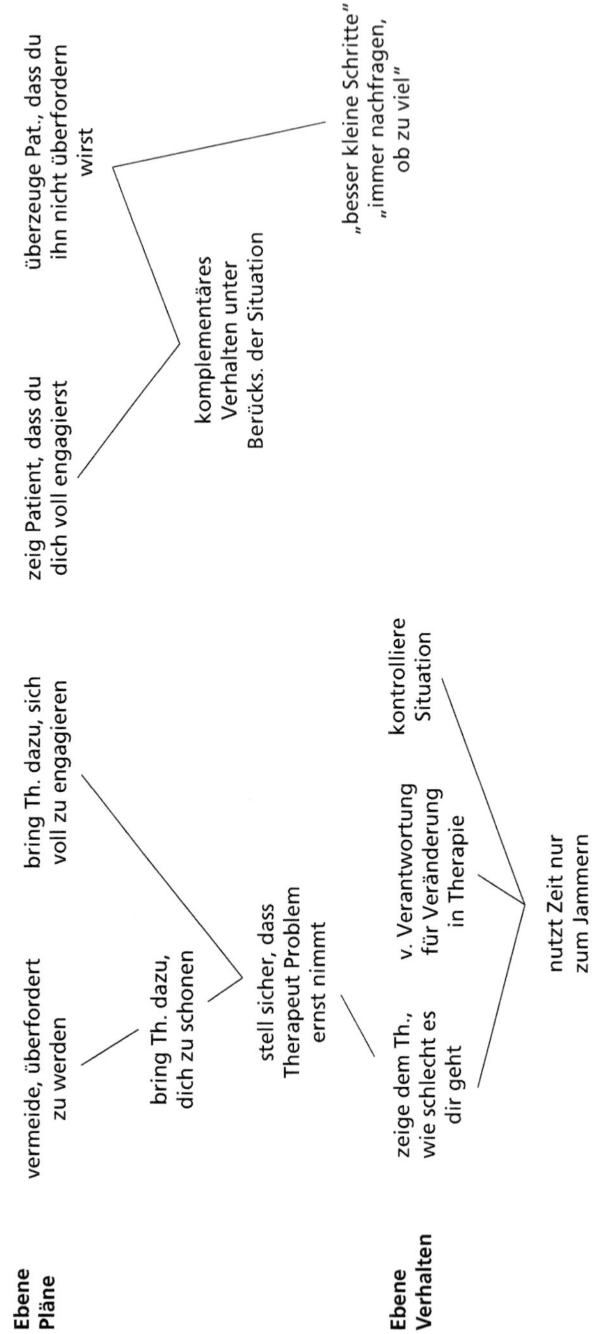

Abb. 14.1: Der jammernde Patient in der komplementären Gesprächsführung

15 Verhaltenstherapeutische Beiträge zur Gesprächsführung

15.1 Überblick: Verhaltenstherapeutische Denk- und Sprechgewohnheiten

In der VT werden immer mehrere Sprachen gesprochen: Eine verhaltenstherapeutische Denk- und Sprechgewohnheit, eine allgemeine klinisch-psychologische Denk- und Sprechgewohnheit, einschließlich der Fachsprachen weiterer klinischer Modelle, wie z. B. der Tiefenpsychologie sowie eine Umgangssprache, in der sich Patient und Therapeut verständigen.

Es wird zwischen zwei konträren Frageformulierungen unterschieden:

- verhaltenszentriert
- personzentiert

Naheliegend ist, dass bevorzugt Verhalten in spezifischen Situationen erfragt wird.

Weiterhin müssen zwei konträre Arbeitshaltungen von einem (Verhaltens-) Therapeuten, je nach Stand der Diagnose oder Behandlung, situationsspezifisch abgerufen werden: zuhören, geduldig sein, non-direktiv vorgehen, paraphrasieren sowie direktiv, gezielt, aktiv, Änderung betreiben.

In der VT entwickelten sich spezifische Heuristiken des therapeutischen Denkens und Handelns. Das Denken in S-R-C-Einheiten hebt die zeitliche Abfolge einzelner Verhaltensschritte hervor. Diese linearen Anordnungen sind quasi die Denkbasis für die Entwicklung eines SORKC-Modells. Diese Analyseschritte sind als eine Suchanleitung zu verstehen, unter welchen Bedingungen ein umschriebenes Verhalten auftritt. Die Idee des SORKC-Modells führt also dazu, Zeitreihen anzulegen: Eine Symptomatik wird im Zeitverlauf detailliert in möglichst kleinen Zwischenschritten erfragt. Die Darstellung auf der Zeitachse (horizontal) wird durch die Beschreibung des kritischen Verhaltens auf den vier Ebenen vertikal ergänzt (Ebene des beobachtbaren motorischen Verhaltens, der Kognitionen, der Emotionen und der Physiologie).

Die Darstellung des Verlaufs von aufeinanderfolgenden Gedanken und auch emotionalen Reaktionen mag nicht immer üblich sein, ist aber eine hervorragende Methode, um die Abfolge von Kognitionen zu verstehen. Ungewohnt mag es sein, dass der Logik der inhaltlichen Abfolge von Gedanken eine eher formale Verstärkeranalyse zu Seite gestellt wird.

Ein Verhaltenstherapeut will sich selber eine Vorstellung machen, wie im Einzelnen ein problematisches Verhalten abläuft: Er sucht nach einem plastischen Bild der Vorgänge in einer konkreten Situation. Dieses soll typisch für die Symptomatik sein und ein Thema repräsentieren, das relevant für den Patienten ist.

Methodisch hilfreich sind eine genaue Situationsbeschreibung und eine detaillierte Zeitreihe. Der Therapeut soll in der Lage sein, sich eine von der Patientensicht weitgehend unabhängige Sicht des Problemverhaltens und dessen Bedingungen zu schaffen oder aus einer möglichst unabhängigen Position z. B. ein treffendes Thema oder die Copingkompetenz eines Patienten abschätzen zu können.

Frau Otto suchte wegen ihrer Panikattacken eine Behandlung (s. Transkripte im Anhang). Der Interviewer ließ sie sehr genau die Situation schildern, in der eine Panikattacke auftrat und fragte nach Details. Folglich berichtete sie aus ihrer Sicht auch eine Nebensächlichkeit, nämlich dass sie sich die Fußnägel geschnitten hatte, eine wichtige Kleinigkeit in einem plastischen Bild. Daraus konnte der Interviewer die Intensität der Attacke abschätzen, unabhängig von den Angaben der Patientin. Wenn sie eine Schere ohne Verletzung führen konnte, kann die »Panik« nicht so intensiv gewesen sein.

Um den Ablauf bildhaft nachvollziehen zu können, legte er einen Zeitstrahl an und fragte nach der zeitlichen Abfolge der Anzeichen für Ängstlichkeit und Depressivität. In diesem Falle folgte die Ängstlichkeit der Depressivität nach und beendete quälende Vorwürfe und dunkle Erinnerungsbilder aus dem Spreewald. Depressivität war für die Patientin sehr bedrohlich, mit Ängstlichkeit dagegen konnte sie recht gut umgehen. Ihre primäre Störung war folglich Depression, Angst hatte die Funktion eines Copingmechanismus. Diesen funktionalen Zusammenhang konnte der Interviewer nur erfragen, weil er sich Detailkenntnisse der problematischen Situation angeeignet hatte.

15.2 Think Behavior

Frau Ivanova, 33 Jahre, bulgarischer Herkunft, zwei Söhne, 9 und 10 Jahre, alleinerziehend, suchte einen Rat. Sie hatte nach der Mutterpause und nach der Scheidung von ihrem chauvinistisch auftretenden Mann eine Ausbildung als Krankenschwester begonnen. Ihr Schulabschluss, »Mittlere Reife«, lag 17 Jahre zurück. Alle Themen waren angstbesetzt, die mit Lernen, Schule und Lehrern verknüpft waren. Es entsprach nicht ihrer Sozialisierung als bulgarische Frau (kollektives Gedächtnis), weiter zu lernen und sich beruflich zu qualifizieren. (»Eine bulgarische Mutter gehört an den Herd«). Folglich wurde sie von ihrer Familie nicht unterstützt und hatte mit erheblichen Selbstzweifeln zu kämpfen. Ein Problemüberblick erbrachte eine Vielzahl behandlungswürdiger Symptome:

- Schulangst (Angstrating 80)
- Angst zu erkranken (Angstrating 75)
- Angst, sich zu behaupten und im Mittelpunkt zu stehen (Angstrating 85)
- Ablösungsthematik von der Mutter
- Unterstützung nicht annehmen können, wenig Selbstfürsorge

Frau Ivanova wollte keine Therapie beginnen. Sie hatte den starken Wunsch, eine Ausbildung zu absolvieren, um selbstständig zu sein. Zur Veränderung ihrer Lage hatte sie selber einen entscheidenden Schritt getan: Sie wurde in der Schule gebeten, ihr Ziel für das kommende zweite Ausbildungsjahr zu benennen. Sie hatte geschrieben: »Ich melde mich einmal am Tag«. Die Rückmeldung des Lehrers war verhalten. Üblicherweise nannten die jungen Frauen Ziele wie z. B. die Ausbildung erfolgreich zu beenden, selbstständiger zu werden oder sich von den Eltern »ein Stück weit« zu distanzieren, ordentlicher zu werden und sich besser zu organisieren etc. Sich »nur« einmal zu melden, erschien geradezu minimalistisch. Frau Ivanova befürchtete, dass sich ihr Lehrer nicht ernst genommen fühlte. Aus psychologischer Sicht jedoch war diese Vorannahme optimal und wurde daher zum Mittelpunkt der Beratung. Dieses Ziel war für Frau Ivanova:

- zwar ängstigend, aber für ihren augenblicklichen Zustand gerade zu schaffen.
- verhaltensnahe und objektivierbar. Sie konnte ihren Fortschritt selber leicht übersehen.
- täglich zu bewältigen. Es konnte nicht verschoben werden, wie z. B. »ordentlicher zu werden« oder »sich von den Eltern zu emanzipieren«
- eine Aufforderung, dem Unterrichtsverlauf zu folgen. Diese Notwendigkeit brachte es mit sich, sich auf den Unterricht zu konzentrieren und sich zu Hause vorzubereiten.

Es war anzunehmen, dass durch das tägliche Training die Angst abgebaut würde. Ergänzend wurde mit ihr verabredet, dass sie sich nach dem Melden sagte (Selbstverstärkung): »Ich habe mich gemeldet. Es war gut, dass ich das getan habe.« Weiterhin wurde vereinbart, dass sie einer Freundin täglich eine Bestätigung mailte, dass sie sich gemeldet hatte.

Frau Ivanova hatte also auf der Verhaltensebene in einem kleinen Schritt begonnen, eine konkrete Änderung zu initiieren. Sie entwickelte sich in den folgenden drei Jahren zu einer der besten Schülerinnen. In unregelmäßigen Abständen suchte Frau Ivanova punktuelle Unterstützung. Der Großteil ihrer initialen Symptome war nach vier Jahren ohne therapeutische Hilfe gebessert, z. T. aufgehoben.

Frau Ivanova hatte einen wichtigen Punkt einer Therapieplanung realisiert, nämlich nur so viel Therapie bzw. Unterstützung anzufordern, wie notwendig. Es ist nicht auszuschließen, wahrscheinlich sogar sinnvoll, dass Frau Ivanova nach Abschluss ihrer Ausbildung eine Therapie beginnt. Trotz aller Erfolge ist nämlich die Enttäuschung über ihre Familie, insbesondere über ihre Mutter, sie nicht unterstützt zu haben, geblieben.

Kanfer nannte diese Strategie »Think Behavior«: Nicht auf der Konzeptebene mit Patienten reden, sondern möglichst konkret und verhaltensnahe. Auch sollen generelle Persönlichkeits- und Charakterbeschreibungen unterbleiben. »Da das Ziel jeder Therapie in erster Linie eine Verhaltensänderung ist, liegen auch die Hauptschwerpunkte des therapeutischen Geschehens auf dem Thema »Verhalten«, und zwar auf den verschiedenen Verhaltensebenen« (Kanfer et al., 2012, S. 328). Diese Autoren beziehen sich auf Glasser und Zunin (1979), die ihren verhaltensnahen Therapieansatz wie folgt pointieren: »Wir sind weitgehend das, was wir tun, und wenn wir ändern möchten, was wir sind, müssen wir damit beginnen, zu ändern, was wir tun« (zit. nach Kanfer et al., 2012, S. 328).

Think Behavior bedeutet für die Gesprächsführung, Berichte eines Patienten auf der Verhaltensebene zu konkretisieren und sie durch Beispiele anschaulich zu machen.

Verhaltensnahes Denken widerspricht Homunkulus-Theorien. Wörter wie »Innerer Kritiker« oder »Täterintrojekt« sind in Mode gekommen und stehen selbst auf Informationsflyern von Veranstaltungen verhaltenstherapeutischer Weiterbildungsinstitute: Eine Funktion, z. B. sich selber zu kritisieren, wird personalisiert. Es wird quasi ein kleiner Mensch (Homunkulus) in den Kopf einer Person gesetzt, der sie kontrolliert. Diese Funktion wird im verhaltenstherapeutischen Denken direkt und genauer als Verhalten beschrieben, z. B. als Kognition oder Oberplan. Die Operationalisierung eines »Inneren Kritikers« z. B. sind negative oder abwertende Selbstkommentare, wie etwa: »Du bist zu nichts nutze«. Eine solche Beschreibung ist etwas nüchtern und in der Diagnostik aufwändiger als einen Homunkulus einzuführen. Aber: Sie ist genauer.

Der Begriff »strenges Über-Ich« ist in die psychologische Umgangssprache aufgenommen. Wieder sitzt irgendwo im Kopf ein kleines Männchen oder eine kleine Frau, die eine Person wie ein Schulmeister behandelt. Gemeint ist damit, dass eine Person sich selber in strenger Weise kontrolliert. Aus verhaltenstherapeutischer Sicht ist es sinnvoller, die vermuteten Funktionen direkt auszudrücken. So muss z. B. eine Person vor einer Pause erst ein beachtliches Arbeitspensum abgeleistet haben oder strenge moralische Regeln befolgen, wie z. B. enthaltsam vor der Ehe leben. Solche Operationalisierungen sind anschaulicher als ein »strenges Über-Ich«.

15.3 Zur Exploration verborgener Inhalte

Eine Reihe von Inhalten kann nicht korrekt oder überhaupt nicht geschildert werden, wenn zufällige Lernprozesse involviert sind oder waren: Ohne ihr Wissen verstärkt Frau Meister operant das Fehlermachen ihrer Tochter. Beide können in einer Exploration diesen Vorgang nicht wiedergeben. Auch Klaus hätte später seinen Einkauf im Milchladen in Köln nicht »korrekt« schildern können (s. Box 15). Sein Glück war es, dass seine Mutter beherzt nachgefragt und die negative Konnotierung aufgelöst hatte.

Neben solchen Effekten, die durch zufällige Konditionierungsprozesse entstanden sind, können pathologische Verhaltensweisen auch durch weitere nicht wissentliche Lernprozesse, z. B. durch Covert Conditioning und Priming-Effekte oder durch schlichte zeitliche Kontingenzen entstehen. In den berühmten Experimenten auf Hängebrücken von Aron et al. (1989) z. B. trifft eine naive Person, ein junger Mann, auf eine instruierte Person, eine hübsche Frau, mitten auf einer schwankenden Hängebrücke. Die Erregung, die spontan durch die Höhe ausgelöst wird, attribuiert die naive Person auf die zweite Person: Der Mann verliebt sich in die Frau. Die Reaktion der Zuneigung zu ihr wird negativ verstärkt: Die ängstliche Erregung wandelt sich in eine liebevolle. Je nach Temperament können weitere positive Verstärker hinzukommen. Solche Effekte des Kontingenzlernens passieren zufällig im Alltag, und zwar in positiver als auch negativer Richtung. Sie können durch vielerlei Bedingungen geprägt sein, z. B. sinnliche Einflüsse wie Geräusche oder Gerüche, nette oder unfreundliche Personen, etc.

In der folgenden Box wird eine kuriose Wechselwirkung zwischen einem Vermeidungsverhalten, Folge einer sozialen Phobie, und zufälligen Bedingungen einer Hotelorganisation geschildert:

Box 24: Frühstück im Hotel

Ein Außendienstmitarbeiter einer Softwarefirma musste zur Abwicklung seiner Aufgaben mitunter in Hotels übernachten. Er hatte im Rahmen einer sozialphobischen Symptomatik einen Widerwillen gegen das Frühstücken im Hotel generell ausgebildet. Das galt auch für das von ihm häufig frequentierte Hotel. Das war ihm unverständlich; von früheren Übernachtungen kannte er das Hotel, in dem er seine Aversion zum ersten Mal bemerkt hatte; er schätzte es wegen der Diskretion. Er wollte wegen seiner Sozialphobie ungerne außerhalb des Hotels an einem anderen Ort frühstücken und strebte daher auch aus zeitlichen Gründen an, in seinem Hotel frühstücken zu können. Insofern war der Wunsch des Patienten nachvollziehbar und wert nachzuforschen.

Der Patient konnte nur rudimentär die Besonderheiten des Raums, der Personen etc. schildern. Zur Unterstützung der Verhaltensanalyse wurde ein Protokoll der Frühstückssituation vereinbart, in dem neben den Besonderheiten des Raums und der Situation auch detailliert sinnliche Eindrücke notiert werden sollten. Das hatte primär die Funktion, die Aufmerksamkeit des Patienten nach außen, also von sich weg in die Situation zu lenken und sicherzustellen, dass gesuchte Informationen auch berichtet werden können. Er hatte nämlich ein Meidungsziel verfolgt, alles zu unterlassen, womit er auffallen könnte und hatte seine Aufmerksamkeit nur auf seine unmittelbare Umgebung gerichtet.

Das Beobachtungsprotokoll ergab die folgenden relevanten Besonderheiten: Er bevorzugte einen Platz im Eingangsbereich des weitläufigen Frühstücksraumes, um den Raum nicht durchqueren zu müssen und ihn auch schnell wieder verlassen zu können. Dieser Platz hatte Nachteile: Er lag in der Nähe des Buffets und eines größeren runden Tisches, der von lebhafteren und eher lauten Gästen bevorzugt wurde; andere Gäste gingen an ihm vorbei. Solange er diese nicht anschaute, störten sie ihn nur mittelgradig. Die Nähe zum Buffet hatte den Vorteil kurzer Wege und weniger Blickkontakte. Aber: Er konnte sich nicht dem Geruch von (zu) kross gebratenem Speck und mitunter angebrannten Rühreiern entziehen, was ihm äußerst unangenehm war. Auf diesen Punkt war er durch das Protokoll überhaupt erst aufmerksam geworden; er hatte den weggedrängt.

Die Platzwahl war Folge einer negativen Verstärkung: Er vermied den Gang durch den Saal zu einem sicheren Platz im hinteren Teil. Beim Frühstück war seine Aufmerksamkeit auf sich selbst gerichtet; kognitiv dominierte der Satz: »Nur nicht auffallen. Hoffentlich guckt keiner«. Die negativen Aspekte seines Platzes nahm er nicht wahr. Gleichwohl waren sie als negative Konsequenzen wirksam (Kontingenzlernen) und führten zum aversiven Konnotieren der Situation, was dem Patienten aber nicht bewusst war.

Das wenig genussvolle Frühstück hatte er als negative Konsequenz seiner Angststörung interpretiert. Für den Patienten war das ein Ärgernis (»Wegen dieser sch … Angst kann ich noch nicht einmal in Ruhe frühstücken«). Nachdem geklärt war, warum er wahrscheinlich keine Freude am Frühstück hatte, war der Wunsch, genussvoll an einem angenehmen Tisch zu frühstücken, Motivation, den Gang durch den Frühstücksraum zu üben.

Technischer Hinweis: Der Gang durch den Speisesaal wurde durch eine Systematische Desensibilisierung vorbereitet. Diese wurde abgeschlossen durch die bildhafte Vorstellung, wie er durch den Raum geht, sich an einen schön eingedeckten Tisch setzt und genüsslich frühstückt. Es wurde also bewusst eine positive Konnotierung der Angstsituation durch das Frühstück eingeführt.

15.4 Zeitreihen: Herstellen einer linearen Ordnung

15.4.1 Zeitreihen können unterschiedlich lang sein

Bei einer Zeitreihe wird eine zeitliche Abfolge einzelner Verhaltensschritte erstellt, die als S-R-C-Einheiten untergliedert werden können. Vornehmlich wird eine Zeitreihe auf der Ebene beobachtbaren Verhaltens, der Ebene von Kognitionen und als Wechsel von beobachtbarem Verhalten und Kognitionen erstellt. Auch die physiologische Ebene kann einbezogen werden, ist doch das Absinken der körperlichen Erregung und die damit verbundene Entspannung eine potente negative Verstärkung. Der mögliche Zeitrahmen kann unterschiedlich sein:

- *Kürzere Zeitspanne auf der Ebene beobachtbaren Verhaltens*
  Die Interaktion von Joachim mit seinem Vater dauert einige Minuten. Der Junge fragt seinen Vater und geht Musik hören; der Vater recherchiert und berichtet seinem Sohn; beide sind zufrieden.

- *Kürzere Zeitspanne auf der Ebene der Kognitionen*
  Zu Beginn der Geschichte mit dem Hammer werden die nacheinander auftretenden Kognitionen detailliert beschrieben.
- *Wechsel von beobachtbarem Verhalten und Kognitionen*
  Die Zeitreihen der oben genannten Beispiele werden dann komplettiert, wenn die einzelnen Verhaltensschritte und die dazugehörigen Verstärker auf beiden Ebenen abgebildet werden.
- *Zeitlich lange Verhaltenseinheiten*
  Die Darstellung einer biographischen Entwicklung führt zwangsläufig zu einer zeitlichen Ordnung. Eine Zeitreihe kann sinnvoll sein, um die Genese von Überzeugungen, Oberplänen oder Schemata nachzuvollziehen. Über diesen Weg kann es auch ein Beitrag zu einer Verstärkeranalyse sein. Herr Carl entwickelte im calvinistischen Elternhaus eine strenge protestantische Arbeitsethik, die sich auf der Konzeptebene als Oberplan niederschlug.

Zum Verständnis biographischer Zusammenhänge kann es sinnvoll sein, wichtige Geschehnisse auf einem Zeitstrahl anzuordnen, von der Geburt bis zum jetzigen Leben: Ein horizontaler Strich symbolisiert die Zeitachse, am linken Ende werden frühe, rechts spätere Ereignisse eingetragen. Es kann sinnvoll sein, Ereignisse zu Klassen zusammenzufassen:

Herz: Form eines Lebkuchenherzes in roter Farbe = gute Kontakte
Kleeblatt: Form eines vierblättrigen Kleeblattes in grüner Farbe = Glück
Blitz: übliches Symbol für »Achtung Hochspannung« in schwarzer Farbe = Unglück
Ausrufezeichen: normales Ausrufezeichen in schwarzer Farbe = wichtiges Ereignis

Bei einer Zeitreihe mit kürzerem Umfang werden Ereignisse oder eine Verhaltenssequenz in kleine Schritte aufgelöst und logischerweise werden verhaltenszentrierte vz-Fragen gestellt: »Bitte beschreiben Sie mir die Situation im Einzelnen«. »Wie haben Sie sich verhalten?«

Bei einer solchen Frage wird die zeitliche Struktur im Nachhinein erstellt:

- »Wie hatte das begonnen?«
- »Was passierte danach? Was passierte unmittelbar danach?«
- »Wann haben Sie diesen Gedanken zuerst bei sich beobachtet?«
- »Wie war das genau: War zuerst die Angst da oder die Mutlosigkeit?«
- »Wie entwickelte sich die Angst, die Mutlosigkeit?«
- »Welche unmittelbaren Konsequenzen hatte das?«
- »Wie hat Ihr Partner/Chef/Nachbar daraufhin reagiert?«
- »Haben Sie körperlich etwas gemerkt? Hat sich Ihr Puls beschleunigt/verlangsamt? Haben Sie feuchte Hände, weiche Knie … bekommen?«
- »Hatten Sie den Impuls, wegzulaufen?«

15.4.2 Eine lineare Ordnung offenbart Lücken

Zeitreihen verdeutlichen Lücken, dann nämlich, wenn der geschilderte Ablauf von Verhaltensweisen nicht stimmig ist. Die Systematik einer Zeitreihe lässt einen Außenstehenden – hier den Diagnostiker – entdecken, ob Sprünge im Bericht sind oder Bezüge nicht stimmen. Mitunter wird der Diagnostiker nach Inhalten fragen, die der Patient selbst nicht sieht. Der Diagnostiker entdeckt »Leerstellen« bzw. »blinde Flecken«, wie im Beispiel mit dem Mann ohne Hammer (s. Box 8) eine sozialphobische Reaktion, die er selber sich nicht eingestanden hatte.

Fragen zur Klärung einer Lücke in einer Zeitreihe können lauten: »Dann müsste das doch so ... sein«; »In so einer Situation reagieren Personen gerne mit ... Verhalten.«

Im Gespräch mit Herrn Brotler fragte der Interviewer: »Der Kunde will eine Monatskarte haben. Dann geben Sie ihm die und der ist dann unfreundlich. Was passiert dann in der Zwischenzeit?«

Später fragt der Interviewer genauer, weil er vermutet, dass Kunden sehr lange warten müssen: »Wie lange dauert es, die Fahrkarte auszustellen?«

An dieser Stelle im Interview wird erkennbar, dass Herr Brotler (s. Transkripte im ► Kap. 31 gewissermaßen eine Lücke in seinem Bericht gelassen hat. Er schilderte nicht, wie unverhältnismäßig lange es dauert, bis er einen Arbeitsschritt abschließen kann. Der Patient muss sich ständig überprüfen. Das war der erste valide Hinweis auf eine Zwangsstörung. Diese bestätigte sich und erklärte viele seiner Probleme.

15.4.3 Anordnung von Verhalten auf der Zeitachse

Interaktionen zweier Personen können gut als Zeitreihe beschrieben werden, die deren Interaktion hervorhebt. Die interpersonalen Konflikte von Frau Otto und ihrem Ehemann können auf zwei parallel verlaufenden Zeitachsen dargestellt werden: Reaktionen des Partners werden Auslöser (S^D) für das Verhalten von Frau Otto. Deren Verhalten ist nun wiederum Auslöser (S^D) für das Verhalten von Herrn Otto etc. In einer Paarberatung kann dieses Vorgehen den Teilnehmern erleichtern, einen Perspektivwechsel vorzunehmen.

Frau Otto will beginnen, wieder Fahrrad zu fahren. Das steht in der Garage, die über die Zeit mit immer mehr Gegenständen und Kisten vollgestopft wurde. Um an das Rad zu gelangen, müssten diese weggeräumt werden:

Frau Otto	»Das Fahrrad steht ganz hinten in der Garage.«
Herr Otto	»Dann hol's halt raus.«
Frau Otto	»Kann ich nicht alleine. Deine Kisten kann ich nicht heben.«
Herr Otto	»Meine Kisten? Meine Kisten stehen im Weg! Von dir stehen jede Menge drin.«
Frau Otto	»Das stimmt doch gar nicht.«

15.4.4 Zeitreihe: Sequenzielles Auftreten von zwei Symptomen

Nicht nur umschriebene Ereignisse oder Verhaltensweisen können in einem funktionalen Zusammenhang stehen, auch umschriebene Symptome können funktional aufeinander bezogen sein. Eine zeitlich vorangehende Symptomatik kann Auslöser für eine nachfolgende sein; eine zeitlich spätere Symptomatik kann eine vorhergehende beenden. Es entsteht ein funktionaler Zusammenhang: Die zeitlich frühere ist schwerer zu ertragen als die folgende, reduziert oder beendet ein unangenehmes Erleben:

Frau Otto stellte sich wegen Panikattacken vor (s. Transkript). Diese terminieren eine depressive Episode in der »Lebenszuversicht wegbricht« (C-); der Symptomwechsel von der Depression zur Angstsymptomatik in unmittelbarer Aufeinanderfolge stellt für sie eine Erleichterung dar (₵-). Sie kann mit der Angst besser umgehen als mit der Depression. Ihr Anliegen, die Angst zu behandeln, ist als Meidungsverhalten zu verstehen: Sie hätte sich mit der Depression nicht auseinandersetzen müssen. Das war wenig ratsam, weil die Angst eine Bewältigungsfunktion hatte.

Auch der Wechsel eines Zwangsverhaltens zu einer psychosomatischen Symptomatik folgt dem identischen Verstärkungsprinzip: In der Box 21. »Herzattacke«, wird ein Patient beschrieben, der wegen des Verdachtes auf Herzinfarkt notfallmäßig in einer Akutklinik aufgenommen wurde. Er litt an Zwangshandlungen, die die Renovierungsarbeiten unerträglich in die Länge zogen (C-). Das Auftreten der Herzsymptomatik beendete die Zwangshandlung, fungierte also als ₵-.

Die für Außenstehende mitunter bizarr anmutende Frühstückssituation von Herrn Zweigelt folgt folgender Logik:

Frühstücken → Unruhe, quälende Gedanken (C-) → zwanghaftes Ordnen (₵-)

Sein Zwang verschafft Herrn Zweigelt Ruhe vor den peinigenden Gedanken. Die negativen Folgen, ohne Frühstück in den Tag zu starten, folgen später.

15.5 Erst Ressourcen aufbauen, dann Beschwerden reduzieren

Der Wunsch eines Patienten ist die Behandlung seiner Beschwerden. Es kann sinnvoll sein, diese nicht symptomatisch anzugehen, sondern quasi einen Umweg zu machen: Verfügt der Patient über Ressourcen, Positiva oder Copingstrategien, um angemessen mit einer für ihn schwierigen Situation umzugehen? Bei der Suche nach solchen Defiziten ist der Therapeut vielfach auf sich gestellt. Mitunter sind diese für den Patienten verborgen und für Außenstehende nicht unmittelbar sichtbar. Der Therapeut sucht also nach etwas Unbekanntem. Eine weiterführende

Fragestrategie in Anlehnung an die Wunderfrage von de Shazer kann sein, danach zu fragen, was zur Lösung eines Problems oder einer Situation hilfreich wäre. Als Lösungsstrategie bietet sich eine Art Gedankenexperiment an: Welche Verhaltensweisen wären für einen Patienten sinnvoll, damit er ein Zielverhalten erreichen kann? Gibt es ein Copingverhalten, das eine Problemsituation gar nicht erst entstehen lassen würde, würde ein Patient darüber verfügen?

Box 25: Keiner mag mich. Oder: Wie macht man das?

Frau Wege, 33 Jahre, ledig, Gruppenleiterin in einer Internethandelsfirma, hatte wegen Erschöpfung einen Rehaaufenthalt absolviert und die Empfehlung erhalten, wegen sozialer Ängstlichkeit eine ambulante Therapie zu beginnen. Als typische Angstsituation schildert sie: Wenn sie an einer Gruppe teilnimmt, privat auf einem Fest oder beruflich während einer Besprechung, ist sie beunruhigt (Angstrating: 60% bis 80%). Sie »lässt sich nichts anmerken«, beteiligt sich »tapfer« und ist danach völlig erschöpft. Für eine soziale Phobie (F40.1) spricht: Angst vor der Bewertung, insbesondere durch ihre Mitarbeiter; Angst, im privaten Kreis peinlich zu sein; sie hat ständig das Gefühl, negativ bewertet oder abgelehnt zu werden. Schon vor dem Rehaaufenthalt hatte sie den Tipp bekommen, sich nicht zurückzuziehen. Auch in der Klinik wurde ihr zur Konfrontation geraten; dort besuchte sie eine Gruppe zur Förderung der sozialen Kompetenz. Diese hatte ihr insofern geholfen, als sie sich danach in beruflichen Situationen sicherer fühlte und nicht mehr so sehr befürchtete, dass ihr in Besprechungen nichts einfiel.

Bei dieser Form der Konfrontation kann allerdings eine Habituation nicht so schnell eintreten. Die Patientin kontrollierte während der Exposition ihre Ängste. Hierfür hatte sie sich kognitive Strategien angeeignet, die sie antrieben und unter Druck setzten. Typische Kognitionen während einer Teamsitzung, insbesondere, wenn Vorgesetzte dabei waren, lauteten: »Lass dir deine Ängste nicht anmerken«; »Du musst besser sein und schneller. Sag sofort was«; »Wer Schwäche zeigt, wird gefressen»…

Für die ambulante Therapie wünschte sich die Patientin zunächst die Behandlung ihrer Ängste in privaten Gruppensituationen. Sie suchte zwar soziale Begegnungen auf, konnte aber schlecht Kontakt finden, sie traf auf Festen nie/selten den richtigen Ton; wurde selten eingeladen, sondern von ihrer jüngeren Schwester und einer Arbeitskollegin zu Veranstaltungen mitgenommen. Die Exploration führte zu folgendem Bild: Die Patientin gesellte sich zu einem Kreis von Frauen, war »uncool« und verspannt, hatte eine straffe aufrechte Körperhaltung; Angstrating: 80%. Sie griff früh ins Gespräch ein, ohne den roten Faden zu kennen, führte eine Nebensächlichkeit aus. Begleitende Befindlichkeiten und Kognitionen: unsicher, erwartet, abgelehnt zu werden; kein Lächeln; Kognitionen: »Die werden gleich weggehen«; »Ich muss schnell was sagen, sonst bin ich draußen«.

Der Therapeut wollte explorieren, was sie anders machen könnte. Frau Wege wiederholte, was ihre Schwester immer sagte: »Mach dich locker«. Aber genau das konnte sie nicht.

Als optimale Strategie für eine solche Szene entstand für den Therapeuten das Bild einer selbstbewussten Frau, die lächelnd sich zur Gruppe gesellt, erst wartet, um das Thema des Gesprächs zu erfassen und dann einen witzigen Aspekt aufgreift. Sie tut dies in der Sicherheit, sich einbringen zu können, dafür den richtigen Zeitpunkt zu treffen und eine Pointe zu finden. Um das souverän meistern zu können, muss sie von sich ein gutes Bild haben (positives Selbstkonzept, bejahende Oberpläne). Um das wiederum entwickeln zu können, muss eine solche Frau sich würdigen und ihre Leistungen anerkennen können. Sie muss sich also loben können. Daher fragt er, wie sie es mit dem Loben hält:

	Dialog mit Frau Wege	Anmerkung
Th.	Können Sie sich eigentlich loben?	Thema vorgeben
P.	Loben, wieso?	
Th.	Wie halten Sie es mit dem Loben?	Gretchenfrage
P.	Die Frage stellt sich nicht …	
Th.	Na ja, es wird irgendetwas geben, womit Sie zufrieden sind, was Sie gut finden.	Nachfragen
P.	… Ich geb nicht auf, ich weiß nicht, vielleicht	
Th.	Sie geben nicht auf, ja.	Paraphrasieren
P.	Ich mach, was ich gesagt bekomme …	
Th.	Wie meinen Sie das?	Nachfragen
P.	Das mit den Gruppen …	
Th.	… mit den Gruppen? Mit Ihrem Team bei der Arbeit?	Nachfragen
P.	Da auch. Ich meine, was mir in der Klinik gesagt wurde.	
Th.	Sie quälen sich also und sind stolz auf sich, das durchzustehen …	Konfrontation
P.	Quälen? … Eigentlich schon. Aber ich gehe ja wieder hin, irgendwann wird es klappen.	Wiederholen eines nicht hilfreichen Verhaltens aktives Weghören
Th.	Ich hab den Eindruck, dass Ihnen das nicht gut tut.	Informieren
P.	…	
Th.	Was ich meine: Sie versuchen etwas, was Sie sehr unter Druck setzt und in dieser Form nicht klappen kann.	Konzept erläutern
	Ich möchte das erst einmal so stehen lassen, wir werden wieder darauf zurückkommen. Ich möchte noch mal zum Loben zurück.	Zurückführen

	Dialog mit Frau Wege	Anmerkung
P.	Loben? Is nicht mein Ding!	Reaktanz
Th.	Ich will Ihnen erläutern, warum ich auf dieses Thema komme. Ich kann nicht erkennen, dass Sie als selbstbewusste Frau auf einer Party rumstehen. Eine selbstbewusste Frau findet leichter Anschluss. Und: Sie kann sich und andere loben.	Konzept erläutern
	Aus meiner Sicht ist es sinnvoll, erst sich loben zu lernen, um selbstbewusster zu werden, und dann sozialen Anschluss zu suchen.	Erst Ja-Sagen lernen, dann Nein-Sagen
P.	…	
Th.	führt das Konzept zum Loben weiter aus.	
Th.	Sie sagten, dass Sie nicht so schnell aufgeben. Das können nicht viele von sich sagen. Bei was war das für Sie hilfreich?	Validieren
P.	Auch im Job. Ich hab immer alles gemacht, auch wenn es langweilig war. Ich wusste dann irgendwie, wie alles läuft, die anderen nicht, und bin dann Vorarbeiterin geworden.	
Th.	Sehr gut. Wobei hat Ihnen das Bei-der-Sache-Bleiben noch geholfen?	Loben Nachfragen
P.	Mein Zimmer. Mein Zimmer anstreichen und so.	
Th.	Sie haben also Ihr Zimmer hübsch gemacht.	Paraphrase
P.	Ja, könnte man so sagen.	
Th.	Das ist doch hervorragend. Haben Sie sich dafür belobigt, für das Bei-der-Sache-Bleiben im Job und die Verschönerung des Zimmers?	Loben Validieren
P.	…	
Th.	Th. erläutert, warum es angemessen ist, sich zu loben, und welche Lobeübungen er vorschlägt.	Konzept erläutern

Zur Methodik: Der Leitfaden für dieses Gespräch war ein Gedankenexperiment: Welche Verhaltensweisen sind sinnvoll, damit ein Zielverhalten erreicht werden kann? Was muss Frau Wege können, um sich auf einer Party entspannt zu einer Gruppe stellen zu können? Was können selbstbewusste Frauen gut? Die Patientin ist weder selbstbewusst noch hat sie bejahende Oberpläne. Ein probater Weg, sich das anzueignen, ist es, sich loben zu lernen, wie das selbstbewusste Personen tun können.

Fortgang: Das Loben-Lernen wurde unter das übergeordnete Thema gestellt, zu sich Ja-Sagen zu lernen. Ängste wurden nicht thematisiert. Es war unklar, ob diese noch behandelt werden müssen, wenn das korrespondierende Defizit behoben ist. Nachdem der Abschnitt Loben im Ansatz erfolgreich abgeschlossen war, berichtete

Frau Wege ihre lesbische Neigung. Sie war überzeugt, ihre Position als Vorarbeiterin zu verlieren und dass die Frauen einer privaten Gesprächsrunde sie sofort stehen lassen, sollte sie sich outen. Dieses Thema bestimmte im Fortgang die Therapie. Je selbstbewusster Frau Wege wurde, desto weniger war Angst ihr Thema.

Nachtrag: Die Patient-Therapeut-Beziehung war anfangs eher nüchtern und respektvoll. Frau Wege lächelte selten und konnte ein freundliches Lächeln kaum erwidern. Getreu seiner Überzeugung, dass eine gute Beziehung einer guten Therapie folgt, machte der Therapeut seine Arbeit. Der erste Abschnitt war erfolgreich, Frau Wege hatte begonnen sich zu loben. Die Beziehung war gut. Sie vertraute nun ihrem Therapeuten, sodass sie ihr zentrales Thema, nämlich Umgang mit Homosexualität, benennen konnte.

15.6 Themenanalyse in der Verhaltensdiagnostik

15.6.1 Was ist ein Thema?

Ein Thema in der Verhaltensdiagnostik ist ein psychologischer Sachverhalt,

- der eine Person in besonderem Maße prägt (z. B. ihre Überzeugungen).
- der unabhängig von der vorgetragenen Symptomatik sein kann.
- der möglicherweise als Besonderheit einer Person gilt (idiosynkratisch), nicht weiter hinterfragt wird und für sie selbstverständlich ist.

Eine ältere Alkoholpatientin, Frau Wirtz, z. B. hält die Überzeugung aufrecht, im Vergleich zur Schwester immer »zu kurz« gekommen zu sein. Auch wenn die »objektiven« Fakten das nicht belegen, spiegelt sich diese Überzeugung in ihren Oberplänen (»Ich habe nie das bekommen, was ich wollte«), ihren Gesprächsinhalten und Gesprächsformen (Lamentieren, Vorwürfe) und speziellen Verhaltensweisen (anderen nichts gönnen, horten). Die Patientin war wiederholt zur Entgiftung stationär aufgenommen worden, hatte Psychotherapie aber immer abgelehnt. Ihr Problem war »lediglich« das »Saufen«. Für diese Patientin lautet die Einweisungsdiagnose Alkoholismus und ihr Thema war: »Ich bin in meinem ganzen Leben zu kurz gekommen«. In der Diagnostik muss also möglicherweise eine Diagnose, z. B. nach ICD, abgegrenzt werden von einem behandlungsrelevanten Thema. Für die Alkoholpatientin war die Diagnose »Alkoholismus« für eine Einweisung zur Entgiftung notwendig und sinnvoll.

Ein Thema kann zur Diagnose führen und den Therapieplan prägen. Die initial vorgetragene Symptomatik kann dann nachgeordnet sein. Für die angesprochene Patientin war konform mit dem Thema eine Depressionsdiagnose angezeigt und diese wäre therapeutisch zielführend gewesen. Sie verweigerte aber sowohl eine medikamentöse als auch eine psychotherapeutische Behandlung.

Im folgenden Beispiel erschließt der Therapeut das Thema einer Schmerzpatientin aus den Besonderheiten ihrer Kleidung:

Box 26: Über Stöckelschuhe

Frau Stockl (45 Jahre, schlank, 162 cm groß) sucht wegen Rückenschmerzen Behandlung in einer Schmerzklinik. Sie hebt sich von vielen ihrer Mitpatienten deutlich ab: Sie trägt gepflegte Kleidung und Stöckelschuhe, ist immer pünktlich, freundlich und zuvorkommend. Sie drückt sich gewählt aus und ist kooperativ. Beim Untersucher entsteht das Bild einer sympathischen Person, die nicht jammert oder anklagt, die bestrebt ist, selbstständig ihre Probleme zu lösen und Dritte möglichst nicht zu belasten.

Die Stöckelschuhe waren für den Interviewer von besonderer Bedeutung und wurden zum entscheidenden diagnostischen Hinweis: In der gesamten Klinik war ein Steinboden verlegt und er stellte sich vor, welche harten Stöße solche Schuhe auf die Wirbelsäule übertrugen. Um im Bild zu bleiben: Sie lief souverän lächelnd durch die Gänge, hatte aber zugleich Schmerzen wegen ihrer Schuhe. Turnschuhe waren für sie unakzeptabel, das Tragen von bequemen Schuhen in der Öffentlichkeit grenzte für die Patientin an Vernachlässigung.

Diagnose: Rückenschmerzen

Thema: Kontrolle behalten, Haltung bewahren

Therapeutisch war zunächst ein Schmerzbewältigungstraining indiziert. Die Auseinandersetzung mit den Genussregeln und den Sinneserfahrungen (Umzentrierung der Aufmerksamkeit) in einer Genussgruppe führte zu einer Relativierung ihres Themas.

15.6.2 Thema definieren

Bei der Definition eines Themas stellen sich Fragen wie: Was ist das zentrale, das »eigentliche« Problem?

Frau Otto stellt sich vor wegen Panikattacken, zentrale Symptomatik ist eine Depression. Ihr Thema, das die depressive Verstimmung aufrechterhält, lautet: »Ich bin unerwünscht«.

Welche psychologischen Inhalte prägen das Verhalten des Patienten? Trotz Schmerzen geht Frau Stockl in Stöckelschuhen. Ihr Thema: Haltung bewahren.

Welche psychologischen Inhalte prägen die Selbstsicht des Patienten? Frau Wirtz sieht sich als eine Person, die immer »zu kurz gekommen« ist.

Gibt es gemeinsame Aspekte in verschiedenen problematischen Situationen? Welche psychologischen Inhalte tauchen als Komponenten in verschiedenen problematischen Situationen auf? In der Box 27, »Ungerechtigkeit als Thema«, werden von Frau Bauer ganz unterschiedliche Situationen geschildert, z. B. Benachteiligung durch die Eltern oder Sturheit des Vaters. Die Komponente Ungerechtigkeit taucht in allen Situationen auf.

Führt idiosynkratisches Verhalten einer Person zu einem Thema? Weitgehend unabhängig vom Störungsbild können Personen Verhaltensweisen zeigen, die zum

Thema werden können. Der Patient, der in der Box 23, »Das Schöne am Lamentieren«, beschrieben wird, trägt eine Störung vor, die er in sich schlüssig darzustellen vermag. Die Gegenübertragung signalisiert dem Interviewer: »Etwas stimmt nicht; etwas ist unangenehm«. Er geht diesem Eindruck nach und erkennt beim zweiten Hinhören, was ihn stört: Der Patient lamentiert. Diese Beobachtungen führen zur Umbewertung: Lamentieren wird zum Thema; das Thema Überforderung am Arbeitsplatz wird zurückgestellt. Dieses spielt in der späteren Therapie keine Rolle mehr. Stattdessen werden im Verlauf der Behandlung Aspekte der sozialen Kompetenz relevant.

Box 27: Ungerechtigkeit als Thema

Frau Bauer (42 Jahre, ledig, Depression, Bruxismus (Zähneknirschen), Selbstwertproblematik, Kopfschmerzen) ist seit ca. 20 Jahren mit Unterbrechungen in Behandlung bei unterschiedlichen Therapeuten und hat unterschiedliche Behandlungsansätze erfahren. Sie hatte familiär das Nachsehen und muss nun die Mühen einer Behandlung auf sich nehmen. Im Verlauf der aktuellen Therapie kommt sie immer wieder auf die gleichen Begebenheiten bzw. Erzählungen zurück, die sie als ungerecht erlebt und über die sie sich immer wieder beklagt:

- Der Vater macht keinen kurzen Umweg mit dem Auto, um ihr etwas zu bringen, sie muss es sich selbst abholen.
- Der Bruder wird von den Eltern bevorzugt.
- Sie lässt die Winterreifen in einer Werkstatt wechseln, ihr Bruder vermittelt ihr, dass »man« das nicht macht und dass sie wohl etwas beschränkt sei.
- »Andere Frauen haben Kinder, ich nicht.«

Das Thema muss nicht die vorgetragene Beschwerde sein. Mitunter sind problematische Haltungen bzw. Sichtweisen für einen Patienten unhinterfragt und selbstverständlich (idiosynkratisch) und können somit schwerlich vom Patienten als kritisch benannt werden. Der Interviewer ist auf der Suche nach einem Inhalt, den der Patient selbst nicht kennen muss. Hilfreich sind:

- Entwicklung einer eigenen Problemsicht des Diagnostikers
- Beobachtungen des Verhaltens des Patienten
- Widerspruch zwischen Inhalt und Art des Vortrages
- Wiederholung inhaltlich ähnlicher Begebenheiten
- paraverbale Hinweise (z. B. Wechsel der Tonlage)
- kleinschrittige Beschreibung eines Verhaltensablaufs (s. Zeitreihe)
- Gegenübertragung (Was löst der Patient beim Interviewer aus?)
- »Wie würde ich in der Situation reagieren, welche Emotionen hätte ich?«
- Achten auf Unstimmigkeiten in der Beschreibung der Problemschilderung (z. B.: Rückenschmerzen haben und Stöckelschuhe tragen; Panik erleben und gleichzeitig Nägel schneiden)

Die kleinschrittige Beschreibung eines Verhaltensablaufs oder das Registrieren von Beobachtungen und Widersprüchen sind methodische Vorgehensweisen (s. u.). Sie vermitteln dem Interviewer einen objektiveren Blick auf ein Problemverhalten; seine Suche ist ergebnisoffen. Der Interviewer weiß nicht, ob und welches Thema er finden wird. Er selbst muss Beobachtungen bewerten und (probeweise) ein Thema definieren.

Bei der Suche nach einem Thema können folgende Sachverhalte hilfreich sein. Zunächst sind Rückschlüsse aus Beobachtungen möglich, es gilt also zu registrieren, was ins Auge springt:

- die äußere Erscheinung, z. B. körperliche Auffälligkeiten, Kleidung
- Entspricht das Aussehen dem Alter? Vorgealtert? Jugendlich unbekümmert?
- Körperhaltung, z. B. zusammengefallen, aufrecht, unruhiges Sitzen
- spezielle Verhaltensweisen während eines Gesprächs, z. B. nur vorne auf der Sitzfläche sitzen

Besonderheiten im Kontaktverhalten: Patient schaut den Interviewer an; Patient schaut weg nach unten; kann er auf Fragen eingehen? Verhält er sich angemessen, z. B. auf einer Station oder in einer Praxis?

Biographischer Hintergrund: besondere Belastung wie Flucht oder religiöse Ausgrenzung, Prägung durch bestimmte Lebenswelten (Im Zillertal oder in Köln aufgewachsen?)

Sprachverhalten: Tonlage, Redefluss (z. B. die Schwierigkeiten betonend oder jammernd), Widerspruch zwischen Inhalt und Art des Vortrags

In der folgenden Tabelle (► Tab. 15.1) sind sprachliche Hinweise des Patienten und Beobachtungen aus Interviews dargestellt, die zu einem Thema führen können:

Tab. 15.1: Hinweise für ein Thema

Beispiele aus den Interviews	Mögliches Thema	Quelle: Transkripte im Anhang
»Mückenangst wegoperieren«	Kontrolle behalten und emotionale Distanz zu belastenden Themen Bitte an den T.: jetzt keine Themensuche?	Frau Muck
Die Oma verwendet für ihren Enkel das Bild: »Teufel aus dem Rucksack«	starke innere Unruhe, getrieben sein, für Dritte nicht vorhersagbar	Frau Muck
redet schnell, kann nicht ruhig sitzen, unterbricht häufig den Blickkontakt und schaut weg	Unsicherheit (Was kommt auf mich zu?)	Frau Muck

Tab. 15.1: Hinweise für ein Thema – Fortsetzung

Beispiele aus den Interviews	Mögliches Thema	Quelle: Transkripte im Anhang
sitzt vorne auf der Stuhlkante, redet leise und schnell	»Bin ich erwünscht, soll ich gehen?« Unsicherheit »Standfestigkeit«? Selbstzweifel	Frau Otto
Frau Noak besteht im Erstgespräch darauf, ihre Biographie vorzulesen.	Ich will (endlich) gehört werden Ich will, dass der Therapeut meine Sichtweise übernimmt Kontrolle	Frau Noak
Schmerzpatientin mit Stöckelschuhen	Haltung bewahren	Frau Stockl

Abschließend sei noch einmal auf das »Hamburger Gesunden-Projekt« hingewiesen (Deneke et al. 1987; 2009). Im Rahmen des Forschungsprozesses wurde für jeden der Probanden ein Motto formuliert. Dieses charakterisierte einen Probanden: Es pointierte eine zentrale fiktive Selbstaussage, die sein »psychisches Funktionieren« charakterisierte. Der Begriff Motto in diesem tiefenpsychologisch orientierten Konzept entspricht einem Thema bzw. Oberplan. Es wird also im Rahmen einer anderen Theorie auf den gleichen psychologischen Sachverhalt verwiesen.

Es kann problematisch werden, wenn die Sichtweisen auf das behandlungsrelevante Thema unterschiedlich sind und die beiden Wahrheiten des Patienten und des Therapeuten unvermittelt aufeinanderstoßen: die subjektive Sicht des Patienten und die analytische des Therapeuten. Es ist eine Frage des Timings, ob überhaupt und wann konträre Sichtweisen in der Therapie gegenübergestellt werden. Auch wenn die Analyse des Therapeuten angemessener und hilfreicher ist, muss ein Therapeut damit rechnen, dass es für einen Patienten schwierig ist, die eigene Sichtweise aufzugeben. Im Beispiel der operanten Verstärkung von Fehlern beim Erledigen der Hausaufgaben wurde die externe Sichtweise des Therapeuten von den Betroffenen begrüßt. Frau Otto dagegen beharrte auf der Angstdiagnose, wechselte den Behandler und zu einer stationären konfrontativen Angsttherapie. Diese war nicht erfolgreich, Frau Otto wechselte zurück, sodass die davor konzipierte Depressionsbehandlung fortgesetzt werden konnte. Bei Herrn Zweigelt dagegen war die initiale Sicht des Therapeuten zu optimistisch. Er hatte die Möglichkeiten zur Veränderung aufgrund seiner sehr guten Verbalisierungsfähigkeit deutlich überschätzt, während der Patient sie realistischer beschrieb.

Teil V – Techniken der Gesprächsführung – Grundlegende Fragen und Vorgehensweisen

16 Sprache und Gesprächsführung

16.1 Wahl der Mitteilungsebene

Jede verbale Aussage, sei es ein Wort, ein Satz oder eine Frage, hat immer mindestens zwei Bedeutungsebenen. Mit einer verbalen Äußerung transportiert ein Redner zunächst eine inhaltlich definierte Aussage, nämlich das Gesagte mit der denotativen Bedeutung. Zugleich werden weitere (psychologische) Inhalte mitgeteilt, die konnotative Bedeutung, die nicht in Worte gefasst sind und auch als das »Gemeinte« bezeichnet werden. K. Bühler (1934, 1999) differenziert sprachliche Äußerungen in die Darstellungsfunktion, Ausdrucksfunktion und Appellfunktion.

Schulz von Thun spricht 2015 vom »Vier-Ohren-Modell«: jede Äußerung enthält vier Botschaften:

- eine Sachinformation (worüber ich informiere),
- eine Selbstkundgabe (was ich von mir zu erkennen gebe),
- einen Beziehungshinweis (was ich von dir halte und wie ich zu dir stehe) und
- einen Appell (was ich bei dir erreichen möchte).

Ein Diagnostiker muss also nicht nur eine definierte Sachaussage hören, sondern zugleich Informationen aus weiteren Bedeutungsebenen. Frau Muck z. B. äußert den Wunsch, ihre Ängste sollen »wegoperiert« werden. Sie informiert den Diagnostiker, dass sie von ihren Ängsten befreit werden will, zugleich aber auch, wie das geschehen soll. Herr Brotler bezeichnet sich als Eigenbrötler und vermittelt, dass er gern »sein Ding« macht. Er signalisiert damit weitere Bedeutungsfelder, die nicht sofort klar sind. Ist er ein Eigenbrötler, z. B., weil er sozialphobisch oder im Kontakt ungeschickt ist, oder fordert er dazu auf, dass der Gesprächspartner schonend mit ihm umgeht und er die Gesprächsinitiative ergreifen soll?

Das Konzept der sequenziellen Diagnostik erlaubt dem Diagnostiker, im Gegensatz zu einer Leitfadendiagnostik, die Ebene der Darstellung bzw. der Sachinformation bzw. der denotativen Bedeutung zu verlassen und weitere Bedeutungszusammenhänge anzusprechen. Er ist sogar gehalten von seiner roten Linie abzuweichen, um ggf. eine zentrale Botschaft nicht zu überhören (Vermeidung des Beta-Fehlers). Im Interview mit Frau Muck entschloss sich der Therapeut, zunächst die Ängste zu explorieren, welche die Patientin als Anlass angab, einen Psychologen aufzusuchen. Er wollte ihr Anliegen kennen. Das Wort »wegoperiert« signalisierte eine weitere Bedeutungsebene. Das merkte er sich (s. »Eins im Sinn«, ▶ Kap. 23.4) und suchte im zweiten Gespräch nach möglichen Themen.

Ein Sprecher drückt sich generell auf drei verschiedenen Ebenen aus:

- verbal (alles, was er sagt)
- para-verbal (wie sagt er es, mit welcher Stimmführung oder Stimmlage, z. B. hoch/tief, bestimmt/ verzagt) und Lautstärke (angenehm/unangenehm laut oder leise)
- non-verbal (alle nicht-sprachlichen Botschaften, z. B. Körperhaltung, Blickkontakt).

Diese Ausdrucksebenen sollten im Gespräch konkordant und eindeutig sein. Berichtet ein Patient z. B. von einem Erfolg, dann sollten seine para-verbalen Signale eher bestimmt und nicht verzagt, gut zu hören und nicht genuschelt sein; die nonverbalen Signale wären eine eher aufrechte Körperhaltung und unmittelbarer Blickkontakt. Ist das nicht der Fall, liegt es nahe, diesem Widerspruch nachzugehen. Das gilt auch, wenn lächelnd in lässiger Haltung ein Versagen eingestanden wird. Generell gilt, dass insbesondere in unklaren Gesprächssituationen den para- und non-verbalen Mitteilungen höhere Aussagekraft zugesprochen wird (z. B. Röhner & Schütz, 2020).

16.2 Eindeutige Formulierungen

Ein Therapeut sollte verständlich reden und sich in seiner Sprache auf den jeweiligen Patienten einstellen. Konkret bedeutet dies:

- Umgangssprache bevorzugen, Fremdwörter ggf. erläutern
- kurze Sätze
- nicht zu viel am Stück reden
- nur einen Sachverhalt ansprechen
- Sprechtempo anpassen (s. Interviewbeispiel Herr Saubert, s. Onlinematerial)
- Sprechtempo beibehalten: Bei Depressiven darf der Therapeut nicht zu langsam und bei Hektikern nicht zu schnell werden
- den Fragestil (person- oder verhaltenszentriert) bewusst verwenden
- Formulierungen, Wörter, Bilder etc. des Patienten übernehmen oder aufgreifen (z. B. Herr Brotler: »auf Zahlen zugehen«; Frau Muck: »Teufel aus dem Tornister«)
- Wortbedeutungen, Aussagen auf Bewertung überprüfen (z. B. versichert sich der Therapeut bei Herrn Brotler: »Ist Anpassen für Sie ein positives oder negatives Wort?«)
- offene vs. geschlossene Fragen je nach Zielsetzung verwenden
- positive Sachverhalte auch mit positiven Wörtern beschreiben (s. Abs. positive Wörter)

- der Interviewstil bzw. die Gesprächsführung sollte – so es möglich ist – freundlich und zugewandt sein
- konzentriert und »bei der Sache sein«
- nicht unterbrochen werden durch Telefonate oder Störungen von außen.

Es kann im Einzelfall indiziert sein, einen freundlichen Umgangsstil zu verlassen. Dies muss aber einem Rational folgen und darf nicht der Laune des Augenblicks geschuldet sein. In Studien zu therapeutischen Wirkfaktoren wurde von Patienten dem Item »Klare Worte, von wem auch immer« wiederholt nachdrücklich als hilfreich zugestimmt. Solche »klaren Worte« können nicht nur verbal, sondern auch non- und paraverbal ausgedrückt werden.

Eindeutige Formulierungen kann der Diagnostiker auch von seinem Patienten erwarten. Es ist sinnvoll, dass ein Patient lernt, klar und angemessen das auszudrücken, was er meint:

- »Was meinen Sie, wenn Sie sagen: Schule is nich?«
- »Sie sagten, der Chef ist out. Können Sie mir das bitte übersetzen?«
- »Sie sagten, dass alles schwierig ist. Was genau meinen Sie?«

In dem Gruppentherapieprogramm »Kleine Schule des Genießens« werden Positiva von Patienten mitunter in kürzester sprachlicher Form hervorgehoben (»Is gut«; »Nicht so meins«). Es ist sinnvoll, für den weiteren Fortgang der Behandlung, schon früh darauf zu bestehen, dass ein Patient in ganzen Sätzen und angemessen laut spricht, so dass es von allen Gruppenteilnehmern auch verstanden werden kann. Für manche Patienten ist es ungewohnt, dass ihnen zugehört wird, und folglich sind sie wenig geschult, sich verständlich auszudrücken.

»Wir können in der Gruppe nicht nachvollziehen, was genau Sie meinen. Dann habe ich noch eine Bitte an alle: Bitte sprechen Sie in ganzen Sätzen. Das mag vielleicht kleinlich klingen. Aber: Es hat sich bewährt. Wir verstehen einander besser«.

In diesem Buch wird betont, dass ein Interviewer immer weiß, was er gerade tut:

- Der Interviewer muss wissen, warum er wie und was fragt.
- Die Formulierung einer Frage ist bewusst und folgt einem Rational.
- Es gibt keine richtige oder falsche Frage, sie muss angemessen sein.
- Eine Frage ist immer respektvoll.

So richtig diese Aspekte sind, sie sind rein rational (s. Informationssystem II); sie bestimmen ein laufendes Gespräch nur zum Teil und sind auch gar nicht immer erwünscht. Rein formal ist einzuwenden, dass es viel zu zeitaufwändig wäre, jede Frage oder Anmerkung laufend rational zu begründen. Viele Gespräche entwickeln sich schnell und der Wechsel von Frage und Antwort kann sehr spontan sein. So gleicht das Gespräch mit Herrn Brotler (s. Transkript) in manchen Phasen einem Ping-Pong-Spiel. Keiner der Gesprächsteilnehmer überlegt sich lange, was er genau sagt.

Die Schulung in Gesprächsführung, Reflexionen der eigenen Gespräche sowie klinische Praxis führen zu einem Fundus an Routinefertigkeiten, auf die in einem Gespräch spontan zurückgegriffen werden kann. Auf diese verlässt sich i.d.R. ein Diagnostiker oder Therapeut als Basis, die er nicht immer wieder hinterfragt. Eine Gegenübertragung stellt sich spontan ein (s. Informationssystem I) und ein Therapeut ist gut beraten, dieser nachzugehen. Allerdings wird er sich bewusst sagen müssen, darauf hören zu wollen. Allerdings verliert dadurch das Streben nach rationaler Begründung von Fragen nicht seine Gültigkeit: Ein rationales Konzept muss post hoc anwendbar und erfüllt sein. Ist das nicht der Fall, ist eine kritische Reflexion angezeigt.

16.3 Künstliche Intelligenz (KI) und Sprechanalyse

KI hält Einzug in die Psychologie (z.B.: Schreiber & Gloor, 2020; Hasenbein, 2023; 7. Viersener psychosomatische Fachtagung, 2024[40]). Naheliegend ist es, die KI auf Fragen der Sprach- und Sprechanalyse anzuwenden (Krüger et al., 2022) (Fraunhofer-Institut für intelligente Analyse- und Informationssysteme[41]). Auch für die klinische Psychologie gibt es erste Ergebnisse. So konnten Steppan et.al. (2024) belegen, dass ihr »Facial Action Coding System« verlässlich die emotionale Situation von Therapiepatienten erkennen kann und auch Vorhersagen erlaubt: Abbrecher zeigten mehr neutrale Gesichtsausdrücke und weniger soziales Lächeln. An vielen Universitäten sind Studien zur KI gestartet, z.B. an der Leuphania Universität zum Nutzen der KI bei der Behandlung von Insomnie (Lehr et al., 2026)[42]. Lau et al. (2023) können mit Hilfe ihres Diagnoseprogramms, das sich u.a. auf Daten von Sprachanalyse stützt, verlässlich Depression erkennen. Im Netz werden eine Vielzahl kommerzieller KI-Programme angeboten, die auf der Datenbasis von Sprech- und Sprachanalysen die emotionale Befindlichkeit des Sprechers erkennen können. Die Ergebnisse der KI liegen schneller vor, als der Gesprächsteilnehmer sie realisiert und wohl auch valider. Es ist davon auszugehen, dass z.Zt. einer Reihe von Forschungsgruppen der Frage nachgehen, welche Signale eines Menschen eine Maschine erkennen kann und wieweit diese Indikatoren für welche psychologischen Variablen nützlich sind.

Das folgende Szenarium ist technisch wohl schon bald realisierbar: Der Therapeut sitzt seinem Patienten in den probatorischen Sitzungen gegenüber, neben ihm sein Chatbot, sein intelligenter Dialogassistent. Parallel zum Gespräch läuft eine Ton- und Bildaufzeichnung. Der Chatbot erkennt viel schneller als ein Therapeut

40 https://klinik-viersen.lvr.de/media/lvr_klinik_viersen/fachpublikum/fachbeitraege/praesentationen/Prsentation_Steppan_Fachtag_Psychosomatik_2024.pdf

41 https://www.fraunhofer.de/de/mediathek/podcasts/podcasts-2021/ki-spracherkennung.html

42 http://fox.leuphana.de/portal/de/projects/ (Lehr, Grolig, Hannibal, Janzen-Lympius)

die sprachlichen Besonderheiten des Patienten oder kann die optimale Sprechgeschwindigkeit des Therapeuten für den Patienten errechnen. Die KI realisiert früher als der Therapeut, ob der Patient sich so verhält, wie es günstig für ihn ist. Darüber hinaus wird der Chatbot Vorschläge machen, welche Informationen der Therapeut für die Diagnose oder die Therapieplanung noch erfragen soll[43].

Wer wird die Maschine füttern, etwa ein klassischer Psychoanalytiker oder ein empirisch orientierter Tiefenpsychologe oder ein Verhaltenstherapeut, dann einer der vierten oder fünften Welle? Ein KI.KVT-ler? Oder wird die Maschine tausende Therapien verfolgen und selber eine optimierte Strategie vorschlagen? Die folgende Unterstützung wird wohl bald verfügbar sein. Sprachliche Merkmale und körperliche wie die Augenbewegung des Patienten werden von der KI in Hinweise für das Befinden im weiteren Sinne, für mögliche Diagnosen oder fehlende Informationen umgerechnet und dem Therapeuten in einer laufenden Therapiesitzung angeboten. Als Training für den Therapeuten kann das sehr hilfreich sein. Es ist allerdings offen, welchen Einfluss dieses Setting auf die Beziehung hat.

16.4 Fragen mit unterschiedlichem Antwortspielraum

Person- versus verhaltenszentrierte Fragen: Der psychodiagnostische Inhalt einer verhaltenszentrierten Frage ist terminiert, räumlich wie zeitlich; der einer personzentrierten Frage ist nicht terminiert (▶ Kap. 5.5). Die Antwort auf eine pz-Frage impliziert eine Aussage über die gesamte Person; sie enthält immer auch Aspekte des erwünschten Selbstbildes: »Was sind Sie für ein Mensch?« Dagegen zielt eine vz-Frage auf ein spezielles Verhalten in einer spezifischen Situation: »Wie häufig haben Sie heute schon gelacht?«

Offene vs. geschlossene Fragen: Bei offenen Fragen wird einer Person ein unbegrenzter Antwortspielraum eingeräumt. Im Gegensatz zu einer geschlossenen Frage sollte eine offene Frage nicht mit einem Wort oder einem Satz beantwortet werden. Wird eine Patientin nach der Beziehung zur Mutter gefragt, kann sie kurz oder ausführlich antworten und ist frei in der inhaltlichen Qualifizierung der Beziehung. Dem Interviewer ist dabei bewusst, dass die Antwort auf diese Frage sowohl auf der tatsächlichen Interaktion zwischen Mutter und Patient gründet als auch auf dem Konzept, wie die Patientin die Beziehung subjektiv wahrnimmt:

- »Schildern Sie mir bitte Ihre Beziehung zu Ihrer Mutter.«
- »An welche Begebenheiten aus Ihrer Kindheit können Sie sich erinnern?«

43 Wird es einen Chatbot mit einer Vorliebe für Roger z. B. in grün geben und einen vt Chatbot in blau geben?

- »Wie ist Ihre Beziehung/Ihr Kontakt zu Ihren Kindern?«

Eine geschlossene Frage zielt auf einen eindeutigen Sachverhalt und kann i. d. R. kurz beantwortet werden; die Antwort kann ja oder nein sein oder die Nennung einer umschriebenen Information. Gleichwohl kann eine geschlossene Frage eine umfassendere Darstellung anstoßen:

- »Wie viele Kinder haben Sie?«
- »Lieben Sie Kinder?«; »Gehen Ihnen Ihre Kinder schon mal auf die Nerven?«
- »Sind Sie ein Eigenbrötler; ein verschlossener Mensch; eine unternehmungslustige Person; …?«

Alternativen anbieten: Eine Alternativfrage ist eine Variante einer geschlossenen Frage. Der befragten Person werden zwei oder mehrere Antworten zur Entscheidung vorgegeben:

- »Liebt Ihre Tochter eher ihren Vater oder eher Sie?«
- »Ist Ihre Tochter eher ein Papa- oder Mama-Kind?«
- »Würde sich Ihre Tochter an Sie, ihren Vater oder an die Großeltern wenden?«

Ein Gespräch kann beschleunigt und auch präzisiert werden, wenn der Interviewer geschlossene Fragen vorgibt. Ist sich der Interviewer seiner Sache nicht sicher, dann sollte er versuchen, mehr als zwei Alternativen anzubieten:

- Haben Sie Angst auch bei Lehrern, Postboten, Polizisten?«
- »Waren Sie zornig oder verärgert? Oder waren Sie einfach nur sauer?«
- »Hat Sie diese Situation beunruhigt, stark beunruhigt, kaum beunruhigt?«
- »Hatten Sie mehr Angst in Situation A oder B? Gibt es eine weitere Situation, in der die Angst auch auftritt?«

Auch kann die Suche nach auslösenden Bedingungen und solchen, die eine kritische Reaktion nicht begünstigen (S^D, S^Δ) erleichtert werden, wenn Alternativen angeboten werden:

- »Sind Sie verzagter nach einer schlechten Rückmeldung in der Schule oder wenn Ihr Freund Sie kritisiert?«
- »Grübeln Sie mehr/haben Sie mehr Angst in Situation A oder in Situation B?«

Immer wenn Alternativen angeboten werden, besteht die Gefahr suggestiv vorzugehen. Daher muss ein Interviewer sich vergegenwärtigen, dass er gerade Gefahr läuft, seinen Patienten zu beeinflussen. Weiterhin sollte er eine Antwort validieren. Die Frage nach einer Angst vor Lehrern, Postboten und Polizisten sollte also ergänzt werden, z. B.:

- »Tritt Angst vor Lehrern, Postboten, Polizisten immer auf?«
- »Gibt es Situationen, in denen Sie vor diesen Personen keine Angst haben?«

- »Haben Sie auch vor anderen Personen Angst?«

Erst offene, dann geschlossene Fragen: Bei der Exploration eines neuen Themenbereichs gilt grundsätzlich, erst offene und danach geschlossene Fragen zu stellen. Bevor z. B. eine Alternativfrage formuliert wird (s. o.) würde sinnvollerweise offen danach gefragt werden, an wen sich z. B. ein Kind in einer Problemsituation wenden würde. Geht es z. B. um die Abklärung der Beziehung zwischen einer Patientin zu ihrer Mutter, sollte zunächst offen gefragt werden: »Wie sieht die Beziehung zu Ihrer Mutter aus?«. Die Patientin kann jetzt den inhaltlichen Bereich bestimmen, den sie angeben will. Danach kann dann präzisierend nach den Attributen gefragt werden, die den Interviewer interessieren, z. B.: »Wie sicher und aufgehoben fühlen Sie sich bei Ihrer Mutter? Wie klar/sicher/eindeutig ist Ihre Beziehung zur Mutter?«.

Davon abweichend kann der Interviewer initial nach den Merkmalen fragen, die eine Beziehung definieren, z. B. nach der Häufigkeit der Kontakte, der intimen Gespräche, der Äußerungsbereitschaft etc. Diese Operationalisierung einer Beziehung wird meist mit geschlossenen und zugleich verhaltenszentrierten Fragen gestellt. Mit dieser Fragestrategie kann ein Bild eines Sachverhaltes entwickelt werden, das tendenziell »objektiver« ist als die Antwort auf eine offene oder pz-Frage.

Fragen mit vorgegebener Antwortdimension: Bei solchen Fragen wird eine Skalierung zur Einschätzung eines eng umschriebenen Sachverhaltes vermittelt: »Bitte schätzen Sie Ihre Angst (oder auch Schmerz Erregung/Freude/...) auf einer Skala von 0 bis 100 ein. Null bedeutet Ruhe und Angstfreiheit, Hundert die größtmögliche Angst«. (Weitere Explorationshilfen s. Onlinezusatzmaterialien, z. B. MR SOC – Marburger Fragebogen zum Kohärenzsinn).

Fragen, die wenige oder viele Informationen generieren: Eine geschlossene Frage intendiert, dass der Interviewer eine umschriebene Antwort erhält und eine gesuchte Information nicht aus vielen Sätzen herausfinden muss. Bei biographischen Fakten oder beim Präzisieren ist es günstig, wenn der Patient nicht abschweift. Offene Fragen (»Wie war das damals?«), Fragen, die zur Reflexion anregen (»Wie sehen Sie das?«) etc., sollen einen Patienten anregen, Informationen zu generieren.

17 Die drei Klassiker der Gesprächsführung

Die folgenden drei Techniken, Erzählen und Zuhören, Aktives Zuhören und Paraphrasieren, bilden die unabdingbare Basis jeder klinischen Gesprächsführung. Mit ihnen können eine Vielzahl von Gesprächssituationen, auch kritische, gemeistert werden. Es lohnt sich daher, sie sich gründlich anzueignen.

17.1 Erzählen und Zuhören

Im Alltag ist das Zuhören eine erwünschte Fertigkeit für eine gelingende Kommunikation. So kann ein Partner »ganz Ohr« sein, wenn sein Gegenüber ihm etwas zu berichten hat. Viele der Patienten schätzen sich selber als gute Zuhörer ein, aber nur wenige meinen, dass ihnen gut zugehört würde; in Arztpraxen beklagen etwa die Hälfte der Patienten, dass der Arzt zu wenig Zeit zum Zuhören hat (Breder, 2001). Solche Untersuchungsbefunde und Therapieerfahrung führen zur Annahme, dass der Wunsch nach Zuhören ein generelles, aber selten gestilltes Bedürfnis ist.

Dem Bedürfnis nach einem Zuhörer steht das des Erzählens gegenüber. Mentzer und Sonnenschein (2008) bestimmen das Erzählen als Universalkompetenz. Im Alltag wird der Wunsch, sich auszutauschen, in vielfacher Form realisiert, z.B. am Stammtisch oder beim Kaffeeklatsch, und institutionalisiert z.B. in »Erzählcafés«, »Zuhörstübchen«, oder einem »Erzählkabinett« etc. Entsprechend der universellen Bedeutung des Erzählens gibt es zu diesem Thema eine umfangreiche Literatur (s. Martínez & Scheffel, 2020).

Erzählen und Zuhören gelten als basale Einheit menschlicher Kommunikation. Diese gewährleistet nicht nur Informationsaustausch, sondern stiftet auch Kontakt mit der positiven Konsequenz, dass das zentrale Bedürfnis nach Bindung befriedigt wird. Auch die umgekehrte Abfolge ist psychologisch sinnvoll: Der Wunsch nach Kontakt und Bindung motiviert zum Erzählen. So wird z.B. eine Person die Neuigkeiten des Tages zum Nachbarn tragen, um im Kontakt zu bleiben.

Kann die basale Kommunikationseinheit des Erzählens und Zuhörens aus welchen Gründen auch immer nicht ablaufen, treten mit großer Wahrscheinlichkeit Störungen im Erleben und Verhalten auf. In der grundlegenden Untersuchung der Genese psychischer Störungen in der frühen Kindheit berichtete Spitz (1985) die Folgen mangelnder Ansprache von Kleinkindern in Heimen. Sie wurden zwar körperlich versorgt, allerdings hatten die Pflegenden keine Zeit zur Kommunikation. Die Kinder hatten für ihren Wunsch zum Erzählen – im übertragenen Sinn – keinen Zuhörer. Die basale Kommunikationseinheit des Erzählens und Zuhörens war unterbunden und dem Bedürfnis nach Bindung wurde nicht entsprochen. Als Folge beobachtete Spitz eine anaklitische Depression, die mit erhöhter Sterblichkeit einherging.

Von sich zu erzählen, gilt als günstige psychohygienische Maßnahme. Umgangssprachlich redet eine Person sich ihren Kummer »von der Seele«, vorausgesetzt, sie hat einen geduldigen und verständnisvollen Zuhörer. Erzählen gilt in Psychotherapien, insbesondere in psychodynamischen, als grundlegender therapierelevanter Faktor (z. B. Habermas & Fesel, 2022). Wilker und Neuner (2025) qualifizieren die »Narrative Expositionstherapie«, nämlich das gemeinsame Erzählen der Lebensgeschichte, als pragmatischen Therapieansatz für Opfer von Konflikten in »ressourcenarmen« Gebieten.

Auf welchem Wege Reden heilen kann, ist schwierig zu beantworten; grundsätzlich ist von einem heilsamen Effekt des Redens über sich auszugehen; gleichwohl … »wurde gezeigt, dass verbale Aktivität auch negative Effekte haben kann« (Marx et al., 2021, S.99; Martínez, 2017). Self-disclosure, also Äußerungsbereitschaft, kann auch im therapeutischen Kontext zu problematischen Effekten des Erzählens führen (z. B. Farber, 2003) (»Reden ist Silber, Schweigen ist Gold«).

Auch beim Erzählen und Zuhören gilt der Grundsatz der Dosis. Schon Seneca (2023, S. 205) analysierte, dass Geschwätzigkeit keinen Beitrag zu einem glücklichen Leben leistet. Im klinischen Gespräch ist das Viel-Erzählen als Meidungsverhalten bekannt. Ein Patient, der vom Thema abkommt, möchte vielleicht die Auseinandersetzung mit unliebsamen Erinnerungen umgehen.[44]. Es ist eine Aufgabe des Interviewers, einzugreifen und z. B. den Patienten zu stoppen und zum Thema zurückzuführen.

Kontrovers wird diskutiert, ob sich die alltägliche Kommunikationseinheit Reden und Zuhören von einer professionellen unterscheidet. Ewert[45] betonte in seinen Vorlesungen, dass ein diagnostisches Gespräch den Charakter einer wohlwollenden und respektvollen Unterhaltung haben sollte, dass also in vielen Fällen kein Unterschied besteht. Kanfer (Kanfer et al. 2012) dagegen argumentiert, dass sich ein professionelles Gespräch grundsätzlich von einem alltäglichen unterscheidet. Tatsächlich wird es Gesprächspassagen geben, die einer alltäglichen Unterhaltung ähneln, z. B., wenn der Therapeut aktiv zuhört oder interessiert nachfragt. Legt er dagegen eine Zeitreihe an und fragt systematisch Schritt für Schritt Ereignisse über einen längeren Zeitraum ab oder lässt sich penibel genau ein Verhalten auf den vier Ebenen schildern, dominiert er das Gespräch als professioneller Helfer.

---

44 Ich habe den Eindruck, dass Kliniker im Verlauf ihrer Arbeit eine Art Quotenrechner entwickeln: Wie viele Wörter werden verbraucht, bis ein relevanter Inhalt angesprochen wird?

45 Lehrstuhlinhaber für Entwicklungs- und Pädagogische Psychologie, Mainz, emeritiert 1996.

17.2 Aktives Zuhören

Das Aktive Zuhören (Rogers, 1951) ist die grundlegende Gesprächsführungstechnik in der Psychotherapie schlechthin. Beim Aktiven Zuhören wie auch beim Paraphrasieren will der Zuhörer heraushören, was eine Person »eigentlich« sagt. Was also vermittelt sie über eine Sachaussage (konnotative Bedeutung) hinaus (denotative Bedeutung), was sie wortwörtlich nicht gesagt hat? Das gilt sowohl für die alltägliche als auch für die professionelle Gesprächsführung. Beim Aktiven Zuhören wird zwar eine Technik umgesetzt; entscheidend ist aber, dass eine ganz bestimmte Haltung eingenommen wird, dass nämlich der Interviewer sich auf den Patienten zentriert, ihm zuhört und bereit ist aufzunehmen, was dieser mitteilen will.

Das Aktive Zuhören als Technik der Gesprächsführung wird zunächst dadurch definiert, dass der Patient redet und der Therapeut zuhört. Es ist weiterhin durch folgende Aspekte gekennzeichnet:

- Der Therapeut hilft seinem Patienten sich darzustellen und ist bestrebt, sich in die Situation des Sprechers zu versetzen. Er signalisiert, dass er aktiv verfolgt, was der Patient ihm sagt bzw. was er versucht ihm zu mitzuteilen
- nonverbale Signale: offene, entspannte und zugewandte Sitzhaltung, Nicken, Lächeln, Blickkontakt
- paraverbale Signale: Sprechtempo und Lautstärke sind an den Patienten angepasst, die Intonation ist freundlich und bejahend
- verbale Signale: kurze Ermutigungen wie »ja, gut, aha, mhmh«, »Ach was«, »Ich höre (mit Interesse) zu«
- ein Hinweghelfen über Stockungen, eine Brücke bauen: Abwarten, Wiederholen der letzten Wörter: »Sie wollten vorhin ausführen, wie das mit … war«.

Der Therapeut schafft eine Situation, seinen Patienten zu verstehen:

- Fokussierung der Aufmerksamkeit auf das Gesagte und auf die para- und nonverbalen Hinweise des Patienten
- Metakommunikation, die sowohl an den Patienten als auch ihn selbst adressiert ist, wie z. B. »Wir haben Zeit, Sie müssen sich nicht gedrängt fühlen«
- Zusammenfassen, paraphrasieren: z. B. »Habe ich Sie so weit richtig verstanden, dass …«
- Er instruiert sich selber, dass er nicht gutheißen muss, was der Patient berichtet, dass er sich aber in dieser Phase der Therapie zurückhält und ihm den Platz zur Selbstdarstellung einräumt. Priorität hat die Selbstdarstellung des Patienten
- Er fragt bei Unklarheiten nach und belässt es strikt bei der Deskription.

Der Therapeut wird auf die neuen Informationen nicht sofort reagieren, sondern sie später ansprechen (»Eins im Sinn«):

- Er achtet auf seine eigenen emotionalen Reaktionen und nutzt diese auch diagnostisch. Er wird sie aber jetzt nicht mitteilen.
- Auch wird er in dieser Passage der Therapie keine kritischen Punkte der Erzählung aufgreifen und ansprechen, wohl aber später.
- Er ist geduldig (»Langen Atem haben«).

17.3 Paraphrasieren

17.3.1 Paraphrasieren ist eine basale Technik der Gesprächsführung

Unter Paraphrasieren wird allgemein verstanden, dass ein Gesprächsteilnehmer das Gesagte seines Gesprächspartners in seinen eigenen Worten zusammenfasst. Es gibt zwei Varianten des Paraphrasierens:

- *Paraphrasieren als Zusammenfassung:* Eine Aussage eines Patienten wird nur zusammengefasst und nicht interpretiert.
- *Paraphrasierung des Nicht-Gesagten:* Es werden Inhalte verbalisiert, die der Patient nicht geäußert hat. Dafür kann es viele Gründe geben, z. B., weil er es nicht gewohnt ist, diese auszusprechen oder sie peinlich sind, oder er sie störungsbedingt nicht erkennt. Klassisch ist das Verbalisieren emotionaler Inhalte oder unterdrückter Aspekte einer bevorzugten Sichtweise.

Beispiele für Paraphrasieren

- »Habe ich Sie richtig verstanden …«
- »Ihnen ist es wichtig, dass …«
- »Sie legen Wert auf …«
- »Ich habe jetzt verstanden, dass Sie …«
- »Das klingt für mich, als wenn …«
- »Mit anderen Worten …«
- »Sie denken/meinen, dass…«

Beim Paraphrasieren kommt es zu einer typischen Abfolge im Gespräch aus Fragen, Berichten, Aktivem Zuhören, ggf. Unterbrechen, Paraphrasieren, ggf. Korrektur, Fragen:

Tab. 17.1: Typische Abfolge von Reden und Unterbrechen

1 Fragen	Der Therapeut fragt.
↓	
2 Berichten	Der Patient berichtet.
↓	
3 Aktives Zuhören	Der Therapeut hört aktiv zu.
↓	
4 Unterbrechen	Der Therapeut nutzt eine Pause oder stoppt den Patienten, meist indirekt.
↓	
5 Paraphrasieren	Der Therapeut fasst zusammen. Er bittet den Patienten, ihn ggf. zu korrigieren.
↓	
6 Ggf. Korrektur	Der Patient korrigiert ggf. den Therapeuten.
↓	
7 Fragen	Der Therapeut fragt.

Die Sequenz »Erzählung-Unterbrechung-Paraphrase-ggf. Korrektur« führt dazu, Verhalten besser zu verstehen und die Quintessenz einer Verhaltenspassage zu erkennen. Günstig ist es, den Patienten zu fragen, ob die Zusammenfassung richtig war und ob der Therapeut sich den geschilderten Sachverhalt so merken kann. Er bittet den Patienten, ihn zu korrigieren, falls das nicht der Fall ist (► Kap. 18.5.2).

17.3.2 Paraphrasieren als Zusammenfassung

Der Therapeut gibt mit seinen eigenen Worten nur das wieder, was der Patient unmittelbar zuvor berichtet hatte. Er wird das Gesagte präzise und knapp zusammenfassen. Paraphrasieren in diesem Sinne hilft einem Patienten einen Gedankengang genau zu Ende zu denken und erleichtert es dem Therapeuten, dem Patienten zu folgen. Durch das Paraphrasieren wird sichergestellt, dass Therapeut und Patient über den identischen Sachverhalt reden.

Optimal sind inhaltlich abgegrenzte Gesprächspassagen. Diese Strategie bringt das Problem mit sich, dass nicht vorhersagbar ist, wie lange ein solcher Abschnitt dauern wird. Werden die Berichte zu umfangreich, dann werden Zusammenfassungen schwieriger. Praktikabel ist es, wenn sich der Therapeut Zeitgrenzen setzt. Er muss für sich erproben, welche Informationsmenge er sicher paraphrasieren kann. Bei einer wiederholten Abfolge von Bericht und Paraphrase kann es sinnvoll sein, auch eine längere Passage zusammenzufassen.

Eine Paraphrase bedingt, dass der Therapeut die Gelegenheit zum Reden hat. Entweder kann er eine Redepause des Patienten nutzen oder er muss ihn unterbrechen (▶ Kap. 19).

Die Haltung des Therapeuten in diesem Abschnitt der Zusammenarbeit ist zurückhaltend. Er drückt sein Interesse zwar aus, lässt aber keine Wertung erkennen; weder interveniert noch interpretiert er. Von ihm wird eine erhöhte und idealerweise sogar gleichverteilte Aufmerksamkeit verlangt.

Eine zusammenfassende Paraphrase erfüllt mehrere Funktionen:

- Sie hilft dem Patienten, ein Anliegen umfänglich darzustellen.
- Sie hilft dem Therapeuten, eine umfangreiche Schilderung aufnehmen und verstehen zu können. Sie kann für ihn also stressreduzierend sein.
- Ein Patient übernimmt mit der Sequenz von Bericht-Unterbrechung-Paraphrase eine von vielen Arbeitsstrukturen in einer Therapie. Diese wird für ihn etwas transparenter.
- Mit der Aufforderung, eine Paraphrase zu korrigieren, sollte der Patient lernen, dass er widersprechen kann und soll und außerdem, dass eine Korrektur der Autorität des Therapeuten ein überaus sinnvolles Verhalten sein kann.

17.3.3 Paraphrasieren als Verbalisierung nicht gesagter Inhalte

Diese Technik ist eine deskriptive Ergänzung einer Geschichte. Der Therapeut fasst zunächst einen Bericht zusammen, welchen er psychologisch sinngemäß fortsetzt. Er verbalisiert z. B. emotionale Befindlichkeiten oder Gefühle, die für diesen Patienten in seinem Bericht zwingend dazu gehören, von ihm aber nicht erwähnt wurden (Verbalisierung emotionaler Inhalte). In der Box 20, »Wie kommt das Fahrrad aus der Garage?«, ist der Dialog von Frau und Herrn Otto beschrieben. Dieser wurde mit einer Paraphrase fortgesetzt:

I.: »Sie berichten einen Clinch mit Ihrem Mann um die Frage, wie Ihr Fahrrad wieder benutzbar wird. Ich höre Empörung in Ihrer Stimme.«

P.: »Empörung? Empörung und wie. Ich bin wütend.«

Später greift der Therapeut diese Begebenheit wieder auf:

I.: »Sie schilderten die Auseinandersetzung um das Aufräumen der Garage. Ihre Verärgerung ist jetzt auch klar. Auch habe ich verstanden, dass Sie sich von Ihrem Mann mehr Unterstützung bei Ihren Abnehmbemühungen wünschen. Was ich bisher nicht gehört habe: Hatten Sie Ihren Mann gebeten, Ihnen zu helfen?«

Frau Otto ergänzt, ihn nicht über ihr Vorhaben, mehr Fahrrad zu fahren, informiert und ihn auch nicht gebeten zu haben, das Fahrrad wieder gangbar zu machen:

I.: »Ihr Mann war also über Ihre Vorhaben nicht informiert. Ihnen fällt es schwer, ihn einzubeziehen?«

P.: »Ich steh immer als Dummchen dar. Ich will nicht immer fragen müssen ... bitten müssen.«

Beim Aussprechen des Gesagten und Nicht-Gesagten fragt sich der Therapeut: »Was will der Patient mir mitteilen?«, aber auch: »Will ich das jetzt hören und aufgreifen?« So war auch die implizite Aussage von Frau Otto bei ihren Berichten vom Umgang im Kollegium: »Wer fragt, ist ein Dummchen«. Diese korrespondiert mit vergleichbaren Äußerungen in anderen Zusammenhängen. So sagte sie z. B. im Erstgespräch (s. Transkript): »Ja, mich nimmt keiner ernst, ich bin nicht wichtig, ich muss sehen, dass ich nicht störe.« Greift er das Stichwort »Dummchen« auf, würde eines der Probleme von Frau Otto erneut betont. Ziel dieses Therapieabschnitts aber war es, mit der Patientin eine Strategie auf der Verhaltensebene zu entwickeln, wie sie sich verhalten kann, um ihr Anliegen zu realisieren. Also fasste der Therapeut die Problemdarstellung als Paraphrase zusammen und leitete über in einen sokratischen Dialog und hörte aktiv weg:

I.: »Ihr Wunsch, sich mehr zu bewegen, stößt auf vielerlei Hindernisse und weckt wohlbekannte Themen wie Dispute ums Aufräumen. Die wollen wir heute nicht vertiefen. Ich frage mich, wie Sie Ihr Anliegen am besten erreichen können. Sie schilderten Ihre Freundin in Holland als selbstbewusste Frau. Wie würde die vorgehen?«

P.: »Die wär erst gar nicht in die Sackgasse gekommen, in die ich immer gerate ...«

I.: »Mag sein. Ich will wissen, welche Lösungen die hätte.«

17.3.4 Zusammenfassende Interpretation

Ist eine problematische Situation in ihren zentralen Aspekten dargestellt, drängt sich eine Interpretation auf:

- »Wenn ich Sie recht verstanden habe, haben Sie gerade gesagt, dass ...«.
- »Als Pointe Ihrer Schilderung drängt sich mir der Eindruck auf, dass die einzelnen Begebenheiten alle Abgrenzung beschreiben, von Ihrem Mann, Ihren Eltern, ganz allgemein.«
- »Ich könnte mir vorstellen, dass es für Sie schwierig ist, das Thema xy anzusprechen.«

Die Haltung des Therapeuten bei einer zusammenfassenden Interpretation: Er will eine Einsicht vermitteln und ist an einer Klärung interessiert. Er paraphrasiert zwar, eine grundsätzlich defensive Strategie, verhält sich hier aber vergleichsweise aktiv, auch konfrontativ und vorantreibend. Unter dem Gesichtspunkt einer zusammenfassenden Interpretation wird die Exploration von Frau Otto fortgeführt:

I.: »Bei der Geschichte mit dem Fahrrad und beim Abnehmen wünschen Sie sich von Ihrem Mann mehr Unterstützung. Das kann ich mir jetzt so merken?«.
P.: »Ja, genau. Und dann kommt auch …«
I.: »Darf ich Sie bitte unterbrechen, ich will zu einer für mich wichtigen Frage kommen. Ich frage mich nämlich, warum Sie das alles so empört und verärgert«.
P.: …
I.: »Sie fühlen sich hilflos, von Ihrem Mann abhängig und unterlegen?«
P.: … »Das bin ich doch meistens.«
I.: »Sie fühlen sich häufig hilflos und unterlegen. Haben Sie das Ihrem Mann schon mal gesagt?«
P.: … »Das sieht man doch.«
I.: »Mag sein. Wie ist das bei Ihnen beiden?«
P.: …
I.: »Und wie ist das mit Ihrer Verärgerung? Haben Sie ihm mal gesagt, dass Sie empört sind?«
P.: »Sicher nicht.«
I.: »Sicher nicht?«
P.: »Das bringt doch nichts. Ich versuche, das nicht zu zeigen.«
I.: »Sie schlucken Ihren Ärger runter. Auch sonst?«
P.: »Auch sonst. Im Kollegium auch, für meinen Chef wäre das ein gefundenes Fressen, mich lächerlich zu machen.«
I.: »Sie fühlen sich meist hilflos und Ihrem Mann unterlegen. Bleiben wir einmal dabei. Ihr Mann kommt bei diesen Interaktionen stets in die Rolle des Überlegenen. Ich frage mich nämlich, wie Sie es schaffen, ihn in diese Rolle zu bugsieren.«

Der Therapeut verfolgt folgende Annahme. Die Strategie von Frau Otto, ihren Mann nicht um Hilfe zu bitten, ist als Operant zu verstehen: In der Folge wird ein zentraler Oberplan bestätigt:

- → Der Ehemann wird ärgerlich.
- → Dem ist Frau Otto nicht gewachsen, hat keine Strategien mit der Verärgerung umzugehen. Sie wechselt in einen Kleines-Mädchen-Modus.
- → Sie fühlt sich unterlegen.
- → Selbstbestätigung des Oberplans: »Ich werde nicht ernst genommen«, was als C+ signiert wird.

Es kann schwierig sein, eine detaillierte Beschreibung von Beschwerden, vernetzten Begebenheiten etc. inhaltlich zusammenfassen. Es steht die Frage nach der Pointe im Raum: Was motiviert den Patienten zum Bericht, gibt es ein Thema? Eine zusammenfassende Interpretation kann weiterführend sein:

Eine Angstpatientin erzählte eine verwirrende Geschichte ihrer Herkunftsfamilie Hempel mit vielen Details und einer verwirrenden Vielfalt von Themen, die der Therapeut auf der Ebene der berichteten Inhalte nicht paraphrasieren kann. Er verlegte die Schilderung der Patientin auf die vermutete subjektiv-wertende Sicht der Patientin und beantwortete die implizite Frage, was sie ihm sagen will:

Th.: »Sie haben mir gerade eine verwirrende Geschichte erzählt. Der entnehme ich: Die Hempels sind eine ziemlich komplizierte Familie«

P. (erleichtert): »Ja, die Hempels, die Brinkmanns (Familie ihres Mannes), einfach alle!«

Für den Fortgang dieser Therapie war zu entscheiden, welche der Themen weitergeführt werden: Zurück zur ursprünglich benannten Problematik Angst? Die Patientin aktuell entlasten? »Die gesamte Familie ist für Sie eine Bürde. Wie kommen Sie mit dieser Bürde zurecht?«

Die Rolle der Patientin in den familiären Verstrickungen ansprechen und das zum Thema machen? »Sie und Ihr Mann sitzen gewissermaßen auf der Schnittstelle zwischen den beiden Familien. Welche Funktion haben Sie?«

Patientin und Therapeut einigten sich darauf, die familiären Themen zu klären. Diese belasteten sie; zudem war die Hypothese naheliegend, dass der familiäre Stress ihre Angstsymptomatik förderte.

18 Den Patienten ermutigen – Mitarbeit fördern

18.1 Würdigung der Person und der Lebensleistung des Patienten

Zum respektvollen Umgang als Grundlage jeder Therapie gehört auch die Würdigung der Person eines Patienten und seiner Lebensleistung. Diese kann der Interviewer bzw. Therapeut entweder non- und paraverbal kommunizieren, indem er z. B. anerkennend nickt etc. und den Patienten anblickt. Eine Würdigung sollte auch direkt angesprochen werden:

- »Sie haben auf dem zweiten Bildungsweg einen Schulabschluss geschafft. Und dann mit gutem Abschluss Ihre Lehre. Das war Ihnen nicht in die Wiege gelegt; hervorragend, wie sie das alles bewältigt haben.«
- »Sie müssen viel an sich gearbeitet haben, um sich aus dem ganzen Familienschlamassel zu befreien.«

Bei einer solchen Intervention gilt wie immer, wenn eine Würdigung oder Lob ausgesprochen wird: Kann der Patient dies annehmen?

Wenn eine lange Krankheitsvorgeschichte vorliegt, muss der Interviewer deutlich den Leidensweg anerkennen. Das ist zum einen eine gesellschaftlich tradierte Norm, zum anderen braucht ein Patient i. d. R. diese Würdigung als Basis einer guten Zusammenarbeit. Im Gespräch mit Frau Noak z. B. gestattet ihr der Therapeut das Verlesen einer mehrseitigen Biographie, in der sie ihren Leidensweg beschreibt. Dem Vortrag ist in einigen Passagen wegen seines betonten Stils schwierig zuzuhören. Die beschriebenen Inhalte jedoch sind so traumatisch, dass der Therapeut diese zur Kenntnis nehmen und sie auch würdigen muss. Hätte alternativ ein Therapeut die Ausarbeitung von Frau Noak zu den Akten genommen und dann versucht mit ihr ins Gespräch zu kommen, hätte diese Patientin die Mitarbeit entweder aufkündigt oder es wäre ein kräftezehrendes zeitaufwändiges Ringen geworden (► Kap. 18.4).

18.2 Empathisch-validierende und akzeptierende Haltung

Die Validierende Gesprächsführung ist eine Variante der Kommunikation, die in der Dialektisch-Behavioralen Therapie und auch im systemischen Vorgehen primär genutzt wird. Das Ziel: Die subjektive Wahrnehmung, das subjektive Empfinden eines Patienten wird bedingungslos akzeptiert, also nicht beurteilt und abgelehnt oder korrigiert; sie wird u.a. in der Behandlung von Borderline-Patienten angewendet (z.B. Bohus, 2019).

Validieren ist aktuell ein viel benutzter Begriff, der ausdrücken soll, dass eine Person A (z.B. der Therapeut) die Person B (z.B. den Patienten) bestätigt.

Das Konzept der Validation wurde von Feil und Klerk-Rubin (2010) zur Betreuung älterer Menschen entwickelt Es gelten dabei 10 Grundsätze der Validation[46]:

1. Alle Menschen sind einzigartig und müssen als Individuen behandelt werden.
2. Alle Menschen sind wertvoll, ganz gleichgültig, in welchem Ausmaß sie verwirrt sind.
3. Es gibt einen Grund für das Verhalten von verwirrten, sehr alten Menschen.
4. Verhalten im sehr hohen Alter ist nicht nur eine Folge anatomischer Veränderungen des Gehirns, sondern das Ergebnis einer Kombination von körperlichen, sozialen und psychischen Veränderungen, die im Laufe eines Lebens stattgefunden haben.
5. Sehr alte Menschen kann man nicht dazu zwingen, ihr Verhalten zu ändern. Ein Mensch ändert sein Verhalten nur, wenn er es will.
6. Sehr alte Menschen muss man akzeptieren, ohne sie zu beurteilen.
7. Zu jedem Lebensabschnitt gehören bestimmte Aufgaben. Wenn man diese Aufgaben nicht im jeweiligen Lebensabschnitt schafft, kann das zu psychischen Problemen führen.
8. Wenn das Kurzzeitgedächtnis nachlässt, versuchen ältere Erwachsene, ihr Leben wieder in ein Gleichgewicht zu bringen, indem sie auf frühere Erinnerungen zurückgreifen. Wenn die Sehstärke nachlässt, sehen sie mit dem »inneren Auge«. Wenn ihr Gehör immer mehr nachlässt, hören sie Klänge aus der Vergangenheit.
9. Schmerzliche Gefühle, die ausgedrückt, anerkannt und von einer vertrauten Pflegeperson validiert werden, werden schwächer. Schmerzliche Gefühle, die man ignoriert und unterdrückt, werden stärker.
10. Einfühlung/Mitgefühl führt zu Vertrauen, verringert Angstzustände und stellt die Würde wieder her.

Eine validierende Gesprächsführung und Validation basiert auf Grundannahmen der Gesprächspsychotherapie nach Carl Rogers. Die Beschreibung und Begrün-

46 https://de.wikipedia.org/wiki/Validation_(Pflege)

dung einer empathisch-validierenden und akzeptierenden Haltung leitet Lammers (2017, S. 77) wie folgt ein:

> »Unter Empathie wird die Fähigkeit zum einfühlenden Verstehen der Innenwelt eines anderen Menschen, d. h. seiner Emotionen, Gedanken, Bedürfnisse und Motive, verstanden. Bei der Ausübung eines empathischen Verstehens ist die Therapeutin mit ihrer ganzen Person im Kontakt mit dem Patienten, begleitet diesen von Moment zu Moment und versucht sich von dessen Äußerungen und Verhalten insbesondere emotional berühren zu lassen.«

Der hier zugrunde gelegte Begriff von Empathie ist umfassend. Er fordert von einem Therapeuten, sich in sehr hohem Maße und über eine längere Zeitspanne zu involvieren. Diese Form des empathischen Mitschwingens kennt sicherlich jeder Therapeut. Aber: Es ist zu fragen, wie häufig am Tage und wie viele Tage im Jahr mit welchen Patienten ein Therapeut diese Haltung realisieren, eigentlich ja leben kann. Ein Burnout ist zu befürchten.

In diesem Buch wird die Position vertreten, dass ein Therapeut eine gewisse Distanz zu seinem Patienten halten muss, auch um sich selbst zu schützen. Der Grundgedanke der Validierung entspricht z. T. dem der Würdigung. Wenn ein Therapeut Distanz halten soll, kann er sehr wohl den Lebens- und Leidensweg eines Patienten würdigen und sein Umgang mit dem Patienten kann respektvoll sein. Auch kann der Umgangsstil persönlich sein und schließt Humor nicht aus.

Persönliche Anmerkung: Diese Operationalisierung der Validierung sichert eine respektvolle Kommunikation mit einem »schwachen« Kommunikationspartner. Sie ist wichtig, einen würdevollen Umgang beizubehalten. Ich sehe kein Hindernis, Validierung und eine gewisse Distanz zu vereinen.

18.3 Das Sprechen erleichtern

18.3.1 Ermutigen und Unterstützen

Nicht immer können Patienten frei über ihr Anliegen reden. Manche sind generell wortkarg und schweigsam oder ihnen fehlen die sprachlichen Fertigkeiten oder es war in ihren Familien nicht üblich über private Angelegenheiten zu reden (s. Transkript Herr Saubert, s. Online-Zusatzmaterial). Auch können private Themen auf Tabus, Hemmungen oder Redeverbote treffen:

- »Über Sex spricht man nicht«; »Über Tote redet man nicht schlecht.«
- »Die Großmutter (das Familienoberhaupt) ist außen vor.«

In solchen Situationen ist das Unterstützen durch den Interviewer angezeigt:

- »Mit wem haben Sie schon mal darüber geredet?«
- »Wie gut, dass Sie sich heute ein Herz gefasst haben.«

- »Dann fällt es Ihnen schwer, darüber zu reden?«
- »Gibt es eine Situation, in der Sie zum ersten Mal xy beobachtet haben?«
- »Erzählen Sie mir, wie es angefangen hat.«
- »Können Sie sich erinnern, wann/wo das war?«

Nonverbale Ermutigungen (s. a. Aktives Zuhören) können z. B. sein:

- nicken und »hm, hm« sagen
- Anteilnahme zeigen, z. B. durch zugewandte Körperhaltung
- Blickkontakt halten.

Diese wie auch andere nonverbale Ermutigungen sind Signale des Zuhörens und der Anteilnahme. So marginal solche Gesten sind, sie sind zur Etablierung einer guten Patient-Therapeut-Beziehung wichtig. Auch muss das Interesse-Zeigen dosiert werden: Manche Patienten werden durch ein intensives: »Das müssen Sie mir aber genauer erzählen« irritiert und können besser mit einer defensiveren Variante angesprochen werden: »Mögen Sie mir erzählen, was …?«

Manchen Patienten muss der Druck genommen werden, sofort reden zu müssen: »Wir haben Zeit, Sie müssen jetzt nicht reden«.

Verhaltensnahe Fragen nach Einzelheiten sind sinnvoll, um ins Erzählen zu kommen. Die Exploration eines depressiven Patienten z. B. entwickelt sich aus der Schilderung einer spezifischen Pflanze. Der Therapeut wusste, dass der Patient Pflanzen in seinem Zimmer hatte.

> Th.: »Welche Pflanzen haben Sie?«
> P.: »Kann ich nicht sagen, weiß nicht, wie die heißen.«
> Th.: »Das ist nicht schlimm, bitte beschreiben Sie sie mir. Sind sie groß oder eher klein?«
> »Was verbinden Sie mit diesen Pflanzen?«
> »Wie sind die zu Ihnen gekommen?«

18.3.2 Remoralisieren

Frank (1986, zitiert nach Kanfer et al. 2012, s. 168) verwendet den Begriff der Remoralisierung[47] der vielfach demoralisierten Patienten, um sie zu motivieren, sich nicht aufzugeben und an sich zu arbeiten (s. »Sich aufgeben«, ► Kap. 2.3). Frank ermutigt Patienten, formuliert erreichbare Ziele etc. Er ist aktiv und »arbeitet« in dieser Phase für seinen Patienten. Das ist in einer solchen Phase für diese Patienten durchaus sinnvoll, auch wenn die generelle Regel gilt, dass ein Patient für seine Belange selber arbeitet.

---

47 Der Begriff der Remoralisierung wird auch von dem Philosophen Trentmann (2023) in seiner Studie über die Nachkriegszeit verwendet zur Beschreibung der Stärkung moralischer Werte bei der Verarbeitung der Nazizeit.

Ein 32 Jahre alter Patient, zweiter Sohn einer erfolgreichen Arztfamilie, vielfach begabt, aber ohne einen Abschluss, ohne Arbeit, entmutigt, zutiefst demoralisiert, wird von seinem Vater zur Behandlung geschickt. In den ersten drei Monaten redet der Patient sehr wenig, ihm fällt jedes Wort schwer. Der Behandler ist sehr aktiv, nutzt Alternativfragen, hält ununterbrochen Blickkontakt etc. In der zwölften Behandlungsstunde fragt der Patient gegen Ende der Stunde:

P.: »Warum tun Sie das?«
Th.: »Ja? Was meinen Sie?«
P.: »Sie bemühen sich …«
Th.: »Ja, richtig.«
P.: »Warum?«
Th.: »Sie sind ein junger Mann, der sein Leben vor sich hat. Es wäre schön, wenn Sie es in die Hand nehmen würden.«
Th.: …

Der Patient ist betroffen und schweigt. Der Therapeut beendet die Stunde. In der kommenden Sitzung redet der Patient, immer noch zurückhaltend, aber sehr viel mehr als zuvor, schildert wichtige Ereignisse seiner Biographie etc. Dem Therapeuten fällt es in dieser Phase schwer, sich selber zurückzuhalten und sich auf Ermutigungen und aktives Zuhören zu beschränken.

18.3.3 Eine Brücke bauen

Eine Brücke zu bauen bedeutet, es einem Gegenüber zu erleichtern, ein Thema anzusprechen, das er meidet, weil es ihm vielleicht peinlich ist oder seinen Selbstwert in Frage stellt. Diese Technik der Gesprächsführung ist also dann sinnvoll, wenn der Diagnostiker einen Themenbereich betreten will, der dem Patienten nicht so leicht zugänglich ist. Im Gespräch mit Herrn Saubert will der Interviewer dessen Arbeitssituation erneut aufgreifen. Der Patient hatte diese als problemlos dargestellt, was der Diagnostiker bezweifelt. Er fragt nach und will es dem Patienten erleichtern, das Thema aufzugreifen:

»Ich will noch mal zu Ihrer Arbeitsstelle zurückkommen. Ich hatte mir gemerkt, dass Sie dort ein wohlgelittener und tüchtiger Mitarbeiter sind, was ich auch glaube. Gleichwohl: Keine Regel ohne Ausnahme. Gibt es Situationen, wo es schon mal hakt, oder gibt es männliche oder weibliche Kollegen, die Stress machen?«

Danach, als der Patient nicht antwortet: »In einem so großen Betrieb, wo auch schon mal Druck gemacht wird, bleibt das nicht aus.«

Auch die folgenden Fragen können es einem Patienten erleichtern, sich zu äußern:

- »Es ist wahrscheinlich und es wäre normal, wenn es in einem solchen Betrieb auch zu Reibereien kommt.«

- »In einer Situation, in der Sie jetzt sind, reagieren Menschen schon auch mal ärgerlich.«
- »Es würde Ihnen aus der Familie niemand verübeln, wenn Sie Ihrem Bruder mal die Meinung sagen würden. Was könnten Sie ihm denn genau sagen?«
- »Ich merke bei mir gerade, dass ich den Unmut verspüre, den Sie Ihrem Kollegen gegenüber haben müssen, sich aber nicht zugestehen mögen.« (Gegenübertragung)
- »Ich hatte gestern ein Gespräch, in dem der Betroffene richtig Angst hatte – es sich aber nicht eingestehen wollte.«

Der Interviewer muss sich bewusst sein, dass eine solche Technik suggestiv wirken kann. Er kann sicher sein, dass die Intervention sinnvoll war, wenn der Patient eine eigene Geschichte erzählt, die in den roten Faden des bisherigen Gesprächs passt.

18.3.4 Entkatastrophisieren

Ziel des Entkatastrophisierens ist es, den Druck von Patienten zu nehmen, dass sein Thema besonders auffällig, anstößig, schlimm etc. ist. Die Bereitschaft des Therapeuten, Patienten zu entlasten, ist eine Frage des jeweiligen Therapieverständnisses: Ist es für eine Therapie günstig, Druck vom Patienten zu nehmen und ihn zu entlasten oder den Druck zu belassen? In diesem Buch wird ein Entkatastrophisieren als günstige Maßnahme eingeschätzt: Patienten sind i.d.R. hinreichend belastet, was ihre Energie aufzehrt; in einem eher entspannten Rahmen kann besser nachgedacht werden. Ein psychologischer Sachverhalt kann entkatastrophisiert werden durch …

- den Vergleich mit anderen und der Einsicht, nicht alleine mit einer Symptomatik zu sein
- das Stellen einer Diagnose. Eine Problematik wird so fassbar und behandelbar
- die Operationalisierung einer Konzeptaussage (»Ich bin besonders krank«) auf der Verhaltensebene (»Ich habe Angst vor xy«).

Der Vergleich mit anderen Personen kann einen entlastenden Bezugsrahmen vermitteln:

- »Ich kenne viele Leute, die das so sehen.«
- »Nicht nur Sie leiden unter xy.« »Es gibt eine Reihe von Personen, die wegen xy um Rat fragen.«
- »So selten ist das gar nicht, was Sie berichten.«

Techniken des Konkretisierens, Präzisierens und Spezifizierens können die Funktion haben, Annahmen bzw. Sichtweisen zu entkatastrophisieren:

P.: »Heute ist es wieder besonders schlimm; heute ist ein furchtbarer Tag!«

Th.: »Was ist heute so furchtbar? Was macht den heutigen Tag so schlimm?«
P.: »Ich habe immer Schmerzen.«
Th.: »Ja, Schmerzen sind schlimm. Vielleicht gibt es Situationen am Tag mit etwas weniger Schmerzen?«

Danach kann der Therapeut den Patienten bitten, ein Schmerzprotokoll auszufüllen.

P.: »Zu Hause läuft alles schief.«
Th.: »Wir sollten mal genauer hinschauen, was im Einzelnen schiefläuft.«
P.: »Zu Hause läuft alles schief.«
Th.: »Nur mal angenommen, es liefe gut. Was wäre anders?«

18.3.5 Gedächtnis des Patienten sein – Erinnerungslücken schließen

Sind Gedächtnisleistungen reduziert, ist es hilfreich, wenn Dritte gesuchte Informationen beisteuern können. In der Geriatrie ist daher eine notwendige und übliche Funktion von Therapeuten, das Gedächtnis ihrer Patienten zu sein.

Mitunter sind Patienten früher berichtete Sachverhalte in nachfolgenden Therapiesitzungen nicht mehr verfügbar. Das kann unterschiedlich motiviert sein: Diese können für einen Patienten nicht mehr relevant sein; sie können aus einem Verhaltensbereich sein, der konträr zu dem ist, über den ein Patient gerade nachdenkt; sie können ihm peinlich sein etc. Der Therapeut muss entscheiden, welche Bedeutung er einem Vergessen zuschreibt. Hat er einen Sachverhalt »verdrängt« und ist es sinnvoll dem nachzugehen, oder ist Vergessen ein nicht-pathologisches Verhalten der Überforderung?

18.4 Dem Wunsch des Patienten nachkommen

Im Folgenden wird die Situation besprochen, dass es günstiger ist, einen Patienten reden zu lassen und ihn nicht zu unterbrechen. Das kann z. B. sinnvoll sein,

- um die Kooperation nicht zu gefährden, wenn z. B. ein Patient sich etwas für die Stunde vorgenommen hat;
- um ihm Raum zu geben, sich zu entfalten, wenn er sich nur unter Mühen ausdrückt;
- um ihn beobachten zu können, wenn z. B. eine diagnostische Situation unklar ist und der Interviewer Zeit und Distanz zum Nachdenken benötigt.

Wann solche Situationen eintreten ist unklar. Ein Diagnostiker muss spontan entscheiden, was für die Zusammenarbeit unter diagnostischen wie therapeutischen Gesichtspunkten günstiger ist.

Frau Noak hatte für das Erstgespräch mit entschlossenem Gesichtsausdruck ein Manuskript mitgebracht. Es ist absolut unüblich, dass eine Patientin zu einem Erstgespräch ein Manuskript verliest. Es ist gute Sitte, dass ein Patient, so er reden kann, in einer Interviewsituation selber und spontan spricht. Der Therapeut musste spontan entscheiden, ob er die Patientin gewähren lassen sollte.

Box 28: Die Patientin reden lassen

I.: »Bitte erzählen Sie mir, warum Sie in die Klinik gegangen sind.«

P.: »Ich hab dazu eigentlich meine andere Aussage. Ist es nicht sinnvoller, von mir zu wissen, wer ich überhaupt bin? Ich denke, es ist vielleicht das Einfachste, wenn ich das wirklich mal vorlese.« (P. hält ein Manuskript von 4 bis 5 Seiten hoch).

I.: »Sie wollen mir etwas vorlesen, was Sie vorher geschrieben haben?«

P.: »Dann haben Sie vielleicht einen besseren Einblick, weil sie ja die Materie übergeben oder bearbeiten oder so. Vom Ansehen können Sie nicht wissen, wer dahintersteckt.«

I.: »Vom Ansehen kann man nicht immer wissen, wer vor einem sitzt.«

P.: »Das Gericht sollte mich mal vertreten gegenüber der Rentenkasse, ohne mich jemals gesehen zu haben. Das konnte ich irgendwo logisch nicht nachvollziehen... und dann hab ich zu meinen Unterlagen ... eben hab ich mich hingesetzt und hab eigentlich mein Leben mal dargelegt, um überhaupt ..., damit die sich mal vorstellen können, wen die vertreten sollen... von der Psyche her.«

I.: »Wann haben Sie das aufgeschrieben und warum?«

P.: »Vor 5 Jahren wurde meine Rente abschlägig entschieden und da bin ich gegen angegangen, habe Widerspruch eingelegt, so eben, dass das Amtsgericht oder, wie heißt das, ne, Amtsgericht nicht, Sozialgericht meine Vertretung war...«

In diesem Fall schien es geboten, der Patientin, den Raum zu geben, um sich so darzustellen zu können, wie sie es sich vorgestellt hatte. Es war abzusehen, dass ein Verbot sie zutiefst gekränkt und einen Rapport unterbunden hätte. Ein Interviewer muss auch nicht befürchten, dass ein Patient die Führung der weiteren Gespräche übernimmt, wenn er sich in einem für ihn entscheidenden Punkt durchsetzen konnte. Auch erschien es zeitökonomischer, den Umweg des Verlesens einzugehen, als eine Frustration abzufangen.

18.5 Den Patienten einbeziehen – Den Patienten ansprechen

18.5.1 Den Patienten mit seinem Namen ansprechen

Spricht ein Therapeut seinen Patienten mit dem Namen an, schaut ihn an und betont seine Worte, dann bedeutet das eine maximale Aufmerksamkeit und Zuwendung. Der Anlass kann ein positiver, also z. B. Bestätigung oder Würdigung sein, aber auch ein negativer, also z. B. Kritik.

Herr Zweigelt berichtete im Wochenrückblick, Kontakt mit seiner Mutter aufgenommen zu haben, was er sich schon lange vorgenommen, aber immer wieder aufgeschoben hatte: »Herr Zweigelt, das ist ja hervorragend. Ich finde es richtig gut, dass Sie diesen Schritt getan haben. Erzählen Sie, wie es Ihnen damit geht«.

Frau Otto hatte nach längerem Anlauf eine Bahnfahrt zu einer Freundin gewagt, dies nur beiläufig erwähnt und stattdessen über deren ungezogene Tochter lamentiert. Ziel des Therapeuten war es, diesen Erfolg zu würdigen: »Frau Otto, bitte... Unser Thema war die geglückte Bahnfahrt ohne Ängste und nicht eine ungezogene Tochter. Also, wie war das mit der Bahnfahrt?«

Für die Durchführung von kognitiven Interventionen, bei denen Selbstgespräche eingeübt werden sollen, kann es angezeigt sein, dass ein Patient sich direkt anspricht:

- »Wenn Sie mit sich selber sprechen: Wie reden Sie sich an?«
- »Es ist sinnvoll, sich in irgendeiner Weise anzusprechen. Manchmal ist es auch nur eine Art Gefühl und Sie merken, so ich rede jetzt mit mir. Mir liegt daran, dass sie sich direkt ansprechen. Das hilft Ihnen mitzubekommen, so jetzt sage ich mir was. Wie können Sie sich ansprechen?«

18.5.2 Übereinstimmung prüfen

Es ist ein Aspekt des verhaltenstherapeutischen Therapieverständnisses, einen Abgleich zwischen dem Bericht eines Patienten und der Rezeption durch den Therapeuten herzustellen. Beide müssen beileibe nicht dieselbe Sichtweise einnehmen. Dem Therapeuten muss allerdings der Unterschied, so er besteht, klar sein. In jedem Fall muss der Therapeut die Sicht des Patienten verstanden haben. Im Anschluss an eine Paraphrase fragt er daher nach: »Habe ich Sie so richtig verstanden/ ist meine Zusammenfassung so korrekt? Bitte korrigieren Sie mich, wenn etwas nicht stimmt. Ich merke mir das nämlich jetzt so.«

Das Anliegen dieser Vorgehensweise ist es, einen umschriebenen und präzisierten Sachverhalt daraufhin zu überprüfen, ob der Interviewer den Patienten richtig verstanden hat. Zunächst formuliert er eine Paraphrase, und fragt anschließend:

- »Ist das richtig so?«
- »Ich habe Sie so verstanden, dass …«
- »Kann ich mir das jetzt so merken?«

Dieses Vorgehen ist auch als eine Intervention zu verstehen, den Patienten »zu erziehen«, hier nämlich zum Widerspruch. Der Patient soll sich ermutigt fühlen, seinem Therapeuten ggf. auch zu widersprechen. So lernt der im Verlauf der Sitzungen, dass er widersprechen darf und dass das erwünscht ist. Der Patient erfährt, dass Widersprechen für diagnostische Bemühungen ein überaus sinnvolles Verhalten ist.

18.5.3 Mitarbeit einfordern

I. d. R. ist die Mitarbeit von Patienten insbesondere im ambulanten Setting unproblematisch. Aus therapeutischen Gründen kann es sinnvoll sein, einen Patienten aufzufordern, für seine Situation Lösungen zu suchen.

Zur Erläuterung der folgenden Sequenz sei vorausgeschickt: Herrn Zweigelt hatte eingeführt, sich für sein Befinden analog einer Schulnote eine Tagesnote zu geben. Die schwankte zwischen 4 und 6, meist gab er sich eine »5«. Eine »4« bedeutet: Er kann seinen Tag strukturieren, grübelt wenig. Bei einer »6« ist er extrem unkonzentriert, verhält sich rücksichtslos (»Kann mich nicht steuern«).

Th.: »Wie ist das umzusetzen, dass Sie das Auto nicht nutzen, wenn Sie sich sehr schlecht steuern können und sich die Tagesnote »6« geben?«
P. »Dann fahr ich wie verrückt Auto, mit dem Fahrrad mach ich das ebenfalls … Es kann sein, dass ich in eine Gruppe von Personen hineinfahre … mit dem Rad«.
Th.: »Ja, das habe ich verstanden. Wir hatten früher vereinbart, dass Sie dann zu Fuß gehen. Wie wollen Sie das sicher stellen?«
P.: »Fahrrad könnte ich fahren« …
Th.: »Fahrrad fahren?«
P.: »Das sollte ich ja dann auch nicht«. (berichtet von einem Beinahe-Unfall)
Th.: »Also zurück. Was können Sie tun, um weder Auto noch Fahrrad zu fahren, wenn Sie schlecht drauf sind?«
P.: entwickelt einen Plan, die Schlüssel für das Auto und das Fahrrad bei der Nachbarin zu hinterlegen.

18.6 Hilfen, die den Kopf entlasten

18.6.1 Hinweisreize sind Explorationshilfen

Hinweisreize sind (kleine) Objekte bzw. Gegenstände oder Gesten (Cue, Signal, diskriminativer Reiz, S^D), welche mit einer geläufigen Bedeutung assoziiert sind und eine bekannte Reaktion auslösen: So kann das Foto eines Berges die Erinnerung an dessen Besteigung oder eine Muschel die Erinnerung eines Urlaubstages am Meer wecken. Auch kann Gegenständen eine Bedeutung zugewiesen werden, wie das in der folgenden Box beschrieben wird: Ein Spielzeug wird so zu einem Hinweis, dass die Patientin für den Therapeuten zu schnell spricht.

Box 29: Eilzug

Eine Patientin hatte ein zu hohes Sprechtempo, sodass der Therapeut sie mitunter unterbrechen musste, um sie verstehen zu können. Als er ihr wieder einmal nicht folgen konnte, bemerkte er zufällig einen kleinen Zug, ein Kinderspielzeug aus Holz, auf dem Tisch. Er deutete darauf und sagte: »Für mich reden Sie so schnell wie ein Eilzug. Ich kann Ihnen kaum noch folgen. Bitte sprechen Sie langsamer«. Der kleine Holzzug wurde dadurch zum Hinweis, sie möge ihr Sprechtempo reduzieren. Später musste der Therapeut während des Gesprächs nur wortlos auf den Zug deuten; die Patientin verstand den Hinweis als Bitte, langsamer zu reden. Diese Lösung war für beide unauffällig, recht elegant und wirkungsvoll zur Gestaltung des Gesprächs. Vor allen Dingen: Beide konnten darüber lachen.

Die Verwendung von Hinweisreizen ist eine probate Intervention, um einem Patienten zu erleichtern, eine neue Verhaltensweise zu etablieren. Der große Vorteil besteht darin, dass eine Verhaltenskontrolle vergegenständlicht und externalisiert wird und dadurch quasi der Kopf entlastet wird. Hinweisreize können eine Szene repräsentieren und dienen der Vergegenständlichung von Situationen, die dadurch besser zu explorieren sind:

> Das Thema einer jungen Patientin war Rivalität im beruflichen wie auch im privaten Bereich. Sie erinnerte sich, dass sie als Schülerin der Großmutter ihr Zeugnis vorzulegen hatte, wie dies auch alle anderen Enkel jedes halbe Jahr tun mussten. Die Großmutter sagte der Patientin, dass ihre Cousine mehr Einsen im Zeugnis hätte, was sie sehr getroffen hatte. Diese Begebenheit war zwar emotional bedeutsam, sie konnte sich die Szene aber nicht bildlich vorstellen. Der Therapeut bat die Patientin, die Szene mit Playmobilfiguren nachzustellen. Diese Vergegenständlichung öffnete bei der Patientin den Assoziationsraum zu diesem Thema, was zu einer sehr plastischen Schilderung und zum emotionalen Nacherleben führte.

Technischer Hinweis: Zum Rekonstruieren einer Erinnerung können fast beliebige Gegenstände genutzt werden. In diesem Beispiel waren Playmobilfiguren verwendet worden, weil sie zufälligerweise griffbereit in einem Karton zur Verfügung standen. Es können genauso gut kleine Tierfiguren oder Holzklötzchen herangezogen werden wie die Figuren von Stellbrettern zur Familienaufstellung oder auch Schreibtischutensilien (z. B. Bleistiftanspitzer, Radiergummi, Büroklammern), denen eine Bedeutung zugeschrieben werden kann (der Radiergummi repräsentiert z. B. die Oma, die blaue Büroklammer die Patientin, die Büroklammer aus Metall die Cousine, etc.).

Sind Gesten mit einer Bedeutung assoziiert, können sie einem Patienten helfen, eine Situation zu verdeutlichen, die dadurch besser besprochen werden kann. So wurde mit Frau Bauer (s. Box 27), verabredet, dass sie die Haltung der Imperia[48] einnahm, wenn sie eine selbstermutigende Aussage machte, zunächst in der Therapiestunde, später zu Hause, wenn sie assertive Kommentare einübte. Bei dieser Geste stand die Patientin aufrecht mit erhobenem Kopf, hatte beide Arme gehoben und angewinkelt. Auch die Hände waren angewinkelt und nach außen gerichtet, sodass die Handinnenflächen nach oben schauten. Der Therapeut ermunterte die Patientin, diese Haltung einzunehmen und ihr Vorhaben zu verbalisieren:

Th.: »Wir hatten verabredet, dass Sie die Sätze, die wir eben als günstig für Sie gefunden haben, mit der Geste der Imperia unterstreichen.«

P.: »Ich werde meinen Eltern sagen, dass ich an diesem Wochenende wegfahren werde.«

Während sie diese Sätze sagte, erhob Frau Bauer die Hände. Dadurch unterstrich sie nachdrücklich ihre Vornahme, sich gegen ihre Eltern zu behaupten. Jetzt konnten in der aktuellen Therapiestunde die Emotionen antizipiert und besprochen werden, die mit dem für sie mutigen und fremden Verhalten auftreten werden.

Solche Gesten müssen für die Patienten stimmig sein, sie entstehen meist spontan. Die Geste der Imperia war bereits vor 10 Jahren mit Frau Bauer eingeführt worden, als sie in einer Trennungssituation Rat gesucht hatte. Damals hatte der Therapeut einen Bericht über die Entstehung der Statue gelesen und ihr spontan diese Geste vorgeschlagen. Die Patientin konnte die Geste sofort übernehmen. Zum aktuellen Behandlungstermin hatte der Therapeut die Geste vergessen, die Patientin führte sie erneut und erfolgreich ein.

---

48 Die Statue der Imperia stellt eine Kurtisane aus den *Tolldreisten Geschichten* von Balsac dar. Sie ist das Symbol für eine ungewöhnlich selbstbewusste Frau, die auf den unterschiedlichsten Ebenen Kontakt zu den ganz Großen der Zeit hatte, aber unabhängig von ihnen blieb. In Konstanz erinnert die Imperia an die Doppelmoral während des Konstanzer Konzils (1414–1418): Zahlreiche Amtsträger und geistliche Würdenträger hatten sich von Mätressen mit Format abhängig gemacht. Im therapeutischen Kontext imponiert die souveräne Haltung der Imperia gegenüber Autoritäten.

18.6.2 Schaffen von Hinweisreizen

Gesten wie die der Imperia sind eine z. T. humorvolle und ausdruckstarke Unterstreichung einer therapeutischen Intervention. So wirkungsvoll Gesten mitunter sind, in der Öffentlichkeit sind sie nicht immer angebracht. Auch eine unauffällige Geste oder ein unscheinbarer Gegenstand kann als diskriminativer Reiz ausgebildet werden: Der Patient kann ein kleines Figürchen, ein Sorgenpüppchen, Steinchen etc. in der Hand halten, wenn er die Geste macht, sich auf sie konzentrieren und auf die Wirkung des klassischen Konditionierens vertrauen (Lutz, 2009, S.78):

Frau Bauer hatte sich einen kleinen Stein ausgewählt, hatte diesen während der Gestenübung in der Hand und lenkte ihre Aufmerksamkeit auch auf diesen Stein. Nach einigen Durchgängen war dieses Steinchen zu einem Hinweisreiz ausgebildet, der für sie eine ermutigende Funktion hatte. Sie nutzte ihn zur Selbstermutigung in den ersten Gesprächen mit den Eltern. Die Wirkung solcher durch klassisches Konditionieren kurzzeitig induzierten Effekte verliert sich wieder, wenn die Übung nicht wiederholt wird.

Im cue-controlled-relaxation (Bernstein & Borkovec, 2007) wird ein Hinweisreiz ausgebildet: In einer Entspannungsinstruktion weist der Therapeut wiederholt auf einen kleinen Gegenstand hin, den der Patient in der Hand hält. Dieser erleichtert es dem Patienten, außerhalb der Therapiesituation eine Entspannungsreaktion abzurufen. Im stationären Setting wird häufig eine Variante der PMR (Progressive Muskelrelaxation) in Gruppen mit Patienten durchgeführt. Diese Intervention ist nicht immer nachhaltig. Wird dagegen ein Hinweisreiz ausgebildet, können viele Patienten die neu erlernte Technik quasi mit nach Hause nehmen.

Einer Patientin fiel es schwer, nach Dienstschluss abzuschalten und auf der Heimfahrt mit dem PKW nicht weiter Gespräche mit Kollegen, Kunden und Vorgesetzten zu ventilieren. Neben Maßnahmen zur Förderung der sozialen Kompetenz wurde folgender Cue eingeführt: Sie hatte an den Rückspiegel ein Glöckchen befestigt, das von einem Schokoladenhasen stammte. Kamen während der Fahrt Gedanken an die Arbeit, schnipste sie mit dem Finger an das Glöckchen und sagte sich: »Stopp. Es ist Feierabend. Ich genieße die Heimfahrt.«

18.7 Hilfreiches Setting

Die Ausstattung eines Behandlungsraums dient zunächst dem funktionalen Ziel, dass Behandler und Therapeut ungestört miteinander reden können. Dort verbringt der Therapeut sehr viel Zeit; der Raum sollte in jedem Falle seine Bedürfnisse befriedigen. So ist es nicht verwunderlich, dass ein Behandlungsraum eine spezifische »psychologische Ausstrahlung, eine Persönlichkeit« (Zimmermann, 2022) hat. Zimmermann fotografierte die Räume von 50 New Yorker Therapeuten. Er war überrascht von der »unglaublichen Vielfalt an Inneneinrichtungen« und davon, dass die Räume selbst eine persönliche Botschaft vermitteln. Yalom z. B. praktiziert in einem Gartenhaus, umgeben von idyllischem Grün, Blumen, Bäumen und Sträuchern, Sternberg in einem eher kargen Raum.

Dinge in einem Raum haben einen Sinn für die Nutzer (Csíkszentmihályi & Rochberg-Halton, 1989). Daher ist die Ausstattung eines Raumes als Botschaft an Patienten zu verstehen. Signalisiert die Einrichtung die Atmosphäre, wie ein Therapeut verstanden werden will? Sitzt er vor einem gut geordneten Bücherregal oder vor einem, in dem Bücher spontan abgelegt sind? Hängt an der Wand ein themenspezifisches Bild, z. B. ein Foto einer Segeljacht oder ein Druck von Klee? Liegen Schmusetiere und Kissen auf einem Sofa herum oder sind Hinweise auf ein Hobby zu erkennen (z. B. BVB-Emblem, Hundekorb)? Solche Hinweise sind probate Anlässe zu ungezwungenen Smalltalks mit »Eisbrecherfunktion«.

Ein Therapeut einer psychosomatischen Fachklinik hatte an einer prominenten Wand seines Behandlungszimmers ein Bild etwas schief aufgehängt. Patienten reagierten sehr spezifisch darauf: Einige konnten ihren Blick nicht abwenden, andere wurden unruhig, wieder andere wollten das Bild gerade hängen. Er behandelte viele Zwangspatienten, sodass dieses Bild eine Art Themenbeschleuniger war.[49]

Auf die Bedeutung der Raumgestaltung und der Farbwahl kann in diesem Buch aus Platzgründen nur hingewiesen werden. Büther (2017) z. B. spricht von der »Sprache des Raums« und legt Befunde vor, dass Farben Verhalten und Empfinden beeinflussen. In einer Studie untersuchten Nasar und Devlin (2011), wie ein Behandlungszimmer für Psychotherapie ausgestattet sein sollte. Folgende Merkmale wurden bevorzugt: warme Farben, bequeme Sessel, Stoffüberzüge, Pflanzen etc., er sollte also gemütlich sein; der ideale Raum war weiterhin ausgestattet durch Familienbilder, Nippes, Bücher etc., sollte also persönlich wirken. War der Raum gepflegt und ordentlich, wurde dem Therapeuten ein strukturiertes therapeutisches Vorgehen zugesprochen (s. a. Zimmermann, 2022).

Schon in der Alltagspsychologie ist bekannt, dass es optimale Distanzen zwischen Personen gibt, die je nach Situation (Begrüßung eines Fremden oder eines Freundes) und ethnischer Herkunft differieren. Auch für ein gelingendes Gespräch ist die räumliche Entfernung zwischen Patienten und Therapeut nicht unerheblich. Die Äußerungsbereitschaft hängt von der subjektiv als »richtig« und angemessen erlebten Distanz ab (z. B. Farber & Sohn, 2007).

49 *Persönliche Anmerkung einer Kollegin:* »Na, so wäre es mir aber auch ergangen. Ein schiefes Bild geht gar nicht! Aber einen Zwang habe ich nicht. Ein bisschen zwanghaft bin ich vielleicht, das fühlt sich aber eigentlich noch ganz gesund an. Aber ein schiefes Bild ist eine pure Provokation!«

18.8 Entwickeln eines Bildes bzw. einer Metapher

Im kollektiven Gedächtnis wie auch in der Alltagssprache sind sprachliche Bilder und Metaphern bekannt, die einen psychologischen Sachverhalt in einem prägnanten Wort oder Satz auszudrücken vermögen: Pechmarie, Hans im Glück, das Schlaraffenland etc. Solche Bilder und Metaphern haben den großen Vorteil, dass sie zugleich das bewusste und das nicht-bewusste Informationssystem ansprechen. Mit einem einzigen Wort kann eine komplexe Geschichte und der konnotierte psychologische Sachverhalt im Gespräch aufgerufen werden.

Im Bild sind psychologische Sachverhalte vergegenständlicht und können unmittelbar angesprochen werden. So kann z.B. der Zwerg (s.u.), der mit einem Zollstock herumläuft, direkt nach seinen Motiven befragt werden. Es ist günstig, Bilder zu verwenden, die einen persönlichen Bezug zum Thema des Patienten haben:

Box 30: Das Universum schlägt zurück

Herr Zweigelt hatte in kurzer Zeit mehrere Änderungen in seinem Tagesablauf eingeführt, die alle das Ziel hatten, ihn zu entlasten, seinen Tag zu strukturieren und sich Genussmomente zu gönnen. Diese zwar erwünschten Veränderungen widersprachen aber seinen vielfältigen Oberplänen, deren gemeinsamer Inhalt es war, sich Positiva im weitesten Sinne zu verweigern. Er hatte den Eindruck, dass alle seine Fortschritte für ihn nicht mehr fassbar waren, und er begann wieder in großer Hektik zu agieren. Er konnte gut das Bild annehmen, dass »das Universum« zurückschlägt. Durch die Therapie wurde sein selbstschädigendes Konzept in Frage gestellt und in wenigen Bereichen durch hilfreiche Oberpläne ersetzt. Die Verschlechterung wurde als Reaktanz interpretiert und im Bild des zurückschlagenden Universums pointiert. In der Folgezeit konnte er sich mit diesem Bild in einigen Situationen selber entlasten.

In den Bildern soll das Thema anschaulich werden. So konnte das Thema »Ich nehme zu viel Platz weg. Ich störe und stehle anderen die Zeit« szenisch umgesetzt werden: Die Patientin rollt in einem riesengroßen und durchsichtigen Ball über ein Fußballfeld, auf dem junge Männer und ihr Trainer trainieren. Für eine andere Patientin konnte das Thema »Ich bin zu viel (belastend für andere); ich bin zu wenig (nicht genügen)« das Bild eines Zwerges entwickelt werden, der mit einem Zollstock alle Unternehmungen des Patienten misst. Oder: Ein Jugendlicher fühlte sich eingeengt wie ein Weihnachtsbaum im Plastiknetz. Der Autor erzählt gerne die folgende Begebenheit, wenn er das Prinzip der kleinen Schritte in einem Bild weitergeben will:

Box 31: Die Sieben-Klöße-Metapher

»Als kleiner Junge kam ich auf dem Nachhauseweg vom Kindergarten am Haus des Nachbarn vorbei. Es war 12 Uhr mittags, die Dorfgasse war leer. Es war die Nachkriegszeit; vieles musste organisiert und wieder aufgebaut werden; die Lebensmittel waren knapp. Der Nachbar hatte das Radio eingeschaltet und aus dem geöffneten Fenster waren im hessischen Landfunk wie jeden Tag um diese Zeit die Moderatoren Heiner und Babbet zu hören. Es war wohl ein politischer Kommentar, wie ich heute vermute. Der endete mit folgender Metapher: *Sieben Klöße isst man nicht auf einmal, sondern einen nach dem anderen.* Ich war tief beeindruckt. Sieben Klöße!«

Im Klassiker »Der Kaufmann und der Papagei«[50] legt Peseschkian (1982) Parabeln vor, die er therapeutisch einsetzt: Die Quintessenz einer Parabel enthält die Botschaft, die der Therapeut seinem Patienten mitteilen will. Die Botschaft ist durchweg wohlmeinend; sie erschließt sich einem Patienten auf einem intuitiven Weg (Informationssystem I). Der Therapeut muss sie i. d. R. nicht schulmeisterlich erklären. Der Patient kann erzählen, was ihm einfällt und öffnet im günstigen Fall dem Therapeuten einen Zugang zu zentralen Aussagen seines Selbstkonzeptes.

Durch einen Rekurs auf eine komische Szene kann eine gewisse ironische Distanz zum Bericht des Patienten eingeführt werden:

- »Kennen Sie den Film ›Pappa ante Portas‹ von Loriot? Kennen Sie die Szene, in der die Familie Lohse im Speisewagen eines Zuges freudlosen Verwandten gegenübersitzt? Genau daran musste ich denken, als Sie mir die Tischsituation bei Ihrer Herkunftsfamilie erzählten. Haben die beiden Situationen nicht viel gemeinsam?«
- »Ist es Ihnen möglich, sich diese Situation, die Sie mir gerade geschildert haben, als Szene auf einer Theaterbühne vorzustellen? Können Sie quasi als Regisseur die Geschichte mal zuspitzen?«
- »Für mich als Zuschauer hat die Szene durchaus komische Qualitäten. Wie ist das bei Ihnen, was sehen Sie?«

Eine solche humorvolle Distanzierung ist nicht immer indiziert. Die Szene im Hotel, die Frau Otto erzählte (Frau Otto, ihr Mann, ihr Vater und dessen neue Partnerin nächtigen in benachbarten Zimmern, s. Transkript), hat zwar durchaus komische Aspekte. Der Interviewer spricht diese aber nicht an. Frau Otto ist in dieser Situation so empört, dass sie zu einem Perspektivwechsel nicht in der Lage ist (Timing).

Das Behandlungsteam von Linehan (1996, S. 154) hat sich eine Sammlung von Metaphern angelegt, die treffend für spezifische und wiederkehrende Gesprächssituationen sind. Therapiegefährdendes Verhalten wurde z. B. »verglichen mit dem Verhalten eines Bergsteigers, der sich weigert, im Schnee winterfeste Kleidung zu

50 Sollte in keiner Bibliothek von Therapeuten fehlen.

tragen … oder auf einem Felsen sitzend die Landschaft betrachtet, obwohl gerade ein Sturm aufkommt.« In eine solche Sammlung fließt die Kreativität einer Gruppe ein, wovon jeder Einzelne profitiert.

Für einen Behandler ist es sinnvoll, sich aus verschiedenen Quellen einen Pool von Erzählungen zusammenzustellen. Auf diesen Fundus kann er in einer Gesprächssituation zurückgreifen. Für Trainingszwecke kann er in einem Zeitabschnitt der Reflexion oder in einer kollegialen Supervision für ein umschriebenes Verhalten seines Patienten sich überlegen, welche Metapher trifft.

Während eines Gesprächs können Bilder gemeinsam entwickelt werden, wobei der Therapeut den Prozess initiiert:

- »Fällt Ihnen ein Bild/Szene/Zeichnung in einem Comic ein, das diese Situation widerspiegelt?«
- »Wenn Sie anderen den Platz wegnehmen, müssten Sie sich mal richtig aufplustern, oder?«
- »Wenn Sie stets entweder zu viel oder zu wenig sind, dann rennt doch immer jemand rum und misst.«

In dieser Phase ist der Therapeut in einer aktiven Rolle und bringt zwangsläufig eigene Phantasien und Erfahrungen mit ein.

Persönliche Anmerkung: Früher habe ich weniger mit Bildern oder Metaphern gearbeitet. Später wurde es für mich eine intellektuelle Freude, ein genaues und treffendes Bild für eine Situation oder ein Thema zu finden. Gelingt das, so nehmen Patienten eine gute Hilfe mit, sich mit ihrer Problematik auseinander zu setzen. Meist lösen solche Bilder eine Spannung oder führen zu einem verstehenden Lächeln – manchmal wird auch gelacht. Für die Entwicklung humorvoller Bilder sind meine profunden Kenntnisse des Loriotschen Gesamtwerkes hilfreich.

Frau Linehan schreibt, dass Ihre Patienten über ihre Bilder nicht immer glücklich sind, z. B., wenn sie in einer Metapher einen Esel einführt. Solche konfrontativen Bilder verwende ich auch. Sie waren bisher immer weiterführend.

19 Den Patienten unterbrechen

19.1 Den Patienten direkt unterbrechen

19.1.1 Wann es sinnvoll ist, einen Patienten zu unterbrechen

Es gehört sich nicht, seinem Gesprächspartner oder gar einem Patienten ins Wort zu fallen. Solche prinzipiell sinnvollen Umgangsregeln erschweren es manchem Therapeuten, seinen Patienten zu unterbrechen. Gleichwohl kann es indiziert sein, den Redefluss zu stoppen.

Es gibt eine Reihe von Gesprächssituationen, in denen es geboten ist, den Bericht eines Patienten bewusst zu unterbrechen. Beredtere Patienten kennen häufig das Problem und nehmen es z. T. lächelnd zur Kenntnis. Ob vom Patienten diese Lenkung als unhöflich oder belastend erlebt wird, ist in erster Linie eine Frage, wie der Therapeut eingreift. Vermittelt er sein Interesse, den Patienten verstehen zu wollen, wird das vom Patienten gerne akzeptiert. Schon im Erstkontakt kann ein Interviewer dem Patienten sagen, dass er ihn vielleicht unterbrechen muss. Eine Unterbrechung wird üblicherweise verbal kommuniziert:

- »Ich möchte zu einem weiteren Punkt kommen.«
- »Darf ich Sie bitte unterbrechen? Ich habe noch so viele Fragen und eine Stunde geht so schnell vorüber.«

Günstig sind non- und paraverbale Signale: Der Interviewer hebt leicht den Kopf oder eine Hand und signalisiert nonverbal, etwas sagen zu wollen. Auch können spezielle Signale vereinbart werden, wie in der Box 29 beschrieben wird: Eine winzige Holzeisenbahn dient da als Hinweis, wenn die Patientin zu schnell redet und der Therapeut nicht mehr folgen kann.

19.1.2 Stoppen, um einen Patienten schützen

Das Unterbrechen eines Patienten kann ein Akt der Fürsorge sein: Es schützt ihn z. B. vor Überlastung oder vor unbedachten Äußerungen. Im Erstgespräch verhielt sich z. B. Herr Brotler (s. Transkript, s. folgende Box) vergleichsweise barsch. Es war zu befürchten, dass sich Herr Brotler in seiner Verärgerung »um Kopf und Kragen« redet und sich z. B. zu unangebrachten Beschuldigungen hinreißen lässt. Der

Therapeut überging das Angebot des Patienten zu einer Konfrontation (Aktives Weghören).

Box 32: Stoppen, um Ärger einzugrenzen

Herr Brotler wurde vom medizinischen Dienst einer überregionalen Straßenbahngesellschaft wegen Problemen am Arbeitsplatz in eine psychosomatische Fachklinik überwiesen. Erstgespräch, bei Einweisung unklare Symptomatik; kognitive Überforderung, fraglich Zwang.

I.: »Herr Brotler, warum sind Sie in die Klinik gegangen?«
P.: »Weil ich den Psychotest bei der … (*Name der Behörde*) nicht bestanden hab.«
I.: »Was war das?«
P.: »Ich hab Ihnen doch die Frage jetzt beantwortet.«
I.: »Ich kenne die Tests Ihrer Behörde nicht.«
P: »Hören Sie, Sie wissen das, sonst würde ich ja hier nicht sitzen.«
I.: »Ich kenn die Psychotests Ihrer Behörde nicht.«
P.: »Das glaube ich Ihnen nicht.«
I.: »Ich möchte gerne zu einem anderen Thema kommen. Kommen wir bitte zu Ihrer Tätigkeit bei Ihrer Behörde. Was genau ist Ihre Aufgabe, wie sieht Ihr Arbeitsplatz aus?«

Das Verhalten des Patienten mag unhöflich und unangemessen erscheinen, s. z. B. Satz 4. Der Interviewer könnte die Unterstellung, s. Satz 6 und 8, aufgreifen, sein aktuelles Verhalten ansprechen und es spiegeln oder ihm vermitteln, wie er das Verhalten des Patienten erlebt. Daraufhin könnte sich der Patient in einen Eklat manövrieren. Aber: Herr Brotler machte einen unglücklichen und gedrängten Eindruck, es ist der erste Kontakt und der Interviewer will sich selber erst einmal einen Überblick über die anstehenden Probleme verschaffen. Möglicherweise muss der Patient sich erst zurechtzufinden. Der Interviewer baute darauf, dass der Patient erst einmal die Arbeit eines Psychologen kennen lernen muss. Wie sich später herausstellt, hatte er berechtigte Ängste, seinen Job zu verlieren.

Alternativ kann das Verhalten von Herrn Brotler als Inszenierung konzipiert werden: Dieser inszeniert einen störungsrelevanten Konflikt (➔ Übertragung), der Therapeut ist Teil der Inszenierung und hat die Gelegenheit, als Betroffener die Störung zu erfahren. Er würde seinen Patienten wahrscheinlich konfrontieren und nicht schützen und hätte die Möglichkeit, die Abläufe eines kritischen Verhaltens des Patienten beobachten zu können.

19.1.3 Stoppen, um ein Gespräch zu strukturieren

Mitunter »verrennen« sich Patienten in einem Thema, finden keinen Abschluss oder springen von einem Detail zum anderen: »Es erscheint mir günstig, wenn ich

Sie unterbreche. Sie berichten gerade über viele Themen, die wohl alle zusammenhängen. Ich möchte bei Ihrem … (z. B. ersten) Thema bleiben.«

Es ist sinnvoll, eine diagnostische Gesprächspassage zu beenden, wenn sie z. B. keine neuen Informationen erbringt, und einen neuen Gesprächsfaden aufzugreifen. Eine Metakommunikation erleichtert es dem Patienten zu folgen: »Ich möchte diesen Punkt jetzt verlassen und zu einem weiteren Aspekt kommen.«

Auch wenn ein Bericht nicht beendet ist, kann es sinnvoll sein, den Patienten zu stoppen. Das ist angezeigt, wenn der Patient, ausufernd in seiner Schilderung ist, einen Sachverhalt mit immer neuen Beispielen belegt oder »vom Hölzchen aufs Stöckchen kommt«: »Ich denke, den Punkt verstanden zu haben, es war eine recht anschauliche Schilderung. Ich möchte dieses Thema abschließen und folgenden Punkt ansprechen …«

19.1.4 Stoppen zur Klärung einer diagnostischen Frage

In der folgenden Box wird geschildert, wie der Diagnostiker den Redefluss von Frau Otto unterbricht. Er verfolgt für die Diagnosestellung eine entscheidende Frage: Tritt die berichtete »Panik« als Folge einer depressiven Missstimmung auf? Ist das der Fall, dann beendet die Angst die Depression und hat die Funktion, einen schwer erträglichen depressiven Zustand zu beenden (₵-) (► Kap. 16.4); Angst hätte eine Copingfunktion. Der Therapeut hat ein Anliegen, nämlich diese Frage zu klären, und muss Frau Otto (s. Zeile 7) unterbrechen. Er erarbeitet mit Frau Otto eine Zeitleiste, die ihn zu einem plastischen Bild der Situation führen soll.

Box 33: Stoppen, um zu verstehen

Frau Otto, 33 Jahre, berichtet den Ablauf einer Situation, der aus ihrer Sicht in einer Panikattacke endet. Sie war mit ihrer Familie (Ehemann, Vater und dessen Freundin) in einem Hotel und konnte nicht schlafen. Sie hatte spät abends im Bett einen Krimi gelesen, der sie »schon so leicht unruhig gemacht« hat.

I.: »Was für ein Thema hat das bei Ihnen berührt?«

P.: »Das weiß ich nicht, jedenfalls war es schon so en bisschen trostlos… en bisschen… ja, en bisschen verlassen oder, ja, wie soll ich sagen… ausgesetzt oder so. Dann auf einmal hab ich gedacht, ich kann nicht mehr leben, ich hab so ne ganz komische Empfindung.«

I.: »Was für eine Empfindung war das?«

P.: »Ich hab gedacht, ich kann nicht mehr weiterleben, dann hab ich gemerkt, dass mein Gefühl so wegbricht auch … jetzt ist alles aus, ich kann nichts mehr aushalten.«

I.: »Ich kann nichts mehr aushalten?«

P.: »Ja. Das ganze Leben nicht mehr. Dann hab ich nen Moment lang gedacht, ich geh da auf den Balkon und stürz mich da runter, habe ich mir in dem Moment …«

I.: »Moment, Moment! Ist dann die Panik schon im Gang oder kommt sie dann erst?«

P.: »Dann ja, dann kommt sie, ist schon leicht im Gang, ja.«
I.: »Dann ist die Angst leicht im Gange und kommt dann. Also: Erst bricht die Lebenszuversicht weg, dann setzt die Panik ein.«
P.: »Ja. Kommt dann vielleicht an die Oberfläche.«

Wichtig an diesem Beispiel ist, dass der Therapeut trotz Äußerungen wie: »... ich kann nicht mehr leben ...« oder: »... ich geh da auf den Balkon und stürz mich da runter ...« seine Ruhe behält, um zu klären, in welcher Reihenfolge Hinweise für Angst und Depression auftreten.

19.1.5 Stoppen, um einen Hinweis festzuhalten

In einem Gespräch kann ein Patient überraschende Hinweise geben oder Einfälle haben, die nebenbei gesagt wurden, aber wichtig sind. Einem spontanen Hinweis sofort nachzugehen, kann dazu führen, den Gesprächsfaden zu verlassen. Wenn das nicht angezeigt ist, muss ein Therapeut sich diesen Inhalt merken (»Eins im Sinn«). Ist ein Thema allerdings sehr komplex oder ist der Therapeut am Ende des Tages nicht mehr ganz fit, ist es sinnvoll, kurz zu unterbrechen. Er sollte ganz selbstverständlich um eine Pause bitten, z. B.: »Sie haben gerade etwas ganz Wichtiges gesagt, ich brauche einen Moment, um das aufzuschreiben. Ich will später auf diesen Punkt zurückkommen.«

Auch mit spontanen Einfällen oder Assoziationen des Therapeuten zum Thema des Patienten kann analog umgegangen werden. Besteht die Gefahr, dass ein Therapeut diese vergisst, sollte er so frei sein, kurz zu stoppen: »Bitte entschuldigen Sie, wenn ich Sie unterbreche. Mir ist gerade etwas eingefallen, was ich Ihnen später berichten möchte. Ich will es mir gerade aufschreiben.«

19.1.6 Stoppen, um einen Therapieprozess zu fördern

Frau Zwora (s. Box 35) vergleicht sich bei allem, was sie tut, mit ihrer erfolgreicheren Zwillingsschwester. Ein dominanter Oberplan lautet: »In allem, was ich tue, bin ich schlechter«. Die Exploration von Ressourcen oder die Würdigung eines therapeutischen Fortschritts ist daher mühsam. Solche Themen lösen automatisch einen Vergleich mit der Schwester aus, wodurch die Aufmerksamkeit weg von einer Würdigung von Positiva und hin zum gewohnten Vergleich kommt, der ungünstig für Frau Zwora ausfällt. Der Therapeut hatte spontan in solchen Situationen den Vergleich gestoppt, sein Vorgehen später erläutert und zur Routine gemacht:

»Frau Zwora, ich muss Sie leider unterbrechen. Sie vergleichen sich gerade mit Ihrer Schwester. Das ist in der momentanen Situation nicht hilfreich. Sie haben für sich das Nachhausekommen nach der Arbeit hervorragend geregelt. Sie haben es sich jetzt so eingerichtet, wie es schön für Sie ist. Der Sessel ist gemütlich, die Musik ist gut und vor allen Dingen Ihre Katze ist da. Sie fühlen sich wohl in Ihrem Zimmer. Darum geht es und um nichts anderes.«

Frau Otto hatte über Angstanfälle während Bahnfahrten berichtet. Im Interviewabschnitt in Box 34 (s. u.) berichtete sie von einer Fahrt mit der Bahn nach Belgien zu einer Freundin. Die Fahrt war in der Therapie vorbereitet worden und erfolgreich verlaufen. Der Therapeut wollte, dass Frau Otto diesen Erfolg würdigte. Sie wich mehrfach auf andere Themen aus, sie hörte weg (s. u.), und musste mit Nachdruck gestoppt werden, um sich dem Thema Lob nähern zu können.

Box 34: Unterbrechen, um einen Erfolg zu würdigen

I.: »Sie hatten vorher ganz große Angst gehabt, ob Sie diese Anstrengung auf sich nehmen dürfen, ob Sie das packen würden. Wie war das denn?«
P.: »Im Zug hatte ich ein Buch gelesen, ›Grüne Tomaten‹, das fand ich so ganz lustig so, das hab ich immer auf der Hinfahrt gelesen, das ging auch.«
I.: »Gut. Sie haben die Hinfahrt gut überstanden, wie sind Sie zurückgekommen?«
P.: »Auch mit der Bahn.«
I.: »Lebend?«
P.: (lacht) »Lebend. Ja. Wie?«
I.: »Wie haben Sie sie überstanden, die Bahnfahrt?«
P.: »Also, mir ging's dann am... Ich bin ja dann... Es war ok.«
I.: »Gut. Sie haben die Bahnfahrt heil überstanden. Ist doch gut?«
P.: »Hm. Doch.«
I.: »Doch? Es ist doch gut?«
P.: »Ja, halt in so 'ner Anspannung, aber...«
I.: »Sie waren angespannt?«
P.: »Die Kleine ist süß, aber teilweise 'ne rechte Nervensäge. Das war ... teilweise hat mich das auch richtig geschlaucht...«
I.: »Darf ich Sie unterbrechen? Die Anspannung bezog sich nicht auf die Angst vor der Bahnfahrt?«
P.: »Nee ... Meine Freundin und die Julia...«
I.: »Frau Otto, bitte ... Unser Thema war die geglückte Bahnfahrt ohne Ängste. Ist das nicht ...«
P.: »Ja, schon gut, aber ...«
I.: »Die Bahnfahrt ist gut verlaufen. Das war wichtig! Ich bitte Sie innezuhalten und sich das zu vergegenwärtigen.«

19.1.7 Stoppen zur Selbstfürsorge

Ein Therapeut muss auf seine eigene Selbstfürsorge achten. Ziel ist es nicht nur, sich selber arbeitsfähig zu halten und für seinen Patienten eine optimale Therapie zu gewährleisten. Ziel muss es auch sein, seine Arbeit für sich selber befriedigend zu gestalten. In ► Kap. 3.5.2 (Sich Zeit zum Nachdenken verschaffen) wird beschrieben, dass ein Interviewer sich eine optimale Arbeitssituation schafft. Dazu kann es z. B. gehören, sich eine Unterbrechung zuzugestehen, wenn er im Unklaren ist, wie er weiter verfahren soll: »Ich muss gerade mal nachdenken und brauche eine kleine

Pause«. Patienten erleben ein solches Verhalten eher als souverän, auch im Sinne eines Modells, und weniger als unsicher. Vorausgesetzt wird allerdings, dass solche Denkpausen nicht ständig passieren und keine Hinweise etwa auf Entscheidungsunsicherheit oder eine Zwangssymptomatik des Therapeuten sind.

Zur Optimierung seiner Arbeitssituation gehört es auch, dass der Therapeut darauf achtet, dass der Patient die Spielregeln einer Therapie übernimmt und einhält (z. B. Pünktlichkeit, wichtige Themen nicht kurz vor Ende der Therapie einbringen) (► Kap. 2.4, Ein Patient muss lernen, ein Patient zu sein). Dieser Aspekt ist meist in einem ambulanten Setting weniger wichtig als z. B. in der Psychiatrie.

Zu den Spielregeln gehört es auch, dass ein Patient in ganzen Sätzen und angemessen laut spricht. Ein weiteres Beispiel für Selbstfürsorge wird in der Box 29, »Eilzug« beschrieben. Der Therapeut bittet eine Patientin langsamer zu reden, damit er sie leichter verstehen kann.

19.2 Aktives Weghören

Beim Aktiven Weghören geht eine Person nicht auf das ein, was ihr Gesprächspartner zuvor ausgeführt hatte und worauf dieser eine Antwort erwartet. Sie stoppt ihn auf eine indirekte Weise. Das widerspricht einer Konvention der Höflichkeit und des Respekts gegenüber einem Gesprächspartner. Aktives Weghören kann daher sehr verletzend sein, nämlich dann, wenn die Person merkt, dass ihr Gesprächspartner nicht auf sie eingeht. Unbefangene Personen können das ansprechen. Sozial unsichere Personen, gerade im Umgang mit Autoritätsproblemen, sind i. d. R. dazu nicht in der Lage.

Aktives Weghören ist eine Form, einen Patienten indirekt zu unterbrechen. Ein Therapeut sollte das nur tun, wenn er sich dessen bewusst ist und er es kontrolliert mit einer klaren Indikation tut. Das kann z. B. dann der Fall sein, wenn zuvor ein Thema abgeschlossen war und der Therapeut vermittelt hatte, dass zum jetzigen Zeitpunkt ein Thema nicht mehr angesprochen werden sollte oder er nicht auf einen Einwand eingehen will. In ► Kap. 26.2.11 greift der Therapeut nicht die Anmerkung der Patientin: »Ich trau mich das nicht« auf, sondern entwickelt seinen Gedanken weiter. Wenn also der Patient nach einem Aktiven Weghören seinen Therapeuten bittet, auf sein Anliegen einzugehen, sollte der Therapeut das als ein gutes Zeichen werten: Der Patient hat gelernt, dass er seinen Therapeuten unterbrechen kann.

Auch kann ein Patient bei seinem Therapeuten aktiv weghören. Für einen solchen Fall ist der Interviewer geschult, das zu erkennen und ihn ggf. zurückzuführen. In den Gesprächen mit der Patientin Frau Bauer wurden vom Interviewer immer wieder die Themen Positiva und Loben angesprochen. Die Patientin überhörte das mitunter und der Therapeut musste die Geduld aufbringen (langen Atem haben), nach einigen Sätzen Frau Bauer zurück zum Thema zu führen.

Frau Otto bringt in ▶ Kap. 17.3.3 erneut das Thema »Dummchen«, das der Therapeut zu diesem Zeitpunkt nicht aufgreifen will. Stattdessen paraphrasiert er den Stand des Gesprächs und strebt eine Lösung der Situation an.

19.3 Suggestive und rhetorische Fragen

Rhetorische und insbesondere suggestive Fragen sind wegen der Validitätsproblematik in einem klinischen Gespräch eher selten. In der Sozialpsychologie wird deren manipulierende Einflussnahme empirisch untermauert (z. B. Kassin & Kiechel, 1996). In der Klinischen Psychologie sind nachdrückliche Verfälschungen biographischer Fakten belegt, die durch Suggestion induziert wurden (z. B. Patihis & Pendergrast, 2019). Schacter (2001) bestätigt, dass suggestive Fragen zu Speicherverzerrungen führen. Tatsächlich ist es möglich, durch suggestive Visualisierungstechniken falsche Erinnerungen zu produzieren, die fast bis zur Geburt zurückreichen können (Spanos et al., 1999).

Neben diesen problematischen Aspekten der Suggestion, gibt es auch sinnvolle. So ist Suggestion ein therapiewirksamer Faktor, der in unterschiedlichen Techniken zur Anwendung kommt:

- *Autogenes Training:* »Mein linker Arm ist schwer.«
- *Hilfreiche Selbstgespräche:* »Ich schaffe das!«
- *Entspannungstechniken:* »Ich atme ruhig und gleichmäßig.«

Es ist zu prüfen, wann suggestive und rhetorische Fragen sinnvoll sein können. Der Diagnostiker kann zwar als Antwort auf eine rhetorische oder eine Warum-Frage keine objektiv-reliable Erklärung erwarten. Er erfährt aber das subjektiv-valide Konzept des Patienten und findet u. U. Zugang zu dessen Grundüberzeugungen bzw. Oberplänen. So können suggestive und rhetorische Fragen sinnvoll sein …

- *um diagnostische und Entscheidungsprozesse zu beschleunigen:*
  »In einer solchen Situation reagieren viele Menschen ängstlich. Ich könnte mir vorstellen, dass Sie auch Angst hatten …«
- *um Werthaltungen des Therapeuten zu vermitteln – so das indiziert ist:*
  »Glauben Sie wirklich, dass ich dem zustimmen kann?«
- *um die Beeinflussbarkeit eines Patienten abzuschätzen:*
  »Sind Sie sicher, dass …?«
- *um Sachverhalte zuzuspitzen und mitunter auch, um eine humorvolle Pointe zu setzen:*
  »Sie schildern gerade eine Situation, die mich an die Geschichte mit dem Elefanten im Porzellanladen erinnert. Sie können sich denken, wen ich da meine?«

Suggestive und rhetorische Fragen können konfrontativ wirken und therapeutisch nützlich sein:

- »Kann es ein, dass Sie Ihre Frau provozieren wollen?«
- »Gehen Sie tatsächlich davon aus, dass Ihre Familie dabei mitspielt?«
- »Wie kann ich Sie überzeugen, dass Sie Gefahr laufen, eine große Dummheit zu begehen?«

Direkte Einflussnahmen widersprechen zwar einem therapeutisch professionellen Selbstverständnis. »Eigentlich« soll ein Patient selber zu einer bestimmten Einsicht finden, er soll sich frei und unbeeinflusst entscheiden, wie das z. B. im Sokratischen Dialog (► Kap. 21.4.2) durch geschicktes Fragen erreicht werden kann. Aber: Auch bei dieser Gesprächsführungstechnik übt der Frager großen Einfluss aus, sie ist aber indirekt und wesentlich subtiler.

Die Haltung des Interviewers bei suggestiven und rhetorischen Fragen sollte rational kontrolliert, mitunter kann sie distant-ironisch sein. Der Therapeut muss wissen, dass er eine Suggestivfrage stellt und eine Antwort auf eine Suggestivfrage ggf. überprüfen. Z. B. kann in der folgenden Sitzung erneut der kritische Sachverhalt thematisiert werden. Werden rhetorische und suggestive Fragen spontan formuliert, sollte es zur Berufsroutine gehören, diese zu erkennen, wenn sie ausgesprochen wurden.

Mit ihnen angemessen umzugehen, setzt ein gewisses Reflexionsniveau beim Patienten voraus. Im Umgang mit Kindern und mit wenig reflektierten Personen sollte daher ganz auf Suggestivfragen verzichtet werden. Gleichwohl können sie aber einem Gespräch einen Impuls geben und eine humorvolle Zäsur oder Zuspitzung auf eine prägnante Aussage sein. In diesem Sinne ist die Frage an Herrn Brotler zu verstehen (s. Transkript im Anhang): »Könnte man Sie als einen Eigenbrötler bezeichnen?«

20 Ein Problem in einer Situation genau erfragen

20.1 Nachfragen: Konkretisieren, Präzisieren, Spezifizieren

Die verhaltenstherapeutische Gesprächsführung ist geprägt vom Wechsel von einem eher defensiven Vorgehen, nämlich durch Zuhören beim Erzählen sowie Paraphrasieren, zu einem eher aktiven Vorgehen: Konkretisieren, Präzisieren und Spezifizieren. Diese werden unter dem Begriff »Nachfragen« zusammengefasst, da die jeweiligen Fragen sich sehr ähneln. Gleichwohl hier ein Versuch zur Unterscheidung:

- *Konkretisieren:*
  Eine eher allgemeine Aussage wird an einem Beispiel eindeutig beschrieben; erläutert, was im Einzelnen gemeint ist. An einem Beispiel soll es so konkret und gegenständlich beschrieben werden, als sei es greifbar. Es ist günstig, wenn sinnliche Eindrücke ergänzt werden können.
  - »Sie sagten, dass es wegen des Aufräumens zum Streit kommt. Wie muss ich mir das vorstellen. Bitte schildern Sie mir ein Beispiel.«
  - »Ich möchte mir das gerne konkret vorstellen können, wie genau sieht es aus, wenn …?«
- *Präzisieren:*
  Ein Patient soll genauer und sorgfältiger eine Situation schildern als bisher.
  - »Sie wollen Kisten in der Garage umräumen. Wie viele sind das und wie schwer sind die eigentlich?«
  - »Welche Personen waren beteiligt, wer war involviert? Zu welchem Anlass hatten die sich versammelt?«
- *Spezifizieren:*
  Ein Patient soll klarlegen, ob ein Sachverhalt genau das verdeutlicht, was er sagen will:
  - »Das Beispiel mit der Garage, ist das spezifisch/stellvertretend für Ihren Streit?«
  - »Bitte spezifizieren Sie mir Ihr Vorhaben, was genau haben Sie vor?«
  - »Wann, an welchem Tag, in welcher Situation, um wie viel Uhr sind zum letzten/ersten Mal Ihre Beschwerden aufgetreten?«
  - »Sie haben vor, mit Ihrem Vater zu reden, was wollen Sie ihm sagen?«

Für die Entwicklung eines funktionalen Modells ist es sinnvoll, dass die Beschwerden eines Patienten so konkret und präzise wie möglich dargestellt werden. Ein Hilfsmittel ist eine Situationsanalyse und die detaillierte Beschreibung von Verhalten in einer spezifischen Situation. Die Techniken des Nachfragens sind also angezeigt, wenn Zeitreihen angelegt werden sollen oder bei Beispielen oder Situationsschilderungen. Nachfragen ist absolut notwendig: das Bild, auf das ein Patient bei einer Problemsituation zurückgreift, soll im Wesentlichen dem gleichen, das sich ein Therapeut aufbaut. In dieser Phase ist der Interviewer hoch aktiv und stellt verhaltenszentrierte Fragen. Nachfragen hat immer auch eine klärende und damit therapeutische Intervention:

Box 35: Alles gut?

Frau Zwora arbeitete als Büroangestellte unweit von ihrer Wohnung. Dort veränderte sie möglichst wenig. Das Mobiliar hatte seinen festen Platz; sie öffnete die heruntergelassenen Jalousien nur gering. Auf der Suche nach therapeutischen Möglichkeiten, untersuchte der Interviewer die zeitliche Struktur ihrer Freizeit:

I.: Wenn Sie nach Hause kommen, was machen Sie dann?
P.: Schau'n, was in der Wohnung gemacht werden muss, vielleicht putzen oder Wäsche …

Für eine Reihe von Menschen ist Hausarbeit, auch Fensterputzen eine euthyme Tätigkeit, daher die Frage:

I.: Gefällt Ihnen das?
P.: Nein, eigentlich nicht, nutzlos. Was habe ich schon groß im Haushalt zu erledigen?

Kochen und essen kann eine euthyme Tätigkeit sein, daher die Frage:

I.: Kochen Sie für sich?
P.: Lohnt sich nicht, im Büro gibt es eine Kantine, zu Hause esse ich ein Brot.
I.: Essen Sie gerne? Gibt es ein Lieblingsgericht?
P.: Das ist mir nicht so wichtig.
I.: …
P: Im Sommer gehe ich schon mal ein Eis essen auf dem Nachhauseweg … Unsere Mutter konnte gut kochen, damals hatte ich so etwas, was ich gerne mochte … Wenn ich meine Schwester besuche, die kocht ja für ihre Familie. Das schmeckt mir dann.
I.: Wenn es was Gutes gibt, dann essen Sie auch gerne.
P.: Ja, schon.
I.: Gehen Sie mal in ein Restaurant, zum Italiener? Bei Ihnen im Ort gibt es doch eine gute Pizzeria.

P.: …

Erläuterung zum Schweigen: Die Patientin hat Ängste in der Öffentlichkeit aufzufallen. Diese Frage war daher zu diesem Zeitpunkt und in diesem Zusammenhang wenig sinnvoll.

I.: Was machen Sie gerne zu Hause, was macht Ihnen Spaß?
P.: Musik hören. Aber erst abends. Ich schau dann, was es im Fernsehen gibt, meist guck ich fern oder ich höre H. C.

H. C., ein bekannter Schlagersänger, war ihr Favorit. Es wäre für die Therapieplanung gut, wenn das euthyme Verhaltensrepertoire größer wäre, daher:

I.: Ja, gut, dass Sie so eine Vorliebe haben. Was machen Sie sonst noch gerne?
P.: … mit meiner Katze kuscheln, sie streicheln.
I.: Wunderbar …
P.: … die kommt aber erst später.
I.: Wie ist das, wenn sie dann kommt?
P.: … schöner in der Wohnung, bin dann nicht so alleine. Sie ist auch eine ganz Liebe.
I.: Eine ganz Liebe.
P.: Ja, die Wohnung ist dann nicht so leer.
I.: Nur »nicht leer«?
P.: (schaut fragend) … nicht leer, schöner eben.
I.: Schöner, oder richtig schön?
P.: Nein, schon schön.

Es wurde verabredet, die Fütterungszeit der Katze auf den Zeitpunkt vorzuverlegen, wenn Frau Zwora von der Arbeit kommt. Sie sollten eine Runde im Sessel kuscheln und gemeinsam Musik hören. Die notwendige Hausarbeit wurde auf später verschoben. In der folgenden Sitzung fragte der Interviewer, ob sie die Hausaufgabe umsetzen konnte und wie es war:

P.: Es ging gut, hat geklappt.
I.: Die Katze hat mitgespielt?
P.: Ja, es war alles gut.
I.: Wie ist das für Sie?
P.: Schon schön.
I.: Prima, dass Sie das gemacht haben.
P.: Sie hatten mir gesagt, was ich tun soll.
I.: Schon, schon, aber nur zu einem kleinen Teil. Sie haben mir gesagt, was für Sie gut wäre, und Sie haben es umgesetzt.
P.: Schon, aber …
I.: Wichtig ist, dass Sie sich bewusst werden, dass Sie ein Stück weitergekommen sind und Sie sich sagen, das ist gut so.

P.: Na, ja ...
I.: Ich werde Sie erinnern.

Der Therapeut ließ sich die Situation genau schildern (z. B. Art des Sessels, Licht etc.), fragte nach dem Zeitablauf und auch nach der Art der Lieder. In einem ihrer Lieblingslieder besang der Sänger die Lieblosigkeit von Mitmenschen und deren Kurzsichtigkeit im Umgang mit der zu schützenden Umwelt: »Eigentlich muss ich dann immer weinen ... die Texte sind so traurig!«

Die auf den ersten Blick unproblematische hedonistische Nische wurde zwar als angenehm erlebt. Ziel war es aber, eine eindeutig positive Emotion erlebbar zu machen und keine störungskonforme Situation, die bekannt und daher »richtig« und gut war. Eine eindeutig positive Emotion war nicht zu erkennen. Stattdessen erlebte die Patientin eine abgrundtiefe Traurigkeit, die zu ihrem bisherigen gesamten Leben passte. Insofern war für die Patientin alles passend und »gut«.

Sie hatte aber begonnen, sozusagen heimlich und ohne therapeutischen Auftrag, in einer Versandausleihe Videos auszusuchen und auszuleihen. Das war im Sinne des euthymen Konzeptes. Die Patientin hörte seltener den problematischen Schlagersänger und schaute weniger wahllos fern (Konsum), sondern suchte sich etwas aus (Autonomie), auf das sie neugierig war, was sie sehen wollte (ausprobieren, was gut tut). Ihre Initiative wurde in der Therapie aufgegriffen. Das Videoschauen zusammen mit der Katze als Einstimmung in den Feierabend wurde zu einem kleinen Zeremoniell ausgestaltet. Sie rückte den Fernseher und den bequemsten Sessel so um, dass sie entspannt fernsehen konnte, sie holte sich etwas Gutes zu trinken etc.

Auch im Interview mit Herrn Saubert (s. Onlinezusatzmaterial) muss der Therapeut mehrfach nachfragen und präzisieren. Der Patient berichtet von einem Familientreffen. Wie viele Patienten auch, spricht er von »man« und dem Therapeuten erschließt sich die Situation schrittweise.

	Dialoge mit Herrn Saubert	Anmerkungen
(46) P.	Man sieht sich zwei, drei Mal im Jahr ...	
(47) I.	... im selben Kreis? Wer ist das?	Spezifizieren
(48) P.	Es ist halt die Familie mit Anhang, Nachbarn, ein paar Freunde ... immer dieselben	

(35) I.	Wenn Sie mit Ihrer Frau deren Familie besuchen, dann sind Sie schüchtern.	vz
	Was tun sie, wenn Sie schüchtern sind?	vz konkretisieren
(36) P.	... tun? ... eben nicht viel	

(37) I.	Wie stelle ich mir das vor?	Konkretisieren. Bestreben, ein plastisches Bild zu entwerfen
(38) P.	Die reden und reden, und schnell und laut … und über Sachen, wo sie nichts von verstehen.	
I.	Die reden also. Was machen Sie?	Spezifizieren
P.	Ich steh dabei, trink mein Bier, so halt …	
I.	Abseits?	Konkretisieren
P.	Ne, schon dabei … Ach so, ja, ich bin schon irgendwie dabei, schau nicht weg und so.	

20.2 Situationsanalyse

20.2.1 Ziel: Ein plastisches Bild einer Situation

Ein plastisches Bild einer relevanten Problemsituation ist Voraussetzung einer genauen funktionalen Verhaltensanalyse. Ein Diagnostiker beendet die Exploration, wenn er eine Situation bildhaft vor Augen hat, ihm Handlungsabläufe verständlich sind und er den Grund versteht, warum ein Patient diese Situation als problematisch ausgewählt und beschrieben hat. Meist steht sie stellvertretend für andere Situationen, die ähnlich verlaufen und in denen die gleichen Themen abgehandelt werden. Eine solche Detailanalyse kann zeitaufwändig sein. Diese Zeit ist i. d. R. eine gute Investition, weil die genaue Einsicht in ein Thema zumeist der Einstieg in eine umfassendere Problemsicht (cum grano salis) ist:

- I. d. R. sind die erfragten Pläne und Oberpläne identisch mit denen, die auch in weiteren Situationen handlungsleitend sind.
- Das Zusammenspiel verschiedener, auch konträrer Oberpläne, wird sichtbar.
- Der Therapeut übernimmt nicht unkritisch die Sicht des Patienten.
- Ein Therapeut lernt seinen Patienten besser verstehen und begreift, »wie er tickt«.
- Interventionen, wie z. B. Hausaufgaben oder Anleitungen für konkrete Veränderungen, können nahezu zwingend abgeleitet werden.

20.2.2 Auf Stimmigkeit prüfen

Ist ein plastisches Bild entworfen, wird der Diagnostiker es auf Stimmigkeit prüfen: Kann ein Verhalten in einer Situation so abgelaufen sein, wie es berichtet wurde?

- Wenn Frau Otto sich im Verlauf einer Panikattacke die Fußnägel schneiden kann, dann widerspricht das dem Wissen des Therapeuten, wie im Allgemeinen Panikattacken ablaufen.
- Wenn Frau Stockl unter Rückenschmerzen leidet, gleichzeitig aber in der Klinik Stöckelschuhe anstelle von bequemerem Schuhwerk trägt, dann passen beide Sachverhalte nicht zusammen.
- Wenn Claudia sich in ihrer Gruppe wegen ihrer Belastbarkeit bewundern lässt, entsteht ein Widerspruch, wenn sie als junge Frau vor dem Fernseher einschläft. Ihr Thema ist nicht Belastbarkeit, sondern Selbstfürsorge.

Es gehört zur kommunikativen Kompetenz, parallel zu einem diagnostischen oder therapeutischen Gespräch die berichteten Inhalte auf Stimmigkeit zu prüfen. Dabei vergleicht der Diagnostiker eine berichtete Verhaltenssequenz, also wie »man« sich, vielleicht er selber oder andere Patienten verhalten. Auch gibt ihm sein Fachwissen eine Vorgabe, ob ein Verhalten so abgelaufen sein kann, wie es geschildert wurde.

Es ist Aufgabe des Interviewers, den zeitlichen Verlauf einer Schilderung auf Stimmigkeit bzw. innere Logik zu testen. Er kann sich z.B. fragen, wie eine unbefangene Person sich in einer solchen Situation verhält, welche Kompetenzen zu deren Bewältigung günstig sind oder welche Defizite einen ungünstigen Verlauf begünstigen. Ein solcher Abgleich mit einer Norm ist häufig zielführend. So fragte sich der Interviewer, wie wohl die Kolleginnen auf ihren jammerigen Kollegen (s. Box 23) reagieren. Seine Antwort: vermutlich »genervt« und er stellte fest, dass er auch genervt war. Dadurch wurde deutlich, warum sie ihm aus dem Wege gingen und ihn nicht ansprachen.

Bei Frau Wege (s. Box 25 »Keiner mag mich. Oder: Wie macht man das?«) generiert der Therapeut sich ein Bild, wie optimalerweise der Ablauf einer Verhaltenskette für Frau Wege in einer Problemsituation wäre. Er schlägt ihr vor, diesen für ihn stimmigen Ablauf als ihr Ziel zu übernehmen.

Entstehen Unstimmigkeiten, dann müssen diese angesprochen werden; im ► Kap. 18.3.3 (Brücke bauen) sind mögliche Wege beschrieben. Unstimmigkeiten ansprechen kann aber eine herbe Konfrontation bedeuten. Ein Patient könnte sich überführt fühlen, Unsinniges zu sagen oder zu tun etc. Es gibt also Gründe, das nicht sofort zu tun (► Kap. 23.4 Eins im Sinn, Timing, Themenspeicher).

20.2.3 In konkrete Situationen hineinführen

Situationen können von einem Patienten nicht immer gut beschrieben werden. Dieser Umstand kann vielfach begründet sein. In Situationen, die routinemäßig ablaufen, werden Details nicht genau beobachtet; andere sind angstbesetzt, sodass zwar das Angstobjekt beobachtet, die kritische Situation aber schnell wieder verlassen wird und quasi Nebensächlichkeiten unentdeckt bleiben.

Herr Saubert kann Situationen an seinem Arbeitsplatz nicht genau schildern: »Ich bin das nicht gewöhnt, zu reden drüber und so«. Einzelheiten zu kennen ist bei diesem Fall wichtig, um Hinweise für die erfolgreiche Bewältigung der Aufgaben seiner Arbeit mit dem Patienten erkennen und würdigen zu können. Folglich wird die Hausaufgabe verabredet, Arbeitsabläufe für die kommende Therapiestunde genauer zu beobachten. Dagegen konnte Herr Saubert Situationen mit seiner Frau zu Hause genau schildern, nicht aber, wie die Eheleute sich untereinander bei einem Familientreffen verhielten. Seine Beobachtung ergab: Dort verhielt sie sich ihm gegenüber viel weniger dominant als zu Hause, was für Herrn Saubert eine überraschende Einsicht war.

In der Verhaltensdiagnostik gehören folgende Fragen zur Routine:

- »Bitte beschreiben Sie mir genau, was sich in dieser Situation ereignet hat.«, »Wo war das?«, »Wer war anwesend?«
- »Was haben Sie gedacht?«, »Wie waren Sie drauf?«, »Waren Sie angespannt oder entspannt?«
- »Welche Personen waren anwesend? Welche davon stehen Ihnen nahe?«
- »Wie hat Ihr Partner sich dann verhalten?«, »Was hat er ausgedrückt?«, »Was wollte er sagen?«
- »Sie stehen also mit Ihrer Frau in der Küche und Sie wollen sich hinsetzen. Wie sah das aus, wie waren die Stühle im Raum verteilt?«, »Was haben Sie da gemacht?«
- »Gibt es Besonderheiten im Licht oder den Farben? Haben Sie einen bestimmten Geruch in der Nase, wenn Sie von Ihrer Schule/Ihrem Elternhaus/Ihrer Freundin erzählen?«

Es kann günstig sein, dass ein Patient sich die Situation, die exploriert werden soll, wieder vor Augen führt:

- »Bitte stellen Sie sich jetzt einmal vor, Sie sitzen Ihrem Chef gegenüber. Versuchen Sie, diese Szene möglichst plastisch vor sich auftauchen zu lassen. Bitte schildern Sie mir, was damals passierte und wie Ihnen zumute war.«
- »Bitte stellen Sie sich einmal vor, Ihr Kind kommt jetzt herein und steht neben Ihnen. Wenn Sie sich das jetzt vergegenwärtigen, was geht in Ihnen vor?« Kurze Zeit später kann nachgefragt werden: »Wie geht es Ihnen jetzt in diesem Augenblick, wenn Sie sich die Situation wieder vor Augen halten?«
- »Herr Zweigelt, wie sieht es in Ihrem Bad aus? Also: Ich öffne die Tür. Was sehe ich?«

Mitunter ist es sinnvoll, dass sich der Patient eine Situation oder einen Verhaltensablauf unter Entspannung vorstellt. Unter Entspannung können Situationen und Verhaltensabläufe plastischer und vielschichtiger wahrgenommen werden. Es ist möglich, dass der Therapeut den Patienten etwas fragt, wenn dieser entspannt ist. Dieses Verbalisieren unter Entspannung ist ein wenig aufwändiges, nahezu elegantes Verfahren, das diagnostisch wie therapeutisch sehr gewinnbringend ist. Aber: Bevor eine Entspannung eingeleitet wird, muss abgeklärt werden, ob ein Patient sich problemlos entspannen kann und keine Kontrollverlustangst hat.

Wird eine konkrete Situation angesprochen, die unangenehm ist, aber eingehender behandelt werden soll, weichen Patienten gerne aus. Festhalten soll bei Patienten bewirken, dass sie in einer thematisierten Situation bleiben:

- »Darf ich noch einmal auf diese Situation zurückkommen: Wie hat sich Ihre Frau dann verhalten?«
- »Dieser Punkt erscheint mir wichtig, können wir noch einmal auf die Frage ... eingehen?«
- »In einer solchen Situation wäre es nicht ungewöhnlich, wenn jemand richtig ärgerlich wird. Wie war das bei Ihnen in der... Situation?«

20.3 Suchen – Erweitern

20.3.1 Überblick

Aus vielerlei Gründen kann es hilfreich sein, einen Überblick über das Verhaltensrepertoire eines Patienten insgesamt zu entwickeln, und zwar sowohl über seine Probleme als auch über seine Ressourcen bzw. Positiva. Ein solcher Überblick ist allgemein sinnvoll für das Verständnis eines Patienten, aber auch um z. B. die Entwicklung spezieller Oberpläne nachvollziehen zu können. Dabei können Fragebögen, Checklisten o. Ä. nützlich sein: Der LHQ (s. Onlinezusatzmaterialen unter »Hilfsmittel und Fragebögen«) erhebt die verschiedenen Problembereiche und auch Positiva. Solche Instrumentarien haben einmal den zeitlichen Vorteil, dass sie vom Patienten selbstständig ausgefüllt werden können. Im Gespräch sind Fragen üblich, die den Themenkreis erweitern, wie z. B.:

- »Wir haben uns über Ihre Ängste unterhalten, was haben Sie für weitere Beschwerden?«
- »Bitte geben Sie mir einen Überblick, welche Hilfe Sie sich von mir wünschen.«
- »Welche Beschwerden haben Sie insgesamt?«
- »Was ist für Sie besonders schwierig, was können wir aufschieben?«

In der Literatur findet sich der Begriff der »Problemlandkarte«. Diesen kann der Interviewer einführen und den Patienten bitten, eine solche zu entwickeln.

Der angestrebte Überblick ist als ein Rahmen zu verstehen, den Behandlungswunsch einer Problematik einordnen zu können und um keinen Beta-Fehler zu machen. Überblick bedeutet nicht, eine komplette Beschreibung einer Person mit all ihren Facetten anzulegen.

20.3.2 Auf der Suche sein

Hat ein Diagnostiker noch kein zentrales Thema herausgefunden und noch keine plastische Vorstellung über eine kritische Situation entwickeln können, betreibt er eine offene Suchstrategie (▶ Kap. 5.3.2, Offene Suche). Sein Blickwinkel ist breit auf die Lebensumstände seines Patienten eingestellt:

- »Sie hatten mir die Auseinandersetzung mit Ihrem Vorgesetzten berichtet. Gibt es weitere Punkte, die Ihnen Sorgen machen?«
- »Sie erzählten, dass Ihre Kinder mit im Haus leben. Können Sie mir darüber berichten?«
- »Gibt es weitere Probleme/Konfliktbereiche?«

Neben solchen offenen Fragen kann der Diagnostiker auch direkt nachfragen:

- »Wenn Sie Probleme mit Ihrem Chef haben, gibt es weitere Autoritätspersonen, mit denen Sie nicht so gut zurechtkommen?«
- »Sie schildern mir Situationen, in denen Sie recht niedergeschlagen waren. Gibt es auch Situationen, in denen Sie Angst haben? Z. B. vor…?«

20.3.3 Beobachtungen aufgreifen

In der Gesprächssituation sollte – wann immer möglich – das Verhalten des Patienten während der Sitzung angesprochen werden, um damit ein Problemverhalten in die Gesprächssituation zu holen:

- Beobachtungen in der Therapiesituation ansprechen
  - Bei Angst vor Autoritäten, immerhin ist ein Therapeut auch eine Autorität: »Wie geht es Ihnen in diesem Augenblick?«
  - Frau Otto z. B. setzt sich auf die vordere Kante des Stuhls: »Sie sitzen nicht so sehr bequem.«
- Beachten von Hinweisen
  - Versteckte, unbeabsichtigte Hinweise wie z. B. Räuspern, Tics etc. bei bestimmten Themen
  - Kleidung: Eine Patientin z. B. klagt über Rückenschmerzen, trägt aber Stöckelschuhe und läuft damit über Steinfußböden.
- Beachten der eigenen Reaktionen (Gegenübertragung)
  - Der Therapeut registriert bei sich die emotionale Antwort auf die Ausführungen des Patienten. Vorsicht: Solche Beobachtungen müssen nicht sofort angesprochen werden. Aber: Der Therapeut muss sie sich merken (Themenspeicher, »Eins im Sinn«), um die Beobachtung ggf. später anzusprechen (s. Timing).

20.3.4 Hinweise im Gespräch aufgreifen

In jedem klinischen Gespräch tauchen Bemerkungen auf, die relevante Hinweise sein können. Als Herr Zweigelt z. B. berichtete, er habe noch nicht gefrühstückt, war das der Anlass danach zu fragen, was er im Kühlschrank deponiert hat und weiterhin, das Thema Selbstfürsorge und damit zusammenhängende Oberplänen zu explorieren.

Herr Zweigelt berichtete, dass er bei Freunden in einer Wohngemeinchaft (WG) geduscht hatte. Er vermittelte paraverbal, dass ihm das Duschen in der WG nicht recht war.

Box 36: Sieben Stühle in der Dusche

I.	Ich muss Sie kurz unterbrechen und nachfragen, ob ich Ihren Tonfall richtig verstanden habe. Wie erleben Sie den Dusch-Besuch in der WG?	Unterbrechen Metakommunikation Zunächst offene Frage
P.	Ich finde es schon lästig, zum Duschen in eine andere Wohnung gehen zu müssen. Das ist zwar nicht so weit und ich ...	
I.	Sie müssen zum Duschen Ihre Wohnung verlassen? Steht das Duschen im Vordergrund oder der Besuch in der WG?	Paraphrase Nachfragen. Der I. hatte noch das Konzept des Besuchs eines Freundes im Kopf
P.	Beides. Ich bin gerne dort. Ich muss aber manchmal in die WG nur zum Duschen. Ich kann nämlich meine Dusche z. Zt. nicht nutzen.	
I.	?	Non-verbal, fragender Blick
P.	Na ja. Es mag sich merkwürdig anhören. Ich kann zu Hause nicht duschen. In der Dusche stehen Sachen.	
I.	Ja?	Aufforderung: weiterreden
P.	Ich habe bei Ebay ganz reizende Rokokostühle ersteigert, sehr günstig. Sieben Stück, ein Schnäppchen. Ich habe sie von zwei reizenden alten Damen ...	
I.	Ja. Und die müssen in der Dusche stehen? Also die Stühle.	Unterbrechen, Nachfrage
P.	Ja, in der Dusche, die Stühle.	
I.	...	Denkpause
P.	Die passen da perfekt hin. Ich musste sie stapeln, das geht aber ganz gut. Sie stören dort erst mal nicht, aber ...	
I.	Herr Zweigelt, Sie haben eine 2-Zimmer-Wohnung und die Stühle blockieren die Dusche.	Den Patienten unterbrechen
	Ich habe eine Lücke. Warum stehen sieben Stühle unter der Dusche? Sie müssen mich auf den aktuellen Stand bringen.	Unklarheit wird benannt
	Wenn Stühle in der Dusche stehen, wie sieht es in Ihrem Wohnzimmer aus?	Nachfragen

P.	Etwas vollgestellt. (Es folgt eine längere Sentenz über Ebay, Einkäufe, was welche Therapeuten dazu gesagt haben.)	
I.	Gut, ich möchte das Thema Einkauf bei Ebay erst mal beiseitestellen.	Unterbrechen und Zurückführen
	Herr Zweigelt, ich bin immer noch etwas verwirrt. Ich möchte mir gerne vorstellen können, wie es bei Ihnen aussieht. Also: Ich stehe in der Tür zum Wohnzimmer, was sehe ich?	Exploration Genaue Raumexploration
	I. beschreibt eine vollgestopfte Wohnung: wertvolle Sammlerstücke neben sorgfältig sortierten leeren Pappkartons, die nur schmale Wege frei lassen etc.	Der Ebayhandel war keine Ressource, sondern Zwangsverhalten

Herr Zweigelt hatte vor zwei Jahren begonnen bei Ebay antike und wertvolle Dinge zu kaufen, war darin sehr geschickt und hatte berichtet, dass diese beim Weiterverkauf ein Vielfaches des Einkaufpreises einbringen würden. Dies stellte er zunächst als gewinnbringende Beschäftigung dar, um seine Zeit sinnvoll zu nutzen. Der Interviewer hatte die Überlegung, dass der Ebayhandel seinen intellektuellen und ästhetischen Fertigkeiten entspricht und somit eine Ressource darstellte. Er hatte nicht kritisch nachgefragt und hatte das Wunschkonzept des Patienten übernommen. Tatsächlich aber war Herrn Zweigelt die Kontrolle über den Einkauf entglitten und er hatte eine Sucht entwickelt, nämlich bis zu Erschöpfung im Internet nach Schnäppchen zu suchen.

20.4 Exploration sinnlicher Eindrücke

Die VT gilt als ein verkopftes Verfahren; Explorationen haben spontan wenig Sinnliches. Aber: Genuss als ein sinnesbezogenes Verhalten wurde Patienten schon 1983 (Lutz & Koppenhöfer, 1983) mit Hilfe einer verhaltenstherapeutischen Gruppentherapie nähergebracht; Patienten bieten im Gespräch immer wieder Szenen mit sinnesnahen Inhalten an. Ein Interviewer sollte diese unbedingt beachten und vertiefen.

Frau Muck (P.) berichtete:

P.: »Ja. Dann gibt es auch ganz einfache Situationen, z. B. jede Art von Dunkelheit. Wenn ich abends zur Toilette gehe, nach unten, und das Licht ist aus, dann guck' ich erst um die Biegung der Treppe runter, obwohl ich weiß, dass da nix ist. Aber allein die Dunkelheit … Ich guck' immer hin.«

I.: »Wie erleben Sie die Dunkelheit?«

P.: »Dunkel in echt und dunkel so innen …«
I.: »Dunkel so innen?«
P.: »So bedrohlich, dunkel halt.«
I.: »Was sind das noch für Situationen, wo Sie so leicht erregt sind?«
P.: »Hm – Angsterregung – da sind schon noch mehrere – also das fällt mir jetzt nicht so direkt ein.«

Später berichtet Frau Muck:

P.: »… als ich so 7 oder 8 Jahre alt war, da bin ich mit dem Bus eine längere Strecke alleine gefahren, in die Stadt rein. Und da fing es plötzlich an zu regnen …«
I.: »Es fing an zu regnen …
Wie war das dann im Bus, sie saßen ja trocken und warm.«
P.: …
I.: »Wie war es im Bus?«
P.: »Trocken ja…«
I.: »Wie noch?«
P.: »… kalt, dunkel …
Es regnete so stark, dass das Wasser 30 bis 40 cm hoch die Straße runterlief. Und ich war im Bus, und da lief es unten rein in den Bus, das Wasser, und da hab' ich 'ne Angst bekommen und furchtbar geschrien.«

Für das Verständnis von Frau Muck war es überaus wichtig, auf die sinnliche Valenz der geschilderten Szenen einzugehen. Das könnte zwar ausführlicher sein. In der gegebenen Gesprächssituation erschien es aber wichtig, dass Frau Muck das komplette Thema, nämlich den Bezug von Wasser und Dunkelheit zum befürchteten Weltuntergang, erzählen konnte.

Für das Frühstück von Herrn Zweigelt war ein fester Rahmen verabredet, der ihm im Sinne eines Rituals dabei helfen sollte. Er hatte begonnen, den Frühstückstisch herzurichten, eine rosa Lieblingsdecke aufgelegt, ein Engelchen (Hinweis für die Wohltat des Frühstücks) geholt sowie eine Schildkröte (Hinweise für langsames Essen). Alle Gegenstände, Materialien, Messer und Teller waren in ihren Farben und Formen detailgetreu beschrieben. Diese sinnlichen Valenzen sollten ein Set von diskriminativen Reizen schaffen, die ihn bildlich wie wörtlich in der Frühstückssituation halten sollten. Dieses Arrangement musste konkurrieren mit dem Gebot zu arbeiten. Das gelang zunächst nicht (▶ Kap. 8.2).

20.5 Körperliche Hinweisreize

Ein körperbezogener Hinweisreiz ist ein somatisches Signal zur Bewertung von Informationen. Es gibt positive Signale wie Schmetterlinge im Bauch und negative wie ein verspannter Nacken oder ein Kloß im Hals. Solche Signale kann ein Patient in unterschiedlichen Körperregionen identifizieren, z. B. im Bauch oder im Brustraum, im Rücken etc. Negative Signale können als Alarmsignal wirken und z. B. Meidungsverhalten auslösen. Positive Hinweisreize signalisieren, dass es gut ist, wie es gerade ist.

Somatische Signale wirken zunächst nicht bewusst: Ein »gutes Bauchgefühl« beschleunigt spontan eine Entscheidung, auch ohne dass dieses bewusst wahrgenommen wurde. Alarmsignale setzen umgehend eine Vermeidungsreaktion in Gang, bevor eine Gefahr kognitiv erkannt wurde. Sie können aber im Gespräch exploriert und bewusst gemacht werden:

- »Sie hatten sich rasch entschieden, die Arbeitsstelle zu wechseln. Können Sie bitte einmal nachspüren, welches Gefühl Sie vorher hatten?«
- »Als die Entscheidung gefallen war, wie hat Ihr Körper darauf reagiert?«; »Wie hat sich Ihr Rücken angefühlt?«

Somatische Signale können quasi auch zum Reden gebracht werden:

- »Sie sagten vorhin: Mein gutes Bauchgefühl war eine runde, elastische Kugel. (Wenn die reden könnte ...) Was hat die Ihnen gesagt?«
- »Was hat Ihr Rücken dazu gesagt?«
- »Wenn Ihr Zorn reden könnte, was würde der sagen?«

21 Aus anderem Blickwinkel

21.1 Perspektivwechsel

21.1.1 Fragestrategien zur Änderung der Perspektive

Beim Perspektivwechsel verbleibt der Fokus auf dem angesprochenen psychologischen Sachverhalt. Allerdings wird der Patient gebeten, diesen aus einem anderen Blickwinkel zu betrachten. Er übernimmt dann eine Beobachterposition und gewinnt so eine gewisse Distanz zu sich und seinem Thema. Er bekommt die Möglichkeit, seine Lage mit all ihren Verstrickungen (»Clinch«) von außen zu betrachten, um die eigene Sichtweise zu relativieren. Das gilt auch für die Exploration von Positiva. Ein Perspektivwechsel kann es erleichtern, die Peinlichkeit eines Selbstlobes quasi in den Mund eines Dritten zu legen.

Wird eine Selbstsicht exploriert, werden personzentrierte Fragen gestellt. Beim Perspektivwechsel wird durch die Beobachtung mit den Augen Dritter eine verhaltenszentrierte Frage formuliert. Die geänderte Sichtweise führt also zwangsläufig zu einem Wechsel des Frageformates.

Bei einer Fremdsicht soll der Patient einen Perspektivwechsel vornehmen und sich fragen, wie eine andere Person ihn kennzeichnen würde:

- »Wie würde Ihr Partner das xy beschreiben?«
- »Was sagt Ihr Freund/Arbeitgeber/… dazu?«

Im LHQ wird die Position des Beobachtenden systematisch verändert:

- »Wie würden Sie sich selbst beschreiben?«
- »Wie würde ein Mensch, der Ihnen nahesteht und Sie gerne mag, Sie beschreiben?«
- »Wie würde ein Mensch, der Sie nicht mag und nur Ihre schlechten Eigenschaften sieht, Sie beschreiben?«

Werden Positiva exploriert, sollte der Patient die Sicht einer wertschätzenden Person übernehmen, z. B. die eines Freundes; der Partnerin; eines wohlmeinenden Dritten:

- »Wie würde ein guter Freund, jemand der es gut mit Ihnen meint, Sie beschreiben?«

- »Was schätzen andere Menschen an Ihnen?«
- »Warum hat Ihre Frau Sie geheiratet?«
- »Ihr Freund hat Sie hierher begleitet. Ist er eine Hilfe für Sie?«
- »Wer von Ihren Lehrern mochte Sie? Was schätzte er an Ihnen?«
- »Wenn Sie Ihre Freundin fragen würden, was Ihre positiven Seiten sind, was würde sie sagen?«

Mitunter kann es für den Patienten aufschlussreich sein, wenn eine Person eingeführt wird, die den Patienten eher ablehnt und wenn die nach einem positiven Aspekt gefragt wird:

- »Sie hatten mir von Ihrem Chef erzählt, mit dem Sie Differenzen haben. Gleichwohl wird selbst der etwas Gutes von Ihnen wissen«.
- »Mit Ihrem Nachbarn kommen Sie nicht so gut aus. Was könnte der trotzdem Positives über Sie berichten?«

Fremd- und Selbstsicht differieren bei Patienten häufig, und es ist weiterführend, den Unterschied anzusprechen:

- »Sie haben sicher wie ich auch registriert, dass es große Unterschiede gibt, wie Sie sich sehen und wie Ihr Freund Sie sieht. Was sagen Sie dazu?«
- »Ihre Schullaufbahn war gut. Sie selber schildern mir, nichts auf die Reihe zu bringen. Wie geht das zusammen?«

Solche Diskrepanzen können ein guter Einstieg in die Analyse von Oberplänen und Selbstkonzepten sein:

- »Halten wir fest: »Sie haben beachtenswerte Erfolge erzielt, einiges auf die Beine gestellt etc. Sie beharren gleichwohl auf Ihrer negativen Sicht von sich. Ist das so richtig, wie ich diesen Punkt zusammenfasse?«
- Später: »Ich stelle mir die Frage, wer oder was einer Würdigung entgegensteht. Gibt es da eine innere Stimme zu diesem Punkt?«
- Oder: »Manche Personen scheuen eine positive Hervorhebung und bleiben lieber unauffällig. Wie ist das bei Ihnen?«

Ein Patient kann einen Perspektivwechsel nutzen, um eine negative Selbstsicht zu validieren: »Auch meine Bekannten meinen, dass ich ein unzuverlässiger Mensch bin, dass ich immer xy tue, dass …« Damit unterstreicht der Patient seine Selbstabwertung und signalisiert dem Therapeuten, dass daran nicht so schnell zu rütteln sein wird. Im Gespräch bieten sich die folgenden Möglichkeiten an.

Der Therapeut nimmt die Sichtweise zur Kenntnis, greift ein anderes Thema auf und wird zu einem späteren Zeitpunkt die Selbstsicht erneut aufgreifen: »Halten wir fest, dass Sie sich als xy sehen und dass auch andere Personen das bestätigen. Ich möchte fortfahren und nach Ihrer häuslichen Situation fragen.«

Der Therapeut erweitert das Thema, fragt zunächst, welche weiteren negativen Aspekte andere Personen vorzutragen haben und erst danach, ob diese Personen, Freunde oder Familienmitglieder auch positive Aspekte sehen.

Der Therapeut versucht den biographischen Hintergrund zu klären, dass ein Patient seine abwertende Sicht beibehalten will. War es »sinnvoll«, sich selber zu erniedrigen? Will der Therapeut dieser Fragestellung nachgehen, wird er es als Thema definieren und Therapiezeit einplanen.

I. d. R. führt ein Perspektivwechsel zur Beschreibung einer positiven Sichtweise. Diese kann dann genutzt werden konstruktive Oberpläne zu formulieren – quasi auf Probe.

- »Wenn ich zusammenfasse, wie Ihre Freunde Sie wohl schildern, könnten diese ein Schild schreiben: ›Ein guter und verlässlicher Freund.‹ Sehen Sie sich auch so?«
- »Ihr Chef würde Sie glatt wieder einstellen: Sie sind ein tüchtiger Mitarbeiter. Können Sie das annehmen?«

Bei einem Perspektivwechsel kann der Patient dazu veranlasst werden, seine eigene Blickposition zu verschieben. Es kann folgendes gewechselt werden:

- *der Zeitbezug (»time distortion«):*
  »Wenn Sie in 10 Jahren zurückblicken, wie stellt sich Ihnen die heutige Situation wohl dann dar?«
  »Machen wir einen Zeitsprung und folgen Udo Jürgens. Wie sehen Sie sich mit 66 Jahren?«
  »Ach, was mir gerade einfällt, wie hätten Sie denn das vor 5 Jahren eingeschätzt?«
- *der situative Bezug:*
  »Angenommen, Sie sind morgens gut ausgeschlafen, wie denken Sie dann über xy?«
  »Wenn Sie gestresst sind, wird Ihr Ärger dann schlimmer oder vielleicht sogar weniger?«
- *die lokale und psychische Distanz:*
  »Wenn Sie Ihre Familie und alles drum herum in Ruhe aus der Vogelperspektive anschauen, was passiert dann?«
  »Angenommen, Sie treffen eine kluge Frau oder einen weisen Mann, was wäre deren Rat?«

Auch Fragen nach Übereinstimmungen können zu einem Wechseln der Sichtweise führen. Z. B. kann bei einer Arbeitsplatz-Problematik danach gefragt werden, welche der Arbeitskollegen die Position des Patienten teilen und welche Kollegen das nicht tun. Wichtig wird die Anschlussfrage, wie deren Sicht auf die Sachlage aussieht. Solche Fragen nach gleichsinnigen und widersprechenden Meinungen sind hervorragend für die Exploration von wechselnden Familienkoalitionen geeignet.

Perspektivwechsel sind zunächst für den Therapeuten diagnostisch bedeutsam: Ist ein Patient überhaupt in der Lage, eine gewisse Distanz zu sich einzunehmen und einen Sichtwechsel vorzunehmen? Wie groß sind die Differenzen zwischen der Selbst- und der Fremdsicht? Weiterhin begünstigt ein Perspektivwechsel, dass sich ein Diagnostiker ein eigenes Bild von der initial geschilderten Problemsituation und dem Verlauf einer kritischen Verhaltenssequenz machen kann.

Die Weisheitstherapie baut darauf, dass ein Perspektivwechsel beim Patienten der Anstoß für einen Einsichtsprozess ist. Der kann z. B. die Position der Ehefrau verstehen lernen oder die Reaktionen seiner Familie auf sein Verhalten.

In der durchaus provokanten Variante des Perspektivwechsels von Steve de Shazer, wird eine geläufige Annahme über die Verursachung, die implizierte Kausalattribuierung, auf den Kopf gestellt:

- »Wie haben Sie es geschafft, Ihren Chef so gegen Sie aufzubringen?«
- »Was im Einzelnen haben Sie unternommen, dass nun dieses Chaos in dieser Form auf Sie einstürzt?«

Eine solche Frage setzt ein gewisses Reflexionsniveau beim Patienten und oft auch ein gewisses Maß an wohlmeinendem Witz beim Fragenden voraus. Ist beides gegeben, kann ein solcher Wechsel im Blickwinkel zu einem Durchbruch in einer Therapie führen: Der Patient erkennt, nicht der Andere ist der allein »Schuldige«, sondern auch er selbst. Auch der Therapeut kann seinen Blickwinkel ändern, wobei solche Äußerungen sowohl einen informativen als auch mitunter einen konfrontativen Charakter haben:

- »Wenn ich mich in die Lage Ihres Vaters hineinversetze, dann könnte der folgendes sagen ...«
- »Ein Außenstehender würde meinen, ...«

Der Therapeut kann eine Beobachtung externer Vorgänge einführen:

- »Sie haben eine Lehre abgeschlossen/die Meisterprüfung bestanden/..., dazu gehört schon Einiges. »Wie bewerten Sie das selber? Haben Sie das gebührend gewürdigt?«
- »Wie sieht Ihr Zimmer aus, was haben Sie gemacht, um es für Sie richtig schön zu machen?«
- »Blick aus dem Fenster (des Therapieraums): Welche für Sie schönen Dinge können Sie beobachten?«
- »Was haben Sie Schönes auf dem Weg hierher gesehen?«

Eine spezielle Variante, eine Fremdsicht zu nutzen, fällt dem Therapeuten zu. Der Therapeut sollte sich mitunter fragen, welche Positiva er selber sieht (Lammers 2017):

- »Was schätze ich an diesem Patienten?«
- »Was sind seine Stärken?«
- »Worin ist er schon erfolgreich gewesen?«
- »Was schätzen andere an ihm?«

- »Was/wo erlebt er (sich) als unproblematisch?«
- »Welche besonderen Fertigkeiten hat ein Patient entwickelt, um mit seiner Problemsituation umzugehen? Kann er das würdigen?«

Der Therapeut kann aber auch Positiva in der Hoffnung ansprechen, dass der Patient seine Fremdsicht als Selbstsicht übernimmt, z. B.:

- »Das ist eine gute Beschreibung Ihrer Lage.«
- »Ich kann mir jetzt sehr genau vorstellen, wie das so zugeht.«
- »Ich denke, Sie schätzen Ihre Lage realistisch ein.«
- »Ich kann Ihre Sichtweise sehr gut teilen.«

21.1.2 Zwei Stühle, zwei Perspektiven

Stuhldialoge sind Rollenspiele mit einem imaginierten Gegenüber mit dem Ziel, dass sich ein Patient mit einer ihm fremden Sichtweise auseinandersetzt. I. d. R. stehen zwei Stühle einander gegenüber, und der Patient setzt sich auf den Stuhl, dessen Rolle, genauer dessen Sichtweise, er einnehmen will. Im Rollenspiel sind folgende Konstellationen denkbar:

- Der Patient redet mit einer anderen Person, z. B. mit einem Familienmitglied, etwa einem Eltern- oder Großelternteil, einem Geschwister; einem Vorgesetzten; mit einer Person, zu der ein Gespräch gesucht wird, z. B. mit einer »heimlichen Liebe«.
- Der Patient pointiert die Sichtweise zwei seiner konträren Selbst-Konzepte bzw. Oberpläne. Auf dem einem Stuhl sitzend argumentiert er z. B. aus genussaverser und auf dem zweiten Stuhl aus genussaffiner Sicht. Oder: Er übernimmt die Sicht seines »Kind-Ichs« und konfrontiert diese mit einer »Eltern-Sicht«.
- Im Ein-Personen-Rollenspiel (Sachse, 2003, S. 215) nimmt ein Patient entweder seine Position oder die seines Therapeuten ein.

Solche Stuhldialoge sind für den Therapeuten diagnostisch aufschlussreich und für den Patienten therapeutisch weiterführend, weil er selber beginnt, konträre Sichtweisen zu formulieren.

21.2 Zirkuläres Fragen

Zirkuläres Denken sind Patienten gewohnt:

> »Menschen denken ständig über andere nach und darüber, was andere über sie denken und was andere denken, dass sie über andere denken usw. Man fragt sich, was nun in den

anderen vorgehe, man wünscht oder fürchtet, dass andere Leute wissen könnten, was in einem selbst vorgeht« (Laing et al., 1971, S. 37).

Reich (2006, S. 298) nennt als Zielvorstellung: »Wir betrachten zirkulär vor allem die Unterschiedlichkeit der individuellen Erfahrungen und Erlebnisse, die wir kommunikativ austauschen, um ein tieferes, weites Bild über uns und unsere Interaktionen zu erhalten.«

Eine zirkuläre Frage imponiert zwar als eine diagnostische Intervention, viel entscheidender ist aber ihre therapeutische Funktion. Um sie beantworten zu können, muss der Patient die Perspektive wechseln und die Position des Beobachters übernehmen. Zirkuläres Fragen wird im Rahmen der Systemischen Therapie auch als triadisches Fragen bezeichnet, wobei zwei Varianten unterschieden werden:

- Triadische Frage in einer Gruppensituation: Ein Therapeut A fragt einen Patienten B nach der Sichtweise des Patienten C oder, wie die emotionale Reaktion von C auf ihn, B, wirkt:
  - »Wie kommt es bei Ihrem Vater an, wenn Ihre Schwester so über ihn spricht?«

Es können weitere Personen eingeführt werden:

- »Wie schätzen Sie die Gefühle Ihrer Mutter ein auf die emotionale Reaktion Ihres Vaters auf das Statement Ihres Bruders?«
- Triadische Frage in einem Einzelsetting: Ein Therapeut A fragt einen Patienten B wie wohl eine dritte Person C, die nicht anwesend ist, die Sichtweise des Patienten B einschätzt oder wie die emotionale Reaktion von B auf C wirkt.
  - »Wie ist wohl die Reaktion Ihres Bruders auf Ihre Entscheidung, das Elternhaus zu verkaufen?«
  - »Was sagt Ihre Schwester dazu, dass sich Ihr Bruder über den Hausverkauf durch Sie so aufgeregt hat?«
  - »Sag mal Hans, was glaubst du, was deine Mutter fühlt, wenn sie deinen Vater so weinen sieht?«.

Diese Frage setzt voraus, dass es emotionale Reaktionen gibt und Hans die kommunikative Fähigkeit hat, seine Wahrnehmung auch mitzuteilen. Sollte Hans also noch nie über Gefühle innerhalb dieses Systems gesprochen haben, hätte er jetzt die erste Gelegenheit dazu. Gelingt es ihm, würde er den Spielraum der möglichen Kommunikation innerhalb des Systems ausdehnen. Insofern generiert zirkuläres Fragen Informationen und Einsichtsprozesse.

Der Spielraum, wie das zirkuläre Fragen therapeutisch angewendet wird, ist recht weit. So führen Simon und Rech-Simon (2023, S. 5) zum Therapeutenverhalten aus:

> »Der Therapeut ist aktiv, übernimmt … die Leitung der Sitzung und fragt seinen Kunden Löcher in den Bauch … er … zeigt wenig Respekt auch gegenüber heiklen oder peinlichen Themen. Er fragt – was den gewohnten Regeln des guten Benimms widerspricht – den einen der Beteiligten über den anderen, das Kind über die Interaktion der Eltern, den Vater über die Beziehung von Mutter und Tochter … obwohl oder gerade, weil diejenigen, über

die hier »geklatscht« wird, mit im Raum sind. Seine Fragen sind manchmal schamlos, gelegentlich absurd …«.

21.3 Wiederholt fragen

Wiederholt fragen bedeutet, dass ein Interviewer bei einem Thema bleibt und den Patienten zurückführt, wenn der zu einem anderen Thema will: »Moment, bleiben wir beim Thema. Ich will noch mal nachfragen«.

Das Gespräch dreht sich quasi im Kreis um einen umschriebenen Sachverhalt (s. a. »In der Situation festhalten«), der Interviewer verharrt bei einem bestimmten Thema. Das Voranschreiten des Gespräches wird also verlangsamt und Redundanz eingeführt. Auf den ersten Blick mag das wie eine unnötige Fragewiederholung imponieren, so als hätte der Interviewer noch nicht so recht verstanden, um was es geht (s. Columbo-Technik, ► Kap. 22.5.1). Durch eine wiederholte Darstellung berichtet ein Patient aber weitere Details und wird zu einer veränderten Sichtweise geführt. Ein möglicherweise schon bekannter Inhalt wird erneut ohne nennenswerte Veränderung der Perspektive erfragt:

- »Ich habe das noch nicht genau verstanden, wie …«
- »Ich kann's mir noch nicht genau vorstellen, können Sie bitte noch einmal … schildern.«
- »Können Sie das näher ausführen?«
- »Wie genau muss ich mir das vorstellen?«

Solche Fragen können sehr zu einem Klärungsprozess beitragen: Ein Patient wird ermuntert, einen Sachverhalt erneut und präziser darzustellen. Einem Patienten fallen weitere Details ein, ein Therapeut schafft Redundanz und kann länger über einen Sachverhalt nachdenken. Ein Therapeut sollte wiederholt nachfragen, wenn er selber einen Zusammenhang nicht so genau verstanden hat oder den Patienten veranlassen will, noch einmal und genauer hinzusehen.

21.4 Therapeutische Dialoge

21.4.1 Systemimmanente Gesprächsführung

In der Systemimmanenten Gesprächsführung sollte mit dem Patienten nicht argumentiert werden. Auch offensichtlich unrealistischen Sichtweisen wird vom Therapeuten nicht widersprochen. Er übernimmt die Gedanken und Logiken des

Patienten und führt diese weiter. Der Therapeut übernimmt die Denkfiguren des Patienten. Er kann mitgedachte bzw. implizierte Argumente und Aussagen des Patienten übernehmen und zuspitzen. Er denkt quasi den Gedanken des Patienten in dessen Logik weiter. Die Erwartung ist, dass der Patient selber z. B. auf einen Denkfehler aufmerksam wird.

	Systemimmanenter Dialog Patient-Therapeut	Anmerkung
P.	Ich komme mit meiner Bachelorarbeit nicht weiter.	
I.	Sie kommen nicht weiter?	Paraphrase, systemimmanent
P.	Ich bin mitten im Literaturstudium.	
I.	Gerade eine Bachelorarbeit muss theoretisch gut untermauert sein.	Zuspitzung, systemimmanent
P.	Ich werde das nie schaffen!	
I.	Sie müssen ja außerdem im laufenden Semester ihre Lehrveranstaltungen besuchen.	Zuspitzung, systemimmanent

21.4.2 Sokratischer Dialog

> »Der psychotherapeutische Sokratische Dialog bezeichnet einen philosophisch orientierten Gesprächsstil, der durch eine nicht-wissende, naiv fragende, um Verständnis bemühte, zugewandte, akzeptierende Therapeutenhaltung geprägt ist und chronologisch verschiedene Phasen durchläuft. Er dient einzig der Zielsetzung, dass der Klient durch die geleiteten Fragen des Therapeuten alte Sichtweisen reflektiert und – falls er darin Widersprüche oder Mängel erkennt – eigenverantwortlich entscheidet, ob er eine neue funktionale Alternative erarbeiten und seine alte, dysfunktionale Ansicht zu Gunsten der neu erarbeiteten aufgeben will«
> (Stavemann, 2015, S.19).

Der sokratische Dialog wird vornehmlich in der kognitiven VT (z. B. Hautzinger, 2011) mit dem Ziel eingesetzt, Fehlannahmen bzw. kognitive Verzerrungen des Patienten und unlogische Schlüsse und Widersprüche aufzudecken. Der Therapeut vermittelt keine alternativen Denkansätze (s. systemimmanentes Fragen); mit einer naiv-zugewandten Fragetechnik (s. Columbo-Technik ▶ Kap. 22.5.1) exploriert er negative Grundannahmen. Der Patient soll selber Widersprüche aufdecken und seine dysfunktionalen kognitiven Schemata erkennen.

Stavemann unterscheidet drei Arten Sokratischer Dialoge:

1. Der explikative Sokratische Dialog (»Was ist das?« Fragen zur Begriffsklärung)
2. Der normative Sokratische Dialog (»Darf ich das?« Fragen zu Moral und Ordnung)
3. Der funktionale Sokratische Dialog (»Soll ich das?« Fragen zu alternativen Einstellungen, Zielen).

In der Weisheitstherapie (Baltes & Smith, 1990; Baltes et al., 2002; Baumann & Linden, 2021) sollen mit dem Sokratischen Dialog Verallgemeinerungen hinterfragt werden und die verschiedenen Alternativen auf ihre Plausibilität getestet werden, was dem »angeleiteten Fragen« entspricht:

- »Welche Vor- und Nachteile sehen Sie?«
- »Wie plausibel ist Ihre Befürchtung, …?«

Auch sollen mögliche Verzerrungen hinterfragt werden: »Aus welchen Gründen könnte Ihr Partner so gehandelt haben?«

Wilken (1998, zit. nach Hoyer et al., 2003, S. 96) bringt eine praktikable Unterscheidung ein:

- Empirische Disputation: Mit ihr wird die Realitätsangemessenheit einer Kognition überprüft (»Woran machen Sie das fest?«, »Gibt es auch andere Erklärungsmöglichkeiten?«).
- Hedonistische Disputation: Mit ihr wird der Nutzen einer Kognition oder eines Denkstils überprüft (»Was bringt es Ihnen, so zu argumentieren?«, »Tut Ihnen das gut?«, »Wie würden Sie sich fühlen, wenn Sie stattdessen an anderes denken würden?«).

22 Konfrontieren

Es gibt verschiedenste Formen des Konfrontierens in einem klinischen Gespräch. Die Spanne reicht von diskret kritischen Hinweisen (»Könnte es nicht sein, dass…«) bis zu drastischen Zurechtweisungen im Stile von Ellis (1977).

22.1 Provokationen

Albert Ellis war für seinen überaus provokanten Gesprächsstil bekannt. Er liebte es, in New York die »Stadtneurotiker« vor den Kopf zu stoßen und ihnen unverblümt die Meinung zu sagen. Allerdings: Will ein Therapeut eine Provokation starten, muss er wissen, wie die nächsten Schritte nach einer Provokation sind, und die auch durchstehen können. Eine gewisse Vorsicht mit solchen Verfahren ist angezeigt. Man muss sie beherrschen, wie Beispielfragen nach Ellis vermuten lassen:

- »Was pisst du dich an?«
- »Was für einen Mist denkst du da?«

Humorvolle Provokation nach Frank Farrelly (Farrelly & Brandsma, 1986) soll Widerspruchsgeist, die Selbstverantwortung und Eigenständigkeit wecken. Seine Grundidee war: Der Therapeut persifliert humorvoll die selbstschädigenden Verhaltensweisen des Klienten. Der Patient kann über sein Verhalten lachen und gewinnt größere mentale Freiheit. Der Therapeut wagt Bewertungen auszusprechen, die der Klient insgeheim zwar selbst denkt, aber für sich behält. Eine gute und sichere Beziehung ist für Provokationen hilfreich.

Bei den Provokationen nach Ellis oder Farrelly ist zum einen wichtig, richtig zu »zielen«. Entscheidend ist aber die Sicherheit bzw. Routine, die Antworten und Reaktionen des Patienten angemessen aufgreifen zu können. Eine dosierte Provokation kann sehr hilfreich sein und ist leichter im Gespräch zu kontrollieren.

Beispiele für Provokation, Zuspitzung, humorvolle Übertreibung sind in den Interviewtranskripten zu finden, z. B.:

- Therapeut sagt zu Frau Otto: »Sie verhalten sich sehr auffällig unauffällig«
- Therapeut fragt Herrn Brotler: »Was ist das Schöne daran, Eigenbrötler zu sein?«

22.2 Widersprüche ansprechen

Das Verhaltensrepertoire einer Person ist genauso wenig frei von Widersprüchen wie auch das Set der Oberpläne, die ein Selbstkonzept definieren. Im ► Kap. 9 wurde die Frage der Konkordanz bzw. Inkonsistenz von Konzept und Verhalten erörtert. Es ist das gute Recht von Patienten, all die Widersprüche nicht zu sehen und Widerspruchsfreiheit ist keine anthropologische Setzung.

Gleichwohl gibt es Widersprüche in diagnostischen und therapeutischen Situationen, in denen es angezeigt ist, Widersprüche anzusprechen: In einer doppelten Buchführung besteht ein Widerspruch zwischen dem sinnvollen Tun einer Person und der Tatsache, dass sie dieses nicht würdigt. Diesen Widerspruch zu thematisieren kann zu einer besseren Selbstsicht und Akzeptanz einer Person führen.

Es ist damit zu rechnen, dass ein Patient sich widerspricht, z. B. bei Selbstwertproblemen, dem Wunsch nach einer heilen Welt, Peinlichkeiten etc. Um zu klären, ob die Auflösung eines solchen Widerspruchs für einen Patienten hilfreich ist, kann es sinnvoll sein, Widersprüche stehen zu lassen (► Kap. 23.4 Themenspeicher), sie nondirektiv zu umkreisen. Durch zirkuläres Fragen oder im Sokratischen Dialog sollen Patienten mögliche Widersprüche in dem, was sie tun, oder in ihren Konzepten bzw. Überzeugungen selber entdecken. So wurde Frau Otto zunächst nicht auf den Widerspruch der berichteten Panikattacke und dem Schneiden der Fußnägel angesprochen. Der Therapeut fokussierte auf die vielen behandlungswürdigen depressiven Symptome, um diese in den Behandlungsmittelpunkt zu stellen.

Aus vielerlei Gründen ist es aber angebracht, Widersprüche direkt anzusprechen, z. B., wenn die Stundenzahl für die Therapie beschränkt ist, um Zeit zu sparen. Einen offensichtlichen Widerspruch s nicht anzusprechen, bedeutet ihn zu meiden.

Beispielfragen, Patientin Frau Bauer:

- »Mir ist aufgefallen, dass Sie in der letzten Stunde Ihren Freund durchaus positiv geschildert haben, heute zeichnen Sie ein ganz anderes Bild.«
- »Wieso fahren Sie nach Hause, so kurz hintereinander, wenn Sie sich immer wieder ärgern?«

22.3 Unabhängige Position vertreten – Gegen den Strich kämmen

Es ist Teil des in diesem Buch vertretenen Therapieverständnisses, dass ein Therapeut eine unabhängige Position einnehmen muss, auch wenn er seinen Patienten empathisch, mitfühlend und voller Teilnahme begleitet. Aus dieser unabhängigen

Position heraus kann er eine Darstellung des Patienten hinterfragen und »gegen den Strich kämmen«.

Das Gespräch findet während einer ambulanten Gruppentherapie statt, anwesend sind acht Patientinnen im Alter zwischen 31 und 41 Jahren. Claudia stellt sich vor: verheiratet, 3-jährige Zwillinge, berufstätig (30 Stunden), Fahrzeiten insgesamt täglich zwei Stunden. Sie managt die Termine der Familie, ihr Ehemann ist wenig aktiv, sie coacht ihn. Die Mitpatientinnen sind begeistert, was sie alles schafft, und befragen Claudia, weitere Belege ihrer Belastbarkeit zu erzählen, z. B. den schwierigen Umgang mit der Schwiegermutter, die bei der Kinderbetreuung eingreift; ihr Ehemann hält sich auch in diesem Punkt zurück. Insgesamt entsteht ein plastisches Bild, wie Claudia lebt und was sie alles leistet. Die Mitpatientinnen drücken ihre Bewunderung aus; der Therapeut hat sich zurückgehalten.

	Dialog mit Claudia	Anmerkungen
I.	Sie schildern eine bewundernswürdige Belastbarkeit.	Zustimmendes Nicken der anderen
P.	Claudia lächelt.	Claudia kann dieses Lob annehmen.
I.	Ich stell mir das alles sehr anstrengend vor.	I. will die Schilderung hinterfragen. Er hatte sich nicht der Mehrheitsmeinung der Gruppe angeschlossen. Er bereitet vor, gegen den Strich zu kämmen.
P.	…	Claudia ist sichtlich irritiert.
I.	Wie sieht es aus, wenn Sie mal zur Ruhe kommen, vielleicht am Sonntagnachmittag?	Spezifizieren
P.	Das gibt es eigentlich selten, ich such mir immer was zu tun. Es ist auch immer was zu tun.	
I.	Ja, das glaub ich gerne. Wie ist es, wenn Sie mal Fernsehen?	Nachfragen
P.	Am letzten Sonntag hatte ich mit den Zwillingen Sandmännchen gesehen. Die waren still, ich bin sofort eingeschlafen.	
I.	Ist Ihnen das schon einmal passiert?	Nach weiterem Beispiel fragen, um eine Vermutung zu erhärten
P.	Eigentlich schon. Wenn wir es uns am Sonntag mal auf dem Sofa bequem machen, schlafe ich schon mal ein.	
I.	Sie verausgaben sich bis zur Erschöpfung.	Konfrontation
P.	…	

	Dialog mit Claudia	Anmerkungen
I.	Sie fahren ein hohes Tempo, sind immer aktiv und schlafen als 33-jährige Frau nachmittags ein.	Zuspitzen Betroffene Gesichter der Gruppe
P.	Nicht jeden Nachmittag!	
I.	Schon richtig. Sie haben es aber auch noch nicht ausprobiert.	sagt das lächelnd und zugewandt
P.	Stimmt auch wieder.	Claudia lächelt.
I.	Sie drehen hoch und verausgaben sich.	Konfrontation
P.	Gut, was soll ich tun?	
I.	Was fällt Ihnen selber dazu ein, was fällt der Gruppe dazu ein?	Patienten einbeziehen

In der Gruppe muss die neue Sicht auf die Situation von Claudia diskutiert werden. In deren augenblicklicher Situation sind die einzelnen Belastungen nicht einfach zu streichen. Es kann mit allen Teilnehmerinnen folgender Konsens hergestellt werden: Claudia lernt innezuhalten. Nach den einzelnen Arbeitsaufträgen besinnt sie sich darauf, dass eine Arbeit abgeschlossen ist, würdigt ihre Leistung und macht dann erst den Schritt zur nächsten Aufgabe.

Im Gespräch mit Claudia (s. o.) konfrontiert der Therapeut sie, indem er seine Sicht der Sachlage zuspitzt: »Sie verausgaben sich bis zur Erschöpfung.« Solche »klaren Worte« werden von vielen Patienten als sehr hilfreich empfunden, s. z. B. die transkribierten Gespräche mit Herrn Brotler oder Frau Otto. Entscheidend im Gespräch ist der Stil der Konfrontation.

22.4 Gretchenfrage

Eine Gretchenfrage zielt auf Absichten und Überzeugungen einer Person. Diese wird direkt angesprochen, daher hat eine Gretchenfrage einen konfrontativen Charakter. Die angesprochene Person ist gedrängt, einen Sachverhalt zu offenbaren. Der war bisher eher versteckt gehalten und einer Person meist unangenehm zu veröffentlichen. Eine Antwort kann daher eine Art Bekenntnis sein (coming out). Es kann eine Gewissensfrage sein oder thematisieren, was eine Person letztendlich will, und fordert vom Befragten eine hohe Äußerungsbereitschaft:

- »Wie halten Sie es mit der ehelichen Treue?«
- »Welches Ziel verfolgen Sie (eigentlich) mit dieser Aktion?«

Box 37: Das Gretchen fragt

In Goethes Faust I küssen sich Margarete und Heinrich Faust in Frau Martens Garten. Im Jahr 1808 – dem Erscheinungsjahr der Tragödie – war das eine Art Verlobung, sodass die junge Frau klären muss, mit was für einem Menschen sie sich eingelassen hat. Da eine Beziehung der christlichen Moral standhalten muss, erkundigt sie sich:

»Nun sag', wie hast du's mit der Religion?
Du bist ein herzlich guter Mann,
Allein ich glaub', du hältst nicht viel davon.«

Eine Gretchenfrage spricht heute weniger religiöse Themen an, als vielmehr eher versteckt gehaltene Grundüberzeugungen: »Wie hältst du es mit …?«; »Was ist eigentlich dein Anliegen?«

22.5 Indirekte Konfrontation

22.5.1 Columbo-Technik

Columbo ist der Name eines trottelig wirkenden Kommissars in einer gleichnamigen Krimiserie (Schauspieler: Peter Falk, ein Anti-Held), der seine Klientel mit unkonventionellen Fragen überrumpelt. Übertragen auf die Gesprächsführung bedeutet die Columbo-Technik eine Art Musterunterbrechung:

- Der Diagnostiker »stellt sich dumm« und fragt ganz naiv nach offensichtlichen Selbstverständlichkeiten: »Wie ist das nochmal mit dem Besuch bei Ihrer Mutter?«
- Der Diagnostiker vermittelt, er habe einen Punkt abgeschlossen und fragt quasi im Weggehen: »Ach da fällt mir noch ein, dass ich Sie noch nach … fragen wollte«
- »Wie konnte mir das entfallen. Ach wie dumm, da fällt mir doch noch ein …«

22.5.2 Der kritische Blick

Generell besteht die Tendenz negative Informationen besonders schnell zu verarbeiten (z. B. Wendt, 2014). Patienten sind i. d. R. hoch sensibilisiert für negative Hinweise aus ihrem sozialen Umfeld, insbesondere ihres Therapeuten. Der kann non- und paraverbal Zustimmung und Ablehnung vermitteln:

Herr Zweigelt hatte gelernt, die hochgezogenen Brauen des Therapeuten als Hinweis zu werten, seine zwanghaft ausufernden Erklärungen zu stoppen. Der Patient wertete das als Fortschritt, an der Reaktion eines Gesprächspartners ablesen zu können, dass er sich in zwanghaften »Pirouetten« drehte.

Frau Otto z. B. hatte mehrfach aktiv weggehört (s. Box 34). Daraufhin wechselte der Therapeut seine Stimme von freundlich zu weniger freundlich mit ernstem Nachdruck. Er sprach Sie direkt an und bestand auf einem Selbstlob. Die Patientin hatte das durchaus als konfrontative Zäsur verstanden. In einem Nachgespräch erinnerte Sie diese Situation; es sei ihr klar geworden, wie wichtig es dem Therapeuten war, dass sie ihren Fortschritt selber würdigte. Diese Erinnerung war später Anlass, sich selber in vergleichbaren Situationen zu loben.

23 Strukturierung des Gesprächs – Überblick behalten

23.1 Nicht jede Störung hat Vorrang

Das Postulat der Themenzentrierten Interaktion (TZI), nämlich »Störungen haben Vorrang«, ist zum selbstverständlichen Umgang mit Patienten geworden.

> »Das Postulat, dass Störungen und leidenschaftliche Gefühle den Vorrang haben, bedeutet, dass wir die Wirklichkeit des Menschen anerkennen; … also müsse es heißen ›Störungen nehmen sich Vorrang‹. Störungen nehmen sich im Alltag immer Vorrang – ob wir ihnen diesen einräumen oder nicht: Liegt eine Tanne quer zur Straße, wird der Radfahrer ihr Vorrang lassen müssen, wenn er sich nicht verletzen will« (Cohn, 1975, S. 122).

Es ist eher selten, dass ein Baum quer zur Straße liegt, sodass ein Radfahrer nicht weiterfahren kann, ohne sich mit der Störung zu beschäftigen. Meist liegen auf Straßen kleinere Gegenstände, sodass eine Entscheidung möglich ist, vom Rad zu steigen und diese wegzuräumen oder aber sie zu umfahren. Die Entscheidung mag davon geleitet sein, ob die Person weiterfahren will, weil sie ein definiertes Ziel hat, oder sie in der gegebenen Situation motiviert ist abzusteigen, aus welchen Gründen auch immer. In einer Gesprächssituation muss der Therapeut entscheiden, welcher Weg sinnvoll ist. Er wird sich einer Störung zuwenden,

- wenn diese so gravierend ist, dass eine weitere verbale Kommunikation nicht mehr möglich ist. Das kann z. B. bei sehr starken Emotionen oder Störungen im Setting der Fall sein
- wenn die Störung, vielleicht unvorhergesehen, aufschlussreich ist und ein Thema eröffnet, sodass der Therapeut sie gerne aufgreift.

Er kann aber auch eine Störung nicht aufgreifen, wenn diese vom roten Faden der Therapie wegführt. In der Therapiegruppe *Kleine Schule des Genießens* z. B. passiert es immer wieder, dass die Präsentation eines an sich angenehmen Reizes, z. B. Zimt, eine negative Assoziation stiftet, wie z. B. ein belastendes Weihnachtsfest. Auch wenn der Patient emotional sehr betroffen ist, geht der Therapeut auf diese Störung nicht ein. Es würde sich sofort eine Art Weihnachtstrauergruppe entwickeln, weil jeder mit einem misslungenen Weihnachtsfest dienen kann. Je nach Setting delegiert er die Besprechung dieser Störung auf eine andere Möglichkeit, z. B. auf die Morgenrunde in einer Klinik oder eine Einzeltherapiestunde.

Ebenfalls nicht weiter beachtet der Therapeut eine Störung, wenn er zur Überzeugung gelangt, dass diese die Funktion eines Vermeidens hat, um eine Problembearbeitung zu unterbrechen. In einer Gesprächssituation z. B. kann ein Patient eine Störung inszenieren, damit sie das Interesse des Interviewers bindet und dieser von der Eruierung eines anderen Themas abgelenkt wird. Im Einzelfall ist zu entscheiden, ob der Therapeut die Funktion der Störung anspricht oder die hinzukommende Thematik vertagt: »Ich habe registriert, dass Sie sich heute/jetzt in diesem Augenblick/mit der Thematik XY auseinandersetzen. Aus Zeitgründen notiere ich mir diesen Punkt, möchte aber bei dem Problem AB bleiben« (► Kap. 23.4 Themenspeicher).

Oder: »Mir fällt auf, dass Sie sich mit einer ganzen Reihe von Problemen auseinandersetzen müssen. Jedes dieser Probleme ist gravierend, für jedes brauchen wir Zeit. Unglücklicherweise kommen wir mit keinem weiter, wenn wir nicht bei einem Thema bleiben können. Es ist sinnvoll, wenn wir ein Problem nach dem anderen besprechen können.«

23.2 Wenn der Königsweg zu lang ist

23.2.1 Informieren – Klären

Mitunter sind Patienten nicht imstande, Alternativen zu ihrer Sichtweise zu sehen oder einen Perspektivwechsel zu vollziehen. Sind die »Königswege« Sokratischer Dialog oder systemimmanentes Fragen zu lang, kann der Therapeut direkt nachfragen (z. B. »Können Sie auch andere, vielleicht auch positive Aspekte erkennen?«) und über Sachverhalte informieren und ihm eine alternative Sichtweise anbieten.

Wenn durch eine simple Information eine erwünschte Veränderung erreicht werden kann, dann ist das ein sinnvoller Weg, auch wenn das insofern nicht die via regia ist, dass der Patient diese Einsicht sich nicht selber erarbeitet hat. In einer Therapie gibt es immer noch viele weitere problematische Sichtweisen, deren Lösung von einem Patienten selbst erarbeitet werden kann. Auch sind in der Schilderung einer problematischen Situation mitunter einige Falschannahmen, irrationale Annahmen, Verstrickungen etc. enthalten. Sofern keine therapeutische Überlegung dagegenspricht, ist es sinnvoll, diese sofort aufzuklären.

Herr Brotler war von seinem Chef sehr enttäuscht, weil der die Rehamaßnahme initiiert hatte und dort seine Eignung für seinen Arbeitsplatz untersucht wurde. Da der Aufenthalt zeitlich begrenzt war, entschloss sich der Therapeut zu einer direkten Klärung. Das Rational: Der Chef hatte Herrn Brotler gekränkt. Das bedeutet nicht, dass er ihn generell disqualifiziert oder ihm Böses will. Der Chef hatte ihn gefördert, hatte beobachtet, dass Herr Brotler Schwierigkeiten an seinem Arbeitsplatz hatte, hatte ihn aber weder versetzt noch entlassen. Er wollte ihm helfen und hatte ihn über seine Maßnahmen informiert. Über diese Hintergründe wurde Herr Brotler informiert und das Stundenkontingent dazu verwendet, den Themenbereich Zwang und dessen Behandlung und die Anforderungen seines Arbeitsplatzes zu thematisieren.

Frau Bauer beschäftigte die Frage, ob sie sich auf ihren Partner verlassen und ob sie ihm überhaupt trauen kann. Sie hatte eine Fehlgeburt. Ihr Partner war nicht in der Lage, mit ihr darüber zu reden. Dies kränkte sie, und sie war äußerst verunsichert, ob er in Krisensituationen zu ihr halten würde.

Eine Nachfrage ergab: Er hatte Angst, die Fehlgeburt würde sie trennen. Seine erste Frau hatte sich wegen einer Schwangerschaft getrennt, seine zweite Frau hatte ein Kind von ihm bekommen, ihm den Kontakt verweigert, gleichwohl aber die Unterhaltszahlung gefordert. Frau Bauer hatte vor lauter Sorgen einen anderen Sachverhalt nicht reflektiert: Die Patientin hatte zu Weihnachten ihre Eltern und die Familie ihres Bruders zum Essen eingeladen. Dies war für sie ein äußerst kritischer Schritt, gleichwohl war der Abend sehr positiv verlaufen: Ihr Freund hatte sich voll eingebracht, eingekauft, gekocht und die Patientin bei der Durchführung der Einladung erfolgreich unterstützt.

Die Stellungnahme des Therapeuten wurde im Sinne einer konfrontativen Korrektur vorgetragen: »Ich sehe das anders. Er unterstützt sie im Kontakt mit Ihren Eltern. Welcher junge Mann geht das Risiko ein, für seine Schwiegermutter zu kochen, die er noch gar nicht richtig kennt? Er vermittelt Ihnen, dass er Angst hat, Sie könnten ihn auch verlassen, wie er es zuvor erfahren hat. Er drückt damit deutlich aus, wenn auch nicht geschickt, Sie nicht verlieren zu wollen. Was also soll er in seiner Haut noch machen, Sie zu überzeugen?« Im Folgenden wurde die Schwierigkeit von Frau Bauer thematisiert, Positiva zu sehen und die Tendenz, Negativa vorschnell zu fokussieren.

In der Box 19 wird beschrieben, wie Frau Meister unwillentlich das Fehlermachen ihrer Tochter operant verstärkt. Sie wurde über angemessenes Verstärken und Loben informiert. Diese Form der Vermittlung von Einsicht war in Relation zum Effekt auf das Verhalten des Kindes und auf die Beziehungsstruktur innerhalb der Familie sehr wirkungsvoll und sparsam im Aufwand.

23.2.2 Konzept erläutern

Das Konzept zu erläutern ist eine Form der Metakommunikation, um sich z. B. über Ziele oder Vorgehensweisen zu verständigen:

- »Ich habe gerade folgendes Konzept im Kopf …«
- »In den letzten Stunden haben wir viele Aspekte Ihres Lebens angeschaut, die für Sie ungünstig sind. Wir werden nicht alle hier bearbeiten können. Meine Vorstellung ist, dass wir ein Problem herausgreifen und das versuchen zu verändern. Was könnte das aus Ihrer Sicht sein?«
- »Meine Überlegung ist, dass Ihnen aktuell am meisten geholfen ist, wenn wir xyz angehen.«

Mitunter fordern Patienten ein, der Therapeut möge sein Konzept erläutern. Das ist legitim (Transparenz). Der Therapeut muss abschätzen (Timing), was therapeutisch zu diesem Zeitpunkt günstig ist.

- »Sie fragen mich, was ich dazu denke. Ich muss Ihnen sagen, dass ich mir noch nicht klar darüber bin.« Möglicherweise ergänzend: »Bisher habe ich Folgendes begriffen ...«
- »Sie fragen mich, was Sie machen sollen. Mir geht das zu schnell. Ich habe die Hintergründe Ihres Anliegens, Problems noch nicht verstanden.« Möglicherweise ergänzend: »Zu früh zu starten kann die Gefahr mitbringen, etwas zu übersehen. Leicht kann man übergehen, was einem unangenehm ist, sich damit auseinanderzusetzen.«

23.3 Transparenz im Umgang mit Informationen

In der Verhaltenstherapie und Verhaltensdiagnostik wird, wann immer es möglich und für den Therapieverlauf sinnvoll ist (s. Timing), transparent gearbeitet und das eigene Konzept erläutert. Im Einzelnen kann das bedeuten:

- Erläuterung von bestimmten Fragen, Metakommunikation (warum fragt der Interviewer was)
- Zusammenfassung (Paraphrase) von Gesprächsinhalten mit der Rückfrage, ob das so stimmt oder ob der Interviewer etwas missverstanden hat (»Erziehung zum Widerspruch«)
- Mitteilung und Erläuterung der Diagnose wann immer möglich
- Ein Erklärungsmodell wird (gemeinsam) erarbeitet und vermittelt.
- Die Abfolge von Therapieschritten wird erklärt.
- Die Behandlungsmethoden werden erläutert.

Transparenz wird aus folgenden Gründen realisiert:

- Therapieverständnis: Das generelle Ziel einer Therapie ist der aufgeklärte, aktive und mündige Patient
- Der informierte Patient kann sich u. a. bewusst für oder gegen einen Therapieschritt entscheiden
- Akzeptanz der Therapiemaßnahmen fördert Compliance
- Prophylaxe von Rückfällen
- Legitimes Bedürfnis des Patienten nach dem Verstehen seiner Lage
- »Erziehung zum Widerspruch«.

In der Gesprächsführung können unterschiedliche Formen der Transparenz realisiert werden. Dabei werden bekannte Gesprächsführungstechniken angewendet:

- Transparenz im Umgang mit Informationen
  - »Habe ich Sie so richtig verstanden ... [es folgt eine Paraphrase]«
- Transparenz im Umgang mit Angehörigen
  - »Welche dieser Informationen kennen Ihre Leute?«
  - »Was von dem, was Sie gerade gesagt haben, bleibt in diesem Raum, welche Informationen kennt Ihre Familie?«
- Provokative Transparenz
  - »Was Sie mir gerade berichteten, steht im Widerspruch zu ...«
  - »Ich kann Ihnen nicht folgen ...«
  - »Wenn ich mich in den xy hineinversetze, dann wird der das ganz anders sehen.«
- Affirmative Transparenz
  - »Ich kann gut nachvollziehen, was Sie gerade ausgeführt haben.«
  - »Ich kann Ihre Meinung in diesem Punkt teilen.«

Die radikale Form transparenten Vorgehens in der Therapie bedeutet, dass der Patient zu jedem Zeitpunkt über jede diagnostische Einsicht des Diagnostikers und über jeden therapeutischen Schritt des Behandlers informiert wird. Dieses Verständnis von Transparenz ist weder für den diagnostischen noch für den therapeutischen Verlauf funktional. Dem stehen folgende Punkte entgegen: ethische Bedenken, der Zeitaufwand, es schafft Verwirrung und Reaktanz beim Patienten.

So sehr Transparenz eine probate Strategie ist, so gibt es doch Ausnahmen. Im Gespräch müssen die Folgen von Fragen oder Aussagen bedacht werden. Unter dem Gesichtspunkt des Timings muss der Kliniker entscheiden, ob ein Patient eine Information zum gegebenen Zeitpunkt aufnehmen und verarbeiten kann und ob sie einem Patienten oder dem Gesprächsverlauf zuträglich ist.

Beispiele für intransparente Fragen

Der Therapeut fragt Herrn Saubert (s. Onlinezusatzmaterial (s. Satz 5)): »Wie sind Sie hierhergekommen?« Ihn interessiert nicht die Transportfrage, sondern er will wissen, ob er von der Ehefrau gebracht wurde und ob diese möglicherweise vor der Tür wartet. Das damit einhergehende Thema »Kontrolle durch die Ehefrau« will er aber zu diesem Zeitpunkt nicht tangieren.

Im selben Gespräch würdigt der Therapeut in einer Paraphrase (s. Satz 22) die betriebliche Leistung von Herrn Saubert. Er bezweifelt zwar, dass die Schilderung der Arbeitssituation vollständig ist und immer so störungsfrei wie geschildert verläuft. Das aber will er später ansprechen. Daher: »Eins im Sinn«.

Persönliche Anmerkung: Ich habe den Eindruck, dass sehr viel mehr intransparente Interventionen in einem klinischen Gespräch erfolgen als transparente. Es ist nicht möglich, alle gedanklichen Reflexionen in einem Gespräch mit einem Patienten zu teilen. Mir sind allerdings zu diesem Punkt keine Untersuchungen bekannt.

23.4 »Eins im Sinn« – Themenspeicher

In jedem Gespräch können die Teilnehmer nicht alle tangierten Inhalte aufgreifen. Sie wählen ein Thema, das sie weiterverfolgen, und müssen andere übergehen. Relevante Informationen müssen gespeichert und später angesprochen werden. Mit diesem Beiseitelegen von Informationen, dem »Eins im Sinn«, legen sich die Gesprächsteilnehmer einen Themenspeicher an. Ein Interviewer wird diesen Themenspeicher bewusst verwalten und sich z. B. notieren, welche Inhalte er ansprechen will; einem Patienten fällt eher spontan ein, »was ich noch sagen wollte«. »Eins im Sinn« ist eine probate Strategie, einen roten Faden weiter zu verfolgen und ist typisch für eine sequenzielle Diagnostik. »Eins im Sinn« tritt zwangsläufig auf …

- im Erstgespräch, wenn viele Zusammenhänge noch unklar sind
- beim Aktiven Zuhören. Ganz bewusst unterlässt der Interviewer jede Nachfrage
- bei Beobachtungen, z. B. bei auffälligen Sitzhaltungen oder Verspannungen; bei para- und nonverbalen Veränderungen, bei »Gedankensprüngen«, etc. Diese i. d. R. hoch validen Informationen muss sich ein Therapeut merken, entweder um sie anzusprechen oder für die Entwicklung einer ipsativen Theorie
- bei einer Gegenübertragung: Ein Therapeut muss sich überlegen (Timing), ob und wann er diese eigene Reaktion zum Thema macht
- wenn Standardthemen auftauchen. Solche sind z. B. Loben und Selbstfürsorge oder reflexhafte Schuldzuweisung an andere (Meiden der eigenen Verursachung) oder an sich selber (möglicherweise ein Depressionsthema). Solche Themen muss ein Therapeut selber ansprechen und planen, wann dafür ein günstiger Zeitpunkt gekommen ist.

Beispiel

In diesem Buch wird wiederholt auf »Eins im Sinn« verwiesen. An ein Beispiel soll erinnert werden: Im Interview mit Frau Muck entschloss sich der Therapeut, zunächst die Ängste vor »Flieginsekten« zu explorieren, die Anlass waren, ihn aufzusuchen. Diese Ängste wollte sie gerne schnell überwinden und verwendete im Erstgespräch das Wort »wegoperieren«. Damit führte sie eine spezielle Bedeutungsebene ein, die er später ansprach.

23.5 Timing

In der Psychotherapie wird unter Timing die Wahl des richtigen Zeitpunktes für eine Maßnahme verstanden, z. B. eine Frage, Erläuterung, ein Thema oder eine Beobachtung einzubringen. »Richtig« bedeutet, dass eine Maßnahme keinen Schaden anrichtet und dass deren intendierter Effekt tatsächlich eintritt. Timing bedeutet also primär, dass ein Inhalt nicht sofort, wenn dieser auftaucht, angesprochen wird, sondern zu einem späteren Zeitpunkt (► Kap. 23.4 Themenspeicher). Timing widerspricht also dem Transparenzprinzip. Timing ist z. B. indiziert, wenn …

- ein Thema beim Patienten Reaktanz auslösen würde
- in einem Paarkonflikt z. B. ein Patient seine Kränkung darlegt, von der er noch völlig ergriffen und vielleicht auch aufgewühlt ist. Dann ist meist ein Perspektivwechsel nicht indiziert. Es wäre zu früh und es bestünde die Gefahr, dass er sich zurückgestoßen fühlt. Zu einem späteren Zeitpunkt allerdings wird ein Wechsel der Perspektive nutzbringend sein
- ein Therapeut noch keine genaue Vorstellung von einem psychologischen Vorgang hat. Er unterlässt eine provokative Äußerung besser, weil der Patient diese falsch interpretieren könnte
- ein Patient noch zu geringe Einsicht in ein Thema hat
- eine Feststellung des Therapeuten ein laufendes Gespräch unterbrechen würde.

Beispiele:

- Herr Brotler benötigte ca. 10 Minuten (s. Anhang, Interviewtranskripte) für einen Arbeitsschritt, für den Kollegen ca. 1 Minute brauchten. Er war überzeugt, dass er dies auch schafft, wenn er nur lange und gründlich genug übt. Der Therapeut dagegen war sich sicher, dass diese Anstrengungen nicht wirksam sein werden. Herr Brotler hatte über Jahre geübt – ohne Erfolg; zudem waren Zwangshandlungen diagnostiziert. Damit war vorgegeben, dass er zunächst innerbetrieblich umgesetzt, u. U. eine Therapie eingeleitet wird und dass es vom Erfolg dieser Therapie abhängt, ob er zu seinem Arbeitsplatz zurückkehrt. Im Erstgespräch hatte Herr Brotler, gefragt nach Schwierigkeiten am Arbeitsplatz, mit größtem Nachdruck erklärt, dass er niemals seinen Arbeitsplatz verlassen wird: »Eher bringe ich mich um.« Damit war es Aufgabe zu klären, wann im therapeutischen Prozess Herr Brotler informiert werden kann.
- Herr Zweigelt z. B. spricht von »heilsamen Kräften der Seele«, als er eine Verringerung seiner Ängste beobachtet, nachdem er ein kritisches Verhalten nicht mehr gemieden hatte. Die Information, dass ein klassisches Therapieprinzip, nämlich das der Reizkonfrontation, wirksam war, muss später eingeführt werden, nämlich dann, wenn dieser Wirkfaktor systematisch für eine Angstbehandlung genutzt werden sollte. Im laufenden Gespräch aber wäre diese Information eine nicht sinnvolle Unterbrechung gewesen.

23.6 Strukturieren

In der Psychiatrie, insbesondere auf geschützten Stationen, ist die externe Struktur, die z.B. durch den geregelten Tagesablauf bzw. Routinen definiert wird, von besonderer therapeutischer Bedeutung. Sie vermittelt Sicherheit, Schutz und beruhigende Ordnung. Auch im ambulanten Setting sollte dieser Therapiefaktor nicht unterschätzt werden. Die Strukturierung diagnostischer und therapeutischer Interventionen sowie des gesamten Settings bedeutet für die Gesprächsführung im Einzelnen:

- Vorbereiten auf eine Therapiestunde oder ein diagnostisches Gespräch
- Welche Themen kommen zur Sprache (Tagesordnung)? Sind verabredete Unternehmungen zwischen den Terminen zu besprechen?
- Auswertung therapeutischer Aufgaben und Übungen zusammen mit dem Patienten
- Ableitung, Begründung und Durchführung spezifischer Interventionsbausteine
- Paraphrasen gliedern die Abfolge. Nach der Frage »Habe ich mir das jetzt so richtig gemerkt?« wird i.d.R. ein neuer Aspekt aufgerufen
- Zusammenfassung und Rückmeldungen seitens des Patienten am Ende einer Sitzung: »Was war für Sie heute wichtig?«
- Nachfrage zu Beginn einer folgenden Stunde: »Was war wichtig in der letzten Stunde?«; »Was hat sich in der Zwischenzeit getan?«

24 Problematische Gesprächssituationen

24.1 Irgendetwas stimmt nicht

Verschiedene Hinweise können dem Therapeuten signalisieren, dass das Gespräch nicht optimal verläuft, aus welchen Gründen auch immer. Es mag sich ein Unbehagen einstellen, das er möglicherweise nicht sofort richtig deuten kann. Mögliche Anlässe:

- Der Patient zeigt ein auffälliges Sprechverhalten, z. B. redet er sehr viel oder beantwortet Fragen nur kurz.
- Der Patient beantwortet nicht die Frage und wechselt schnell das Thema.
- Der Therapeut muss sich häufig merken, auf welche Fragen der Patient unvollständig antwortete.
- Die verschiedenen Ausdrucksebenen (verbale, non- und paraverbale) stimmen nicht überein, z. B., wenn ein Patient lächelnd über ein schlimmes Missgeschick berichtet.
- Der Interviewer bemerkt, dass ein Gespräch anstrengend wird. Er muss sich vielleicht im Vergleich zu anderen Gesprächen mehr konzentrieren.
- Der Interviewer bemerkt bei sich eine deutliche Verschiebung der eigenen Affektlage. Er wird ärgerlich, es langweilt ihn etc. Mit anderen Worten: Er verlässt die berufliche Rolle des wohlmeinenden, sachlich orientierten Helfers (vgl. Abschnitt Gegenübertragung).
- Patient und Interviewer verstehen sich zu gut. Dies sollte immer zum Überdenken der therapeutischen Beziehung führen.

In solchen Situationen ist es für den Interviewer ein probates Mittel, sich bildlich und vielleicht auch wörtlich kurz zurückzulehnen, sich Zeit zum Nachdenken zu verschaffen z. B. durch eine Routinefrage, um die in ihm auftauchenden Ahnungen klarer zu registrieren und zu reflektieren:

- »Was passiert gerade?«
- »Was macht der Patient mit mir?«
- »Warum zeigt wohl der Patient ein solches Verhalten?«

Vielleicht ist die Beantwortung erst zwischen zwei Therapiestunden möglich oder das Ergebnis einer Supervisionsstunde. Aufmerken, wenn etwas nicht stimmt, muss also nicht bedeuten, immer sofort etwas dagegen zu unternehmen. In jedem Fall muss sich der Interviewer von dem unmittelbaren Geschehen distanzieren können. Die Gefahr, durch den Patienten kontrolliert zu werden, »in seiner Symptomatik zu agieren«, ist sonst vergleichsweise groß. In jedem Fall müssen solche Auffälligkeiten registriert und vielleicht später thematisiert werden.

Es kann vorkommen, dass ein Therapeut sich über seinen Patienten ärgert. »Eigentlich« sollte er, so das idealisierte Leitbild, über solchen kleinlichen Emotionen stehen. Aber: In der Gegenübertragung sind alle Emotionen sinnvoll. Entscheidend ist, dass der Therapeut kontrolliert mit seinen Emotionen umgeht. Wenn ein Therapeut sich ärgert, hat der Patient möglicherweise etwas erreicht (re-inszeniert), was er vielleicht in vielen anderen Situationen genauso bewirkt. Eine Distanzierung zu diesem Ärger ist notwendig, um entscheiden zu können,

- ob die Situation überhaupt (nicht jede Störung hat Vorrang und nicht jeder Aspekt muss angesprochen werden)
- wie (z. B. »Passiert es Ihnen häufiger, dass andere sich über Sie ärgern?«) und
- wann (Timing, sofort oder später) angesprochen wird.

24.2 Denkfehler

24.2.1 Verwechseln von Ursache und Wirkung

Ein populärer Denkfehler besteht darin, die Folgen einer Handlung als deren Ursachen anzusehen. Hans z. B. klaut Äpfel, seine Mutter ärgert sich und meint: »Wir haben genug eigene Äpfel. Er macht das nur, um mich zu ärgern.« Dieser kausale Denkschluss ist auch im klinischen Kontext zu finden: Die Mutter eines verhaltensauffälligen Kindes ist der Überzeugung, dass das Kind sie mit seinen Aufsässigkeiten nur nerven will. Das schlechte Arbeitsverhalten einer Schülerin (s. Box 19) wurde damit begründet, sie wolle aggressives Verhalten der Mutter provozieren. Angemessen ist es, diese kausalen durch korrelative Denkschlüsse zu ersetzen:

- Hans macht es einfach nur Freude, Äpfel selbstständig zu organisieren.
- Der Bewegungsdrang eines Kindes existiert unabhängig davon, ob andere genervt sind oder nicht.
- Das Arbeitsverhalten der Schülerin war schlecht nicht wegen irgendeiner Aggression, sondern weil es unwissentlich verstärkt wurde.

Eine Korrektur eines Denkfehlers ist möglich:

- Ein problematisches Verhalten wird im zeitlichen Verlauf dargestellt; frühere oder nachfolgende Bedingungen darauf befragt, ob eine Verursachung plausibel ist.

- Es werden einfache und basale Erklärungen formuliert und auf Plausibilität geprüft.

Operants und Inszenierungen erschweren die Abwägung: Verhalten kann durch seine Konsequenzen aufrechterhalten werden, selbst wenn das auf den ersten Blick für den Patienten nicht sinnvoll ist.

24.2.2 Scheuklappen

Verfolgt ein Therapeut enge Vorgaben einer Einrichtung oder eines Theoriekonzeptes, kann das zu einer unvorteilhaften Einengung des Blickwinkels führen. Dies ist z. B. der Fall, wenn …

- allein die psychologisch-inhaltliche Ausrichtung einer Behandlungseinrichtung (Spezialklinik für Schmerz, Angst, Bulimie etc.) verfolgt wird und Alkoholismus z. B. übersehen wird (Beta-Fehler)
- der Therapeut eindeutige thematische Präferenzen hat (z. B. Kindheit, Schuldthematik, Bedeutung von Sexualität, Selbstfürsorge)
- der Therapeut einige schwierige Thematiken nicht wahrnimmt (z. B. Aggression des Patienten gegenüber Dritten, nicht aber gegenüber dem Therapeuten)
- der Therapeut durchweg ein Behandlungsverfahren, z. B. die systematische Desensibilisierung oder Konfrontationstechnik, präferiert
- der Therapeut »nach Schema F« vorgeht, z. B. durch stures und nicht flexibles Anwenden von strukturierten Interviewleitfäden.

24.3 Unsachgemäße Bewertungen

24.3.1 Evidenzen nicht hinterfragen

Die berichteten Besonderheiten können Aufforderungen an einen Therapeuten zum Intervenieren enthalten. Droht bei berichteten Herzschmerzen ein Infarkt? Muss ein Vater, der schon einmal den Wunsch verspürt hat, seine quengelnden Kinder zu schlagen, auf unkontrollierte Aggressionen untersucht und Missbrauch in der Familie thematisiert werden? Es gibt also eine Reihe von Anlässen, um hellhörig zu werden:

- Bedrohung Dritter
- Selbstschädigung
- Verletzung ethischer Grundsätze und Normen
- Verantwortung Dritten gegenüber etc.

Neben solchen markanten Themen mit eindeutigem Aufforderungscharakter gibt es solche, die nur für bestimmte Lebenssituationen, z. B. Studium, einen besonderen Aufforderungswert zum Intervenieren haben können. Ein Lehrling denkt z. B. wegen einer Prüfungsangst nicht daran, dass die nächste Prüfung bald bevorsteht. Es kann sinnvoll sein, dass ein Therapeut beizeiten die Angst thematisiert, um ein drohendes Scheitern abzuwehren.

Die Frage bleibt, in welchem Umfang ein Therapeut Hinweise auf kritische Situationen beachten muss. Ist es sinnvoll, sie in den Mittelpunkt zu stellen, oder gibt es andere Symptomatiken, die vielleicht vorherrschend sind und übersehen werden? Haben die vorgetragenen dramatischen Situationen vielleicht eher Appellfunktion?

24.3.2 Übersehen von Hinweisen

Durch non-, para- und verbale Hinweise kann ein Patient wichtige Informationen geben: Er fängt z. B. an zu stottern, zu stocken, sich zu versprechen, zu erröten, ungewöhnliche Ausdrücke zu wählen oder Nebensätze zu beginnen, aber nicht zu vollenden. Sprache und Tonlage können sich verändern. Solche Hinweise führen meist zu diagnostisch ganz entscheidenden Hypothesen, denen der Interviewer ganz unterschiedlich nachgehen kann. Er kann sie unmittelbar rückmelden, indem er z. B. fragt, ob dies für den Patienten eine sehr schwierige Thematik ist. Er kann aber auch – um den roten Faden nicht zu verlieren – sich den entsprechenden Hinweis vermerken und später darauf zurückkommen.

Solche Hinweise sind für den Interviewer dann besser wahrnehmbar, wenn er relativ ruhig und sicher in einer Interviewsituation ist. Dann verfügt er über genügend Aufmerksamkeitskapazitäten zur Beobachtung.

24.4 Kontrolle des Gesprächs durch den Patienten

24.4.1 Den Therapeuten beschäftigen

Bei ausgefallenen Symptomatiken, bei bedrohlichen Konsequenzen eines Problems etc. wird ein Therapeut besonders sorgfältig arbeiten. Diese besondere Form der Zuwendung wird mitunter von einem Patienten strategisch eingesetzt, um ein persönliches Ziel zu erreichen. So kann dieser die sog. Suizidkarte ziehen, um in eine Klinik aufgenommen oder auch nicht entlassen zu werden.

Auch bei einer gefälligen Vortragsweise einer spannenden Episode kann ein sozial versierter Patient der besonderen Aufmerksamkeit des Therapeuten sicher sein. Diese Form der Kontrolle kann u. a. zur Folge haben, dass bestimmte Themenbereiche nicht angeschnitten werden. Der Patient kann – auch ohne eine bewusste Intention – dafür nachvollziehbare Gründe haben, z. B.:

- Er kann Themenbereiche meiden, etwa aus Scham, und verfährt in der Interviewsituation ebenso wie außerhalb (Vermeidung).
- Er kann aber auch meinen, dass bestimmte Themen anzusprechen nicht schicklich ist.
- Er möchte den Therapeuten nur zur Erreichung umgrenzter Ziele nutzen, etwa nur zur Behebung von Bettnässen, Essproblemen, Arbeitsschwierigkeiten, o. Ä. (s. Frau Muck) und bedeutsamere Problematiken meiden.

24.4.2 Konzept des Patienten übernehmen

Eine Kontrolle des Gesprächs durch den Patienten liegt auch dann vor, wenn der Interviewer das Störungskonzept des Patienten (unwissentlich) übernimmt. Wie auch immer der Patient das fertiggebracht hat, er hat sich durchgesetzt und es besteht die Gefahr, dass das ipsative Störungskonzept vom Interviewer nicht mehr hinterfragt wird. Es ist immer nützlich, die Theorie eines Patienten über seine Störungen zu kennen. Der Interviewer muss diese aber als Konzept des Patienten identifizieren und von seinem eigenen abgrenzen.

Box 38: Die Bäckereifachverkäuferin errötet

Eine Verkäuferin bekommt häufig rote Flecken im Gesicht. Das sei erstmals an ihrem Arbeitsplatz in einem Bäckerladen und danach dort häufiger aufgetreten. Gleichzeitig habe sie sich häufiger verrechnet. Ihre Erklärung, welche der Interviewer zunächst übernimmt, lautet: Verrechnen führt zu Unsicherheit und Unruhe, diese wiederum sind Auslöser für das Erröten. Die Verkäuferin hat diese Abläufe häufiger bei sich beobachtet und trägt dies als plausible Annahme dem Interviewer vor. Das passt gut in sein theoretisches Wissen, beide sind zufrieden, die Lösung ist leider falsch.

Es gab nämlich eine gemeinsame Bedingung für das häufige Verrechnen wie auch das Erröten, die zeitlich früher liegt. Diese war die Anwesenheit bestimmter Kunden im Laden, insbesondere wenn diese Männer im heiratsfähigen Alter waren. Am deutlichsten ausgeprägt war dieses Phänomen bei attraktiven jungen Männern: Diese lösten – auch außerhalb der Bäckerei – rote Flecken im Gesicht der Verkäuferin aus. Im Bäckerladen führte das zum Falschrechnen. Verrechnen und rote Flecken traten im Bäckerladen gleichzeitig auf. Die Patientin aber hatte ein Motiv, diese beiden Phänomene in eine subjektive Ordnung zu bringen: Verrechnen führt zu Erröten.

Das zuerst gewählte Konzept begünstigt kognitives Vermeiden: Die Verkäuferin muss sich nicht mit dem für sie eher peinlichen Thema auseinandersetzen, dass sie (noch) keinen Liebsten hat. Allerdings: Patientin und Interviewer hatten sich auf ein naheliegendes Konzept mit einer hohen Plausibilität geeinigt, das aber falsch war. Vor diesem Fehler schützt eine Verhaltensanalyse: Zum einen muss das Ereignis von einer verlängerten Zeitperspektive aus betrachtet werden. Zum anderen müssen die Bedingungen der Situation im Detail vom Interviewer erfragt werden:

- »Wer war anwesend, als das Erröten das letzte Mal auftrat?«
- »Wer war noch im Laden, als sie es zum ersten Mal beobachteten?«

24.4.3 Dem Patienten nach dem Munde reden

In einigen Kliniken gilt als Grundsatz, Patienten dürfen sich nicht beschweren. Klinikleitungen fürchten um ihr Renommee bei den Versicherern. Das kann dazu führen, dass Konflikte umgangen werden, problematische Aussagen von Patienten unwidersprochen bleiben oder sinnvolle Regeln, wie Pünktlichkeit, weniger konsequent umgesetzt werden (s. auch ▶ Kap. 2.4: Ein Patient muss lernen ein Patient zu sein). Neben therapeutischen können auch andere Konflikte auftauchen. In solchen Fällen gilt die allgemeine Regel, sich mit dem Team und den Vorgesetzten abzusprechen.

Auch individuelle Motive können Anlass sein, einem Patienten nach dem Munde zu reden. So berichtete z. B. ein Therapeut, der seine erste Stelle angetreten hatte, dass er einen männlichen Patienten wegen seiner frauenfeindlichen und chauvinistischen Sprüche nicht begrenzt hatte. Er konnte das selber nicht gutheißen, fühlte sich aber sehr unter Druck und diesem Patienten auch nicht gewachsen. Zudem stellte er sich als »Kumpeltyp« dar, um seine (noch! vorhandenen) fachlichen Mängel zu kompensieren. Seine Erwartung war: »Einem so freundlichen Mitarbeiter verzeiht man gerne einen Fehler«. Solche Schutzmechanismen sind schon mittelfristig wenig effektiv, gleichwohl gut nachvollziehbar, offenbaren aber auch einen Mangel klinikinterner Anleitung und Supervision.

24.5 Den Patienten überfordern

Auf vielfältige Weise können Patienten von ihren Therapeuten überfordert werden. Auf drei Varianten soll nachdrücklich hingewiesen werden:

24.5.1 Überforderung durch unangemessene Rollenzuweisung

Das Verhalten eines Verhaltenstherapeuten ist mitunter stark durch eine aktive Behandlungsphilosophie geprägt, folglich wird er von einem Patienten eine aktive Rolle erwarten. Ein Therapeut muss sich immer die Frage stellen, ob ein bestimmter Patient in einer gegebenen Situation solche im- oder expliziten Erwartungen tatsächlich erfüllen kann. Ist es für einen Patienten sinnvoll, in allen Situationen aktiv zu sein? Kann er zum gegebenen Zeitpunkt im Therapieverlauf die gewünschte aktive Rolle übernehmen? Auch hier gilt, dass das Ziel einer Behandlung nicht als Voraussetzung erwartet werden kann.

24.5.2 Überforderung durch zu viele Informationen

In der verhaltenstherapeutischen Gesprächsführung werden Patienten viele Informationen angetragen (Prinzip der Transparenz, Einsicht, Übernehmen von Selbstverantwortlichkeit etc.). Ein Therapeut muss sich aber immer die Frage stellen, wie viele Informationen er an einen Patienten zu einem gegebenen Zeitpunkt weitergeben kann. Kann er die zu diesem Zeitpunkt angemessen aufnehmen (Timing)? Kann er Bezüge zu seiner Situation herstellen, kann er diese in seinen Erfahrungsschatz einordnen? Dies kann während des Gesprächsverlaufs, z. B. durch Zusammenfassen der Informationen durch den Patienten, überprüft werden.

Das Befinden und damit auch die Konzentration von Herr Zweigelt z. B. schwankten ganz erheblich in Abhängigkeit von Belastungen. An »schlechten« Tagen wehrte er sich nachdrücklich, Informationen über sich und sein Verhalten aufzunehmen: »Ich kann jetzt keine Therapie haben.« Er benötigte vielmehr klare Ansagen zur Bewältigung seines Alltags. An »guten Tagen« war Transparenz möglich und er war in der Lage, seine Strategien im Umgang mit Belastungen zu reflektieren.

24.5.3 Das schaffen Sie

Sätze wie »Yes, we can« oder »Wir schaffen das« sind zwar eingängige Aufmunterungen und werden auch als Affirmationen missbraucht, die sich aber als problematisch erwiesen haben [51]. Sofort stellt sich die Frage, wer ist »wir« und welche Mittel stehen für das Schaffen zur Verfügung.

Sagt ein Therapeut seinem Patienten: »Das schaffen Sie«, so will er ihm Mut zusprechen; der kann aber unter erheblichen Leistungsdruck geraten. Auch verschweigt er möglicherweise seine Versagensängste, um seinen Therapeuten nicht zu enttäuschen. Wenn der also eine Affirmation ausspricht, muss er sich seiner Sache sicher sein, dass seine Vorhersage auch eintreten wird.

Ausgesprochen unglücklich und nicht ohne Risiko ist es, dass die DAK, eine große Krankenversicherung, »Affirmationen für den Alltag« ins Netz[52] gestellt hat. Dort finden Ratsuchende wohlfeile Affirmationen für nahezu alle Lebenslagen. Beim Versuch, diese umzusetzen, werden viele scheitern (s. Scheich, 1997; ▶ Kap. 25.4.4)

51 https://de.wikipedia.org/wiki/Wir_schaffen_das
52 https://www.dak.de/dak/meine-gesundheit/kraft-der-affirmationen-motivation-fuer-jeden-tag-2477100.html/

24.6 Ungünstige Gesprächsführung

24.6.1 Das Gespräch aufrechterhalten

Den Gesprächsfluss aufrecht zu halten bedeutet: Der Interviewer stellt globale Fragen oder greift häufig auf Routinefragen zurück, gesprächstherapeutische Elemente werden wiederholt eingesetzt, er präzisiert unwichtige Details etc. Erfahrungsgemäß wird dieses Vorgehen kontrolliert von der Angst des Interviewers vor der Lücke, mitunter auch von der Hemmung, ein Problem direkt anzugehen. Der Interviewer weiß nicht weiter (was ja auch stimmt). Auch erfahrene Interviewer und Therapeuten kennen das Gefühl, nicht so recht zu wissen, wie es weitergehen soll. Sie greifen dann aber auf bewährte Praxisroutinen zurück.

Meist kann man ein Interview nicht abbrechen, wenn einem nichts mehr einfällt, wenngleich das u. U. eine vernünftige Maßnahme sein kann. Stattdessen kann es hilfreich sein, das bisherige Gespräch kurz zusammenzufassen und dem Patienten eine aktive Rolle zuzuweisen, indem man ihn z. B. fragt: »Was wurde bisher nicht angeschnitten?« Überraschende Effekte hat die entwaffnende Feststellung des Interviewers, einen Moment nachdenken zu müssen, wie es weitergehen soll. Nicht selten werden gerade dadurch Patienten zur aktiven Mitarbeit motiviert.

24.6.2 Intellektualisieren

Von Intellektualisieren spricht man dann, wenn ein Gesprächsinhalt vorwiegend rational und intellektuell und nur mit geringem eigenem emotionalem oder persönlichem Bezug (Betroffenheit) abgehandelt wird.

Therapeut und Patient behandeln hierbei wichtige Themen des Patienten so, als wären es die Angelegenheiten einer anderen Person. Man könnte sich in ein Fallseminar versetzt fühlen. Die Gefahr zu intellektualisieren entsteht besonders bei Patienten, die sich viele theoretische Gedanken über ihre Probleme gemacht haben und die ein Therapeut intellektuell als ebenbürtig einschätzt. Was haben beide davon? Der Patient kann über sich reden, ohne dass es ihm wehtun muss, der Therapeut profiliert sich als profunder Kenner der Materie.

24.6.3 Global fragen und abstrakt bleiben

Globales Fragen, auch Abstraktionen, sind nicht per se schlecht, insbesondere dann, wenn ein Interviewer noch wenig über einen Patienten weiß, wenn er die problematischen Verhaltensweisen des Patienten noch nicht kennt, und wenn er noch keine Hypothesen aufgestellt hat. Allerdings: Wenn er fortwährend global und abstrakt fragt, werden Patienten dazu angehalten, auch so zu antworten. Die Grundregel: Nach globalen folgen konkrete Fragen.

Mitunter können Patienten mit offenen und globalen Fragen wenig anfangen. Stellt der Interviewer z. B. eine Frage wie: »Wie war das eigentlich damals?« kann ein Patient den weiten Themenrahmen mit speziellen Inhalten füllen. Ein anderer

Patient verzagt. Dann sollte der Therapeut den Rahmen enger ziehen: Die Zusatzfragen sollten z. B. erläuternden Charakter haben, Beispiele oder spezielle Situationen, Bezugspersonen etc. ansprechen. Etwa:

- »Wie kamen Sie damals z. B. mit Ihren Arbeitskollegen zurecht?«
- »Wie war das Verhältnis zu Ihrer Frau, nachdem die Flitterwochen vorbei waren?«
- »Mit wem haben Sie sich sonst damals besonders auseinandergesetzt?«
- »Als Sie noch in xy wohnten/bei Ihren Eltern wohnten/in der Ausbildung waren, mit was hatten Sie sich auseinandergesetzt. Können Sie sich an Probleme erinnern, die Sie damals hatten?«

24.6.4 Zu viel auf einmal fragen

Gemeint ist folgender Sachverhalt: Ein Interviewer stellt mehrere Fragen hintereinander, er bietet ganze Themenkomplexe an. Der Interviewte steht dann vor der Aufgabe, aus einer Vielzahl Inhalten auszuwählen. Ein solches Vorgehen kann bewusst gewählt werden, um z. B. Präferenzen zu erkennen oder ihm einen leichteren Einstieg zu verschaffen. In den seltensten Fällen ist »zu viel auf einmal fragen« eine bewusste Interviewstrategie. Beim Abhören von aufgezeichneten Interviews hört es sich eher an, als würde der Interviewer laut denken. (So etwas kann ja vorkommen.) Er sollte anschließend aber seine Gedanken in eine Sukzession bringen. Manchmal sind Interviewer enthusiastisch auf einer Spur und verfolgen sozusagen übereifrig ein Thema. Auch kann die Angst im Spiel sein, eine Frage bloß nicht zu vergessen. Vielleicht hilft zur Beruhigung der Situation die Grundregel, dass wichtige Themen immer wieder auftauchen werden.

24.6.5 Dem Patienten ins Wort fallen

Mitunter lassen Interviewer Patienten nicht ausreden und stellen zu früh eine neue Frage, ergänzen die bereits formulierte Frage etc. Dieses Interviewverhalten ist dann besonders hinderlich, wenn der Patient relevante Inhalte äußert oder – meist zu Beginn eines Interviews – der Redefluss des Patienten die Funktion hat, einen Kontakt zu seinem Interviewer herzustellen. Dies ist abzugrenzen gegen sinnvolles Unterbrechen, wenn der Patient abschweift, oder wenn z. B. der Interviewer etwas nicht korrekt verstanden hat.

Teil VI – Exploration von Positiva

25 Theoretischer Hintergrund zur Exploration von Positiva

Der theoretische Hintergrund zur Exploration von Positiva, Pleasant Events oder angenehmen Ereignissen, von euthymen Erleben und Verhalten, von Genuss und Aspekten des Lobens wird vergleichsweise ausführlich dargestellt. Aus diesem Wissensfundus leitet sich ab, was erfragt wird und welche Inhalte ein Interviewer beachten kann. Zudem soll unterstrichen werden, dass es sinnvoll ist, eine pathologische Sichtweise durch eine salutogenetische zu ergänzen.

25.1 Was sind Positiva?

Positiva umfassen alle Ereignisse, die für eine Person eine positive Valenz besitzen, im Gegensatz zu Negativa mit einer negativen Valenz. Positiva ist also ein weiter Begriff, der inhaltlich ganz unterschiedliche Sachverhalte zusammenfasst. Aus verhaltensdiagnostischer Sicht führen Positiva je nach Perspektive zu positiven Konsequenzen in der psychosozialen Umgebung (z. B. freut sich ein Partner über ein Lächeln) oder die positiven Konsequenzen sind Positiva beim Betroffenen (z. B. gute Gefühle). Positiva können u. a. sein:

- euthymes Erleben und Verhalten, hedonistische Nische, Selbstfürsorge, Genuss, Loben und Lob annehmen können
- positive Emotionen und positives Befinden
- Oberpläne, die ein gutes Leben, Genuss etc. begünstigen
- hilfreiche Selbstgespräche, nicht »think positive«
- Persönlichkeitsmerkmale, Optimismus, Kohärenzsinn, Hardiness, Resilienz (nicht jedoch Extraversion oder Introversion)
- Intelligenz, soziale Intelligenz
- Ressourcen, Erfolge und Leistungen, Fähigkeiten und Begabungen
- unterstützendes soziales Umfeld bzw. entsprechende Lebenssituation, gesellschaftlicher Friede, kein Krieg (s. Antonovsky), gute Kontakte und sichere Bindungen
- körperliche Gesundheit, gutes körperliches Funktionsniveau, sich wohl fühlen »in seiner Haut«, keine körperlichen Beschwerden oder Schmerzen
- schöne Dinge des Alltags, wie z. B. ein schönes Glas, aber auch schönes Werkzeug, wie z. B. ein handliches Küchenmesser

- Naturbeobachtungen, Blumen, das Wetter
- ein gutes Essen, der Geruch von Gewürzen
- ein Bad
- Bewegung
- ein schönes Bild.

Einzelne Positiva können unterschiedlichen psychologischen Konzepten zugeordnet werden, je nachdem, unter welcher Funktion Positiva in einer spezifischen Situation gesehen werden. Ein Positivum kann eine Ressource werden, wenn es dazu beiträgt, eine Situation zu bewältigen. Optimismus z. B. ist zunächst ein deskriptives Persönlichkeitsmerkmal; verhilft Optimismus zur Klärung einer sozialen Situation, dient er als Ressource.

Manche Merkmale werden spontan nicht als Positiva gewertet, z. B. Intelligenz; solche Variablen sind zu stark durch eine bestimmte Verwendung vorgeprägt. Gerade Intelligenz hat starke Bezüge zu Positiva, wie z. B. Lachen über einen klugen Witz oder Freude an einer Problemlösung. Soziale Intelligenz vermag einen großen Beitrag zum pfleglichen sozialen Umgang zu leisten, dem Wohlbefinden nachfolgt.

25.2 Oberpläne erlauben und verbieten Positiva

Vereinfacht ausgedrückt gilt der folgende funktionale Zusammenhang zwischen Positiva und Oberplänen (► Kap. 8). Seelisch gesunde Personen dürften einen Metaoberplan der Art haben: »Ich darf ein erfülltes und glückliches Leben haben«. Es ist die Funktion solcher genussaffinen Oberpläne einer Person quasi zu »erlauben«, Positiva zu akzeptieren und zu genießen. Genussaverse Oberpläne dagegen, welche insbesondere bei kranken Patienten überwiegen, »verbieten« quasi Positiva. Erlauben und Verbieten folgt den konträren verstärkerökologischen Funktionen: Ein positiver Oberplan verstärkt positives Verhalten (C+), sanktioniert aber negatives Verhalten (C-). Ein negativer Oberplan dagegen verbietet positives (C-) und verstärkt negatives Verhalten (C+).

Dieses simple funktionale Schema bedeutet inhaltlich: Sind angenehme Dinge erlaubt und angestrebt oder von Übel? Für einen Patienten stellt sich die Frage, ob er es sich gut gehen lassen darf oder ob dem möglicherweise alte Genussverbote entgegenstehen. So war für Herrn Carl mit einer calvinistischen Biographie der Moment des Wohlseins beunruhigend. Sieht sich der Patient als ein »totaler Versager«, der (sich) ein glückliches Leben nicht »verdient« (hat)? Haben Patienten Fürsorge erfahren, und dürfen sie zu sich selber selbstfürsorglich sein? Solche Aspekte sind nicht selten für Patienten zentrale und höchst kritische Aspekte ihrer Störung, die zwangsläufig durch den Umgang mit Positiva geweckt werden. Eine »leichte« Therapie bzw. Intervention sollte also kein Therapeut erwarten, wenn er sich ernsthaft mit dem Thema euthymes Erleben und Verhalten für seine Patienten auseinandersetzt.

Box 39: Positiva verboten

Frau Haller, 41 Jahre, sucht Hilfe in einer Lebenssituation, die sie überfordert. Sie ist berufstätig, verheiratet, hat drei Kinder im Alter von 4, 6 und 8 Jahren, wohnt in einem alten und immer mal reparaturbedürftigen Haus, kümmert sich um ihre Mutter, die eine Autostunde entfernt wohnt. Besonders stressig und als Nervenprobe erlebt sie den samstäglichen Einkauf, den sie zusammen mit ihrem Ehemann abwickelt. Aus organisatorischen Gründen musste am Samstagvormittag für die ganze Woche eingekauft werden. Auch musste sie mittags kochen: Die Ehefrau war der felsenfesten Überzeugung, dass man auch an einem solchen Tag etwas Ordentliches essen müsse, das selber gekocht wurde (Essensregel der Herkunftsfamilie).

Mit ihr wird vereinbart, dass sie mittags nach dem Einkauf mit ihrem Mann in einer Gaststätte etwas isst. Da der Ehemann selber wiederholt vorgeschlagen hatte, im Sommer in einem Gartenrestaurant etwas zu essen und damit auch ein entspanntes Wochenende einzuläuten, wurde dieser Vorsatz für den kommenden Samstag verabredet. Auf dem Heimweg vom Supermarkt pausierte das Ehepaar in einem kleinen Dorf in einer sehr hübschen Gastwirtschaft im Freien. Es war ein entspanntes Mittagessen, die Tochter von Freunden aus dem Nebendorf bediente, das Essen war gut, die samstägliche Mittagshetze war wie weggeblasen. Samstags machte die Patientin einen Mittagsschlaf – in der Regel aus Erschöpfung. An diesem Samstag wurde sie von heftigen Alpträumen geplagt.

Transkript des Interviews mit Frau Haller

I. Können Sie sich an Inhalte aus dem Traum erinnern?

P. Nein, ich habe nur ein Gefühl mitgenommen.

I. Ja …

P. Essen war in meiner Familie immer so ein Thema …

I. Ja …

P. Unsere Mutter rümpfte z. B. die Nase über ihre Nachbarin, bei der es regelmäßig heiße Fleischwurst mit Brot gab.

I. Sie rümpfte die Nase?

P. Ja, das war kein ordentliches Essen. Es war faul, nicht ordentlich zu kochen. Wir waren schon arm, aber gekochte Kartoffeln mit was dazu war das Mindeste.

I. Ich könnte mir vorstellen, dass sie damit aber auch unter Druck geriet.

P. Es war ganz selbstverständlich, sie war immer sehr fleißig, es war immer noch die Nachkriegszeit. Sie musste auch ganztags arbeiten gehen.

I. Also: Auch wenn Geld und Zeit knapp waren, gehörte es sich, ordentlich zu kochen.

P. Ja, richtig. Es gab feste Regeln und Zeiten, sie hätte die Arbeit sonst nicht geschafft.

I. Haben Sie diese festen Regeln übernommen?

P. Viele ja. Rational ist das Mittagessen in der Gastwirtschaft sinnvoll. Es passt mir aber nicht. In der Zeit, wo wir gewartet haben, hätte ich ein Essen selber kochen können …

I. Ja, hätten Sie geschafft …
Vielleicht hätten Sie sich sogar den Alptraum erspart?

P. …
Unausgesprochen habe ich das auch mal gedacht.

I. Sie verletzen eine alte Regel: Sie sind faul und lassen sich bedienen und essen ein Essen aus einer Kneipe.

P. …
Das ist schon richtig, wir gehen selten aus. Mit meinem Mann gibt es deswegen schon auch Diskussionen.

I. Diskussionen?

P. Er würde gerne hin und wieder ausgehen. Wir kommen aber nicht dazu, es ist immer was zu tun.

I. So wie sie mir die Alpträume geschildert haben, waren die ja ganz schön heftig. Was ich bisher weiß: Mit dem Essen in der Gartenwirtschaft wurde möglicherweise ein Konflikt mit alten Gebotsregeln Ihre Mutter geweckt. Das ist soweit richtig?

P. nickt

I. Bei mir hat sich noch kein stimmiges Bild ergeben. Dieser Konflikt bzw. dieses Thema erklärten mir noch nicht die Heftigkeit der Alpträume. Kann es sein, dass im Umfeld dieser Regel noch mehr passiert ist?

P. … Ja

I. wartet … Mögen Sie darüber reden?

P. … Ja, schon

I. Gibt es zum Bereich Essen noch ein weiteres Thema in ihrer Familie?

P. Es gibt noch was mit meiner Schwester, das hat aber nichts mit unserem Mittagessen zu tun.

I. Es gibt einen Vorfall mit ihrer Schwester?

P. Ja, mit meiner Schwester …

Frau Haller berichtet: Sie muss daran denken, wie gut es ihr als Kind ging. Zu dieser Zeit hatte ihre 10 Jahre ältere Schwester, damals 18 Jahre alt und selbstständig wohnend, kaum etwas zu essen. Die Schwester bat aus Trotz (?) ihre Mutter nicht um Hilfe, die sie bekommen hätte, wenn sie sich erklärt hätte. Die Schwester nutzte u. a. auch diese Situation, um das Thema »Ich muss arbeiten und andere [ursprünglich die Schwester, später viele andere] bekommen es geschenkt« aufrecht zu erhalten. Sie induzierte damit Schuldgefühle bei der Patientin. Als die Schwester die Schule beendete, konnte ihre Herkunftsfamilie das Geld für ein Studium nicht aufbringen. Als später die Patientin die Schule verließ, erlaubte es nun die finanzielle Situation der Familie der Patientin ein Studium zu finanzieren. Diese Erinnerungen waren mit heftigen Schuldgefühlen assoziiert und waren an diesem Samstag wieder aufgetaucht.

25.3 Hedonistische Legitimation

Positiva können unter dem Gesichtspunkt der Verwertbarkeit betrachtet werden, z. B. als Verstärker in einem Therapieplan (Kanfer & Saslow, 1965). »Es lohnt sich, vor einer Therapiestunde kurz an die Leistungen, Fähigkeiten und positiven Eigenschaften des Patienten zu denken, die für die Therapie nutzbar gemacht werden können« (Lammers, 2017, S. 115). Das ist gut und richtig und sollte zum Standard einer VT gehören. Entscheidend aber ist, dass Positiva ein euthymes Gut sind und ihren Wert in sich haben. Das Gute Leben ist aus guten Gründen ein generelles Ziel:

- Seelische Gesundheit wird gestärkt, was Pathologie entgegenwirkt
- Eine hedonistische Nische gilt als Ort des Kräftesammelns
- Eine Person sollte das Recht auf Wohlbefinden und Genuss haben
- Epikur beobachtete: Geht es Menschen schlecht, leben sie unter unsicheren Bedingungen wie z. B. im Krieg, dann sinkt die Geburtenrate. Daraus folgert Epikur, dass es sinnvoll, nahezu verpflichtend ist, ein gutes und genussvolles Leben zu führen.

Ein Genuss bejahender Mensch verfügt über Fertigkeiten, mit Positiva angemessen umzugehen. Er richtet sich selber seine Umgebung so ein, wie sie gut für ihn ist. Er wird gezielt Genussobjekte auswählen und sowohl sinnvoll als auch mit allen Sinnen über sie verfügen. Auch wird er seine Kontakte zu anderen Menschen lebensklug gestalten. Besonders wichtig hierbei sind Einstellungen, die einen selbstfürsorglichen Umgang mit Positiva erlauben: Er folgt Oberplänen, die genussvolles Erleben und Verhalten erlauben, aber auch initiieren. Also: Positiva lösen positive Emotionen aus. Aus dieser simplen Logik folgt ein Therapieziel: Ein Patient soll lernen, seine Umwelt so zu arrangieren, seine Nischen so zu gestalten, sein Leben so einzurichten und sich selber auch subjektiv darauf einzustellen, dass positive Emotionen auftreten können und er diese auch annehmen kann.

Nur selten kommt eine Person in die Therapie mit dem Wunsch, das Gute, das er hat, genießen zu lernen, wie das bei Herrn Carl der Fall war. In den allermeisten Fällen dominiert der Wunsch, dass eine Störung behoben wird und es ist eine große Befriedigung für einen Therapeuten, das bewerkstelligen zu können. Gleichwohl:

Ein Patient ist dann weniger krank, aber nicht zwingend auch gesünder. Besteht die Möglichkeit, sollte ein Therapeut mit seinem Patienten das Thema seelische Gesundheit ansprechen.

Positiva werden in der Therapie thematisiert,

- wenn als Therapieziel nicht das Beheben einer Symptomatik, sondern die Gesundung des Patienten formuliert wurde
- wenn Positiva funktional in einer Therapie verwendet werden. Nach Cautela z. B. soll eine angenehme Tätigkeit direkt nach der Tätigkeit ausgeführt werden, die häufiger auftreten soll
- wenn Positiva funktional mit einer Störung assoziiert sind. Der Mangel an Selbstfürsorge z. B. begünstigt Burnout; Angst wird durch einen Mangel an Mut aufrechterhalten
- wenn Patienten sich selber nicht loben und daher nur schwerlich ihren Therapieerfolg würdigen können
- wenn ein Mangel an euthymem Erleben und Verhalten zum Wesensmerkmal einer Störung gehört, z. B. bei Anhedonie und Depression.

25.4 Negative Aspekte von Positiva

25.4.1 Positiva sind nicht der Negativa Negation

Diese etwas verdrehte Überschrift wurde bewusst gewählt, um auf einen Sachverhalt aufmerksam zu machen, der üblich, gleichwohl aber psychologisch wenig sinnvoll ist. Positiva und Negativa, Indikatoren von Gesundheit und Krankheit werden als (genaues) Gegenteil des jeweils anderen Sachverhaltes verstanden (s. bipolares Modell von Gesundheit und Krankheit).

Für die Konstruktion von Skalen zur seelischen Gesundheit werden häufig auch negative Items verwendet. Diese werden in der Auswertung invertiert: Negiert ein Proband ein negatives Item (z. B.: »Ich neige zum Grübeln«), so wird das als Punkt auf einer Skala zur seelischen Gesundheit gewertet. Dies impliziert folgende Annahme: Wird ein pathologisches Merkmal nicht genannt, ist dies ein Indikator von Gesundheit. Dem steht entgegen: Wenn ein Merkmal A nicht vorhanden ist, ist über ein Merkmal B nichts bekannt. Wenn eine Person eine umschriebene Phobie hat, kann sie gleichwohl seelisch überaus gesund sein. Wenn sich die Symptomatik eines Patienten bessert, wird seine Krankheit reduziert. Sein gesundes Verhalten kann davon gänzlich unberührt sein. So muss also eine Skala zur seelischen Gesundheit nur aus Items konstruiert werden, die Merkmale zur seelischen Gesundheit eindeutig operationalisieren, also nur aus positiven Items bestehen.

Für einen Patienten ist zwar die Reduktion seiner Symptomatik etwas sehr Angenehmes. Wenn er z. B. weniger Ängste hat, fühlt er sich wesentlich besser. Er ist dann weniger krank, er ist aber nicht zwangsläufig gesünder.

25.4.2 Positiv ist nicht gleich positiv

Was angenehm ist oder nicht, ist eine subjektive Entscheidung, in der Therapie also die Entscheidung des Patienten. Die positive Valenz eines Gegenstandes oder eines Vorgangs hängt von vielerlei Umständen ab. Beispiele:

- heißer Tee im Winter oder im Sommer, Eistee im Sommer oder Winter
- Kompliment von einer geliebten Person oder von einem Vorgesetzten
- Fensterputzen wird von einer Person als euthymes Verhalten, von einer anderen als Stress pur erlebt.

Es muss also jeweils geklärt werden, was individuell als Positivum erlebt wird.

Positiva können unterschiedlich induziert werden, was zu zwei prinzipiell unterschiedlichen Formen des positiven Befindens führt. In der VT ist folgende Unterscheidung üblich:

- C+: Auf ein umschriebenes Verhalten folgt eine positive Konsequenz (z. B. Lob, Zuwendung etc.).
- ₵-: Eine positive Emotion tritt ein, wenn ein aversiver Zustand als Folge einer Intervention beendet wird (z. B. Nachlassen von Spannung oder Angst, Erleichterung etc.).

Viele Patienten erleben Positives im Wesentlichen durch den Wegfall aversiver Befindlichkeiten (₵-). Sinnvoll ist das Ziel, C+-Emotionen zu etablieren.

25.4.3 Gegenfragen

Positiva sind nicht nur »gut«, sondern sie können auch negative Folgen haben. Eine »gute Ehe« gilt als ein positiver Wert, kann aber auch bedeuten, dass gegenseitige Kontrolle zu lähmender Passivität führt. Wenn eine Patientin sich oder ihren Mann als tollen Partner charakterisiert, stellt sich die Frage nach der Dominanz in der Beziehung. Es ist daher sinnvoll, die Exploration von Kompetenzen eines Patienten mit einer Gegenfrage zu ergänzen und mögliche negative Folgen zu eruieren. In der folgenden Tabelle sind einige Situationen aufgelistet, die den Interviewer zur Nachfrage veranlassen können.

Tab. 25.1: Gegenfragen

geschilderter Sachverhalt	Gegenfrage
toller, tüchtiger Partner	Dominanz in der Partnerschaft?
gute Ehe	Kontrolle, lähmende Führsorge? Professionelle Versorgung bei Krisen kann verzögert werden?

Tab. 25.1: Gegenfragen – Fortsetzung

geschilderter Sachverhalt	Gegenfrage
»Das schaffe ich auch noch.«	Überlastung? Verlust von Kontakten, weil für diese keine Zeit verbleibt?
beschützendes Elternhaus, fürsorgliche Eltern	Helikoptereltern, Hotel Mama? geringe Copingkompetenz der Kinder, Unselbständigkeit?
hohe formale Intelligenz hohe berufliche Kompetenz	Wie gut ist die soziale Intelligenz ausgeprägt? Herabsehen auf erfolglose Personen?
Verfügbarkeit angenehmer und positiver Güter	Verwechseln von Konsum und Genuss? Drang, immer das neueste und beste z. B. Handy zu haben? Neid auf andere Personen, die mehr haben?

25.4.4 Positives Denken macht krank

Ratgeber zum positiven Denken oder zum Manifestieren sind Megaseller und werden von sehr vielen Patienten gelesen. Die amerikanischen Propagandisten des positiven Denkens, verwurzelt in der protestantischen Neugeistbewegung, berufen sich auf die Bibel, die sie allerdings materiell-monetär statt geistlich-ideell interpretieren. Im Manifestieren[53] wird eine säkularisierte Fassung angeboten: Das Universum wird mit ähnlichen Formulierungen und identischen Methoden angerufen, um vergleichbare Ziele zu erreichen. Auch in der Esoterik sind solche Bestrebungen zu finden.

So richtig es für Patienten sein kann, auch positiv zu denken und nicht nur zu grübeln, bringt die Propagierung des »think positive« eine Reihe von Problemen mit sich. Die Versprechungen sind vielfältige: »Denken Sie das Gute, und es wird sich verwirklichen! Denken Sie aber Böses, so wird Böses eintreten« (Murphy, S. 45, aus Scheich, 1997). »Wenn ich morgens aufstehe, habe ich die Wahl zwischen Glücklichsein und Unzufriedenheit. Und was glauben Sie, wähle ich? Ich wähle das Glück – das ist alles!« (Peale, 6/S. 55, aus Scheich, 1997). Scheich kritisiert:

> »Ein Kernproblem des positiven Denkens sind bereits seine Ziele: Die von dieser Methode propagierten Zustände, wie ein vollkommen angstfreies Leben, ewige Harmonie, absolute Gesundheit und ein ›natürlich zufallender‹ Reichtum … stellen ein Heilsversprechen dar, das vor allem diejenigen Menschen anspricht, die besonders unter ihrem Zustand leiden« (Scheich, 1997, S. 16).

Scheich spricht vom Schwindel gefährlicher Erfolgsversprechen. Menschen in seelischer Not greifen zu jedem Strohhalm, gerade wenn die Versprechungen wie beim positiven Denken mit großer Erfolgserwartung verbunden sind. »Nach einem

53 https://mindbless.com/de/manifestations-affirmationen/

möglichen Intermezzo der Euphorisierung werden sie vor allem Frustration und Enttäuschungen erleben, die sie umso tiefer in ihre Probleme und seelischen Störungen fallen lassen« (Scheich, 1997, S.12).

Als besonders schädigend soll folgende Argumentationskette hervorgehoben werden. Bei den Klassikern des positiven Denkens wird Gott durch eine angemessene Ansprache in die Pflicht genommen, beim Manifestieren das Universum. Tritt das Positive nicht wie erhofft ein, wird nicht die hilfegebende Funktion von Gott oder dem Universum in Frage gestellt. Die Schuld verbleibt beim Bittsteller, der seine Bitte falsch vorgetragen hat.

Es ist wohl »normal«, wenn Personen in einer Kommunikationssituation ihre guten Seiten betonen. Im Perfektionismus allerdings wird dieses Streben zu einer illusionären Konstruktion (King, 2021): Ein perfekter Körper oder makellose Schönheit schützt vor Verletzungen und Verlassenwerden, so die Hoffnung. Die ständige Angst, nicht zu genügen, trifft insbesondere gut ausgebildete Personen: Überforderung ist zur Norm geworden, Optimierungsanforderungen werden als selbst gewollt angesehen. Brinkmann (2018) spricht von der »Tyrannei des Positiven« und wünscht einen Stopp des Perfektionismuswahns. In seinem therapeutischen Ansatz lehnt Brinkmann sich an die Philosophie der Stoiker an. Dem Positivitätszwang stellt er gegenüber, dass das Leben nie »in Ordnung ist« und setzt auf die Würde, Leid anzunehmen. Negativa nicht zu leugnen kann nicht nur kräftesparend sein, sondern wird zu einer größeren Dankbarkeit und Freude an den vorhandenen Positiva führen.

Der euthyme Ansatz beruft sich auf ein Schwingungsmodell: Patienten sollen lernen, das Schöne und Angenehme wertzuschätzen und zu genießen. Das Negative soll nicht ausgeblendet werden. Patienten sollen sich ihren Problemen stellen und Strategien erwerben, schlechte Zeiten zu überwinden. Allerdings sollen sie die positiven Emotionen, die mit der Bewältigung von Negativem verknüpft sind, bewusst wahrnehmen: Stolz über das Geleistete, Freude, dass nun wieder eine gute Zeit beginnt etc. Bei der Nachbesprechung von Kurvenverläufen (► Abb. 25.4 bis ► Abb. 25.7) ist daher besonderer Wert auf den Moment zu legen, wenn die Kurve vom negativen in den positiven Bereich wechselt. In diesem Moment hat eine Person eine negative Phase überwunden. Sie hat die Gelegenheit, den Wechsel zu würdigen. Kann sie z. B. stolz auf die Anstrengung sein, es geschafft zu haben?

Die Ideen (Wunschphantasien?) des positiven Denkens und des Manifestierens sowie die irrationalen Versprechungen des Perfektionierens sind weit verbreitete Alltagsphänomene, auch und insbesondere bei Patienten. Interviewer bzw. Therapeuten müssen sich bewusst machen, dass sie diesen Ideen täglich begegnen.

25.5 Zwei Modelle zur Beschreibung von Gesundheit und Krankheit

Positiva sind häufig Indikatoren von seelischer Gesundheit und Negativa Indikatoren von Pathologie. Werden Positiva Gegenstand einer psychologischen Betrachtung, so ist die Abgrenzung zu Negativa notwendig. Oder: In welcher Relation stehen Gesundheit und Krankheit zueinander? Hierauf gibt es zwei Antworten[54]:

Im *bipolaren Modell* (auch: Infektionsmodell) (▶ Abb. 25.1) werden Gesundheit und Krankheit als Gegensätze konzipiert, die sich auf einer Dimension bipolar gegenüberstehen. Es ist der Medizin entnommen: Bei einer Infektionserkrankung z. B. wird zur Wiederherstellung der Gesundheit der Erreger abgetötet; schmerzt ein eingetretener Dorn, so wird dieser zur Beseitigung der Schmerzen entfernt. Wird dieses Modell auf die Psychotherapie übertragen, dann ist ein Patient nach einer störungsspezifischen Intervention wieder gesund. Für salutogenetische Überlegungen ist das bipolare Modell problematisch: Gesundheit wäre die Abwesenheit von Krankheit. Konzeptionell ist die Förderung von Gesundheit nicht notwendig.

Abb. 25.1: Bipolares Modell

Im euthymen Ansatz wird das *Unabhängigkeitsmodell* präferiert (▶. Abb. 25.2). Gesundheit und Krankheit werden als zwei voneinander unabhängige Faktoren konzipiert: Jeder Mensch verfügt zugleich über gesundes und krankes Verhalten; die jeweiligen Bereiche bestehen unabhängig voneinander und werden z. B. situativ aktiviert (statistische Begründung s. Lutz, 2018).

Das Unabhängigkeitsmodell führt zu einem *Balancemodell:* Durch die beiden unabhängigen Dimensionen wird ein Quadrant aufgespannt, dessen Fläche durch eine Diagonale geteilt werden kann (▶ Abb. 25.3). Nach diesem Modell wird der gesundheitliche Zustand einer Person durch zwei Parameter bestimmt, nämlich gesunderhaltende und krankmachende Bedingungen. Überwiegen für eine Person gesunderhaltende Bedingungen, fühlt sie sich wohl und gesund, überwiegen die krankmachenden Bedingungen, so fühlt sie sich krank und behandlungsbedürftig.

54 Dieser Text ist angelehnt an Lutz, 2018.

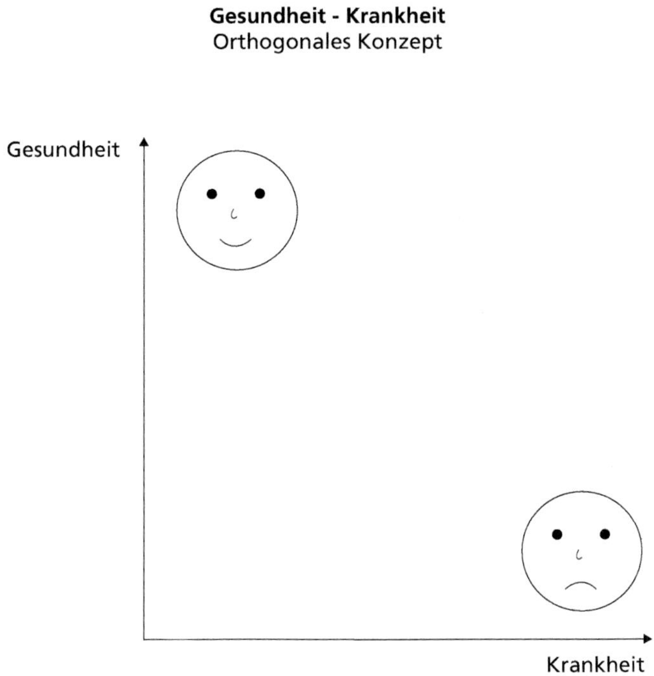

Abb. 25.2: Unabhängigkeitsmodell

Ob sich ein Mensch krank fühlt, hängt also nicht nur von der Anzahl interner oder externer Belastungen ab, sondern davon, ob den Belastungen entsprechende Positiva gegenüberstehen.

Nach dem Balance-Modell können sowohl störungsspezifische als auch ressourcenorientierte Interventionen die Balance zugunsten von Gesundheit verbessern. Nach einer störungsspezifischen Intervention ist ein Patient weniger krank, er muss aber noch nicht gesund sein. Nach einer euthymen bzw. ressourcenorientierten Intervention wird die Balance zugunsten von Gesundheit verschoben. Eine Person fühlt sich gesünder, obwohl ihre Störung nicht behandelt wurde.

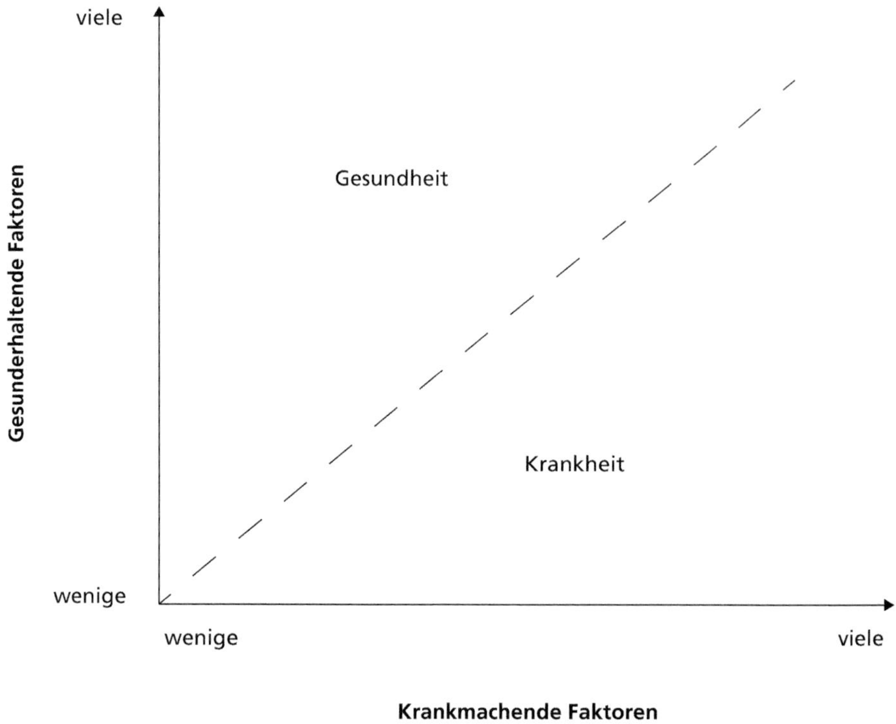

Abb. 25.3: Balancemodell

25.6 Der Schwerpunkt der Therapie liegt auf der Störung?

»Patienten kommen häufig mit der Erwartungshaltung in eine Therapie, dass es hier ausschließlich um ihre Schwächen und negativen Erlebnisse ginge« (Lammers, 2017, S. 76). Sie haben das Anliegen, dass die Beschwerden behandelt werden; für den Therapeuten ergibt sich daraus der Behandlungsauftrag des Patienten, z.B. seine Schmerzen zu lindern.

Für gesunde Patienten, z.B. Personen mit einer isolierten phobischen Reaktion, ist eine störungszentrierte Behandlung indiziert. Für sie ist es völlig hinreichend, wenn eine Störung behoben wird. Der modale Patient dagegen zeigt sowohl eine behandlungswürdige Symptomatik als auch Defizite im Bereich der seelischen Gesundheit. Im euthymen Konzept z.B. gilt ein Mangel an Selbstfürsorge als Marker für eine neurotische Störung. Für die Therapieplanung ist zu entscheiden, ob und in welcher Abfolge eine Störung reduziert oder ob eine Ressource aufgebaut wird. Dieser Prozess wird durch das orthogonale Konzept beschrieben.

Für den modalen Patienten ist es sinnvoll, auch Positiva als Therapeutikum zu nutzen. Aber: »Durch die Fokussierung auf die offensichtlichen Probleme wird die Aktivierung von Ressourcen des Patienten häufig vergessen« (Lammers, 2017, S. 115). Sinnvoll ist es, die Therapieziele nicht nur störungsspezifisch zu formulieren, sondern auch auf Ziele im Bereich der seelischen Gesundheit zu achten. Es ist therapeutisch sinnvoll, diese pathologische Sichtweise durch eine salutogenetische zu ergänzen.

25.7 Wechsel als psychologisches Prinzip: Schwingungskurve

Im euthymen Konzept wird propagiert, dass positives und negatives Befinden in einer Art Schwingungskurve aufeinander bezogen sind: »Gute Zeiten« und »schlechte Zeiten« wechseln sich ab. Seelisch gesunde Personen können die guten Phasen genießen und bemühen sich, dass diese möglichst lange anhalten. Sie wissen aber auch mit problematischen Zeiten umzugehen, sich ihnen zu stellen und sie zu bewältigen. Und: Sie würdigen ihre Leistung, wenn sie ein Problem überwunden haben, freuen sich oder sind stolz auf sich.

- »Wann haben Sie sich das letzte Mal richtig gut gefühlt?«
- »Wann gibt es Zeiten, in denen Sie sich wohl fühlen?«
- »Was ist das Besondere an diesen Situationen?«
- »Wie ist das mit Zeiten, in denen es Ihnen schlecht geht: Wie stellen Sie sich darauf ein?«
- »Was sagen Sie sich, wenn es ganz dick kommt?«
- »Was sagen Sie zu sich, wenn eine schlechte Zeit oder ein Problem überwunden ist?«

Die Sinuskurve ist ein klassisches Konzept der allgemeinen Psychologie zur Beschreibung des Wechsels von z. B. Aktivation und Deaktivation oder gutem und schlechtem Befinden. Das Opponent-Process-Modell (Solomon, 1980) sagt den Wechsel von qualitativ gegensätzlichen Befindlichkeiten voraus; eine Gegensteuerung tritt auf, sobald sich ein positives oder negatives Befinden ausprägt. Die Sinuskurve ist für die Diagnostik von Positiva eine fruchtbare Heuristik, sowohl für die Vermittlung eines Rationals für Patienten (► Abb. 25.4 bis Abb. 25.7) als auch für spezifische Fragen. Rhythmische Prozesse sind z. T. biologisch vorgegeben, was als valide Argumentationshilfe genutzt werden kann. Die Kernaussage ist so trivial wie weitreichend: Das Befolgen des eigenen Rhythmus begründet optimale Leistungen und Wohlbefinden; wird dem Rhythmus nicht Rechnung getragen, folgen Stress und negatives Befinden:

- »Sie sind verwundert, wenn Sie nach gut acht Stunden Arbeit, einer Stunde Heimfahrt und einer Stunde Einkaufen nicht mehr fit sind? Ich will Sie an Ihren Biorhythmus erinnern. Wäre es für Sie nicht günstiger zu akzeptieren, dass Sie eine Pause brauchen?«
- »Sie machen sich selber Vorhaltungen, nicht lange genug zu arbeiten. Ich muss widersprechen und an Selbstfürsorge erinnern.«

Nach einer geläufigen Denkfigur wird nach einer guten Zeit eine schlechte folgen, was ohne Zweifel richtig ist und was eine Sinuskurve verbildlicht. Irgendwann wird es tatsächlich wieder eine schlechte Zeit geben. Es gilt, diese Denkfigur eine Phase früher beginnen zu lassen: Es wird vorhersagbar, dass eine negative Zeit umgrenzt und ein Hinweis auf eine kommende gute Zeit ist:

Box 40: Bergauf, bergab

Till Eulenspiegel ist auf Wanderschaft. Der Anstieg auf eine Höhe ist anstrengend. Er schwitzt und mault vor sich hin. Oben angekommen denkt er an die Anstrengungen des Abstiegs, den er sofort beginnt. Auch auf dieser Wegstrecke klagt er; er denkt an den nächsten beschwerlichen Aufstieg. Der wird unweigerlich kommen.

Oder: Wieder ist Till Eulenspiegel auf Wanderschaft. Es ist anstrengend, er schwitzt beim Anstieg und antizipiert seine Ankunft auf der Höhe. Er freut sich auf den Ausblick in das Tal. Oben angekommen hält er inne und genießt die grandiose Aussicht. Beschwingt nimmt er den Abstieg; es läuft sich leichter als beim Aufstieg. Er ist gespannt darauf, wie der Blick von der nächsten Anhöhe ist.

Der Erzählung von Till Eulenspiegel liegt das Schwingungsmodell zugrunde. Sie zielt darauf ab, den Wechsel von Befindlichkeiten zu akzeptieren. Entscheidend ist der Bezugsrahmen: Wird der Aufstieg als beschwerlich und sinnlos gesehen, da man eh wieder absteigen muss, oder wird er als gegeben akzeptiert und der Blick vom Berg genossen. Auch kann das Meistern des Anstiegs gewürdigt werden. Euthyme Therapieziele sind also, den Ausblick genießen zu lernen und sich selber für eine Anstrengung zu loben. Günstig ist es, beides als einen Akt der Selbstfürsorge zu verstehen.

25.8 Beschreibung des Stimmungsverlaufs mit Hilfe der Schwingungskurve

25.8.1 Die Schwingungskurve einführen

Eine Schwingungskurve eignet sich hervorragend zur Verdeutlichung und Exploration von Stimmungsverläufen: Der Therapeut zeichnet seinem Patienten eine

Sinuskurve auf ein Blatt im Format DIN A4. Er erläutert, dass die Kurve eine idealisierte Darstellung ist.

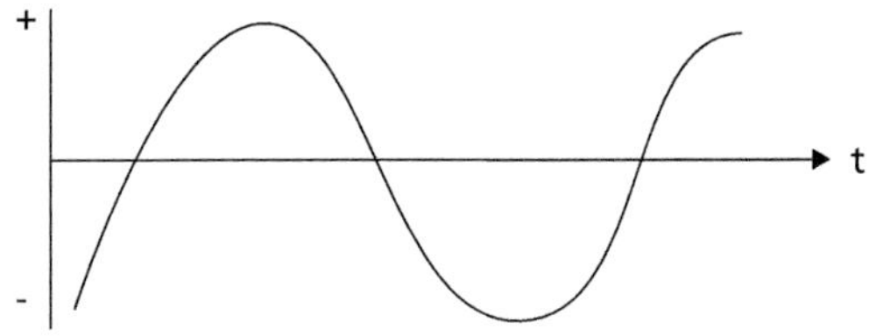

Abb. 25.4: Schwingungskurve

Er bittet den Patienten, seinen eigenen Stimmungsverlauf zu zeichnen. Dieser kann jede Form annehmen und muss nicht wie eine Sinuskurve aussehen. Der Therapeut macht zunächst weder eine Vorgabe des Zeitrahmens noch einer Situation o. Ä. Falls es von Interesse ist, kann der Patient gebeten werden, z. B. ein bestimmtes Zeitintervall oder eine bestimmte Situation zu beschreiben.

Das Bild der Schwingungskurve ist ein gutes Hilfsmittel zur Exploration auch von spezifischen Emotionen. Wenn z. B. die Stimmung den negativen Bereich verlässt, wird das auf dem Wendepunkt zur positiven Stimmung vergegenwärtigt. Hier sollte gefragt werden, ob ein Patient diesen Wechsel merkt und wie er ihn erlebt. Auch ist zu fragen, wie der Patient das Verlassen der Problemzone und das Überwinden einer negativen Phase wertet. Würdigt er, das geschafft zu haben, ist er stolz auf sich?

Im Folgenden werden drei Beispiele wiedergegeben, wie Patienten ohne Einschränkung hinsichtlich des Zeitrahmens oder einer Situation ihren Stimmungsverlauf beschreiben.

25.8.2 Beispiel für eine abrupte Stimmungsveränderung

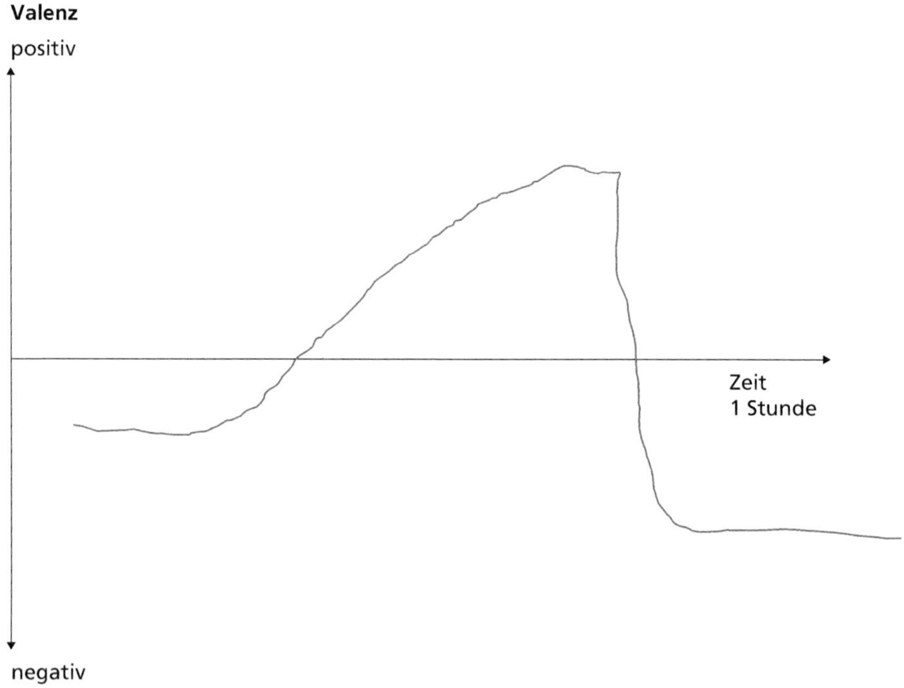

Abb. 25.5: Stimmungskurve Herr Carl, 48 Jahre

Die eher gedämpfte Grundstimmung hatte sich vom Patienten unbemerkt in den positiven Bereich verbessert. Als der Patient seine gute Stimmung nach ca. einer Stunde realisierte, verschlechterte sich seine Stimmung schlagartig unter das Niveau zu Beginn. Dieser Zeitpunkt wird exploriert:

- »Was ist passiert in der Situation?«
- »Was haben Sie in diesem Augenblick gedacht?«
- »Haben Sie/wie haben Sie den Umschwung realisiert?«

Herr Carl dachte in diesem Moment: »So möchte ich leben. Einen solchen Moment werde ich nie wieder erreichen.« Auch in diesem Punkt offenbart sich das calvinistische Elternhaus: Gute Laune signalisierte, dass er das mütterliche Gebot der steten Einsatzbereitschaft zur Arbeit verletzte.

25.8.3 Beispiel für kurze Stimmungsspitzen

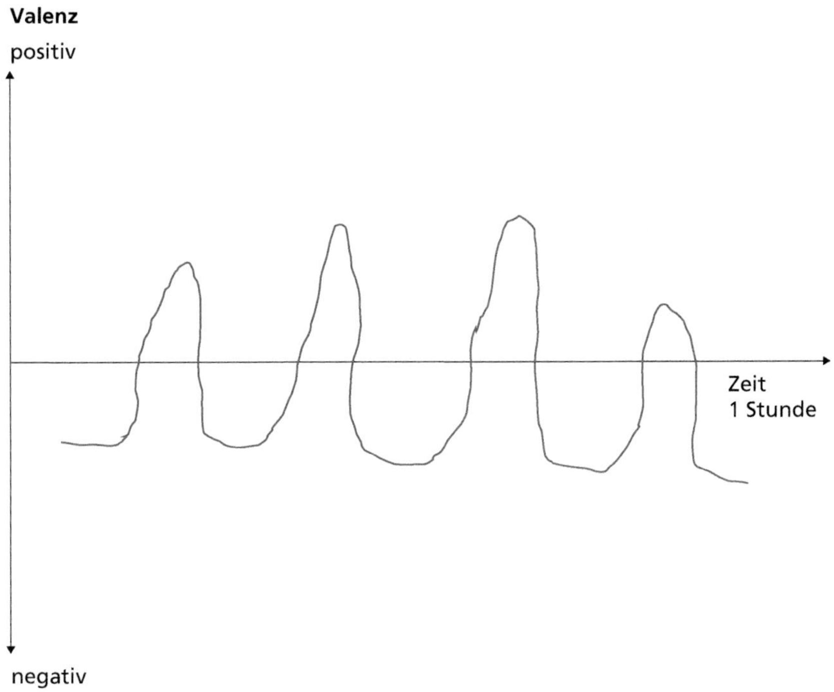

Abb. 25.6: Stimmungskurve Frau Schnell

Die Grundstimmung ist gedrückt. Sie wird unterbrochen von einigen eng umschriebenen Stimmungshochs. Diese sind über den Tag verteilt; wann sie auftreten, kann die Patientin nicht sagen. Sie werden nicht beachtet, sie beunruhigen Frau Schnell aber auch nicht. Die Zwischenräume sind unterschiedlich lang.

Fragen an Frau Schnell:

- »Was sind das für Momente/Situationen? Was passiert da gerade? Was hat sich vorher ereignet?«
- »Wie häufig am Tag treten solche Spitzen auf?« »Wann sind sie häufiger, wann seltener?«

Die Patientin realisiert, dass »gerade alles gut« ist. Z. B. lädt ihr Sohn sie ein, mit ihm eine neue Jacke einzukaufen. Oder: Die ganze Familie sitzt am Esstisch: Mutter, Vater, zwei wohlgeratene Söhne. Ihr wird für einen kurzen Augenblick bewusst, dass es gut ist, wie es ist. Sie war es nicht gewohnt, mit Positiva umzugehen, darüber nachzudenken, Positiva zu zelebrieren etc. Im Gegensatz zu Herrn Carl waren diese angenehmen Momente nicht mit Angst assoziiert. In ihrer Familie gab es lediglich keine Tradition, auf Positiva zu achten oder diese zu zelebrieren. Sie hatte folglich kaum einen Bezug zu Positiva.

25.8.4 Beispiel für einen Verlauf ohne Hoffnung

Die folgende Kurve wurde von Frau Bauer in der Phase nach einem Abort gezeichnet. Die Patientin wird seit längerem therapeutisch von verschiedenen Behandlern betreut.

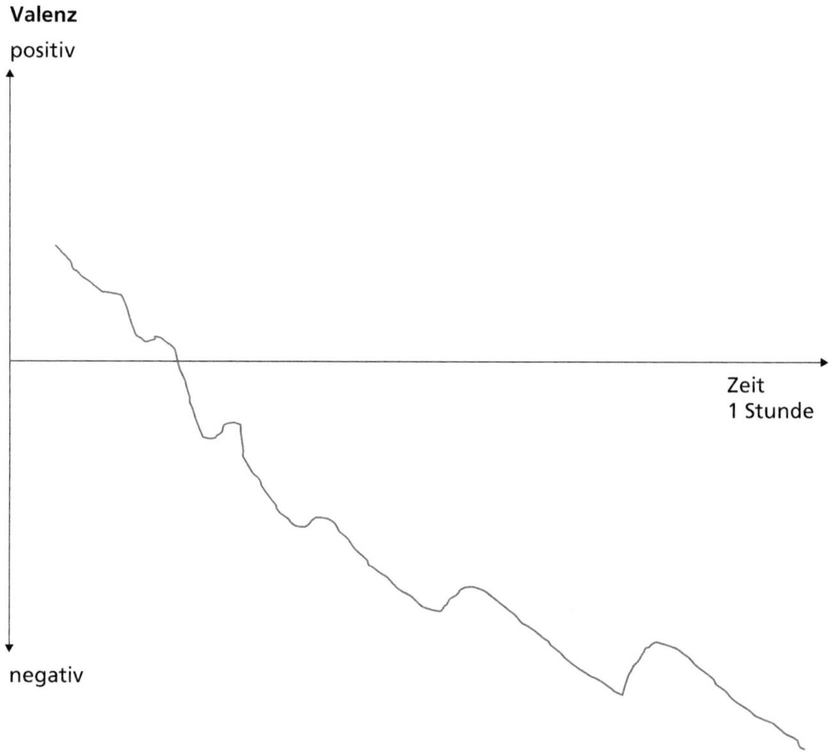

Abb. 25.7: Stimmungskurve Frau Bauer

Die Kurve beginnt im positiven und läuft in den negativen Bereich. Die Abwärtsbewegung wird unterbrochen durch kurze Aufs, die aber wenig ausgeprägt und nur von kurzer Dauer sind. Nach einer solchen Aufwärtsbewegung beschleunigt sich der Trend nach unten. Die Patientin signalisiert, dass es ihr fortschreitend schlechter geht. Die kurzen Aufs bezeichnet sie als Münchhausen-Unternehmungen, nämlich als vergebliche Versuche, sich selber am Schopf aus dem Morast zu ziehen. Sie appelliert an den Therapeuten, ihr zu helfen.

26 Exploration von Positiva

26.1 Allgemeine Anmerkungen

26.1.1 Explorationshinweise

Bei der Erhebung der Salutogenese eines Patienten und auch bei der Exploration von Positiva sind zunächst wie bei einer Befragung der Pathogenese die bewährten Fragetechniken anwendbar. So sind Aktives Zuhören oder Paraphrasieren genauso anzuwenden wie die Techniken zum Präzisieren.

Vielfach ist dieser Themenbereich für Patienten schwieriger als der Bericht der Probleme. Positiva können für Patienten ambivalent sein und der Interviewer muss geduldiger sein und abwarten. In jedem Fall muss immer nachgefragt werden, um mögliche Missverständnisse zu vermeiden (s. Box 35).

Schon 1965 forderten Kanfer und Saslow, Positiva im weitesten Sinne zu explorieren, um sie als Ressourcen in einer Therapie einzusetzen. Es gilt also, zunächst Positiva wieder ins Bewusstsein des Patienten zu rufen.

26.1.2 Belastungen durch die Exploration von Positiva

Die Exploration von Positiva ist mitunter belastender und schwieriger als die von Negativa. Gerade das Besprechen von angenehmen Dingen und persönlich wichtigen Wünschen führt schnell zum Nachdenken im Sinne einer Bilanz über das bisherige Leben und über das Lebensziel generell. Ambulante Patienten können sich meist gut auf solche Themen einlassen. Depressive oder schwerer gestörte Patienten dagegen formulieren Fragen nach Positiva mitunter um und tragen vor, was sie alles nicht mehr können oder haben (z. B. heute weniger Freunde oder Interessen als früher).

Vor diesem Hintergrund ist es irrig zu glauben, dass die Exploration angenehmer Dinge für Patienten immer angenehm sei. Viele Themen stellen für die Patienten eine Konfrontation und zum Teil auch eine Provokation dar. Deren Exploration hat daher fließende Übergänge zur Therapie und die Bearbeitung solcher Thematiken ist für eine Therapie (fast) immer weiterführend.

26.1.3 Wann Positiva ansprechen?

Ein Patient sucht Therapie i. d. R. wegen einer Beschwerde, der Therapeut soll sein Leiden kennen. Daher kann i. d. R. in den ersten Gesprächen keine umfängliche Positivdiagnostik erfolgen. Allerdings können in Ergänzung der Pathogenese im Erstgespräch erste Fragen zu Ressourcen oder Positiva gestellt werden: »Zur Ergänzung/um das Bild zu vervollständigen, das ich von Ihnen habe: Was können Sie gut? Was sind Ihre Stärken?«

Günstig ist es, die Bedeutung von Positiva zu erläutern. Daher wird der Patient gleich zu Beginn darauf hingewiesen, dass in der Behandlung auch Positiva einbezogen werden und ein gewisser Teil der Stunde etwa Fragen nach Ressourcen gewidmet ist. Es hat sich bewährt, Patienten gleich zu Beginn einen Anamnesefragebogen vorzulegen, der auch Positiva abfragt (s. LHQ im Onlinezusatzmaterial).

26.1.4 Versteckte Genüsse

Genüsse können von Patienten gut versteckt sein. Sie sind mitunter unscheinbar, für den Betroffenen aber können sie bedeutungsvoll sein:

Box 41: Eine Tüte Chips

Herr Carl hatte Schwierigkeiten, seine Leistungen zu würdigen. Er führte im Verlauf der Therapie heimlich ein, dass er sich nach einem Vortrag auf einer Tagung auf der Heimfahrt an einer Tankstelle eine Tüte Chips kaufte und diese auf der Fahrt nach Hause aß. Aus vielerlei Gründen war das ungewöhnlich: Chips sind ungesund und der Patient legte größten Wert auf eine gesunde Ernährung; Einkaufen an der Tanke war in seinem Wertesystem fast schon ungebührlich; Essen beim Fahren war zwar zeitsparend, aber wegen der Ablenkung verboten. Diese Inszenierung war für den Patient mit einem Hochgefühl verbunden, brach er doch viele seiner strengen Vorsätze.

Versteckte Genüsse sind eher dort zu beobachten, wo Verbote dominieren. Wenn diese Verbote umgangen werden, kann genau daraus eine heimliche Freude oder ein »diebisches Vergnügen« erwachsen. So berichtete eine ältere Patientin, dass sie mitunter an einem ganz besonders edlen Essig mit einer süßlichen Note nascht. Bei der Erzählung zog sie die Schultern leicht hoch und hatte strahlende Augen.

26.2 Positiva Erfragen

26.2.1 Standardfragen

Die folgenden Fragen sind üblich zur Exploration von Positiva:

- »Was können Sie gut, was machen Sie gerne, auf was freuen Sie sich?«
- »Wenn Sie morgen wieder gesund wären – was würden Sie gerne machen?«
- »Was sind Ihre Stärken, auch wenn diese zurzeit nicht zum Tragen kommen?«
- »Was tut Ihnen gut?«
- »Was machen Sie nach einer Arbeit? Haben Sie eine Art Ritual, um abzuschalten?«
- »Wie verbringen Sie einen Feiertag?«
- »Können Sie sich auf etwas Angenehmes gut konzentrieren?«
- »Wie lange können Sie an einer Sache bleiben, die Ihnen guttut?«
- »Rauchen/trinken/essen Sie übermäßig? In welchen Zeiten können Sie darauf verzichten?«
- »Meldet sich eine Art schlechtes Gewissen, wenn Sie es sich gut gehen lassen?«
- »War es in Ihrer Familie üblich, sich und andere zu verwöhnen?«
- »Wurden Sie dafür gelobt, auf ein »Guddi« zu verzichten?«
- »Wurden Sie dazu angehalten, auf einen (unmittelbaren) Genuss zu verzichten?«
- »Sie kennen sicher den Spruch: ›Man gönnt sich ja sonst nichts‹. Wie ist das bei Ihnen?«
- »Wenn Sie in einer schönen Landschaft verweilen / vor einem bezaubernden Bild stehen / einen grandiosen Sonnenuntergang erleben etc., wie gut können Sie innehalten und genießen / die Pracht aufnehmen und bewahren?«

26.2.2 Verschieben des Zeitbezuges

Das Verschieben des Zeitbezuges kann hilfreich sein. Was waren frühere Stärken? Früher kann näher ausgeführt werden: vor der Erkrankung; in der Jugend; vor einem bestimmten Lebensabschnitt wie z. B. dem Einstieg oder Wechsel im Beruf oder der Ehe.

- »Was haben Sie früher gut und gerne gemacht?«
- »Was haben Sie früher nur so zum Spaß unternommen?«
- »Wie war das früher, konnten Ihre Eltern genießen?«
- »Wie stellen Sie sich Ihr Leben in fünf/zehn Jahren vor? Was erhoffen Sie sich? Leben Sie alleine oder in einer Partnerschaft? Wie und wo wohnen Sie?«
- »Wo werden Sie Ihre Zeit verbringen, wenn Sie nicht mehr täglich zur Arbeit müssen?«
- »Mit wem werden Sie zusammen sein, wenn sie in Rente sind? Was wollen Sie dann unternehmen?«

26.2.3 Offene Fragen

Durch eine offene Frage eröffnet der Therapeut einen unbeschränkten Raum, den der Patient mit seiner Antwort definieren kann. Exploration von Positiva mit offenen Fragen sind immer dann angezeigt,

- wenn eine Exploration eröffnet wird und der Interviewer nicht weiß, welche Art von Positiva der Patient ansprechen wird
- wenn der Therapeut seinem Patienten die Möglichkeit zur freien Darstellung geben will.

Beispiele für offene Fragen (W-Fragen):

- »Wie schätzen Sie es selber ein: Welche positiven Seiten haben Sie?«
- »Unter einem positiven Gesichtswinkel: Was für ein Mensch sind Sie?«
- »Worüber freuen Sie sich? Was macht Ihnen Spaß?«
- »Worüber können Sie lachen? Über was haben Sie heute schon gelacht oder geschmunzelt?«
- »Was können Sie gut?«
- »In welchem Bereich sind Sie richtig gut?«
- »Wie ist das mit Ihrem Beruf? Sind Sie zufrieden? Mit welchen Strategien/Fertigkeiten erzielen Sie Ihre beruflichen Erfolge?«
- »Wie ist das mit der Nachbarschaft (vielleicht später: Sind Sie ein beliebter Nachbar?)?«
- »Bitte beschreiben Sie mir Ihre hedonistische Nische (wenn ein Patient den Begriff kennt).«
- »Wie sieht der Platz oder der Raum aus, in dem es für Sie richtig gemütlich ist/in den Sie sich gerne zurückziehen?«
- »Wie würde eine Person Sie beschreiben, die Sie mag/liebt/wertschätzt/etc.?«
- »Wie würde ein Außenstehender Ihre guten Seiten beschreiben?«

26.2.4 Geschlossene Fragen

Manche Patienten können mit offenen Fragen zum euthymen Erleben und Handeln schlecht umgehen. Daher ist es sinnvoll, direkt nach möglicherweise angenehmen Ereignissen zu fragen. Solche Fragen können aus Verstärkerlisten oder Varianten des Pleasant Events Schedule abgeleitet werden. Auch die Items von Fragebogen zur seelischen Gesundheit eignen sich dafür:

- »Wie häufig haben Sie heute Vormittag gelächelt oder gelacht?«
- »Wann haben Sie das letzte Mal richtig gelacht?«
- »Haben Sie sich zu Hause wohl/sicher/respektiert gefühlt?«
- »Haben Sie einen Ort, wo Sie sich sicher und geschützt fühlen?«
- »Haben Sie Freude an gutem Essen?«

- »Essen Sie gerne Pizza?«
- »Schätzen Sie einen Gang ins Museum?«

26.2.5 Verhaltens- oder personzentriert fragen?

Mit diesen beiden Fragestrategien werden zwei verschiedene Aspekte von Positiva erhoben:

- *Vz-Fragen:* Patienten berichten mehr Positiva als mit pz-Fragen (Lutz et al. 1995). Z. B.:
  - »Wie häufig haben Sie heute Vormittag gelächelt oder gelacht?«
  - »Welche positiven Seiten schätzt Ihr Freund an Ihnen?«
  - »Haben Sie sich in der letzten Woche etwas Gutes gegönnt?«
- *Pz-Fragen:* Patienten berichten mehr ihr Selbstkonzept z. B.:
  - »Sind Sie ein humorvoller Mensch?«
  - »Sind Sie ein Genießer?«

Häufige Antwort: »Ja, aber …; mir ist mein Humor verloren gegangen.« In einem solchen Fall ist es sinnvoll mit einer vz-Frage fortzufahren: »Ja, das glaube ich Ihnen, nachdem was Sie alles durchstehen mussten. Trotzdem: Gibt es in der letzten Woche eine humorvolle Situation. Oder gab es einen Anlass zum Lachen oder sich freuen?«

26.2.6 Nachfragen bei der Exploration von Positiva

Bei der Exploration von Positiva muss der Interviewer sehr sorgsam nachfragen. Viele Missverständnisse sind möglich, bedingt durch geringe Geläufigkeit des Themas, Widerstände, sprachliche Ungenauigkeiten, etc. Was z. B. heißt für eine Patientin angenehm? Was bedeutet »Mir geht es gut«?

Viele Patienten können es sich nicht zugestehen, wenn es ihnen gut geht oder wenn ihnen ein Therapieschritt gelungen war. So musste Frau Otto durch wiederholtes Nachfragen nahezu gedrängt werden, den erfolgreichen Ausgang einer Fahrt zu berichten, vor der sie Angst gehabt hatte (s. Box 34).

Im ► Kap. 20.1 zum Nachfragen wird in Box 35 eine Gesprächspassage wiedergegeben, in der Frau Zwora von Ihrer hedonistischen Nische berichtet. Diese war auf den ersten Blick unproblematisch und wurde von der ihr als angenehm erlebt und berichtet. Der Arbeitsroutine folgend, ließ sich der Therapeut die Situation genau schildern (z. B. Art des Sessels, Licht, etc.), fragte nach dem Zeitablauf und auch nach der Art der Lieder. Die aber waren so traurig, dass sie weinen musste. Entscheidend war, dass der Therapeut sich die Aussage »Mir geht es gut« genauer schildern ließ. Durch diese Präzisierung wurde ein schwerwiegendes Missverständnis bereinigt und das Nach-Hause-Kommen eindeutig positiv gestaltet.

26.2.7 Alternativen für eine problematische Situation entwickeln

Das Festlegen eines Therapiezieles fordert zwangsläufig Alternativen zum »Ist«-Zustand. Bei einem symptomzentrierten Ansatz ist das meist die Umkehrung des Ist-Zustandes (z. B. Ist: Angst; Ziel: keine Angst). Auch wenn es »nur« darum geht, in einer bestimmten Situation keine Angst zu haben, ist es für einen Patienten hilfreich, angemessenes Verhalten für die Situation entwickelt zu haben, die zuvor ängstigend war. In allen komplexeren Therapien muss mit einem Patienten eine alternative Lebenssituation konzipiert werden – in kleinen Schritten. Er muss sich überlegen, wie er zukünftig leben will, welche »Skills« er ausbauen kann. Er muss Vorstellungen darüber entwickeln, was vielleicht für ihn gut sein kann etc. Es wird immer darum gehen, Alternativen zum Verhalten des Ist-Zustandes zu entwerfen. Patienten sind in diesem Punkt nicht immer kreativ. Sie können sich zu Beginn schlecht das Ergebnis der Therapie oder einer Intervention vorstellen. Therapeuten können daher selbst Vorschläge machen, müssen aber darauf achten, dass sie vom Patienten als die ihren übernommen werden. Solche ersten Zielformulierungen sind als Versuche zu verstehen, die sich wahrscheinlich im Verlauf der Therapie ändern werden.

Frau Zwora war nicht in der Lage, eine euthyme Situation des Nachhause-Kommens selber zu entwickeln. Auch wurde die positive Zielvorstellung für Frau Wege als selbstständige Frau vom Therapeuten eingeführt. Die Entwicklung solcher Alternativen wird mitunter im Kollegenkreis als unangemessen beurteilt, weil befürchtet wird, der Patient würde zum passiven Konsum von Therapie verführt. Ich sehe das nicht so. Es sind Anstöße und Remoralisierungen, um passiv-eingeschränkte Personen wieder handlungsfähig zu machen. Die mir bekannten Patienten haben nach einer solchen Intervention von mir keine weiteren »Anschubser« erwartet. Sie haben diese weiter ausgebaut.

26.2.8 Anstiften zum Probehandeln

Kanfer empfahl in seinen Workshops, Patienten zu einer Verhaltensprobe anzustiften. (»Es ist ja noch nicht ernst, nur mal zur Probe«). Ein solches Anstiften, Anschubsen oder Ermutigen ist eine gute Hilfe immer dann, wenn Alternativen entwickelt werden, und ein Patient sich nicht vorstellen kann, ob das zu ihm passt. Insbesondere für Positiva ist diese Intervention hilfreich. Patienten sollen etwas Angenehmes, Schönes etc. wagen und dann beobachten, was mit ihnen passiert. Was z. B. passiert, wenn er sich selber Blumen kauft und diese zuhause betrachtet?

Exkurs

Die britische Regierung ist bestrebt, Energie zu sparen. Sie ruft Bürger dazu auf, ihre Häuser besser zu isolieren, insbesondere die Dächer. Sie stellt fest, dass Hausbesitzer nicht damit beginnen, ihre Dächer zu dämmen, weil sie vorher

z. B. den Dachboden aufräumen müssten. Das bedeutet Anstrengung, Schmutz etc., also Negativa. Dieses C- ist aktuell handlungsrelevant, die Energieeinsparung (C+) fällt erst später ins Gewicht. Zur Überwindung dieses Dilemmas wurden »Nudge Units« eingerichtet. Diese »Schubseinheiten« bieten individuelle Hilfe an (Frank, 2020), diese Startschwierigkeiten zu überwinden. Nudging, also Schubsen, gilt in der Verhaltensökonomie als wohlfeile Hilfe, einen Weg freizuräumen. Eine in ihrer Handlungsfreiheit eingeschränkte Person soll wieder handlungsfähig werden (Thaler & Sunstein, 2009).

26.2.9 Verweilen auf Nebensächlichkeiten

Das Erleben von Positiva ist nicht selten an Kleinigkeiten des täglichen Lebens, an nebensächliche Episoden etc. gebunden. Es ist sinnvoll, schafft mitunter Vertrauen und Verständnis, und es ist auch aus zeitökonomischen Gründen langfristig überaus sparsam, Geduld und Interesse für solche Nebensächlichkeiten aufzubringen (z. B. die Vorliebe für bunte Handtücher im Badezimmer, für Kräuter im Blumenkasten vor dem Küchenfenster, aber auch die heimliche Liebe für Pferdewetten etc.). Ein solches Verweilen auf Positiva ist deutlich abzugrenzen von einem problematischen Interviewverhalten wie z. B. »zu viel reden« oder »vom Hölzchen auf Stöckchen kommen« oder »am falschen Thema kleben.« Mitunter kann es eine Art Handel geben: Kooperation des Patienten gegen Geduld und Interesse auch für scheinbar Nebensächliches. Nachdem dafür Zeit war, erhöht sich erfahrungsgemäß die Bereitschaft eines Patienten zur Übernahme von »Pflichten« wie z. B. Hausaufgaben etc. In jedem Fall hat das Verweilen auf positiven Nebensächlichkeiten die Funktion, die mentalen Netzwerke über Positiva zu aktivieren.

26.2.10 Erbsen zählen

Die Übung »Erbsen zählen« ist eine Hausaufgabe, die sich gut zur Exploration von Positiva eignet: Immer dann, wenn etwas Gutes eingetreten ist (ein Lob, ein Lächeln, günstiger Zufall, etc.) wird eine Erbse aus einem Bestand (z. B. linke Hosentasche) in einen zweiten gegeben (z. B. rechte Hosentasche). Für diese Übung eigen sich alle kleineren Gegenstände, wie Streichhölzer, Steinchen oder Büroklammern. Zu einem verabredeten Zeitpunkt, etwa am Tagesende, wird die Häufigkeit, insbesondere aber die Qualität der einzelnen Situationen vom Patienten reflektiert. Mit dieser Übung soll das Hinwenden der Aufmerksamkeit auf positive Ereignisse (monitoring) erreicht werden und den Patienten sollen Positiva in ihrer Umgebung bewusst werden.

Varianten der Übung: (A) Der Patient soll nur eine einzige Erbse pro Tag einem positiven Ereignis zuordnen. (B) Der Patient verwendet so viele Erbsen, wie er Positiva beobachtet. Immer ist es das Ziel, einen konkreten Anlass zur Exploration zu haben.

Erbsen haben sich nicht immer bewährt: sie kullern zu leicht weg. Wenn es Hülsenfrüchte sein sollen, sind Bohnen praktikabler. Günstiger sind Streichhölzer.

26.2.11 Humor

Auch wenn Therapie eine ernsthafte Angelegenheit ist, Humor hilft viele Situationen zu entschärfen. Mit Humor kann auf leichte Weise eine Distanz zu Problemlagen und einen Perspektivwechsel hergestellt werden.

Eine Krankenschwester z. B. meidet aus Angst den Kontakt zum Oberarzt. Sie ist in der Therapie inzwischen so weit, nicht ein Zimmer zu verlassen, wenn er eintritt. Mit ihr wurde eine offensive Strategie entworfen:

	Dialog mit einer Krankenschwester
Th.	Was können Sie sagen, wenn er Sie wieder auf etwas hinweist?
P.	....
Th.	Loriot sagt in solchen Situationen »Ach was«.
P.	(lächelt) Ist das nicht frech?
Th.	Es kommt darauf an, wie Sie es sagen. Sagen Sie es doch mal.
P.	... wiederholt einige Male »Ach was«.
Th.	Hört sich schon gut an, welche Variante wäre für Sie richtig?
P.	Ich glaub, ich trau mich das nicht.
Th.	Mir gefällt dieses »Ach was« deswegen so gut, weil Sie – wenn Sie es sagen – ihm einen Schritt voraus sind. Sie lassen sich nicht so sehr von ihm beeindrucken, sondern wissen vor ihm, was Sie sagen werden. Sie haben die Kontrolle.
P.	Hm.
Th.	Ich vergaß zu fragen: Wäre denn diese Floskel für Sie richtig?
P.	Doch schon, ich kann sogar selber darüber lächeln, aber ...
Th.	Vielleicht können Sie es schon mal mit einer anderen Person üben, mit einem Kollegen?
P.	Mit meinem Kollegen Walter. Der macht auch schon mal solche Kommentare.
Th.	Gut, ihn weihen Sie ein, mit ihm üben Sie. In einer Woche schauen wir, wie es geklappt hat.

Diese Passage kann dahingehend missverstanden werden, als würde der Therapeut die Patientin überrumpeln oder drängen. Allerdings: Beide arbeiten schon seit 10 Stunden zusammen und haben einen guten Kontakt aufgebaut. Die intelligente Patientin weicht gerne in Diskussionen aus, was den Therapeuten dazu veranlasst hat, mitunter direktiver zu sein.

Anmerkung: Es war für die Therapie ein glücklicher Umstand, dass der Oberarzt dieses Loriot'sche »Ach was« kannte. Er konnte über die Situation kräftig lachen.

Auch zur Lösung einer anderen kritischen Situation konnte Loriot einen Beitrag leisten: Eine Pflegerin war von einem Oberarzt zurechtgewiesen worden, dass sie ein leeres Bett beim Umräumen in einen Gang gestellt hatte, der als Rettungsweg frei bleiben muss. Sie war erbost und ihr fiel keine passende Antwort für den Wiederholungsfall ein. Der Therapeut schlug vor, nur zu sagen: »Ach was, ein Bett.« Es kam nicht dazu, dass sie das sagen konnte. Sie fühlte sich aber in einem winzigen Punkt ihrem Oberarzt überlegen. Das bisherige Reden mit ihren Kolleginnen über solche Ereignisse war eher anklagend. Nun überwogen Kommentare wie: »Ich warte nur darauf, dass er wieder was sagt …«

27 Exploration zentraler euthymer Aspekte

27.1 Hedonistische Nische

27.1.1 Was ist eine hedonistische Nische?

Eine hedonistische Nische ist ein Ort, der euthymes Erleben und Verhalten zulässt. Es gibt örtlich umgrenzte hedonistische Nischen (z. B. das eigene Zimmer) und geistige bzw. imaginäre Nischen. Diese entstehen durch Aufmerksamkeitsfokussierung und durch das Versenken in eine Tätigkeit, z. B. Lesen, Tagtraum, Selbstkommunikation, Memorieren einer schönen Begebenheit, intellektuelle Auseinandersetzung mit bestimmten Themen. In diesem Text werden vornehmlich die räumlich definierten Nischen thematisiert. Beispiele für solche hedonistische Nischen können sein:

- die eigene Wohnung, das eigene Zimmer
- ein verabredeter Ort in einer auch von anderen Personen bewohnten Wohnung, z. B. ein bestimmter Fernsehsessel mit privaten Utensilien in Reichweite
- ein Bett in einem auch von anderen Personen genutzten Raum, z. B. einem Schlafsaal oder Zimmer in einem Krankenhaus, abgegrenzt z. B. durch Bilder, Schmusetiere, etc.
- der Arbeitsplatz in einem Büro oder Werkstatt, abgegrenzt z. B. durch Pflanzen, Bilder, eigene Werkzeuge etc.

Räumlich definierte hedonistische Nischen werden durch individuelle Besonderheiten akzentuiert:

- Sie sind nach den eigenen Vorlieben und persönlichem Geschmack eingerichtet, etwa durch Farbe und Gestaltung des Raumes.
- Es werden bestimmte Lichtkonzepte umgesetzt, z. B. ausgeleuchtet oder schummerig.
- Sie sind mit Gegenständen von positiver Valenz ausgestattet sind, z. B. Mitbringseln aus dem Urlaub, Fotos vertrauter Personen.
- Es können Vorlieben, Hobbys etc. in ihnen realisiert werden: Sie sind entsprechend möbliert, z. B. mit Staffelei zum Malen, Musikanlage, Bücherregal.
- Sie sind umgrenzt und überschaubar.
- Die Grenzziehung zwischen der äußeren Welt und der eigenen Nische ist zumindest in Ansätzen bewusst.

Die Ausstattungsgegenstände einer hedonistischen Nische sind als diskriminative Reize für positiv besetzte Erinnerungen zu verstehen. Da die Ausstattung individuell erfolgt ist, hat eine Nische nur für eine bestimmte Person einen hedonen Charakter; Nischen verschiedener Personen sind nur bedingt austauschbar (s. Csikszentmihalyi & Rochberg-Halton, 1989). Eine Muschel etwa, die eine Person aus einem Urlaub auf Baltrum mitgebracht hatte, ist mit ganz bestimmten Erinnerungen verknüpft und hat für eine zweite Person lediglich ästhetischen Reiz.

Nischen sind zwar höchst individuell, gleichwohl unterliegen sie dem Zeitgeschmack. Gelsenkirchener Barock[55] war in den 1960er-Jahren angesagt, Lagom (z. B. Dunne, 2017) ist die schwedische oder Hygge (z. B. Wiking, 2016) die dänische Variante, eine Wohnung zu gestalten.

Die Funktionen hedonistischer Nischen sind vielfältig:

- Ort der Ruhe, der Entspannung, des Rückzugs
- Ort für positive Erinnerungen etc.
- private Welt in Abgrenzung zur öffentlichen Welt
- Realisieren zentraler Lebenspläne und Werte sowie der eigenen Gerechtigkeitsvorstellungen (Theorie der gerechten Welt)
- Kontrolle; autonome Bestimmung der Verhaltensabläufe
- Lebensentwürfe realisieren
- Ort der Phantasien, der Träume, Feste und Begegnungen
- Ort des Müßiggangs.

In hedonistischen Nischen sind charakteristische Verhaltensweisen zu beobachten, die mitunter nur hier gezeigt werden können:

- Distanzen zwischen Personen sind verringert.
- Blickkontakt ist direkter und unmittelbarer.
- Kleidung ist informeller. Sie wird lässiger getragen und fehlt mitunter vollständig.
- Intimes Verhalten ist möglich.
- Hobbys werden praktiziert, Freizeitverhalten der unterschiedlichsten Art ist möglich.
- Self-disclosure (Äußerungsbereitschaft) nimmt zu.
- Fürsorge und Selbstfürsorge können häufiger auftreten.

Eine besondere Bedeutung für hedonistische Nischen haben z. B. bei Kindern jene Objekte, die direkt als Schmusetücher bzw. Kuscheltiere eingesetzt werden. In einem Kinderkrankenhaus ist die Funktion dieser Schmusetücher besonders gut zu sehen: Kinder staffieren ihren persönlichen Raum um das eigene Bett mit solchen Objekten aus, die ihnen Vertrautheit, Ruhe und Sicherheit vermitteln.

Es ist ein Merkmal von seelischer Gesundheit, über eine hedonistische Nische angemessen verfügen zu können. Gesunde Personen statten ihre Nischen bewusst

55 https://de.wikipedia.org/wiki/Gelsenkirchener_Barock

aus. Ihnen ist bewusst, dass Werte und Normen ihrer Nische nicht übereinstimmen müssen mit solchen des öffentlichen Raums. Auch viele Patienten verfügen über Nischen, ihnen ist z. T. deren Funktion aber nicht immer bewusst bzw. sie können diese Nischen nicht genießen. Andere Patienten wiederum schaffen es nicht, sich selber solche Räume des Wohlbefindens einzurichten. Eine Gruppe von Personen, auch Patienten, trennt nicht zwischen einer privaten Nische und der öffentlichen Welt. Sie werden dann enttäuscht, wenn ihre Erwartung nicht eintritt, dass z. B. die Normen in ihrer Nische auch in der öffentlichen Welt gelten.

Hedonistische Nischen sind prädestiniert für Muße und werden zu Zeitinseln. Beim Müßiggang bleibt die Zeit stehen wie beim vollständigen Versenken in eine Tätigkeit (z. B. Hobby, Flow). Hierfür muss Zeit eingesetzt werden. Viele Personen hätten zwar genügend Zeit für Genuss oder zur Gestaltung einer hedonistischen Nische, sie nutzen ihre Zeit jedoch für andere Unternehmungen[56]. Meist ist es diagnostisch aufschlussreich, warum sie es nicht tun. Angebracht ist es, nach genussaversen Oberplänen zu fragen.

Auch unter hirnphysiologischen Gesichtspunkten sind Pausen sinnvoll. Eingehende Informationen werden im Hippocampus verarbeitet; erst später, in einer Ruhephase oder während des Schlafes, werden die gespeicherten Informationen in den Cortex überführt und dort konsolidiert, wenn der Hippocampus Pause hat (Jaramillo, et al., 2014).

27.1.2 Exploration hedonistischer Nischen

Die »eigenen vier Wände« sind meist sehr individuell möbliert und ausgestattet. Eine Person richtet sich ihre Nische zwar auch nach den finanziellen Möglichkeiten ein, in erster Linie aber nach ihren Vorlieben, Eigenarten und ihrem Lebensstil. Diese werden in hedonistischen Nischen quasi materialisiert und somit direkt beobachbar. In allen Varianten des betreuten Wohnens haben die Betreuer bei einem Hausbesuch einen sicheren Blick dafür, wie sie die Ausstattung und deren Veränderung deuten und daraufhin Rückschlüsse auf das Befinden ihrer Klienten ziehen müssen. Auch in klinischen Einrichtungen ist der Besuch des Zimmers eines Patienten aufschlussreich, wenngleich das in therapeutischen Kliniken meist unüblich ist.

Wolf (2021, approbierte Psychologin) berichtet, dass ein Hausbesuch zu ihrer Routine gehört und sie schon im Eingangsgespräch darauf hinweist, dass ein Termin im häuslichen Umfeld stattfinden wird. Nach ihrer Erfahrung fördert das nicht nur die Beziehung. Durch den Hausbesuch erhält sie Einblicke, die ein Patient ihr nicht erzählen würde, ihr aber die vorgetragene Symptomatik schneller verständlich macht.

Manchmal werden Symptomatiken überhaupt erst sichtbar oder in ihrem Ausmaß deutlich, wenn die Wohnsituation im Detail exploriert wird. Herr Zweigelt z. B. (s. Box 36) hatte sein Zwangsverhalten verändert, was der Therapeut in seinem Ausmaß erst nachvollziehen konnte, als er sich die Wohnsituation in allen Ein-

56 s. im Internet unter Zeitbudget-Studien.

zelheiten beschreiben ließ. Welcher Interviewer fragt spontan danach, wie viele Stühle ein Patient in seiner Dusche stehen hat?

Die Exploration peripherer Details kann zu zentralen Aspekten einer Person und auch zu Oberplänen führen. Die Frage danach, was ein Patient z. B. im Kühlschrank deponiert, verdeutlicht bildhaft, wie gut sich ein Patient versorgt, und führt zu Fragen nach der Selbstfürsorge oder zu Oberplänen, was dieser Patient sich zugesteht.

27.1.3 Methoden zur Exploration hedonistischer Nischen

Ein Raum muss so genau beschrieben sein, dass man ihn sich genau vorstellen kann und ihn quasi als virtuellen Raum betreten kann. Dazu müssen die einzelnen Ausstattungsstücke einer hedonistischen Nische im Detail benannt und in ihrer psychologischen Funktion verstanden sein. Es muss in der Analyse deutlich getrennt werden zwischen dem physikalischen Raum als solchem, den Attributen bzw. Bestandteilen oder Objekten und den psychologischen Funktionen des Raumes.

Zur Vorbereitung der Exploration ist es sinnvoll, sich vor Augen zu führen, welche diversen Entwürfe für die Gestaltung von Räumen es gibt. Das Lagom wird von IKEA möbliert, Hygge mit kuscheligen Ecksofas; Schrankwände gibt es in allen Stilrichtungen; Girlie- oder Glamour-Style werden von Prinzessinnen und Marilyn Monroes aller Art präferiert. Unter dem Link in der Fußnote kann eine Klassifikation von Stilrichtungen[57] nachgesehen werden. Nachfolgend einige Vorschläge für Fragen:

- »Bitte beschreiben Sie Ihr Zimmer.« (genauer nachfragen: Größe, Lage, wie ist es in eine Wohnung eingebunden, Farbgebung, Bilder an den Wänden, Ausstattung generell, persönlich wichtige Ausstattungsgegenstände, z. B. Musikanlage; Fenster: Licht, Lichteinfall, Ausblick; Blumen, Akustik, Störgeräusche von außen, Geruch).
- »Was können Sie tun, um Ihr Zimmer, Ihr Haus, Ihren Arbeitsplatz so zu gestalten, dass Sie gerne dort sind?«
- »Was steht dem eigentlich im Wege?«
- »Wann haben Sie zum letzten Mal einen Freund/eine Freundin eingeladen?«
- »Wann haben Sie für sich zuletzt etwas Gutes gekocht und auch den Tisch festlich gedeckt?«
- »Gibt es Plätze/Orte, wo Sie sich besonders wohl fühlen?«
- »Wie sieht es dort aus?«
- »Wie und nach welchen Gesichtspunkten wurde der Raum eingerichtet, auf die eigenen Bedürfnisse zentriert? hat jemand mitgeholfen, was wurde in Eigenarbeit angefertigt?«
- »Wie wichtig ist Ihnen Ihre Ausstattung?«
- »Haben Sie spezielle Sitzpositionen, Arbeitsecken, Schlafgelegenheiten etc.?«

57 https://www.wohnnet.at/wohnen/lebensraeume/wohnstil-finden-43685

- »Was verbindet Sie mit einzelnen Gegenständen in Ihrem Zimmer ... (hier bestimmte Gegenstände benennen)?«
- »Was vermissen Sie aktuell in Ihrer Nische (z. B. Sehnsucht nach einem großen Sessel)?«
- »Leben Sie in verschiedenen Räumen? Was tun Sie in diesen Räumen?«
- Küchen sind vielfach hedonistische Räume; es kann sinnvoll sein, sie detaillierter zu explorieren. Die Frage nach der Ausstattung einer Küche mag ungewöhnlich sein, verrät aber viel über die jeweilige Lebensführung.
- »Wie häufig benutzen Sie ein bestimmtes Gerät, einen Gegenstand? Wie ist dieses Gerät gestaltet, wurde es bewusst ausgesucht?«
- »Wie geht es Ihnen dabei, wenn Sie mit ... umgehen?«
- »Wo/Wie können Sie abschalten?«
- »Wie viel Zeit verbringen Sie in Ihrem Arbeitszimmer/Büro/Praxis?«
- »Wie ist das Arbeitszimmer gestaltet? Auf was haben Sie bei der Ausstattung wert gelegt?«
- »Ist die Einrichtung so ausgesucht, um Gäste/Kunden/Patienten empfangen zu können?«

In industriellen Betrieben oder im Handwerk haben Mitarbeiter selten abgegrenzte Arbeitsbereiche nur für sich, die sie selber gestalten können. Der Interviewer muss die Gegebenheiten des Arbeitsplatzes erfragen und sehen, wie sich ein Angestellter unter den gegebenen Bedingungen einrichtet. Im Interview mit Herrn Saubert (Satz 22 ff.) wird deutlich, dass der sich seinen Bedürfnissen gemäß selbstfürsorglich für die Pausen eine Nische geschaffen hat.

27.2 Ein Beitrag zu einer Psychologie des Schmusetuchs

Klassischerweise sind Schmusetücher ein kuscheliges Stück Stoff, eine Puppe, ein Teddybär oder ein Kissen. Schmusetücher sind individuell geprägt: Sie haben für den Benutzer ganz bestimmte wiedererkennbare Qualitäten z. B. Aussehen, Geruch, taktile Qualitäten etc. Nach Habermas (1996) ist der Teddybär des Kleinkindes der Prototyp des Lieblingsdings, das in der mittleren Kindheit wieder aufgegeben wird. Aufgrund dieses Prototyps haftet Lieblingsdingen und Schmusetüchern der Ruf des Infantilen an. Soweit Habermas.

Aus psychoanalytischer Sicht ist ein Schmusetuch ein Übergangsobjekt (Winnicott, 1953). Es wird vom nutzenden Subjekt als ein externes Objekt (»Objektbesetzung«) mit libidinöser oder aggressiver Triebenergie besetzt, was Spannungsreduktion (Triebentladung) ermöglicht. Es wird vom Säugling selbst gewählt und ermöglicht dem Kind den Übergang zwischen der ersten oralen Beziehung zur Mutter und der »wirklichen Objektbeziehung.« Im psychoanalytischen Sinne steht also das Schmusetuch als Übergangsobjekt für die Brust der Mutter und repräsentiert die frühe Mutter-Kind-Beziehung. Im Laufe der Zeit werden ihm die Besetzungen entzogen. Nach Winnicott wird das Schmusetuch weder vergessen noch betrauert. Es verliert schlicht und einfach im Laufe der Zeit seine Bedeutung. Bleibt eine Objektfixierung erhalten, bleibt also das Schmusetuch in Funktion, so spricht das für Regression und Infantilität. Es gilt als ein Indikator für eine auffällige Entwicklung, wenn eine solche Objektfixierung bis ins Erwachsenenalter bestehen bleibt.

Folglich hat ein reifer und seelisch gesunder Mensch sein Schmusetuch abgelegt.

Die meisten Menschen wissen das offensichtlich nicht: Auf die Frage nach ihren Schmusetüchern gaben 2/3 der Patienten einer psychosomatischen Fachklinik (70 w; 35 m) eine sinnvolle Antwort (Petrenko, 2007). Immer wenn der Autor in Veranstaltungen zur Selbsterfahrung oder zur Euthymen Therapie die Teilnehmer (Pflegekräfte, Ärzte, Psychologen etc.) nach ihren Schmusetüchern fragte, konnten bis auf wenige Ausnahmen alle ihr Schmusetuch beschreiben und viele auch mitbringen. Tatsächlich pflegen viele Erwachsene ein Schmuseobjekt aus ihrer Kindheit wie den immer wieder reparierten Teddybär, Plüschtiere, Kissen etc. Manchmal sind sie in Schränken verstaut, aber es gibt sie und sie dürfen nicht entsorgt werden. Neue Objekte können als Schmusetuch erwählt werden, manche werden in der Familie weitergegeben. Auch schenken Kinder ihren Eltern ein Schmusetier, wenn diese z. B. auf Reisen gehen oder ins Krankenhaus müssen. Besucher der zahlreichen Puppenkliniken (s. Internet) sind zumeist Erwachsene, auch in China: Anthony (2023) berichtet von dem Puppendoktor Zhang aus Shanghai[58], der Schmusetiere repariert. Die meisten seiner erwachsenen Kunden erzählen von einer traurigen Kindheit. Da der Besuch eines Psychotherapeuten in China stigmatisiert ist, haben die Schmusetiere eine therapeutische Funktion. Den Besuchern ist es äußerst wichtig, dass ihre Schmusetiere erhalten bleiben. Zhang sieht sich daher in einer sehr verantwortungsvollen Funktion.

Mitunter werden die psychologischen Funktionen von Schmusetüchern von anderen Objekten übernommen, mitunter »heimlich«: z. B. Strickjacken, alt und z. T. gammelig, die bewahrt werden oder auch funktionale Objekte, wie ein Füllfederhalter oder ein vom Großvater vermachter Ring oder andere Erinnerungsgegenstände. Autistische Menschen wählen Objekte in der Funktion von Schmusetüchern, die nicht weich und kuschelig sind, sondern Schrauben, Kochlöffel oder Bauklötze (Symalla, 2005, S. 42). Das psychologische Wirkprinzip bleibt identisch: Schmusetücher und ihre Stellvertreter sind diskriminative Reize (S^D) für Zufriedenheit, Sicherheit, Ruhe, Vertrautheit, Schutz etc. Durch den Gebrauch (Lerngeschichte) wird aus einem Objekt ein Schmusetuch. Sie haben den unschätzbaren Vorteil transportabel und universell einsetzbar zu sein. Vor allen Dingen stellen Sie keine Ansprüche an ihre Besitzer. Aus diesem Grund sind lebende Tiere oder Personen keine Schmusetücher, auch wenn sie hervorragende Schmuser sein mögen.

58 https://www.daserste.de/information/politik-weltgeschehen/weltspiegel/sendung/china-puppendoktor-oeffnet-herzen-100.html

Also: Schmusetücher sind erlaubt, unterstützen und erfreuen gesunde und kranke Personen und dürfen auch mit in die Therapie von Erwachsenen.

Für Trauma- und sehr belastete Patienten ist die Unterstützung durch Schmusetiere durchaus indiziert. Immer dann, wenn eine Unterstützung durch ein Schmusetuch sinnvoll ist, sollte ein Therapeut das Thema einführen. So hielt die Traumastation der Klinik Clienia in Littenheit eine ganze Truppe von Schmusetieren für Patienten bereit.

Zum tröstlichen Abschluss des Themas für Leser mit tiefenpsychologisch-psychoanalytischer Affinität: Die großartige Psychoanalytikerin Ruth Westheimer (1928–2024) war bekennende Liebhaberin von Teddybären. Im Internet sind wundervolle Bilder der Therapeutin mit Teddybär zu finden.

Schmusetücher können folgendermaßen erfragt werden:

- »Haben Sie ein Schmusetuch? Was genau ist das? Ein Teddybär, eine Puppe? Ein Kissen?«
- »Können Sie sich an Ihr Schmusetier erinnern? Wie sieht es heute aus?«
  Es folgen Fragen zum Aussehen, Zustand, Geruch, besonderen Begebenheiten (wurde es einmal vergessen oder gewaschen).
- »Welche Funktion hatte es früher? Ist es heute noch in Benutzung? Wo wird es aufbewahrt?«
- »Gibt es Gegenstände, Glücksbringer, einen Talisman, der bedeutsam ist? Welche Funktion hat er?«
- »Wer hat Ihnen Ihr Schmusetuch geschenkt?«
- »Wurde Ihr Teddy schon mal gewaschen? Repariert?«

27.3 Anamnese des Wohlbefindens

In einer Anamnese des Wohlbefindens werden alle Vorkommnisse, Zeiten, Menschen etc. angesprochen, die in der Biographie mit Wohlbefinden, Glück, Geborgenheit assoziiert waren. Eine solche Biographie guter Zeiten sollte man nur mit solchen Patienten durchführen, die einen Zugang zu Positiva haben. Akut depressive Patienten z. B. können irritiert auf die spontane Frage nach Positiva oder Bedingungen des Wohlbefindens reagieren. Solche Inhalte sind Themen für die Therapie, z. B. im Rahmen der »Kleinen Schule des Genießens«. Eine Biographie des Wohlbefindens kann der Interviewer durchführen, wenn die Beschwerden abgeklärt sind oder der Therapeut den Patienten über den Sinn seiner Maßnahme aufgeklärt hat.

Die folgenden Aspekte können erfragt werden:

- »Welche Zeiten, welche Lebensabschnitte in der Vergangenheit waren angenehm, schön, sinnerfüllt etc.?«

- »Welche speziellen Situationen oder Begebenheiten in der Vergangenheit waren angenehm, schön, sinnerfüllt etc.?«
- »Welche positiven Erinnerungen tauchen jetzt in diesem Augenblick auf?«
- »An welche Erinnerungen denken Sie hin und wieder?«
- »An welche Begebenheiten können Sie sich erinnern?«

Eine Wohlbefindensbiographie kann dadurch unterstützt werden, dass der Patient gebeten wird, sich als ein glückliches Kind vorzustellen: »Bitte erinnern Sie sich an Zeiten, als Sie in Ihrer Kindheit glücklich war.«

- »Wer war gut zu Ihnen?«
- »Wer hat Sie gefördert?«
- »Wer hat sich mit Ihnen auseinandergesetzt?«
- »Wer hat Sie unterstützt?«
- »Welche Personen waren positive Modelle?«
- »Wer hat Sie fürsorglich an die Hand genommen – früher, heute?«
- »Wer ist heute Ihnen gegenüber fürsorglich?«
- »Haben Sie selber davon bis heute etwas übernommen?«
- »Wie nehmen Sie sich heute ›an die Hand‹?«
- »An welche Gegenstände/Objekte ist/war Wohlbefinden geknüpft?«
- »An welche Tiere ist in Ihrer Erinnerung Wohlbefinden geknüpft?«
- »Gibt es Mitbringsel aus einem Urlaub, die Sie an einen schönen Augenblick erinnern?«
- »Gibt es Fotos, auf denen Sie froh und glücklich sind? Können Sie diese bitte mitbringen?«
- »Was haben Sie aus ihrer Kindheit bewahrt – Bilder, Gegenstände?«
- »Was ist in Griffnähe? Was können Sie bei Bedarf nutzen?«
- »Wie war der Ort/Raum ausgestattet (Menschen, Tiere, Dinge, Gerüche etc.)?«
- »Was vermissen Sie – in Ihrer Wohnung, Arbeitsplatz etc.?«
- »Welche Genuss-/Wohlbefindens-/Fürsorgeregeln gab es in Ihrer Familie?«
- »Welche expliziten, welche impliziten Regeln für ein gutes Leben gab es in der Familie?«
- »Welche »Ich muss»-/»ich darf«-Regeln gab es?«
- »Wie wurden diese Regeln vermittelt: verbal direkt, verbal indirekt, nonverbal direkt, nonverbal indirekt?«

27.4 Loben

Der Begriff Loben hat ein sehr unterschiedlich weites Bedeutungsfeld. Es kann sehr eng wie bei Paris sein (2015, S.74): Lob ist eine »... ostentative, häufig in Gegenwart Dritter ausgesprochene besondere Anerkennung einer Person, die diese aufgrund außergewöhnlicher, zumindest über das Maß des normalen Erwartbaren hinausgehenden Leistungen erfährt.« Lob ist ausschließlich »verbal und explizit« und bei extraordinären Anlässen indiziert. In diesem Text wird eine breite Wortbedeutung favorisiert: Lob ist eine anerkennende Äußerung, verbal wie nonverbal, mit dem Ziel der Würdigung einer Person. Jede würdigende Geste kann die Funktion eines Lobes haben. Im klinischen Setting ist es sinnvoll, dass gerade auch marginale Leistungen gelobt werden.

Loben ist eine Markervariable für Patienten: Sie haben Schwierigkeiten mit dem Loben generell und insbesondere mit dem Sich-selber-Loben. Loben tangiert die Themen Anerkennung und Würdigung der eigenen Person, so wie das Ja-Sagen. Ja-Sagen umfasst, zu sich zu stehen, herauszufinden, was einem wichtig ist etc. Patienten loben sich eher selten (Verhaltensebene), sie können positive Emotionen schlecht spüren (emotionale Ebene) und verfügen nur ansatzweise über Oberpläne, die ein Lob zulassen. Stattdessen dominieren abwertende Selbstkommentierungen wie »Eigenlob stinkt« und die Suche nach Misserfolgen als Anlass zur Selbstabwertung. Wenn sich ein Patient eine Anerkennung versagt, dann sollte Loben eigenständiges Therapieziel werden. Dieses Ziel wird selten von Patienten geäußert; meist muss der Therapeut den psychologischen Sinn des Lobens vermitteln. Hilfreich kann das Bild einer Lobe-Schublade als Platz für ein Lob sein. Ist die zu klein, oder klemmt sie, dann kann ein Lob nicht untergebracht werden. Es gilt also, einen passenden Ort für ein Lob zu schaffen.

Grundsätze zum Loben in einer Therapiesitzung:

- Jeder Therapieschritt, selbst wenn er einem Patienten noch so marginal erscheint, muss als Erfolg gewertet werden. Kann ein Angstpatient sich einem Angstobjekt nähern, muss eine bestätigende Selbstkommentierung (z. B.: »Ich überwinde meine Angst«) und die zugehörige Emotion (z. B.: Zufriedenheit, Stolz) angesprochen werden.
- Die Selbstkommentierung eines Erfolges kann unter Entspannung eingeübt werden, insbesondere, wenn Lob unangenehme Emotionen oder Angst auslöst.
- Das Einüben, sich zu loben, erleichtert es Patienten, einen Therapieerfolg zu akzeptieren, und bewahrt den Therapeuten vor Diskussionen, ob ein Therapieerfolg vorliegt oder nicht.
- Der Therapeut kann seine Zufriedenheit über die Mitarbeit und den Fortschritt äußern, die Offenheit des Patienten würdigen.
- Er kann würdigen, den Schritt gemacht, eine Therapie begonnen zu haben.
- Er sollte immer den bisherigen Lebensweg würdigen.

Loben kann bei Patienten frühe Verbote wecken und damit Angst auslösen. Ambulant behandelte Patienten haben i. d. R. mit dem Loben geringere Schwierigkeiten als stationäre Patienten. Das Thema Loben kann zu sehr ernsthaften Exkursen in die Biographie führen; verletzende Geschehnisse können wieder erinnert werden. Es ist sinnvoll, Loben als eine Variante der Selbstfürsorge zu thematisieren.

Beim Loben muss immer darauf geachtet werden, dass das Lob beim Patienten auch ankommt! Sollte ein Patient ein Lob nicht annehmen können, kann …

- der Therapeut dieses Thema ansprechen. Möglicherweise ist Lob nicht annehmen zu können ein zentrales Thema und das eigentliche kritische Verhalten
- der Therapeut dieses Thema nicht unmittelbar ansprechen, wenn z. B. die gerade thematisierten Sachverhalte erst beendet werden sollen. In diesem Fall gilt: »Eins im Sinn« und später ansprechen. Etwa: »Mir ist letzte Stunde aufgefallen, dass es für Sie schwierig war, mein Lob anzunehmen. Ich möchte das jetzt zum Thema machen«
- der Therapeut abklären, ob weitere Probleme (z. B. Selbstwert) tangiert sind.

Ein Therapeut sollte sein Loben hinterfragen; Loben kann unangebracht oder ungünstig sein:

- Loben kann einem Patienten so fremd sein, dass er verunsichert ist und nicht weiß, wie er sich verhalten soll.
- Ein Lob kann ihn ängstigen, wenn Loben in seiner Lerngeschichte verpönt war und zentrale Werte einem Lob entgegenstehen (Eigenlob stinkt; Loben führt zu Eitelkeit und Selbstgefälligkeit).
- Ein Patient kann aus einem Lob einen versteckten Vorwurf herauslesen: »Es geht doch, (wenn Sie sich anstrengen).«
- Lob kann ein Hinweis darauf sein, dass eine weitere Belastung kommen wird, die mit Anstrengung verbunden ist: »Die Übung ist ja gut gelaufen, dann können Sie gleich zur nächstschwierigeren gehen.«
- Lob kann als Ansporn zur Selbstoptimierung verstanden werden und zu hohe und unrealistische Erwartungen an die Möglichkeiten einer Person wecken.

Als eine Variante, sich gegen das Lob vom Therapeuten abzugrenzen, unterstellt ihm der Patient, dass er ihn ohne tatsächlichen Anlass lobt. Der folgende Dialog entstammt einem späteren Gespräch mit Frau Otto:

P.: »Sie loben mich ja nur, weil Sie müssen, so als Therapeut und so.«

Th.: …

P.: »Na ja, es ist die feinere Form des Konditionierens, statt Smarties kriege ich ein Lob.«

Th.: »Oh, Sie sehen sich hier in einer Art Labor?«

P.: »… Labor vielleicht nicht, aber ich merk das schon, das Loben. Und dass Sie das gezielt machen.«

Th.: »Das ist richtig.«

P. »Das ist mir unangenehm …«

Th.: »Das glaub ich Ihnen sogar. Und es ist richtig, dass ich Sie lobe, weil ich Ihr Therapeut bin. Wer lobt Sie schon, besser: von wem lassen Sie sich loben. Für mich ist es richtig, dass gelobt wird, wenn was gut war. Ihnen müsste aufgefallen sein, dass ich Sie nur gelobt habe, wenn etwas gut geklappt hat. Bei der Bahnfahrt nach Belgien musste ich fast Gewalt anwenden, um mein Lob aussprechen zu können.«

P. … kichert … Ich kann mich erinnern. War aber richtig … Daran muss ich ab und zu denken.«

Geläufige Fragen zum Loben

- »Für was werden Sie üblicherweise gelobt? Wie häufig? Zu welchen Anlässen?«
- »Wann wurden Sie zuletzt gelobt? Was war da passiert? Konnten Sie dieses Lob annehmen?«
- »Wie fühlen Sie sich, wenn Sie gelobt werden?«
- »Von wem werden Sie gelobt?«
- »Von wem werden Sie nicht gelobt, obwohl es angemessen wäre?«
- »Von welchem Menschen erwarten Sie Lob?«
- »Für was sollten Sie von wem gelobt werden bzw. Anerkennung finden?«
- »Können Sie generell Lob annehmen?«
- »Für was wäre es Ihnen peinlich, gelobt zu werden?«
- »Von wem wäre es Ihnen peinlich, gelobt zu werden?«
- »Welche Regel, welches Bild über sich selber, steht einem Lob im Wege?«
- »Warum ist es so schwer, ein Lob anzunehmen? Was geht Ihnen dann durch den Kopf, was haben Sie sich gedacht, wie haben Sie sich gefühlt?«
- »Gab es Zeiten, in denen Sie ein Lob oder ein Kompliment gut/besser annehmen konnten? Wie war das als Kind? Hat sich das in der Pubertät geändert?«

Das folgende Schema hat sich diagnostisch wie therapeutisch bewährt. Es kann als Arbeitsblatt dem Patienten vorgelegt werden oder dem Therapeuten als Fragehilfe dienen. Der Patient wird gebeten, etwas Anerkennendes über sich zu sagen Was fällt ihm leicht, was ist für ihn schwierig zu sagen? In der folgenden Tabelle (► Tab. 27.1) ist das Schema als Beispiel ausgefüllt:

Tab. 27.1: Was leicht und schwierig zu sagen ist

	Es fällt mir leicht zu sagen	**Es ist für mich schwierig zu sagen**
Fähigkeit	*Ich kann gut zuhören.*	*Ich kann exzellent flirten.*
Aussehen	*Mir gefallen meine Füße.*	*Ich bin ein gutaussehender Mann.*
Eigenschaft	*Ich bin ein ehrlicher Mensch.*	*Ich bin klug.*

28 Schlusswort

Liebe Leserin, lieber Leser,

da Sie sich für dieses Buch entschieden haben, vermute ich, dass Sie in irgendeinem therapeutischen Umfeld arbeiten und spreche Sie deshalb als Kollegin und als Kollege an.

Unser Beruf erlaubt es uns, nach Lösungen für Probleme zu suchen. Für mich ist es eine intellektuelle Freude, eine problematische Situation aufzudröseln und sie psychologisch zu verstehen. Solche Situationen sind immer komplex. Ich kenne nur zu gut den Augenblick, wenn ich mich frage, ob ich einen Zugang finde. Schaffe ich es, ein Ende des Ariadnefadens zu finden? Richtig spannend wird es, wenn eine Verhaltensanalyse zu dem entscheidenden Punkt oder zu solchen Bedingungen führt, die eine Lösung versprechen. Als wäre das nicht befriedigend genug. In den anschließenden Therapiestunden können wir erfahren, ob wir richtig gedacht haben. Und: Haben wir mal nicht richtig gedacht, dann haben wir Neues dazugelernt. Für diesen Prozess halte ich die in diesem Buch vorgestellte funktionale Analyse für ein hervorragendes Instrument. Es liegt mir am Herzen, dass diese Methode nicht in Vergessenheit gerät. Sie hilft nicht immer weiter, wie sollte sie auch. Sie gehört aber zu unserem Handwerkszeug, das wir beherrschen müssen. Darüber hinaus aber sollten wir immer offen für Lösungen anderer therapeutischer Orientierungen sein.

Zur Charakterisierung der augenblicklichen Therapiesituation spricht ein sehr geschätzter Kollege und Gutachter von einer Diagnose- und Manualbesessenheit. Dieser Logik folgend, kann z. B. bei der Aufnahme in eine Rehaklinik nach einer Leitfadenbefragung oder Fragebogenuntersuchung ein Patient einer ICD-Klassifizierung zugeordnet werden. Diese ist quasi die Eintrittskarte für eine manualisierte Gruppentherapie. Unter Versorgungsgesichtspunkten ist das eine sinnvolle Maßnahme, sie muss aber nicht das zentrale Problem treffen. Die im Buch vorgestellte Frau Wege z. B. profitierte von einer manualisierten Angstgruppe in einer Rehaklinik: Sie konnte ihre Angst besser kontrollieren. Letztendlich aber war die thematisierte Angst nicht ihr zentrales Thema. In der anschließenden Einzeltherapie imponierte, wie ungeschickt die Patientin im sozialen Umfeld agierte, sodass die Frage nahe lag: Was braucht die Patientin, um ihr Leben zu meistern? Diese Frage ist nicht genuin verhaltenstherapeutisch, auch Therapeuten mit anderen klinischen Ausrichtungen sollten sie stellen. Sie ist psychologisch sinnvoll und getriggert vom Wissen um die Bedeutung von Ressourcen. In der Verhaltensdiagnostik wurde diese Art zu denken und fragen von Kanfer und Saslow 1965 eingeführt, also vor 60

Jahren. Auch heute ist dieser Aufsatz aktuell und eine Antwort auf die Manualgläubigkeit, zumindest für eine Einzelbehandlung.

Dieses Beispiel illustriert einen weiteren Sachverhalt – dass nämlich ein guter Verhaltenstherapeut in erster Linie Psychologe, danach Klinischer Psychologe und dann erst Verhaltenstherapeut ist.

Es gibt Aspekte in diesem Buch, die mir persönlich ganz besonders wichtig sind oder die mir besondere Freude beim Formulieren brachten. Einen will ich hervorheben: Bei Härtig, gelernter Koch, der zum Philosophen umsattelte, habe ich über die Philosophie der Dinge gelesen. Diese fordert dazu auf, Objekte und Vorgänge zu beobachten, nicht als Akteur, sondern als Explorateur. Nur so werden deren Besonderheiten und Schönheiten erfahrbar. In der *Kleinen Schule des Genießens* lernen Patienten, ihre Sinne (wieder) auf schöne Objekte und euthyme Vorgänge zu richten. Die Effekte sind umwerfend: Patienten riechen an Heu, lächeln, sind guter Dinge und holen aus der hintersten Ecke ihres Langzeitgedächtnisses die Erinnerungen an glückliche Ferien bei den Großeltern auf dem Bauernhof hervor. Ein Patient zeigt auf diesem Weg eine ganz andere Seite, nämlich seine gesunde. Diese zu stärken, hilft bei seiner Gesundung. Solche Erfahrungen führen zur therapeutischen Haltung, einen Patienten umfassender anzuschauen, nicht nur nach Störungen zu suchen, sondern auch seine positiven Besonderheiten, Skurriles wie Liebenswürdiges wahrzunehmen. Eine solche respektvolle Beobachtung von Patienten schützt uns vor unserem mehr oder weniger ausgeprägten therapeutischen Narzissmus.

Härtig meint, dass diese Art zu denken Respekt, Neugierde und Bescheidenheit fordert. Vielleicht ist es genau umgekehrt, dass nämlich diese Art zu denken zu Bescheidenheit, Neugierde und Respekt führt.

Beim Durchblättern des Buchmanuskriptes ist mir noch einmal deutlich geworden, welch wunderbaren Beruf wir haben. Natürlich bringt er Belastungen vielfältiger Art mit sich. Es überwiegen aber die guten Momente. In welchem Beruf kann man schon seinem Gegenüber während eines Gespräches sagen, dass man kurz nachdenken will? Und in welchem Beruf kann man schon bei aller Ernsthaftigkeit des Themas mit seinen Patienten auch lachen?

Verzeichnisse

Literatur

Abramson, L. Y., & Alloy, L. B. (1981). Depression, nondepression, and cognitive illusions: Reply to Schwartz. *Journal of Experimental Psychology: General, 110*(3), 436–447. https://doi.org/10.1037/0096-3445.110.3.436

Ahn, J. S., & Scheidt, C. E. (2023). Qualität der therapeutischen Beziehung und nonverbale Interaktion in der videobasierten Psychotherapie: Systematisches Review. *Die Psychotherapie, 68*(1), 21–27. https://doi.org/10.1007/s00278-022-00625-7

Alheit, P. (2005). Biographie und Mentalität: Spuren des Kollektiven im Individuellen. In B. Völter, B. Dausien, H. Lutz, & G. Rosenthal (Hrsg.), *Biographieforschung im Diskurs* (S. 21–45). Wiesbaden: VS Verlag für Sozialwissenschaften. https://doi.org/10.1007/978-3-663-09432-6_2

Antonovsky, A. (1979). *Health, stress, and coping.* San Francisco: Jossey-Bass Publishers.

Argelander, H. (2014). Das Erstinterview in der Psychotherapie. wbg Academic.

Aron, A., Dutton, D. G., Aron, E. N., & Iverson, A. (1989). Experiences of Falling in Love. *Journal of Social and Personal Relationships, 6*(3), 243–257. https://doi.org/10.1177/0265407589063001

Aronson, E., Wilson, T. D., & Sommers, S. R. (2023). *Sozialpsychologie* (10., aktualisierte Auflage). Pearson.

Assmann, J. (1988). Kollektives Gedächtnis und kulturelle Identität. In J. Assmann (Hrsg.), *Kultur und Gedächtnis* (S. 9–19). https://doi.org/10.11588/PROPYLAEUMDOK.00001895

Baldwin, S. A., & Imel, Z. E. (2013). Therapist Effects: Findings and Methods. In M. J. Lambert (Hrsg.), *Bergin and Garfield's handbook of psychotherapy and behavior change* (6. Ausgabe, S. 258–297). New York: Wiley.

Baltes, P. B., & Smith, J. (1990). Weisheit und Weisheitsentwicklung: Prolegomena zu einer psychologischen Weisheitstheorie. *Zeitschrift für Entwicklungspsychologie und Pädagogische Psychologie, 22*(2), 95–135.

Baltes, P. B., Glück, J., & Kunzmann, U. (2002). Wisdom: Its structure and function in regulating successful life span development. In C. R. Snyder & S. J. Lopez (Hrsg.), *Handbook of positive psychology* (S. 327–347). New York: Oxford University Press.

Bandura, A. (1977). *Social learning theory.* Englewoood Cliffs, NJ: Prentice-Hall.

Bargh, J. A., Chen, M., & Burrows, L. (1996). Automaticity of social behavior: Direct effects of trait construct and stereotype activation on action. *Journal of Personality and Social Psychology, 71*(2), 230–244. https://doi.org/10.1037/0022-3514.71.2.230

Baumann, K., & Linden, M. (2021). Weisheitstherapie. In M. Linden & M. Hautzinger (Hrsg.), *Verhaltenstherapiemanual—Erwachsene* (9. Auflage, S. 437–443). Berlin, Heidelberg: Springer-Verlag.

Beck, A. T. (1976). *Cognitive Therapy and the Emotional Disorders.* New York: International Universities Press Inc.

Becker, P. (1997). *Psychologie der seelischen Gesundheit* (Vol. 1). Hogrefe.

Beckmann, D. (1974). *Der Analytiker und sein Patient: Untersuchungen zur Übertragung und Gegenübertragung.* Huber.

Berne, E. (2002). *Spiele der Erwachsenen: Psychologie der menschlichen Beziehungen* (21. Auflage, Neuausgabe). Rowohlt-Taschenbuch-Verlag.

Bernstein, D. A., & Borkovec, T. D. (2007). Entspannungs-Training: Handbuch der progressiven Muskelentspannung nach Jacobson. Stuttgart: Klett-Cotta.

Beutler, L. E., & Wong, E. C. (2007). Individualisierte Behandlungsplanung. In B. Strauss, F. Hohagen, & F. Caspar (Hrsg.), Lehrbuch der Psychotherapie (S. 119–1142). Hogrefe.
Biermann-Ratjen, E.-M., Eckert, J., & Schwartz, H.-J. (2016). Gesprächspsychotherapie: Verändern durch Verstehen (10. aktualisierte und erweiterte Auflage). Stuttgart: Kohlhammer Verlag.
Bodenmann, G., Perrez, M., & Schär, M. (2016). Klassische Lerntheorien: Grundlagen und Anwendungen in Erziehung und Psychotherapie (3., unveränderte Auflage). Hogrefe.
Bohart, A. C., & Wade, A. G. (2013). The Client in Psychotherapy. In M. J. Lambert (Hrsg.), Bergin and Garfield's Handbook of Psychotherapy and Behavior Change (6. Ausgabe). Hoboken, NJ: John Wiley & Sons Inc.
Bohus, M., & Wolf-Arehult, M. (2016). Interaktives Skillstraining für Borderline-Patienten: Das Therapeutenmanual: mit 158 Info- und Arbeitsblättern (2., aktualisierte und erweiterte Auflage). Stuttgart: Schattauer.
Bollmann, S., Köhler, S., Guhn, A., Schamong, I., Sterzer, P., & Brakemeier, E.-L. (2021). Differentielle Beziehungsgestaltung in der Verhaltenstherapie: Auf dem Weg zu einer evidenzbasierten individualisierten Beziehungsgestaltung. Verhaltenstherapie, 31(4), 267–285. https://doi.org/10.1159/000511640
Bonanno, G. A., & Mancini, A. D. (2008). The Human Capacity to Thrive in the Face of Potential Trauma. Pediatrics, 121(2), 369–375. https://doi.org/10.1542/peds.2007-1648
Bracken, B. A. (1992). Multidimensional Self Concept Scale (MSCS) [Database record] [Dataset]. American Psychological Association (APA). https://doi.org/10.1037/t01247-000
Breder, C. (2001). Ärztliches Gesprächsverhalten: Aktiv zuhören und effektiv informieren. Deutsches Ärzteblatt, 26.
Brehm, J. W. (1966). *A theory of psychological reactance.* Academic Press.
Breithaupt, F. (2025). *Die dunklen Seiten der Empathie* (7. Auflage). Suhrkamp.
Brinkmann, S. (2018). Pfeif drauf! Schluss mit dem Selbstoptimierungswahn. Knaur.
Brunstein, J. C., Maier, G. W., & Dargel, A. (2007). Persönliche Ziele und Lebenspläne: Subjektives Wohlbefinden und proaktive Entwicklung im Lebenslauf. In J. Brandtstädter & U. Lindenberger (Hrsg.), *Entwicklungspsy+chologie der Lebensspanne. Ein Lehrbuch* (S. 270–304). Stuttgart: Kohlhammer.
Bühler, K. (1999). *Sprachtheorie: Die Darstellungsfunktion der Sprache* (3. Auflage., ungekürzter Neudr. d. Ausg. Jena, Fischer, 1934). Lucius und Lucius.
Büther, A. (2017). Die Sprache des Raums. In A. Abel & B. Rudolf (Hrsg.), *Architektur wahrnehmen.* Bielefeld: Transcipt.
Carver, C. S., & Scheier, M. (2003). Optimism. In S. J. Lopez & C. R. Snyder (Hrsg.), *Positive Psychological Assesment. A Handbook of Models and Measures* (S. 75–89). American Psychology Association.
Caspar, F. (1989). *Beziehungen und Probleme verstehen: Eine Einführung in die psychotherapeutische Plananalyse.* Hogrefe.
Caspar, F. (2009). Plananalyse und Schemaanalyse. *Verhaltenstherapie & Verhaltensmedizin, 30*(1), 24–34.
Caspar, F., & Deutsche Gesellschaft für Verhaltenstherapie (Hrsg.) (1996). *Psychotherapeutische Problemanalyse.* Tübingen: DGTV.
Clark, D. M., & Wells, A. (1995). A cognitive model of social phobia. In R. G. Heimberg, M. R. Liebowitz, D. A. Hope, & F. R. Schneier (Hrsg.), *Social phobia: Diagnosis, assessment, and treatment* (S. 69–93). New York: The Guilford Press.
Cohn, R. C. (1975). *Von der Psychoanalyse zur themenzentrierten Interaktion: Von der Behandlung einzelner zu einer Pädagogik für alle.* Stuttgart: Ernst Klett Verlag.
Conen, M.-L., & Cecchin, G. (2022). *Wie kann ich Ihnen helfen, mich wieder loszuwerden? Therapie und Beratung mit unmotivierten Klienten und in Zwangskontexten* (8. Auflage). Heidelberg: Carl-Auer-Systeme Verlag.
Crits-Christoph, P., Gibbons, M. B. C. G., & Mukherjee, D. (2013). Psychotherapy Process-Outcome Research. In M. J. Lambert (Hrsg.), *Bergin and Garfield's handbook of psychotherapy and behavior change* (6. Auflage, S. 298–340). New York: Wiley.
Csikszentmihalyi, M., & Rochberg-Halton, E. (1989). *Der Sinn der Dinge: Das Selbst und die Symbole des Wohnbereichs.* Psychologie-Verl.-Union.

Davitz, J. R. (1972). Die Auswirkungen eines Trainingsprogrammes auf das Verhalten nach einer Frustrationssituation. In O. M. Ewert (Hrsg.), *Entwicklungspsychologie Band 1* (S. 193–200). Köln: Kiepenheuer & Witsch.

De Shazer, S. (2019). *Der Dreh: Überraschende Wendungen und Lösungen in der Kurzzeittherapie* (14. Auflage). Heidelberg: Carl-Auer Verlag GmbH.

Deneke, F. W., Ahrens, S., Bühring, B., Haag, A., Lamparter, U., Richter, R., & Stuhr, U. (1987). Wie erleben sich Gesunde? *Psychotherapie, Psychosomatik, Medizinische Psychologie, 37*(5), 156–160.

Deneke, F.-W., Lamparter, U., & Stuhr, U. (2009). Das zentrale Selbstkonzept von Gesunden: Ein retrospektiver Blick auf das »Hamburger-Gesunden-Projekt«. *Forum der Psychoanalyse, 25*(4), 363–377. https://doi.org/10.1007/s00451-009-0024-x

Dollard, J., & Miller, N. E. (1950). Personality and psychotherapy. An analysis in terms of learning, thinking, and culture. New York: McGraw-Hill.

Dunne, L. (2017). Lagom: Glücklich leben in Balance. München: Callwey.

Eckert, J. (2008). Die Bindung von Psychotherapeuten. In B. Strauß (Hrsg.), Bindung und Psychopathologie (S. 332–349). Stuttgart: Klett-Cotta.

Ellis, A. (1977). Die rational-emotive Therapie: Das innere Selbstgespräch bei seelischen Problemen und seine Veränderung. Pfeiffer.

Epstein, S. (1973). The self-concept revisited: Or a theory of a theory. American Psychologist, 28(5), 404–416. https://doi.org/10.1037/h0034679

Erdmann, G., & Janke, W. (2008). Stressverarbeitungsfragebogen Stress, Stressverarbeitung und ihre Erfassung durch ein mehrdimensionales Testsystem (4., überarbeitete und erweiterte Auflage). Göttingen: Hogrefe.

Falkenberg, D. I., McGhee, P. E., Wild, B., & Hautzinger, M. (2021). *Humorfähigkeiten trainieren: Manual für die psychiatrisch-psychotherapeutische Praxis* (2., überarbeitete und erweiterte Auflage). Stuttgart: Schattauer.

Farber, B. A. (2003). Patient self-disclosure: A review of the research. *Journal of Clinical Psychology, 59*(5), 589–600. https://doi.org/10.1002/jclp.10161

Farber, B. A., & Sohn, A. E. (2007). Patterns of self-disclosure in psychotherapy and marriage. *Psychotherapy: Theory, Research, Practice, Training, 44*(2), 226–231. https://doi.org/10.1037/0033-3204.44.2.226

Farrelly, F., & Brandsma, J. M. (1986). *Provokative Therapie.* Heidelberg: Springer.

Feil, N., & Klerk-Rubin, V. de. (2010). *Validation: Ein Weg zum Verständnis verwirrter alter Menschen* (9. dt. Auflage 2010: Auf der Grundlage der 8. Auflage überarbeitet und erweitert von Vicki de Klerk-Rubin). München: Ernst Reinhardt Verlag.

Fliegel, S., & Kämmerer, A. (Hrsg.) (2009). *Psychotherapeutische Schätze II.* dgvt Verlag.

Fordyce, W. E. (1976). *Behavioral methods for chronic pain and illness.* Mosby.

Förstl, H. (2020). Theory of Mind und altersassoziierte Egozentrizität. *Psychotherapie im Alter, 17*(4), 417–430. https://doi.org/10.30820/1613-2637-2020-4-417

Frank, R. H. (2020). *Under the influence: Putting peer pressure to work.* Princeton, NJ: Princeton University Press.

Frankl, V. E. (1955). *Pathologie des Zeitgeistes.* Wien: Franz Deuticke.

Frase, L., Duss, S. B., Gieselmann, A., Penzel, T., Wetter, T. C., & Pollmächer, T. (2020). Internetbasierte kognitive Verhaltenstherapie der Insomnie und Albtraumstörung. *Der Nervenarzt, 91*(7), 617–623. https://doi.org/10.1007/s00115-019-00803-0

Freud, S. (1960). *Das Unbewußte—Schriften zur Psychoanalyse.* Frankfurt am Main: Fischer Verlag.

Freud, S. (1999). Ratschläge für den Arzt bei der psychoanalytischen Behandlung [1912]. In *Gesammelte Werke—Chronologisch geordnet, Bd. VIII: Werke aus den Jahren 1909–1913* (S. 376 ff.). Frankfurt am Main:Fischer Verlag.

Gallese, V. (2005). Embodied simulation: From neurons to phenomenal experience. *Phenomenology and the Cognitive Sciences, 4*(1), 23–48. https://doi.org/10.1007/s11097-005-4737-z

Gan, G., Ma, R., Reichert, M., Giurgiu, M., Ebner-Priemer, U. W., Meyer-Lindenberg, A., & Tost, H. (2021). Neural Correlates of Affective Benefit From Real-life Social Contact and Implications for Psychiatric Resilience. *JAMA Psychiatry, 78*(7), 790. https://doi.org/10.1001/jamapsychiatry.2021.0560

Garmezy, N. (1991). Resilience in Children's Adaptation to Negative Life Events and Stressed Environments. *Pediatric Annals, 20*(9), 459–466. https://doi.org/10.3928/0090-4481-19910901-05

Gebauer, T. (2017). Fit für die Katastrophe. Ein neues entwicklungspolitisches Modewort verhindert Ursachenbekämpfung. In Medico International e.V (Hrsg.), *Fit für die Katastrophe? Kritische Anmerkungen zum Resilienzdiskurs im aktuellen Krisenmanagement* (Originalausgabe). Gießen: Psychosozial-Verlag.

Gebhard, C. (2012). Sprechtempo im Sprachvergleich: Eine Untersuchung phonologischer und kultureller Aspekte anhand von Nachrichtensendungen. Philosophische Fakultät II Humboldt-Universität zu Berlin.

Goffman, E. (2003). Wir alle spielen Theater: Die Selbstdarstellung im Alltag. München: Piper.

Grawe, K. (2000). Psychologische Therapie (2., korrigierte Auflage). Hogrefe.

Gross, A., & Steins, G. (1998). Geschlechtsspezifische Auswirkungen von empathischem vs. Kritischem Kommunikationsstil auf die Befindlichkeit in einem therapeutischen Erstgespräch. Zeitschrift für Klinische Psychologie, 27, 262–270.

Habermas, T. (1996). Geliebte Objekte: Symbole und Instrumente der Identitätsbildung. Berlin, Boston: De Gruyter. https://doi.org/10.1515/9783110819151

Habermas, T., & Fesel, D. (2022). Erzählen in psychodynamischen Psychotherapien. *Psychotherapeut, 67*(2), 110–115. https://doi.org/10.1007/s00278-021-00555-w

Hand, I. (2002). Behaviour Therapy. In A. Pritz (Hrsg.), *Globalized psychotherapy* (S. 635–645). Wien: Facultas Universitätsverl.

Hand, I. (2014). Verhaltenstherapie – Panta Rhei? 15 Jahre Psychotherapeutengesetz – and Where Are We? *Verhaltenstherapie, 24*(3), 151–155. https://doi.org/10.1159/000367581

Härtig, M. (2018). Die Weisheit der Dinge – Über eine Philosophie der Japanischen Küche. In S. Paul (Hrsg.), *Die Philosophie des Kochens.* Hamburg: mairisch Verlag.

Härtig, M., von Hellermann, F., & Stabe, H. (2019). *Lob des Unscheinbaren über die verborgene Weisheit und Schönheit unseres alltäglichen Essens.* AT Verlag.

Hasenbein, M. (2023a). *Mensch und KI in Organisationen: Einfluss und Umsetzung Künstlicher Intelligenz in wirtschaftspsychologischen Anwendungsfeldern.* Berlin, Heidelberg: Springer. https://doi.org/10.1007/978-3-662-66375-2

Hasenbein, M. (2023b). Psychologische Perspektive auf Künstliche Intelligenz. In M. Hasenbein (Hrsg.), *Mensch und KI in Organisationen: Einfluss und Umsetzung Künstlicher Intelligenz in wirtschaftspsychologischen Anwendungsfeldern* (S. 7–20). Berlin, Heidelberg: Springer. https://doi.org/10.1007/978-3-662-66375-2_2

Hautzinger, M. (Hrsg.) (2011). *Kognitive Verhaltenstherapie: Behandlung psychischer Störungen im Erwachsenenalter* (Originalausgabe). Weinheim: Beltz.

Hautzinger, M., van Gülick-Bailer, M., & Gallagher, E. (1991). *Differentielle Therapieeffekte und Veränderungsverläufe bei der Behandlung neurotisch-depressiver Patienten. 2*(12), 106–120.

Hayes, S. C., & Hofmann, S. G. (Hrsg.) (2018). *Process-based CBT: The science and core clinical competencies of cognitive behavioral therapy.* Oakland: New Harbinger Publications, Inc.

Herpertz, S. C. (2020). Modulare Psychotherapie bei der Borderline-Persönlichkeitsstörung: Konzeptueller, empirisch informierter Beitrag. *Psychotherapeut, 65*(5), 331–336. https://doi.org/10.1007/s00278-020-00444-8

Herrmann, T. (1982). *Sprechen und Situation: Eine psychologische Konzeption zur situationsspezifischen Sprachproduktion.* Berlin, Heidelberg: Springer. https://doi.org/10.1007/978-3-662-13022-3

Herrmann, T. (2005). *Sprache verwenden: Funktionen – Evolution – Prozesse* (1. Auflage). Stuttgart: Kohlhammer.

Hobfoll, S. E. (2001). The Influence of Culture, Community, and the Nested-Self in the Stress Process: Advancing Conservation of Resources Theory. *Applied Psychology, 50*(3), 337–421. https://doi.org/10.1111/1464-0597.00062

Hoffmann, N., & Hofmann, B. (2020): *Selbstfürsorge für Therapeuten und Berater Grundlagen und Anwendung. Mit Online-Material* (3. Auflage). Weinheim: Beltz.

Höger, D. (2007). Der Personzentrierte Ansatz und die Bindungstheorie. In J. Kriz & T. Slunecko (Hrsg.), *Gesprächspsychotherapie: Die therapeutische Vielfalt des personzentrierten Ansatzes* (1. Auflage, S. 64–78). Wien: Facultas UTB.

Holland, J. G., & Skinner, B. F. (1974). *Analyse des Verhaltens* (2., überarbeitete. Aufl.). München: Urban & Schwarzenberg.
Hoyer, J., & Wittchen, H.-U. (2011). Gesprächsführung in der Klinischen Psychologie und Psychotherapie. In H.-U. Wittchen & J. Hoyer (Hrsg.), *Klinische Psychologie & Psychotherapie* (S. 435–448). Berlin, Heidelberg: Springer. https://doi.org/10.1007/978-3-642-13018-2_18
Hoyer, J., Jakobi, F., & Leibing, E. (2003). Gesprächsführung in der Verhaltenstherapie. In W. Willer & E. Leibing (Hrsg.), *Lehrbuch der Psychotherapie. Verhaltenstherapie (Vol. 2)* (S. 85–102). CIP-Medien. https://doi.org/10.1007/978-3-642-13018-2_18
Hubble, M. A., Duncan, B. L., Miller, S. D., & Wampold, B. E. (Hrsg.) (2001). *The Heart and Soul of Change: What Works in Therapy.* American Psychological Association.
Iyengar, S. S., & Lepper, M. R. (2000). When choice is demotivating: Can one desire too much of a good thing? *Journal of Personality and Social Psychology, 79*(6), 995–1006. https://doi.org/10.1037/0022-3514.79.6.995
Jack, M. (2007). *FERUS – Fragebogen zur Erfassung von Ressourcen und Selbstmanagementfähigkeiten* (1. Auflage). Hogrefe Verlag.
Jaeggi, E. (2001). *Und wer therapiert die Therapeuten?* Stuttgart: Klett-Cotta.
James, W. (1890). *The principles of psychology, Vol I.* New York: Henry Holt and Co. https://doi.org/10.1037/10538-000
Jaramillo, J., Schmidt, R., & Kempter, R. (2014). Modeling Inheritance of Phase Precession in the Hippocampal Formation. *The Journal of Neuroscience, 34*(22), 7715–7731. https://doi.org/10.1523/JNEUROSCI.5136-13.2014
Jones, M. C. (1924). A Laboratory Study of Fear: The Case of Peter. *Pedagogical Seminary, 31*, 308–316. https://doi.org/10.1080/00221325.1991.9914707
Jung, C. G. (1921). *Psychologische Typen.* Zürich: Rascher & Cie Verlag.
Kalender, A., & Pfeifer, E. (2024). Die Pathologie des Zeitgeistes und ihre kollektiven Fehlhaltungen. *Psychotherapeutenjournal, 4*, 385–392.
Kandel, E. R. (2012). *The age of insight: The quest to understand the unconscious in art, mind, and brain: from Vienna 1900 to the present.* Random House.
Kanfer, F. H., & Phillips, J. S. (1970). *Learning foundations of behavior therapy.* New York: Wiley.
Kanfer, F. H., & Saslow, G. (1965). Behavioral Analysis: An Alternative to Diagnostic Classification. *Archives of General Psychiatry, 12*(6), 529–538. https://doi.org/10.1001/archpsyc.1965.01720360001001
Kanfer, F. H., Reinecker, H., & Schmelzer, D. (1996). *Selbstmanagement-Therapie.* Berlin, Heidelberg: Springer. https://doi.org/10.1007/978-3-642-19366-8
Kassin, S. M., & Kiechel, K. L. (1996). The Social Psychology of False Confessions: Compliance, Internalization, and Confabulation. *Psychological Science, 7*(3), 125–128. https://doi.org/10.1111/j.1467-9280.1996.tb00344.x
Kaswell, A. S., & Martin, G. N. (2001). It's Good to Be a YAVIS. *Annals of Improbable Research, 7*(2).
Keeley, B. L. (1999). Of Conspiracy Theories. *The Journal of Philosophy, 96*(3), 109–126. https://doi.org/10.2307/2564659
King, V., Gerisch, B., & Rosa, H. (Hrsg.) (2021). Lost in perfection: Zur Optimierung von Gesellschaft und Psyche. Suhrkamp.
Kiropoulos, L. A., Klein, B., Austin, D. W., Gilson, K., Pier, C., Mitchell, J., & Ciechomski, L. (2008). Is internet-based CBT for panic disorder and agoraphobia as effective as face-to-face CBT? *Journal of Anxiety Disorders, 22*(8), 1273–1284. https://doi.org/10.1016/j.janxdis.2008.01.008
Klug, G., Henrich, G., Kächele, H., Sandell, R., & Huber, D. (2008). Die Therapeutenvariable: Immer noch ein dunkler Kontinent? *Psychotherapeut, 53*(2), 83–91. https://doi.org/10.1007/s00278-008-0598-6
Kraepelin, E. (1886). Ueber Erinnerungsfälschungen. *Archiv für Psychiatrie und Nervenkrankheiten, 17*(3), 830–843.
Kraiker, C. (1980). *Psychoanalyse, Behaviorismus, Handlungstheorie: Theoriekonflikte in der Psychologie.* Hamburg: Kindler.

Krüger, J., Siegert, I., & Junne, F. (2022). Künstliche Intelligenz für die Sprachanalyse in der Psychotherapie – Chancen und Risiken. *PPmP – Psychotherapie · Psychosomatik · Medizinische Psychologie*, *72*(9/10), 395–396. https://doi.org/10.1055/a-1915-2589
Laing, R. D., Phillipson, H., & Lee, A. R. (1971). *Interpersonelle Wahrnehmung.* Suhrkamp.
Lambert, M. J. (2010). *Prevention of treatment failure: The use of measuring, monitoring, and feedback in clinical practice.* American Psychological Association. https://doi.org/10.1037/12141-000
Lammers, C.-H. (2017). *Therapeutische Beziehung und Gesprächsführung: Techniken der Verhaltenstherapie.* (Deutsche Erstausgabe). Weinheim: Beltz.
Laney, C., & Loftus, E. F. (2005). Traumatic Memories are Not Necessarily Accurate Memories. *The Canadian Journal of Psychiatry*, *50*(13), 823–828. https://doi.org/10.1177/070674370505001303
Latour, B. (2007). *Eine neue Soziologie für eine neue Gesellschaft: Einführung in die Akteur-Netzwerk-Theorie* (1. Auflage). Suhrkamp.
Lau, C., Zhu, X., & Chan, W.-Y. (2023). Automatic depression severity assessment with deep learning using parameter-efficient tuning. *Frontiers in Psychiatry*, *14*(1160291). https://doi.org/10.3389/fpsyt.2023.1160291
Lazarus, A. A. (1971). *Behavior therapy and beyond.* New York: McGraw-Hill.
LeDoux, J. E. (2001). *Das Netz der Gefühle: Wie Emotionen entstehen.* München: Deutscher Taschenbuch-Verlag.
Leicht, C., & Lutz, R. (1999). Keine Zeit, keine Zeit: Trotzdem: Selbstfürsorge für Mütter. In R. Lutz, N. Mark, U. Bartmann, E. Hoch, & F.-M. Stark (Hrsg.), *Beiträge zur Euthymen Therapie* (S. 149–157). Freiburg im Breisgau: Lambertus.
Lewinsohn, P. M., & Libet, J. (1972). Pleasant events, activity schedules, and depressions. *Journal of Abnormal Psychology*, *79*(3), 291–295. https://doi.org/10.1037/h0033207
Linden, M., & Hautzinger, M. (Hrsg.) (2022). *Verhaltenstherapiemanual – Erwachsene.* Berlin, Heidelberg: Springer. https://doi.org/10.1007/978-3-662-62298-8
Linehan, M. (1996). *Dialektisch-behaviorale Therapie der Borderline-Persönlichkeitsstörung.* München: CIP-Medien.
Loftus, E. F. (1993). Made in Memory: Distortions in Recollection After Misleading Information. In G. Bower (Hrsg.), *The psychology of learning and motivation: Advances in research and theory* (Bd. 30, S. 187–215). Academic Press. https://doi.org/10.1016/s0079-7421(08)60124-3
Lutz, R. (1978). Das verhaltensdiagnostische Interview: Eine Anleitung zur Gesprächsführung in Diagnostik, Therapie und Beratung (1. Auflage). Stuttgart: Kohlhammer.
Lutz, R. (1982). Verhaltenstherapeutisch fundierte Selbsterfahrung. Mitteilungen der DGVT, 4, 608–618.
Lutz, R. (1985). Wirkmechanismen und differentielle Effekte unterschiedlicher Entspannungstechniken. In F. H. Hehl, V. Ebel, & W. Ruch (Hrsg.), Diagnostik psychischer und psychophysiologischer Störungen. Vol. 2 (S. 217–230). Berlin: Deutscher Psychologen Verlag.
Lutz, R. (1998). Indikatoren von Gesundheit und Krankheit: Zur Bedeutung des Itemformats. In J. Margraf, J. Siegrist, & S. Neumer (Hrsg.), Gesundheits- oder Krankheitstheorie? Saluto- versus pathogenetische Ansätze im Gesundheitswesen (S. 85–99). Berlin, Heidelberg: Springer.
Lutz, R. (1999). MUM – Das Marburger Untersuchungsinstrumentarium. Unveröffentlichtes Manuskript.
Lutz, R. (2007). Selbstfürsorge und verhaltenstherapeutische Selbsterfahrung. Verhaltenstherapie & Verhaltensmedizin, 2(28), 205–228.
Lutz, R. (2009). Genuss zum Anfassen. In S. Fliegel & A. Kämmerer (Hrsg.), Psychotherapeutische Schätze III. Tübingen: dgvt Verlag.
Lutz, R. (2018). Euthyme Grundlagen der Verhaltenstherapie. In J. Margraf (Hrsg.), *Lehrbuch der Verhaltenstherapie. Vol. 1: Grundlagen, Diagnostik, Verfahren, Rahmenbedingungen psychologischer Therapie* (S. 171–183). Berlin, Heidelberg: Springer.
Lutz, R., & Koppenhöfer, E. (1983). Kleine Schule des Genießens. In R. Lutz (Hrsg.), *Genuß und Genießen* (S. 112–125). Weinheim: Beltz.

Lutz, R., & Michalak, U. (unpublished). Schmerzprojekt, 2002. *Forschungsbericht der Edertal Klinik und des Fachbereichs Psychologie der Philipps-Universität Marburg.*

Lutz, R., Bezold, G., Bloem, R., & Dietrich, M. (1992). Sehen und gesehen werden. In H. Lieb & R. Lutz (Hrsg.), *Verhaltenstherapie. Ihre Entwicklung—Ihr Menschenbild* (S. 254–261). Hogrefe.

Lutz, R., Franzen, U., & Sick, U. (1995). Gesundheiten von Kranken. In R. Lutz & N. Mark (Hrsg.), *Wie gesund sind Kranke? Zur seelischen Gesundheit psychisch Kranker* (S. 139–148). Hogrefe.

Lutz, R., Herbst, M., Iffland, P., & Schneider, J. (1998). Möglichkeiten der Operationalisierung des Kohärenzgefühls von Antonovsky und deren theoretische Implikationen. In J. Margraf, J. Siegrist, & S. Neumer (Hrsg.), *Gesundheits- oder Krankheitstheorie? Saluto- versus pathogenetische Ansätze im Gesundheitswesen* (S. 171–185). Berlin, Heidelberg: Springer.

Lutz, R., Wieberg, H.-J. W., & Neeb, K.-E. (1982). Effektivitätsuntersuchung verschiedener Entspannungstechniken. *Zeitschrift für Klinische Psychologie, 11*(2), 98–115.

Margraf, J., & Bieda, A. (2018). Beziehungsgestaltung und Umgang mit Widerstand. In J. Margraf & S. Schneider (Hrsg.), *Lehrbuch der Verhaltenstherapie, Band 1* (S. 381–393). Berlin, Heidelberg: Springer. https://doi.org/10.1007/978-3-662-54911-7

Margraf, J., Cwik, J. C., Pflug, V., & Schneider, S. (2017). Strukturierte klinische Interviews zur Erfassung psychischer Störungen über die Lebensspanne: Gütekriterien und Weiterentwicklungen der DIPS-Verfahren. *Zeitschrift für Klinische Psychologie und Psychotherapie, 46*(3), 176–186. https://doi.org/10.1026/1616-3443/a000430

Martin, D. J., Garske, J. P., & Davis, M. K. (2000). Relation of the therapeutic alliance with outcome and other variables: A meta-analytic review. *Journal of Consulting and Clinical Psychology, 68*(3), 438–450. https://doi.org/10.1037/0022-006X.68.3.438

Martínez, M. (Hrsg.) (2017). *Erzählen.* J.B. Metzler. https://doi.org/10.1007/978-3-476-05364-0

Martínez, M., & Scheffel, M. (2020). *Einführung in die Erzähltheorie* (11., überarbeitete Auflage). München: C.H. Beck.

Marx, C., Benecke, C., & Gumz, A. (2021). Wie kann Reden heilen? Zur Sprache in der Psychotherapie. *Forum der Psychoanalyse, 37*(1), 99–115. https://doi.org/10.1007/s00451-020-00374-w

Maslow, A. H. (1981). *Motivation und Persönlichkeit.* Rowohlt.

Mattejat, F., & Quaschner, K. (2006). Problemanalyse, Fallkonzeptualisierung und Therapieplanung. In F. Mattejat (Hrsg.), *Verhaltenstherapie mit Kindern, Jugendlichen und ihren Familien* (Bd. 4, S. 171–195). München: CIP-Medien.

McAleer, P., Todorov, A., & Belin, P. (2014). How Do You Say ›Hello‹? Personality Impressions from Brief Novel Voices. *PLoS ONE, 9*(3), e90779. https://doi.org/10.1371/journal.pone.0090779

Meinlschmidt, G., Schneider, S., & Margraf, J. (Hrsg.) (2012). *Lehrbuch der Verhaltenstherapie. 4: Materialien für die Psychotherapie.* Berlin, Heidelberg: Springer.

Menninger, K. (1968). *Das Leben als Balance: Seelische Gesundheit und Krankheit im Lebensprozeß.* München: Piper.

Mentzer, A., & Sonnenschein, U. (Hrsg.) (2008). *22 Arten, eine Welt zu schaffen: Erzählen als Universalkompetenz ; [das neue Funkkolleg des Hessischen Rundfunks].* Fischer-Taschenbuch-Verl.

Meszaros, K. (2009). Meidungsverhalten. In G. Stumm & A. Pritz (Hrsg.), *Wörterbuch der Psychotherapie* (2. Auflage, S. 763). Wien: Springer.

Michael, T., & Ehlers, A. (2018). Lernpsychologische Grundlagen der kognitiven Verhaltenstherapie. In J. Margraf & S. Schneider (Hrsg.), *Lehrbuch der Verhaltenstherapie, Band 1* (S. 101–113). Berlin, Heidelberg: Springer. https://doi.org/10.1007/978-3-662-54911-7

Miller, G. A., Galanter, E., & Pribram, K. H. (1960). *Plans and the structure of behavior.* Holt, Rinehart und Winston. https://doi.org/10.1037/10039-000

Moser, T. (2018). Psychoanalyse und Psychotherapie: Brüche und Abbrüche. *Ärzteblatt PP, 17*(6), 272.

Nasar, J. L., & Devlin, A. S. (2011). Impressions of psychotherapists' offices. *Journal of Counseling Psychology, 58*(3), 310–320. https://doi.org/10.1037/a0023887

Naumann, L. P., Vazire, S., Rentfrow, P. J., & Gosling, S. D. (2009). Personality Judgments Based on Physical Appearance. *Personality and Social Psychology Bulletin*, *35*(12), 1661–1671. https://doi.org/10.1177/0146167209346309

Norcross, J. C. (2001). Purposes, processes, and products of the task force on empirically supported therapy relationships. *Psychotherapy: Theory, Research, Practice, Training*, *38*(4), 345–356. https://doi.org/10.1037/0033-3204.38.4.345

Norcross, J. C., & Lambert, M. J. (2011). Psychotherapy relationships that work II. *Psychotherapy*, *48*(1), 4–8. https://doi.org/10.1037/a0022180

Norcrosss, J. C., & Wampold, B. E. (2019). Evidence-based psychotherapy responsiveness: The third task force. In J. C. Norcrosss & B. E. Wampold (Hrsg.), *Psychotherapy relatonships that work: Evidence-based therapist responsiveness* (S. 1–14). New York: Oxford University Press.

Oettingen, G. (2017). *Die Psychologie des Gelingens.* München: Droemer.

Olivola, C. Y., & Todorov, A. (2010). Fooled by first impressions? Reexamining the diagnostic value of appearance-based inferences. *Journal of Experimental Social Psychology*, *46*(2), 315–324. https://doi.org/10.1016/j.jesp.2009.12.002

Paris, R. (2015). *Der Wille des Einen ist das Tun des Anderen: Aufsätze zur Machttheorie.* Weilerswist-Metternich: Velbrück Wissenschaft.

Patihis, L., & Pendergrast, M. H. (2019). Reports of Recovered Memories of Abuse in Therapy in a Large Age-Representative U.S. National Sample: Therapy Type and Decade Comparisons. *Clinical Psychological Science*, *7*(1), 3–21. https://doi.org/10.1177/2167702618773315

Patihis, L., Ho, L. Y., Tingen, I. W., Lilienfeld, S. O., & Loftus, E. F. (2014). Are the »Memory Wars« Over? A Scientist-Practitioner Gap in Beliefs About Repressed Memory. *Psychological Science*, *25*(2), 519–530. https://doi.org/10.1177/0956797613510718

Peseschkian, N. (1982). *Der Kaufmann und der Papagei: Orientalische Geschichten als Medien in der Psychotherapie; mit Fallbeispielen zur Erziehung und Selbsthilfe* (5. Auflage). Fischer-Taschenbuch-Verlag.

Petrenko, E. (2007). *Wie hedon sind Patientenzimmer?* (unveröffentlichte Diplomarbeit). Universität Marburg.

Rachman, S. J. (1970). *Verhaltenstherapie bei Phobien.* München: Urban & Schwarzenberg.

Rammsayer, T., & Weber, J. E. (2016). *Differentielle Psychologie—Persönlichkeitstheorien* (2., korrigierte Auflage). Hogrefe.

Rehahn-Sommer, S., & Kämmerer, A. (2019). Prophylaxe von Belastungsreaktionen bei Psychotherapeutinnen: Risikofaktoren erkennen und Resilienz stärken. *Psychotherapeutenjournal*, *4*, 365–372.

Reich, K. (2006). *Konstruktivistische Didaktik: Lehren und Lernen aus interaktionistischer Sicht.* Luchterhand.

Rinck, M., & Becker, E. (2018). Emotions- und kognitionspsychologische Grundlagen. In J. Margraf & S. Schneider (Hrsg.), *Lehrbuch der Verhaltenstherapie, Band 1* (S. 97–112). Berlin, Heidelberg: Springer. https://doi.org/10.1007/978-3-662-54911-7

Rizzolatti, G., Sinigaglia, C., & Rizzolatti, G. (2008). *Empathie und Spiegelneurone: Die biologische Basis des Mitgefühls.* Suhrkamp.

Rogers, C. R. (1951). *Client-centered therapy.* Boston: Houghton Mifflin Company.

Röhner, J., & Schütz, A. (2020). *Psychologie der Kommunikation* (3. Auflage). Berlin, Heidelberg: Springer. https://doi.org/10.1007/978-3-662-61338-2

Sachse, R. (2003). *Klärungsorientierte Psychotherapie.* Hogrefe.

Sachse, R. (2015). *Therapeutische Beziehungsgestaltung.* Hogrefe.

Sachse, R., Fasbender, J., Breil, J., & Püschel, O. (2009). *Grundlagen und Konzepte klärungsorientierter Psychotherapie.* Hogrefe.

Sachse, U. (1987). Selbstbeschädigung als Selbstfürsorge. Zur intrapersonalen und interpersonellen Psychodynamik schwerer Selbstbeschädigungen der Haut. *Forum der Psychoanalyse*, *3*(1), 51–70.

Sallin, K., Evers, K., Jarbin, H., Joelsson, L., & Petrovic, P. (2023). Separation and not residency permit restores function in resignation syndrome: A retrospective cohort study. *European Child & Adolescent Psychiatry*, *32*(1), 75–86. https://doi.org/10.1007/s00787-021-01833-3

Salter, A. (1949). *Conditioned reflex therapy, the direct approach to the reconstruction of personality.* Creative Age Press.

Schacter, D. L. (2001). *The seven sins of memory: How the mind forgets and remembers.* Boston: Houghton Mifflin Harcourt.

Scheich, G. (1997). *Positives Denken macht krank.* Frankfurt am Main: Eichborn.

Scheid, B. (2018). *Mündliche Mitteilung.*

Schiepek, G., & Schweitzer-Rothers, J. (2020). Systemische Psychotherapie und Beratung. In J. Hoyer & S. Knappe (Hrsg.), *Klinische Psychologie & Psychotherapie* (S. 427–442). Berlin, Heidelberg: Springer. https://doi.org/10.1007/978-3-662-61814-1_16

Schmale, A. H. (1972). Giving Up as a Final Common Pathway to Changes in Health1. In Z. J. Lipowski (Hrsg.), *Advances in Psychosomatic Medicine* (Bd. 8, S. 18–38). S. Karger AG. https://doi.org/10.1159/000393122

Schnell, T. (2016). Bindung in der modernen kognitiven Verhaltenstherapie. *PiD – Psychotherapie im Dialog, 17*(03), 60–65. https://doi.org/10.1055/s-0042-109315

Schreiber, M., & Gloor, P. A. (2020). Psychologie und künstliche Intelligenz (KI) – Parallelen, Chancen, Herausforderungen und ein Blick in die nahe Zukunft. In C. Negri & D. Eberhardt (Hrsg.), *Angewandte Psychologie in der Arbeitswelt.* (S. 161–180). Berlin, Heidelberg: Springer. https://doi.org/10.1007/978-3-662-60465-6_12

Schreiblechner, H., & Lutz, R. (2009). Die Konstruktion eines optimalen eindimensionalen Tests mittels nichtparametrischer Testtheorie (NIRT) am Beispiel des MR SOC. *Diagnostica, 55*, 41–54.

Schulte, D. (1996). Tailor-made and standardized therapy: Complementary tasks in behavior therapy a contrarian view. *Journal of Behavior Therapy and Experimental Psychiatry, 27*(2), 119–126. https://doi.org/10.1016/0005-7916(96)00015-8

Schulte, D., Künzel, R., Pepping, G., & Schulte-Bahrenberg, T. (1992). Tailor-Made versus Standardized Therapy of Phobic Patients. *Advances in Behaviour Research and Therapy, 14*, 67–92.

Schultz, J., Baumeister, A., Schmotz, S., Schuurmans, L., & Jelinek, L. (2025). App-based psychotherapy of panic disorder with self-guided exposure in virtual reality—A randomized, controlled trial. *Deutsches Ärzteblatt international.* https://doi.org/10.3238/arztebl.m2024.0246

Seneca, L. A. (2023). *Seneca—Gesammelte Werke.* Anaconda Verlag.

Simon, F. B., & Rech-Simon, C. (2004). *Zirkuläres Fragen: Systemische Therapie in Fallbeispielen: ein Lernbuch.* Heidelberg: Carl-Auer Verlag.

Skinner, B. F. (1953). *Science and human behaviour.* New York: The Free Press.

Solomon, R. L. (1980). The opponent-process theory of acquired motivation: The costs of pleasure and the benefits of pain. *American Psychologist, 35*(8), 691–712. https://doi.org/10.1037/0003-066x.35.8.691

Spanos, N. P., Burgess, C. A., Burgess, M. F., Samuels, C., & Blois, W. O. (1999). Creating false memories of infancy with hypnotic and non-hypnotic procedures. *Applied Cognitive Psychology, 13*(3), 201–218. https://doi.org/10.1002/(sici)1099-0720(199906)13:3%253C201::aid-acp565%253E3.0.co;2-x

Spitz, R. A. (1985). Die anaklitische Depression—Eine Untersuchung der Genese psychischer Störungen in der frühen Kindheit. In G. Bittner & E. Harms (Hrsg.), *Erziehung in früher Kindheit* (überarbeitete Neuausgabe, S. 123–161). München: Piper.

Stangier, U. (2019). Prozessbasierte kognitive Verhaltenstherapie – Integration von kognitiver Verhaltenstherapie und Dritter Welle unter der Perspektive der Prozessorientierung. *Psychotherapeuten Journal, 18*(3), 236–243.

Stangier, U., Heidenreich, T., & Peitz, M. (2009). *Soziale Phobien: Ein kognitiv-verhaltenstherapeutisches Behandlungsmanual* (2., korrigierte und erweiterte Auflage). Weinheim: Beltz.

Stavemann, H. H. (2015). *Sokratische Gesprächsführung in Therapie und Beratung* (3., überarbeitete Auflage). Weinheim: Beltz.

Steffens, M. C., & Mecklenbräuker, S. (2007). False Memories: Phenomena, theories, and implications. *Journal of Psychology, 215*(1), 12–24. https://doi.org/10.1027/0044-3409.215.1.12

Steppan, M., Zimmermann, R., Fürer, L., Southward, M., Koenig, J., Kaess, M., Kleinbub, J. R., Roth, V., & Schmeck, K. (2024). Machine Learning Facial Emotion Classifiers in

Psychotherapy Research: A Proof-of-Concept Study. *Psychopathology, 57*(3), 159–168. https://doi.org/10.1159/000534811
Taylor, S. E., & Brown, J. D. (1988). Illusion and well-being: A social psychological perspective on mental health. *Psychological Bulletin, 103*(2), 193–210. https://doi.org/10.1037/0033-2909.103.2.193
Thaler, R. H., & Sunstein, C. R. (2009). *Nudge: Improving decisions about health, wealth, and happiness* (Rev. and expanded ed., with a new afterword and a new chapter). München: Penguin.
Tönnies, S. (1982). *Inventar zur Selbstkommunikation für Erwachsene (ISE).* Weinheim: Beltz.
Tschacher, W., & Meier, D. (2023). Embodiment in der therapeutischen Kommunikation. *Die Psychotherapie, 68*(1), 5–12. https://doi.org/10.1007/s00278-022-00616-8
Tuschen-Caffier, B., & van Gemmeren, B. (2018). Problem- und Verhaltensanalyse. In J. Margraf & S. Schneider (Hrsg.), *Lehrbuch der Verhaltenstherapie, Band 1* (S. 97–112). Berlin, Heidelberg: Springer. https://doi.org/10.1007/978-3-662-54911-7
Tversky, A., & Kahneman, D. (1992). Advances in prospect theory: Cumulative representation of uncertainty. *Journal of Risk and Uncertainty, 5*(4), 297–323. https://doi.org/10.1007/BF00122574
Vorbeck, M. M. (2021). *Spiegelneurone – ein Konzept aus der Neurowissenschaft: Wie ein Konzept aus einem Wissenschaftsbereich Konzepte verwandter Wissenschaftsbereiche beeinflusst, jedoch Änderungen am ursprünglichen Konzept nur verzögert, teilweise oder gar nicht übernommen werden.* Ludwig-Maximilians-Universität München;.Application/pdf]. https://doi.org/10.5282/EDOC.28376
Wahner, U., Zentralstelle für Psychologische Information und Dokumentation (1993). *Übertragungs- und Gegenübertragungsprozesse in Psychotherapien: Eine Spezialbibliographie deutschsprachiger psychologischer Literatur* (Stand: PSYNDEX-Update 2/93). ZPID.
Wälte, & von der Laage. (2018). *Leitfaden für die Dokumentation von Ausbildungs- und Prüfungsfällen.* Köln: Akademie für Verhaltenstherapie.
Watzlawick, P. (2005). *Wie wirklich ist die Wirklichkeit? Wahn, Täuschung, Verstehen* (10. Auflage). München: Piper.
Weirich, M., & Simpson, A. P. (2014, Mai 1). *Articulatory vowel spaces of male and female speakers.* Jena: International Seminar on Speech Production.
Wellek, A. (1966). *Die Polarität im Aufbau des Charakters. System der konkreten Charakterkunde* (dritte, neubearbeitete und wesentlich erweiterte Auflage). Marburg: Francke Verlag.
Wells, A. (1997). *Cognitive therapy of anxiety disorders: A practice manual and conceptual guide* (Repr). New York: Wiley.
Wendt, M. (2014). *Allgemeine Psychologie—Wahrnehmung.* Hogrefe.
Werner, E. E., Bierman, J. M., & French, F. E. (1971). *The children of Kauai: A longitudinal study from the prenatal period to age ten.* Honolulu: University of Hawaii Press.
Westhoff, K., & Kluck, M.-L. (2014). *Psychologische Gutachten schreiben und beurteilen: Entspricht den deutschen und europäischen Richtlinien zur Erstellung psychologischer Gutachten.* Berlin, Heidelberg: Springer. https://doi.org/10.1007/978-3-642-35354-3
Wiesner, C. (2018). Der Umgang mit dem Verstummen. In J. Küchenhoff & R. M. Klemperer (Hrsg.), *Psychotherapie im psychiatrischen Alltag: Die Arbeit an der therapeutischen Beziehung* (S. 240–256). Stuttgart: Schattauer.
Wiking, M. (2016). *Hygge: Ein Lebensgefühl, das einfach glücklich macht.* Bastei Lübbe.
Wilker, S., & Neuner, F. (2025). Die Narrative Expositionstherapie – Praktische Anwendung. PiD – *Psychotherapie im Dialog, 26*(01), 59–63. https://doi.org/10.1055/a-2289-5888
Wimmer, H. (1983). Beliefs about beliefs: Representation and constraining function of wrong beliefs in young children's understanding of deception. *Cognition, 13*(1), 103–128. https://doi.org/10.1016/0010-0277(83)90004-5
Winnicott, D. W. (1953). Transitional objects and transitional phenomena—A study of the first not-me possession. *The International Journal of Psycho-Analysis, 34*(2), 89–97.
Winnicott, D. W., Winnicott, C., Shepherd, R., Davis, M., & Spock, B. (1987). *Babies and their mothers.* Boston: Addison-Wesley.
Wolf, H. (2021). *Mündliche Mitteilung.*
Wolpe, J. (1958). *Psychotherapy by reciprocal inhibition.* Stanford: Stanford University Press.

Yalom, I. D. (2003a). *The gift of therapy: An open letter to a new generation of therapists and their patients* (Reissued). New York: Harper Perennial.

Yalom, I. D. (2003b). *Was Hemingway von Freud hätte lernen können: Das große Yalom-Lesebuch* (Dt. Erstveröffentl., 2. Auflage). München: btb.

Young, J. E., Klosko, J. S., Weishaar, M. E., & Berbalk, H. (2008). *Schematherapie: Ein praxisorientiertes Handbuch* (2. Auflage). Paderborn: Verlag Junfermann.

Zarbock, G., Wilckens, P.-S., & Semmler, N. (2022). *Biografisch-Systemische Verhaltenstherapie: Tools Für Die Psychotherapeutische Praxis* (1. Auflage). Berlin, Heidelberg: Springer.

Zheng, J., & Meister, M. (2025). The unbearable slowness of being: Why do we live at 10 bits/s? *Neuron, 113*(2), 192–204. https://doi.org/10.1016/j.neuron.2024.11.008

Zimmer, F. T., Zimmer, D., & Wagner, W. (1994). Selbsterfahrung in der verhaltenstherapeutischen Weiterbildung. In A. R. Lairaiter & G. Elke (Hrsg.), *Selbsterfahrung in der Verhaltenstherapie. Konzepte und praktische Erfahrung* (S. 17–31). DGVT.

Zimmermann, J., & Benecke, C. (2025). Dimensionale Diagnostik von Persönlichkeitsstörungen. In E.-L. Brakemeier & F. Jacobi (Hrsg.), Verhaltenstherapie in der Praxis (S.196). Weinheim: Beltz.

Zimmermann, S. (2022). *Fifty Shrinks: Portraits aus New York* (2., erweiterte Auflage). Stuttgart: Kohlhammer.

Stichwortverzeichnis

P

R

S

T

U

V

W

Z

Verzeichnis der Onlinezusatzmaterialien

Hinweis zu den Onlinezusatzmaterialien

Die nachfolgend aufgeführten elektronischen Zusatzmaterialien[59] können Sie unter folgendem Link herunterladen:

https://dl.kohlhammer.de/978-3-17-044788-2

- 1 Wechselwirkung von Theorie und Gesprächsführung am Beispiel der Therapie von Herrn Saubert
- 2 Hilfsmittel und Fragebögen
  - LHQ, Life History Questionnaire
  - MR SOC Marburger Fragebogen zum Kohärenzsinn
  - Fragebogen zu Lebensereignissen: MR EEV Fragebogen zum Euthymen Verhalten und Erleben
- 3 Erziehungssätze

59 Wichtiger urheberrechtlicher Hinweis: Alle zusätzlichen Materialien, die im Download-Bereich zur Verfügung gestellt werden, sind urheberrechtlich geschützt. Ihre Verwendung ist nur zum persönlichen und nichtgewerblichen Gebrauch erlaubt. Jede Verwendung außerhalb der engen Grenzen des Urheberrechts ist ohne Zustimmung des Verlags unzulässig und strafbar. Das gilt insbesondere für Vervielfältigungen, Übersetzungen, Mikroverfilmungen und für die Einspeicherung und Verarbeitung in elektronischen Systemen.

Verzeichnis der handelnden Personen

Name	Alter Jahre	Person-Merkmale	Beschwerden, Stichworte, besondere Merkmale
Frau Becker	56	verheiratet, Arbeiterin	Beste Himbeertorten-Bäckerin der Stadt doppelte Buchführung
Claudia	32	Mutter von Zwillingen. Assistenzärztin	Erschöpfung, schläft vorm Fernseher ein Belastbarkeit vs. Selbstfürsorge
Frau Engel	28	alleine lebend, Langzeitstudentin	Panikattacken, Depression, Oma-»Überich«, Plisseerock, Dehydrierung
Frau Haller	41	verheiratet, berufstätig, Verwaltung	Überforderung Genussverbot Alptraum nach Restaurantbesuch
Frau Ivanova	33	Mutter zweier Söhne, alleinerziehend, Putzfrau, hat eine Ausbildung begonnen	Angst, sich zu behaupten, im Mittelpunkt zu stehen Think behavior, »Ich melde mich einmal am Tag«
Frau Meister	44	Mutter einer Tochter, verheiratet. berufstätig, Verwaltung	Hausaufgaben-Machen der Tochter Fehler verstärken
Frau Muck	24	Paarbeziehung, Studentin	Mückenangst wegoperieren Angst vor der Sintflut Teufel aus dem Tornister
Frau Noak	55	geschieden, Arbeiterin	Schmerzpatientin will berentet werden Missbrauch, liest Biographie vor
Frau Otto	36	verheiratet, Lehrerin	stellt sich wegen Panikattacken vor Panikattacke beendet Depression Auffällig unauffällig
Frau Schnell	45	verheiratet Heilpraktikerin	gedrückte Grundstimmung Stimmungskurve liegt im negativen Bereich, diskrete Stimmungshochs
Frau Stein	66	Geschäftsfrau, Paarbeziehung	Alkoholikerin, Depression Würdigung der Lebensleistung
Frau Stockl	51	alleine lebend, Chefsekretärin	Schmerzpatientin Stöckelschuhe

Name	Alter Jahre	Person-Merkmale	Beschwerden, Stichworte, besondere Merkmale
Frau Vetter	34	Paarbeziehung, Verwaltungsangestellte	geht krank zur Arbeit Box 22 Wie der Vater so die Tochter
Frau Wirtz		alleine lebend, Wirtin	Alkoholikerin »Ich bin im Leben zu kurz gekommen«
Frau Wege	33	ledig, Gruppenleiterin	Burnout Wie meistert eine gestandene Frau diese Situation?
Frau Zwora	41	alleine lebend	25 Jahre, Depression, Selbstabwertung, Soziale Phobie Zweiter Zwilling

Name	Alter Jahre	Person-Merkmale	Beschwerden, Stichworte, besondere Merkmale
Herr Brotler	35	alleine lebend, Verwaltungsangestellter	Eigenbrötler, Zwang
Herr Carl	48	verheiratet, zwei Kinder, ltd. Arzt	Anhedonie, calvinistisches Elternhaus
Herr Saubert	39	verheiratet, Lagerist	introvertiert vs. extravertiert, s. Onlinezusatzmaterial
Herr Zweigelt	52	lebt unabhängig von seiner Partnerin, viele Freunde	traumatisiert Zwang

Anhang – Transkripte

29 Interview Frau Muck

29.1 Erstgespräch, Mückenangst

Ort: Beratungsstelle am Fachbereich Psychologie

Die Patientin ist eine junge Frau, 24 Jahre, Psychologiestudentin, die sich unschlüssig ist, ob sie psychologische Unterstützung suchen soll. Sie spricht lebhaft, »quirlig«.

I.: Können Sie mir bitte schildern, weshalb Sie gekommen sind?

P.: Ja, ich bin gekommen, um mir die Angst vor Mücken und kleinen Insektentieren wegoperieren zu lassen.

I.: Sie sagen Mücken und kleine Insektentiere. Sind das auch andere Tiere?

P.: Ja, es sind auch Spinnen, also kleine Kriechtiere. Größere trifft man ja hier nicht so oft an. Und auch Fliegtiere, Falter, z.B. Nachtfalter, und tropische Tiere wären es natürlich auch.

I.: Wie häufig tritt das denn auf, dass Sie vor so kleinen Tieren Angst haben?

P.: Ja, im letzten Sommer tauchte das also vorwiegend bei Spaziergängen auf, weil ich sehr gerne draußen auf dem Land spazieren gehe, am Fluss entlang oder in Niederungen, Feldwege, da sind natürlich Schwärme von Mücken, und man läuft durch sie hindurch, und ich versuche dann natürlich immer sie abzuwehren.

I.: Das war im letzten Sommer. Schildern Sie mir doch mal plastisch eine Situation, die mir das beschreibt, was da passiert!

P.: Ja, eine plastische Situation war so ein Spaziergang durch einen Wiesenweg, und es war etwas feucht, und Schwärme von Mücken flogen um mich herum. Und in diesem Moment hat sich das ein bisschen gesteigert in 'ne Art, naja, Panikstimmung, mehr allerdings. Und ich hab' unter mich geguckt und ständig auf meinem Kopf gefühlt, ob da welche sitzen könnten, und der da neben mir gegangen ist, wurde veranlasst, immer ein Stückchen hinter mir her zu gehen, um genau aufzupassen, dass kein Tier sich längere Zeit auf mir festsetzte – mmh – und auf diese Weise war der Spaziergang dann nicht ganz so schön.

I.: Wenn Sie jetzt so eine Skala von 0–100 annehmen und die 100 ist da Panik, das höchste an Erregung, was Sie sich vorstellen können, wo würden Sie diese Situation dann einordnen?

P.: Ja, im Verhältnis zu anderen, noch schlimmeren oder schwierigeren Angstsituationen wäre es natürlich keine panische Angst. Ich würde sagen, vielleicht so 40, verglichen mit anderen Ängsten. Aber in dieser Angst selbst, der Mückenangst, würde es schon einen höheren Punktwert einnehmen, vielleicht 60.

I.: Sie sagen, das ist fast sowas wie Panik geworden. Wie haben Sie sich dabei gefühlt, können Sie das mal beschreiben?

P.: Ja, ich hab' genau gemerkt, dass ich mich reingesteigert hab' und mich darüber auch noch sehr geärgert hab', aber das war nur noch 'ne Mechanik, die konnte ich kaum abstellen, bin dann immer schneller gelaufen, um aus dem Weg rauszukommen.

I.: Ja, Sie sind also losgerannt.

P.: Und hab' die Ärmel des Pullovers, oder was ich anhatte, ganz runtergezogen über die Hände, dass es da schon mal wieder etwas bedeckt war, und …

I.: Hm, ja. Und was haben Sie bei sich selbst festgestellt? Haben Sie schnelleren Herzschlag gekriegt, haben Sie geschwitzt, haben Sie …?

P.: Ja, beides, hm …

I.: Wie haben Sie das festgestellt?

P.: Ja, ich bin immer schneller gelaufen, und dabei hab' ich auch ziemlich geschwitzt, es war auch ziemlich warm …

I.: Kam das Schwitzen vom schnellen Laufen oder von der Angst?

P.: Nein, da kommt's auch schon durch Angst, hm…

I.: Was ist Ihnen dabei so durch den Kopf gegangen?

P.: Moment mal, da muss ich mich versenken.

I.: Hm. (Pause)

P.: Es ist mir bestimmt vieles durch den Kopf gegangen, hm, mh, …

I.: Zum Beispiel?

P.: In erster Linie der Ärger, dass mir das passieren muss, dass ich so zimperlich bin, also so 'ne Art Selbstanklage, was bei solchen Situationen dann immer mit auftaucht; wieso ich das so ernst nehme, das sind doch wirklich kleine Tierchen, die ein Minimum von meinem Volumen einnehmen, und mir wirklich nicht schaden können. Dann versuche ich's zu rationalisieren…

I.: Ja.

P.: Und dann erinnere ich mich auch an ähnliche Ängste aus früherer Kindheit, und womöglich ärgere ich mich dann auch über … Pause

I.: Sie ärgern sich über sich selber…

P.: Ja. Es gibt Momente, vor allem jetzt auch in der letzten Zeit ist mir das so ganz stark aufgefallen, dass ich von Anfang an in einer ganz stark … in einer souveränen Stimmung bin und lockerer bin und dann ganz kurz mir nur sag' ›Ach, da sind Mücken, und das macht dir gar nichts.‹ Und da sind größere Mücken, und da sind kleinere, und es ist doch erstaunlich, wie groß die werden können. In einer lustigen Ausgangssituation taucht das nicht auf. Wenn dann einmal so ein Schwellenwert … wenn der einmal erreicht ist, so ein Unwohlgefühl, Unruhegefühl, Nervosität und überhaupt ein Unzufriedenheitsgefühl, dann muss sowas schon vorausgehen da, dann kann es sich leicht steigern.

I.: Es gibt also Situationen, in denen es stärker auftritt, und es gibt andere, wo es nicht oder weniger auftritt. Können Sie das näher bestimmen?

P.: Allgemeine Stimmung würde ich erst einmal anführen.
I.: Gut. Sie sagten eben, wenn Sie sich souveräner fühlen. Woran merken Sie das?
P.: Dass ich lockerer bin, überhaupt, nicht so angespannt. Und eigentlich nicht viele Probleme – oder nicht an irgendwelchen Problemen hängenbleibe … Ja, möglich ist, wenn ich ohnehin schon ärgerlich bin über irgendetwas, dass es dann dazu auftritt.
I.: Hm, ärgerlich, wie macht sich das bemerkbar bei Ihnen?
P.: Dass ich überhaupt mich abstoße – oder könnte ich auch sagen mich unkörperlich verhalte…, dass ich mich nicht wohlfühle…, dass ich… ich werde dann eckiger irgendwie … weiß nicht…
I.: Sie fühlen sich eckiger …
P.: Halt unwohl, nicht sicher, ich bräuchte dann einen Panzer.
I.: Hm, kommen wir nochmal auf die Situation zurück. Sie waren allein?
P.: Ne, es ging noch jemand neben mir her, es war jemand dabei.
I.: Das war Ihr Freund?
P.: Ja.
I.: War sonst noch jemand dabei?
P.: Nein.
I.: Was haben Sie dann zu dem gesagt?
P.: Ja, ich hab gesagt… der hat das natürlich bemerkt… da hab' ich gesagt: ›Pass‹ auf, dass nichts hinter mir ist.‹
I.: Und wie hat der reagiert?
P.: Ja, ruhig.
I.:_ Wie ruhig?
P.: Ja, er guckte mich an, lief um mich herum, und es war nichts da.
I.: Was bedeutet das, wenn Ihr Freund da guckt und aufpasst, dass nichts an Sie rankommt?
P.: Ja, das bedeutet in dem Moment viel. (lacht)
I.: Macht er das häufig, macht er das selten?
P.: Wenn ich ihn darum bitte, dann wird er das wohl immer machen.
I.: Macht er's spontan auch?
P.: Von selbst? Nie! Nein, da bin ich auch zu … es ist nicht immer nötig.
I.: In den Situationen, wo Sie souveräner sind, also die Mücke nicht an sich ranlassen, wie bewerten Sie das eigentlich selbst?
P.: Ja, da freu' ich mich darüber; ja, das bewerte ich ziemlich hoch.
I.: Wann tritt das auf?
P.: Dass ich mich so lässig einem bedrohenden Ereignis gegenüber verhalte?
I.: Nicht irgendeinem, sondern gegenüber Mücken, Spinnen …
P.: Ach, in letzter Zeit häufiger, da hab' ich auch schon ein bisschen gelernt, das hab' ich ein bisschen abgewertet.
I.: Nehmen wir einmal alle Mückensituationen zusammen und setzen sie gleich hundert.
In wie viel Prozent der Fälle sind Sie souverän, in wie viel reagieren Sie mit Unruhe bzw. Panik?
P.: Ich soll eine Relation angeben?
I.: Ja.

P.: 60:40. Mehr Angst

29.2 Zweites Gespräch Frau Muck

I.: Schön, dass wir uns weiter unterhalten können. Wir hatten uns über Ihre Ängste vor Mücken unterhalten. Stechmücken hab' ich auch nicht so gern. Was ist denn da so schlimm dran?
P.: Ja, allein die Idee, dass die sich an mir festsetzen und ich sie nicht sehe. An sich, der Stich selbst ist nicht das Schlimmste. Was ich mir so vorstelle oder so.
I.: Sie sagten eben, die Vorstellung wäre so das Schlimmste. Hab' ich Sie so richtig verstanden?
P.: Ja, es ist natürlich meistens die Vorstellung.
I.: Ja.
P.: Diese Angst. Dann, wenn ich tatsächlich einen Mückenstich hinterher hab', das ist nicht so schlimm dann – oder ich hab' nicht Angst vor dem Mückenstich – sondern wahrscheinlich hauptsächlich vor der Berührung, dem Kontakt mit diesen Insekten. Nicht so die Angst vor dem Endergebnis, dem Stich.
I.: Sind das nur so Insekten, die stechen, also Mücken, vor denen Sie Angst haben, oder auch noch andere Tiere?
P.: Ja, das sind also alle möglichen Arten von Insekten, und die Angst, die Abscheu, die wächst natürlich mit der Größe der Tiere…
I.: Hm.
P.: … und mit der Beweglichkeit. Es sind auch Nachtfalter und so, wenn die sich öffnen und plötzlich wegfliegen, dann erschreck' ich mich auch.
I.: Was sind das noch für Tiere, außer Mücken und Faltern?
P.: Ja, Spinnen, das auch noch, weil die sehr schnell sind und über einen drüber weglaufen können.
I.: Sind es also kleine Tiere?
P.: Ja, es sind kleine Tiere. Viel mehr gibt es ja auch nicht in dieser Gegend, viel mehr kenne ich jedenfalls nicht.
I.: Wie ist das denn mit einer Maus?
P.: Nein, Mäuse nicht, Ratten schon, aber aus anderen Gründen.
I.: Ja. Katzen, Hunde?
P.: Nicht mehr; früher war ich auch mal so, aber das ist nicht mehr.
I.: Sie sagten vorhin, dass es die plötzliche Bewegung ist. Erschrecken Sie auch, wenn irgendwas Unvorhergesehenes passiert?
P.: Irgendwas – also ganz allgemein?
I.: Ja, ich hab' mal ganz allgemein gefragt.
P.: Nicht unbedingt, es könnte ja etwas Angenehmes sein oder was Unbedrohliches. Dann nicht.
I.: Wann erschrecken Sie?

P.: Meistens, wenn ich schon vorher in einer allgemeinen Unruhe und Angstsituation bin und wenn ich dann in einer Situation angsterregende Gedanken habe; z. B. wenn ich gerade im Flugzeug fliege, dann stell' ich mir vor, wie der letzte Flugzeugabsturz verlaufen ist, und dann kommt die Angst schon.

I.: Ja, das wäre ein Beispiel. Sie sind dann schon etwas erregt, dann kommen solche Gedanken. Ist das so richtig?

P.: Ja. Dann gibt es auch ganz einfache Situationen, z. B. jede Art von Dunkelheit. Wenn ich abends zur Toilette gehe, nach unten, und das Licht ist aus, dann guck' ich erst um die Biegung der Treppe runter, obwohl ich weiß, dass da nix ist. Aber allein die Dunkelheit ... Ich guck' immer hin.

I.: Wie erleben Sie die Dunkelheit?

P.: Dunkel in echt und dunkel so innen ...

I.: Dunkel so innen?

P.: So bedrohlich, dunkel halt.

I.: Was sind das noch für Situationen, wo Sie so leicht erregt sind?

P.: Hm – Angsterregung – da sind schon noch mehrere – also das fällt mir jetzt nicht so direkt ein.

I.: Wie würden Bekannte Sie so einschätzen, als eher ruhig oder eher zappelig?

P.: Ja, das ist – das kommt drauf an, wie gut die mich kennen. Also die, die mich schon lange kennen, würden mich wohl richtig einschätzen, also eher nervös.

I.: Und die, die Sie nur kurz gesehen haben?

P: Das kommt drauf an, in welcher Stimmung oder Situation ich bin. Könnte sein als sehr ruhig, ausgeglichen, lebensfroh, un-neurotisch, das kommt alles vor.

I.: Diese Zappeligkeit – nennt man das so oder ist es eher Unruhe?

P.: ›Teufel aus dem Tornister gesprungen‹ hat meine Oma mich immer genannt. Es ist so 'ne Unruhe, Ungeduld vor allem.

I.: Sie haben gerade Ihre Oma angeführt: Ist das denn etwas, was schon lange besteht?

P.: Ja, ich bin schon immer ängstlich gewesen, als Kind schon. Vor Wasser z. B., das ist die Hauptphobie, die ich jemals hatte. Das war so schlimm, dass ich, als ich so 7 oder 8 Jahre alt war, da bin ich mit dem Bus eine längere Strecke alleine gefahren, in die Stadt rein. Und da fing es plötzlich an zu regnen ...

I.: Es fing an zu regnen ... Wie war das dann im Bus, sie saßen ja trocken und warm.

P.: Trocken, ja.

I: Wie noch?

P.: Kalt, dunkel...Es regnete so stark, dass das Wasser 30 bis 40 cm hoch die Straße runterlief. Und ich war im Bus, und da lief es unten rein in den Bus, das Wasser, und da hab' ich 'ne Angst bekommen und furchtbar geschrien und mich schrecklich angestellt, und der Schaffner hat mich dann die ganze Zeit mehr oder weniger Huckepack gehalten und mich dann mit dem ganzen Bus nach Hause gefahren. Also, ich konnte nicht mehr stehen, bin auf alle Leute draufgekrabbelt und hochgesprungen, weil ich immer Angst hatte vor der Sintflut. Ich hab' mir immer – also früher war ich katholisch erzogen – und ich hab' mir immer sehr viel eingebildet in der Beziehung, und hab' mir immer eingebildet, dass wieder eine Sintflut kommen könnte.

I.: Ist Ihnen die Sintflut durch Erzählungen sehr nahegebracht worden?

P.: Ja, kann man schon sagen, doch, im Unterricht. Ich hab' dann auch immer selbst nachgelesen; da hab' ich mir genau vorgestellt, wie das Wasser langsam steigt und wie die Vorbereitungen getroffen werden.

I.: Wie alt waren Sie damals?

P.: Hm, erste Grundschulklassen.

I.: Die Sache mit dem Bus, war das vor dem Lesen der Sintflut oder danach?

P.: Nein, das kannte ich damals schon. Das war mir bekannt, ja.

I.: Sie hatten vorhin eine Gleichsetzung von, ja, nervös sein und Angst haben benannt. Wie sieht das aus?

P.: Ja, das hängt zusammen. Meiner Ansicht nach hängt das überhaupt zusammen. Das ist, ja wirklich, schon fast eine Disposition. Ich weiß es nicht genau, aber zumindest ist Nervosität eine Unruhe. Ein ›Ganz-schnell-nach-vorne-weglaufen-Mögen‹ und ›Nicht-Können‹. Das ist fast, wie einen 1000-Meter-Lauf machen oder als sollte man ein Problem im Laufen bereinigen, und man bleibt aber trotzdem sitzen. Das paart sich oft mit einer gewissen Apathie oder Lethargie. Ich wünsche mir immer, ruhig zu sein, manchmal bin ich das auch.

I.: Haben Sie typische Situationen, wo Sie eher ruhig sind? Ich meine jetzt nicht diese Apathie, sondern wo Sie halt ausgeglichen sind?

P.: Kommt selten vor, dass ich ausgeglichen bin; ich träume, im Traum, ganz betont harmonische Träume, wo da die Ruhe inhaltlich eingeht.

I.: Sie träumen häufig ruhige Träume. Hab' ich das so richtig verstanden?

P.: Nein, nicht häufig, aber manchmal. Diese Ausgeglichenheit, die ich mir vorstelle, wie es sie bei anderen geben mag, die kenne ich hauptsächlich aus Träumen.

I.: Wissen Sie denn eine Situation, wo Sie das letzte Mal ruhig und entspannt waren?

P.: Kann ich mich jetzt nicht dran entsinnen. Also, an meinem alten Anspruch gemessen, muss das schon sehr lange her sein.

I.: Was sind Situationen, wo Ihre Unruhe relativ stark ist? Wo Sie jetzt nicht ausgesprochen ängstlich sind sondern unruhig.

P.: Z. B. vorm Einschlafen, abends. Im Moment, wo ich also abschalten muss von Bewegungen, Tätigkeiten, auf dieses stille Liegen, da ist rein körperlich 'ne Unruhe, dann zapple ich auch oder dann hab' ich das Gefühl, mein Nervensystem schaltet dann nicht ab, und dann flimmert's vor den Augen, und ich kann nicht ruhig liegen.

I: Wie ist das eigentlich: Sie müssen hier ja jetzt auch relativ ruhig sitzen. Wie erleben Sie das eigentlich?

P.: Ja, streng ich mich an.

I.: Wenn Sie mal so eine Unruheskala haben von 0 bis 100, wo 100 maximale Bewegung ist und 0 maximale Ruhe, wo würden Sie das so dazwischen einordnen?

P.: 35.

I.: Jetzt im Moment? Was merken Sie noch so an sich selbst, körperlich?

P.: Feuchte Hände und ständiges fluktuierendes Anspannen aller möglichen Muskeln und der Gedanke, dass ich nicht zu viel verrate, dass da nicht zu viel eingeht.

I.: Dann sind – um es pointiert zu sagen – nicht die Mücken das Problem, sondern Ihre ständige Anspannung.

P.: Das scheint wohl so.
Pause

I.: Wie wollen wir weiter machen?

P.: Ich bin mir nicht sicher, ob ich da hin will.

I.: Sie sind sich im Augenblick nicht sicher, ob Sie sich mit dem Thema innere Anspannung auseinandersetzen wollen, dass Sie dann zu viel verraten müssten.

P.: Ich glaube, dass ist im Moment noch nicht dran.

30 Interview Frau Otto

30.1 Erstgespräch

Ort: Praxisräume
Anlass: Angst, Panikattacken

Nach der Begrüßung bespricht der Interviewer (I.) mit der Patientin (P.) die Modalitäten der Untersuchung, u. a. die Tonbandaufzeichnung. Frau Otto sitzt auf der vorderen Kante des Sessels. Sie kommt häufig 5 bis 10 Minuten zu spät zum verabredeten Gesprächstermin.

P.: Meine Stimme… ich mag sie nicht hören.
I.: Sie mögen Ihre Stimme nicht hören.
P.: Oh, das ist immer… mein Spiegelbild und meine Stimme … find ich … meine Stimme hab ich jetzt auch lange nicht gehört. Ich hab mich einmal auf Videoband gesehen, das fand ich ganz furchtbar, kaum zum Aushalten.
I.: Was ist daran furchtbar?
P.: Hach, ich find mich immer so befangen, so gehemmt, und die Sprache nicht richtig deutlich und … und … ich weiß auch nicht … also ich kann mich überhaupt nicht leiden dann. Auf Fotos auch meistens, wenn dann ein paar Jahre vorbei sind und ich guck mir Fotos dann nochmal an, dann denk ich, och, heute siehste aber schlechter aus (lacht), damals war es gar nicht so schlimm, wie du immer gedacht hast.
I.: Was missfällt Ihnen da?
P.: Ja, ich find mich so unsicher und …, hach, ich kann mich einfach nicht leiden. Ich find das richtig peinlich, mich zu sehen.
I.: Sie sagen das so ganz entschieden!
P.: Ja, ich hab da wirklich ganz starke Abneigungsgefühle, also … gut, wenn ich mal gut getroffen bin auf nem Foto, kann das auch ins Gegenteil umkehren, da kann ich also auch sehr eitel sein und sehr selbstverliebt, das kann ich auch sein. Aber meistens, wenn ich mich auf so nem Videofilm sehe oder wie hier so …, meine Stimme …, das find ich eher peinlich.
I.: Wie häufig sind Sie mit sich zufrieden auf Bildern?
P.: Ganz selten. Es gibt nur ganz wenige Bilder, die ich ansehen mag.
I.: Was an der Stimme missfällt Ihnen?
P.: Die klingt erstens mal jünger, undeutlicher, unsicher, unsicherer …, vielleicht auch'n bisschen fremd…, halt einfach… peinlich.

I.: Peinlich?

P.: Hab ich früher häufig gebraucht, so dass Hans (Ehemann) schon so'n Schnack hatte, wenn ich mal Kinder kriegte, würden die als erstes ins Zimmer kommen und sagen »Hach, ist mir das peinlich!« (lacht verlegen, hält die rechte Hand vor den Mund). Dann macht er auch noch ne Handbewegung... vor'n Mund oder so. Ich denk immer so, ich gehör da eigentlich nicht hin oder ich stör da jetzt vielleicht, also, ich will mich immer entschuldigen und zurückziehen. (...) Ja, mich nimmt keiner ernst, ich bin nicht wichtig, ich muss sehen, dass ich nicht störe sozusagen.... Mein Chef hat's schon mal ganz krass ausgedrückt, nach dem Motto: »Sei still, wenn Erwachsene reden!«

I.: Ihre Unauffälligkeit ist schon richtig auffällig?

P.: Ja. Ich kann auch nie einschätzen, soll ich jetzt dabeibleiben oder soll ich mich diskret zurückziehen... Ja, immer so das Gefühl, die anderen haben was Wichtiges zu besprechen und ich störe da jetzt vielleicht.

I.: Wie ist das jetzt hier?

P.: Ja...nee, ich weiß auch nicht..., mich aus der Schusslinie bringen? ... immer so dieses Diskrete und das Zurückziehen, immer bereit, sofort zu gehen ..., und deshalb also auch immer vorne auf'm Stuhl..., bin ich jetzt erwünscht oder nicht?

30.2 Viertes Gespräch

Frau Otto schildert im Folgenden einen rezenten Angstanfall. Zum Verständnis: Ihr Vater ist seit einem Dreivierteljahr Witwer, hat vor kurzem eine gut 10 Jahre jüngere Frau kennengelernt. Der Vater in Begleitung seiner neuen Freundin hatte die Tochter und deren Mann, Hans, zu einem Kurzurlaub in ein Hotel eingeladen.

I.: Sie wollten mir von einer aktuellen Angst erzählen.

P.: Vom Wochenende jetzt. Also, ich hatte nen schlimmen Angstanfall, eine richtige Panikattacke, am Wochenende wieder, in der Nacht... Wo fang ich jetzt an: Also, mein Vater und diese ... Frau ... (später wird klar: es handelt sich um die neue Freundin), Hans (Ehemann) ist ja mitgefahren, ich bin heilfroh, dass Hans mich gewarnt hat, also mein Vater war nicht ganz ehrlich zu mir im Vorfeld, denn die Geschichte mit der Frau ist viel weiter, als er das gesagt hat und ich bin auch nicht ... er muss in einigen Punkten die Unwahrheit gesagt haben. Und das find ich schon sehr enttäuschend, dass er mir nicht die Wahrheit sagt. Und er war da wohl auch viel öfter und er ist ... ja, er ist verliebt, er ist total euphorisch.

I.: Wie fühlen Sie sich jetzt, wenn Sie das erzählen?

P.: Aufgeregt.

I.: Bis zum Anschlag?

P.: Hm (zustimmend).

I.: Was noch, außer aufgeregt?
P.: Ja, ich bin auch enttäuscht darüber, und en bisschen wütend so ...
I.: Enttäuscht, wütend ...
P.: Weil ..., da kommen noch andere Dinge, und da denk ich auch ... ich find das auch so ungerecht ... Also einmal fand ich's 'ne Unverschämtheit, mein Vater hat en Doppelzimmer bestellt, also für uns und für sich, neben unserem, und ich finde, wenn man sich das erste Mal kennenlernt, muss das nicht gleich ein Doppelzimmer neben unserem sein.

...

Auf jeden Fall, was mich da am stärksten gestört hat, meine Eltern, die haben ... in der ganzen Zeit hab ich noch nie erlebt, dass die ein Doppelzimmer hatten, die hatten immer Einzelzimmer, so Sexualität war bei meinen Eltern auch so, die konnten auch nicht zusammen schlafen, angeblich weil mein Vater so geschnarcht hat, ... und jetzt auf einmal ... na ja, anscheinend hatten die auch sexuell keinen Kontakt nach der Krankheit meines Vaters ... Und jetzt auf einmal, alles wie weggeblasen ... Nehmen en Doppelzimmer, kichern bis um drei Uhr nachts neben uns rum .... (stockt)
I.: Ihr Vater hat Sie enttäuscht, als ...
P.: Ja, ich find das echt ne Schweinerei. Ich mein ... ich ... das kann er ja machen, aber doch nicht vor meinen Ohren, so'n bisschen Takt oder so'n bisschen auf meine Gefühle ... könnt er sich ja überlegen.
I.: Ihr Vater verletzt Ihre Gefühle.
P.: Ah, dass er diese Sexualität mit meiner Mutter nicht hatte und sie als Frau eigentlich ... ich denke, er hat sie dadurch verletzt, weil er sie als Frau nicht ... genug anerkannt hat. Und das hat sie unglücklich gemacht, und das vielleicht 30, 40 Jahre lang! Das find ich wirklich empörend. (stockt)
I.: Ich suche noch nach dem Grund Ihrer Empörung.
P.: Da war noch so'ne Sache mit meiner Mutter ... meine Mutter hat sich oft beschwert, ach, mit dem kann man gar nicht reden, ich konnt eigentlich auch nie so recht reden mit ihm ... aber so, dass ich ein Gespräch mit ihm führen kann, ein Austausch, das hab ich nie erlebt, nie, nie, nie, und jetzt auf einmal – klappt das, es scheint zu gehen. Mit der Frau führt er einen Austausch, unterhält sich bis ... bis in die Nacht, quasselt in einem fort...
I.: Mit der Frau?
P.: Mit der Frau!
I.: Mit der Frau kann er sich unterhalten, mit Ihnen hat er es nicht getan.

...

I.: Was hat Hans denn dazu gesagt?
P.: Das hat mich auch noch irgendwie ... Der konnte meine Empörung nicht so richtig verstehen.
I.: Hans konnte Sie in diesem Punkt nicht verstehen?
P.: Zu dem Punkt konnt ich's nicht so richtig deutlich machen. Da hab ich mich unverstanden gefühlt. Also der hat das nicht als taktlos ... aber ich fand das total taktlos ...
I.: Sie fühlten sich unverstanden.

P.: In dem Punkt, ja. Ich hab ihm das erzählt, ›Sag ich: Hör dir das an! Neben *uns!* Der erste Abend!‹ (Stockt)
Er dann gleich nach dem Motto: Siehste mal …?

I.: Sie hatten in dieser Nacht einen Angstanfall?

P.: In der Nacht dann. Ich bin von dem Gelächter aufgewacht (nervöses Lachen). Ich war so … ich konnte eh nicht einschlafen, habe aufn Buch gestiert …, und auf einmal dacht ich, war wieder so 'ne ganz komische Empfindung, ich dachte, ja, wär alles zu Ende, en Moment lang dacht ich, ich stürz mich vom Balkon … ungefähr so schlimm war's. Dann bin ich aufgestanden, ich hab aber diesmal Valiumtropfen genommen, meine Muskeln begannen auch wieder, sich so zu versteifen … war schlimm … Ich bin dann ins Badezimmer gegangen, hab dann aber gleich 15 Valiumtropfen genommen, ich nehme an, damit ist es nicht ganz so stark geworden.

I.: Wie war das mit der Angst?

P.: Es war so'n ähnlicher Panikanfall wie der erste da im Spreewald, also nicht so dieses depressive In-den-Keller-Gehen, sondern, wie ich da diesen ersten Anfall hatte, so mit Zittern, so … so …, es war schon ein Panikanfall. Aber erst so, dass ich dachte, jetzt ist alles aus, sackte wieder alles in nen Keller so … Konnt auch nicht mehr lesen … Ich mein, dass … ich weiß nicht… man hat ja so 'n emotionalen … ist man getragen irgendwie, irgendwie so 'ne Art Lebenszuversicht, und das bricht dann ganz total ein, is ganz weg, das issn ganz scheußliches Gefühl…

I.: Beginnt erst diese Lebenszuversicht zu bröckeln oder ist da erst die Angst?

P.: Die Lebenszuversicht … die wegbricht. Und dann setzt die Panik ein.

I.: Geht die plötzlich weg, diese Lebenszuversicht?

P.: Ja, das geht ziemlich schnell. So nen Einbrechen. Das war zu mindestens … seit neuestem ist das so. Denn so, dass mein Gefühl so in den Keller gesunken ist, hatt ich vorher eigentlich nicht, das ist erst seit dem Spreewald so.

I.: Können Sie sich da an irgendeinen Gedanken erinnern oder an ein anderes Gefühl noch vorher?

P.: Ich hab en Krimi gelesen. In dem Krimi ging's auch um ne vermisste Person, genau. Und das hat mich schon so leicht unruhig gemacht … jemand, der verschwunden war und der vermisst wurde …

I.: Was für ein Thema hat das bei Ihnen berührt?

P.: Das weiß ich nicht, jedenfalls war es schon so en bisschen trostlos … en bisschen … ja, en bisschen verlassen oder, ja, wie soll ich sagen, ausgesetzt oder so. Dann auf einmal hab ich gedacht, ich kann nicht mehr leben, ich hab so ganz komische Empfindung.

I.: Was für eine Empfindung war das?

P.: Ich hab gedacht, ich kann nicht mehr weiterleben, dann hab ich gemerkt, dass mein Gefühl so wegbricht auch … jetzt ist alles aus, ich kann nichts mehr aushalten.

I.: Ich kann nichts mehr aushalten?

P.: Das ganze Leben nicht mehr. Dann hab ich nen Moment lang gedacht, ich geh da auf den Balkon und stürz mich da runter, habe ich mir in dem Moment …

I.: Moment, Moment! Ist dann die Panik schon im Gang oder kommt sie dann erst?
P.: Dann ja, dann kommt sie, ist schon leicht im Gang, ja.
I.: Dann ist sie leicht im Gange und kommt dann. Also: Erst bricht die Lebenszuversicht weg, dann setzt die Panik ein.
P.: Ja. Kommt dann vielleicht an die Oberfläche, vielleicht ist sie ja schon vorher da … (seufzt) Na, ja, das mit dem Balkon war auch nicht so … Aber erst bin ich aufs Klo gegangen.
I.: Statt auf den Balkon … (P. lacht)
P.: Und dann hab ich meine Fußnägel geschnitten und da so was. Und dann hab ich gedacht, ach, jetzt nehm ich Valiumtropfen … Hab ich noch überlegt, soll ich ja eigentlich nicht, ich soll ja eigentlich gar nicht so was machen, hab ich gedacht, aber ich merk das schon, wie meine Muskeln sich versteifen, und da hab ich doch Valiumtropfen genommen, 15 Stück … oder? Ne, 12. Nachdem ich dann alle Fuß- und Zehennägel durchhatte, gings dann etwas besser.
I.: Dann dauerte das Ganze wie lange?
P.: Zwei Stunden vielleicht? Ein oder zwei … Ich hab dann so nen schlechtes Zeitgefühl. Ein bis zwei Stunden.

30.3 Zwölftes Gespräch

Ein anderer Angstanfall hatte sich während einer nostalgischen Bahnfahrt ereignet. Frau Otto mied seither Bahnfahrten. Sie hatte sich zum ersten Mal wieder gewagt, Bahn zu fahren und berichtete von einer Belgienreise zu einer Freundin.

I.: Sie hatten vorher ganz große Angst gehabt, ob Sie diese Anstrengung auf sich nehmen dürfen, ob Sie das packen würden. Wie war das denn?
P: Im Zug hatte ich ein Buch gelesen, ›Grüne Tomaten‹, das fand ich so ganz lustig so, das hab ich immer auf der Hinfahrt gelesen, das ging auch.
I.: Gut. Sie haben die Hinfahrt gut überstanden, wie sind Sie zurückgekommen?
P.: Auch mit der Bahn.
I.: Lebend?
P.: (lacht) Lebend. Ja. Wie?
I.: Wie haben Sie sie überstanden, die Bahnfahrt?
P.: Also, mir gings dann am … Ich bin ja dann … Es war okay.
I.: Gut. Sie haben die Bahnfahrt heil überstanden. Ist doch gut?
P.: Hm. Doch.
I.: Doch. Es ist doch gut?
P.: Ja, halt in so ’ner Anspannung, aber…
I.: Sie waren angespannt?
P.: Die Kleine ist süß, aber teilweise ne echte Nervensäge. Das war … teilweise hat mich das auch richtig geschlaucht…

I.: Darf ich Sie unterbrechen. Die Anspannung bezog sich nicht auf die Angst vor der Bahnfahrt?

P.: Ne … Meine Freundin und die Julia …

I.: Frau Otto, bitte … Unser Thema war die geglückte Bahnfahrt ohne Ängste. Ist das nicht …

P.: Ja, schon gut, aber …

I.: Die Bahnfahrt war gut verlaufen. Das war wichtig!

31 Interview Herr Brotler

31.1 Erstgespräch

I.: Herr Brotler, warum sind Sie in die Klinik gegangen?
P.: Weil ich den Psychotest bei der Bahn nicht bestanden hab.
I.: Was war das?
P.: Ich hab Ihnen doch die Frage jetzt beantwortet.
I.: Ich kenne die Tests der Bahn nicht.
P.: Hören Sie, Sie wissen das, sonst würde ich ja hier nicht sitzen.
I.: Ich kenn die Psychotests von der Bahn nicht.
P.: Das glaube ich Ihnen nicht.
I.: Ich möchte gerne zu einem anderen Thema kommen. Kommen wir bitte zu Ihrer Tätigkeit bei der Bahn.

Es folgt eine Beschreibung der Tätigkeit am Fahrkartenschalter in X, einer größeren Stadt in Norddeutschland (Der Arbeitsplatz war noch nicht vollautomatisiert). Bei der Abrechnung sind mitunter kleinere Fehlbeträge entstanden. Das war nach Ansicht von Herrn Brotler der Anlass zur psychologischen Untersuchung.

I.: Und wie erklären Sie sich denn, dass die Fehler zustande gekommen sind?
P.: Ich war nicht konzentriert genug.
I.: Ja.
P.: Ich muss mich dauernd … konzentrieren, und dann klappt das auch. Ich hab mir die Vorschriften auch mitgenommen. Die Tarife, das muss stimmen, das ist das Entscheidende.
I.: Das heißt, Sie müssen die Tarife im Kopf haben?
P.: Ja, alles nicht, aber das Entscheidende schon, wie ich das aufbauen muss, die Zahlenfolge zum Beispiel.
I.: Ah ja, und das haben Sie mitgenommen, diese Vorschriften.
P.: Ja. Ich hab ja jetzt am Wochenende Zeit, und dann setz ich mir das zusammen. Der Fehler ist, wenn er überhaupt aufgetreten ist, am Tagesabschluss, dass die Zahlen, dass das auch richtig zusammengesetzt worden ist. Da muss ich aufpassen.
I.: Sie sagen, Sie waren unkonzentriert.
P.: Ich muss eine Sache nach der anderen machen. Sagen wir mal, was vorwegnehmen oder halt auf die Sachen konzentrieren und auf alles andere drumherum in dem Moment nicht achten.

I.: Können Sie nicht so gut auf die Sachen achten, die nebenher noch so passieren?
P.: Aber normalerweise müsste ich das schon können.
I.: Sie müssten das können.
P.: Ja natürlich, das liegt ja an mir.
I.: Ja, das ist etwas, was Sie nicht so gut können?
P.: Das ist eine Sache der Übung.
I.: Was denken Sie dann noch? Gucken Sie denn sonst noch irgendwo hin?
P.: Ich guck nirgendswo anders, nich. Ich hab einmal einen Fehler gemacht, und das darf nicht nochmal passieren. Also, es geht letztendlich um meinen Beruf. Ich bin durchaus in der Lage, das richtig zu machen. Ich muss mich halt auf mich selber konzentrieren und mich nicht von anderen Leuten ablenken lassen von irgendwelchen Sachen, die passieren. Dann muss ich eben nicht hinhören und auch nicht hingucken, sondern nur dich sehen und das auch machen, und sonst geht's halt nicht. Und wenn ich das nicht mache, dann ist das mein Fehler. Da kann ich auch nichts anderes zu sagen.
I.: Wie kann Ihnen die Klinik dabei helfen?
P.: Die können mir dabei nicht helfen, da kann ich mir nur selber helfen. Ich muss mir halt die Tarife vornehmen, und auch das wirklich eintragen. Ich hab mir da jetzt ein Muster gemacht, auch danach vorgehen und mich darauf auch konzentrieren. Und dann halt die Leute genauer fragen und aufpassen.
I.: Ja. Sie wollen die Kunden genauer fragen, was die wollen.
P.: Muss ich wohl. Machen sonst Ärger.
I.: Wie ist das, wenn Kunden Sie ärgern?
P.: Im Prinzip ärgern die Kunden einen nicht. Die wollen ja nur die Leistung haben, die erbracht wird, und mehr wollen die nicht.
I.: Haben die sich beschwert, die Kunden?
P.: Müssen sie ja wohl.
I.: Was vermuten Sie denn, über was sich die Kunden beschwert haben?
P.: Ich vermute, dass ich nicht freundlich genug war.
I.: Und wie sind Sie unfreundlich?
P.: Na, wenn ich kurz reagiere.
I.: Kurz ab? Wie ist das hier in der Klinik?
P.: Das ist hier auch. Ich empfinde das hier so. Die Leute sagen, ah, du gehst so döselig durch die Welt. Es ist nicht immer, es sieht manchmal auch so aus. Also, es geht ein bisschen um alles oder nichts, wenn ich wieder zurück nach X. gehe.
I.: Um alles oder nichts?
P.: Ja, natürlich. Also, der Betriebsarzt ist schon davon überzeugt, dass ich die Leistung, die ich da erbringen soll, auch erbringe. Dann muss ich mich dafür anstrengen.
I.: Was hieße das denn, wenn das nicht klappen würde?
P.: … dann würde das schlecht aussehen. Dann darf ich wahrscheinlich Züge reinigen oder so was. Und das will ich nicht unbedingt.

…

I.: Wie kommen Sie hier in der Klinik klar?

P.: Die Leute hier sind o.k. Ich hab nichts gegen sie. Sie sind in Ordnung, nett und mehr auch nicht. Der Fred (ein Mitpatient) hat das schon richtig gesagt. Er hat zu mir gesagt, du kannst nicht alles alleine machen. Du musst auch auf die Leute zugehen. Nur, das ist nicht so mein Ding. Und da bin ich auf andere Leute schon wieder angewiesen. ... Ich komm eigentlich selten aus mir raus. Im Grunde genommen möchte ich für mich ein bisschen meine Ruhe haben. Das wird, das ist natürlich schwer, weil, wir sind alle ... Menschen.

I.: Da ist so ein Widerspruch.

P.: Aber, dass ich mich hier auch nicht immer anpasse, dass das manchmal so aussieht, dass ich hier wie der letzte Heuler durch die Gegend lauf, das weiß ich auch. Das seh ich.

I.: Wie der letzte Heuler durch die Gegend laufen?

P.: Dass die Leute denken, der ist manchmal gar nicht so da. Also es gibt schon Situationen, wo ich schon da bin.

I.: Wenn Sie durch die Gegend laufen und so aussehen, als seien Sie nicht ganz da. Was passiert da grad mit Ihnen?

P.: Da passiert nichts mit mir.

I.: Grübeln Sie da über was nach?

P.: Ich seh die Leute schon. Mir ist es zum Beispiel auch unangenehm, alle grüßen sich, ich grüße die Leute, weil ich sie gesehen hab, und dann ist auch schon gut. Das ist so meine Natur. Also, im Grunde genommen würde ich auch viel lieber nur zuhören oder was. Ich mag nicht gerne über mich selber sprechen und so.

.....

I.: Haben Sie Ängste? Vor irgendwas, vor irgendwem?

P.: Mal so, wenn überhaupt, dass ich eine Situation nicht richtig erfasse.

I.: Ja. Was heißt das?

P.: Dass das Geld nicht stimmt, das muss stimmen.

I.: Ja.

P.: Dass ich da nen Fehler mach, dass ich da in einer bestimmten Zeit das nicht löse (berufliche Anforderungen, Anmerkung R. L.) Wenn das nicht rechtzeitig kommt, dann haut das nicht hin. Ah, das ist in mir drin, das ist ne Sache, die ist schwer zu fassen (für Arbeiten, die mit einer Minute veranschlagt sind, benötigt der Klient 10 Minuten, Anmerkung R. L.)

I.: Mm. Also, mir ist aufgefallen, dass Sie mehrfach erwartet haben, dass ich etwas gegen Sie gesagt hätte.

P.: Hab ich nicht. Ein Gedankenfehler.

I.: Bei mir?

P.: Bei mir.

I.: Bei Ihnen? Gedankenfehler. Was für ein Gedankenfehler?

P.: Ich hab erwartet, dass Sie was Schlechtes sagen.

I.: Oder dass ich über Sie etwas Schlechtes denke.

P.: Ja, nein, nein, im Grunde genommen will der Mensch das nicht.

I.: Aber Sie erwarten, dass ich's getan habe.

P.: Das pauk ich mir selber ein, das ist nicht in Ordnung, da ist schon der Fehler.

I.: Gut.

P.: Das ist ein Denkfehler.
I.: Denken Sie selber schlecht über sich?
P.: Ich?
I.: Sie über sich.
P.: Schwere Frage.
I.: Wissen Sie, wie ich darauf komme?
P.: Ja, sicher. Vielleicht, wie ich mich hier verhalte.
I.: Wenn Sie denken, ich denk schlecht über Sie, denk ich natürlich, Sie denken selber schlecht über sich.
P.: Da kommt der Spiegel.
I.: Ja, klar.
P.: Eiskalt.
I.: Klar.
P.: Also, sagen wir's mal so, ich denk nicht unbedingt positiv.
I.: Das heißt, wenn Sie an Ihren Schalter gehen, erwarten Sie schon, dass Sie einen Fehler machen. Ist das richtig?
P.: Das ist falsch. Der Gedankengang so, aber der ist nicht richtig, der darf gar nicht so kommen.
I.: Aber der kommt Ihnen so.
P.: Also, wenn ich genau guck, dann kommt der eigentlich nicht immer. Weil ich ihn ja beeinflussen kann. So geht das.
I.: Können Sie das beeinflussen?
P.: Natürlich.
I.: Tun Sie das auch?
P.: Nicht immer.
I.: Also eher nicht?
P.: nickt.

31.2 Zweites Gespräch

P.: Also, mir hat das wirklich gestern, das hat echt was gebracht. Wesentlich mehr wie das vorher und ich hab auch gesehen, Junge, reiß dich zusammen. Es müssen auch bestimmte Sachen in Ruhe gemacht werden. Und da ist auch mein Fehler. Ich lass mir für gewisse Sachen gar nicht die Zeit, dass ich auch nachfrage und sage, so ist das, sondern dass ich dann ne Situation einfach hinnehme und sie abhake, und das ist falsch. Und auch genau fragen, wie ist das, muss das jetzt so sein.
I.: Wie machen Sie das, wenn Sie auf Zahlen zugehen? Haben Sie, wenn Sie Zahlen sehen, sofort Angst, es könnte schiefgehen?
P.: Also grundsätzlich nicht, auch wenn ich sowas schon mal im Kopf vielleicht gemacht hab.
I.: Mm.

P.: Aber dann, wenn ich da ne gewisse Ruhe hab, dann klappt das.
I.: Wie häufig hatten Sie die Ruhe, wenn Sie an Zahlen rangegangen sind?
P.: Also grundsätzlich im Beruf ist die Ruhe nicht vorhanden, das ist ganz klar, weil da Außenwirkungen sind. Aber dann muss ich einfach das, was um mich herum ist, vergessen und nur die Zahlen sehen und nichts anderes.
I.: Da sagen Sie mir jetzt sehr verklausuliert: Unter Druck am Schalter haben Sie Angst, wenn Sie die Zahlen sehen, dass Sie einen Fehler machen können. Haben Sie das sehr versteckt eben gesagt?
P.: (atmet stark aus) Gut, da gehen Sie jetzt auf die Realität zu.
I.: Na, wohin sonst?
P.: (lacht) Na ja, das ist schon richtig. Aber dann hab ich den Fehler gemacht. Wenn ich eine Sache rechtzeitig vorbereite, dann passiert sowas auch nicht. ....

Herr Brotler spricht noch einmal den Kontakt zu Mitpatienten an, auch was Fred sagt.

I.: Könnte man Sie eigentlich als Eigenbrötler bezeichnen?
P.: (mit leichtem verstecktem Lächeln) Ja.
I.: Mm. Was ist das Schöne am Eigenbrötler?
P.: (lacht) Weiß ich nicht. Jeder ist sich selbst der Nächste. Also, das ist so. Ich sollte mich an die Leute anpassen, das ist wichtig. Ja, sicher, ich lauf mit denen zusammen, unterhalt mich mit denen.
I.: Sie sagen anpassen?
P.: Ja, natürlich.
I.: Ist das ein negatives Wort oder ein positives Wort?
P.: Nein, ein positives Wort, das war ein realistisches Wort.
I.: Ein positives Wort.
P.: Sich anzupassen und auch ein bisschen auf die Leute zugehen.
I.: Ja. Wo haben Sie das denn her, haben Ihre Eltern das auch so gemacht?
P.: (laut) Das muss ich trennen.
I.: Ja.
P.: Ich sag das jetzt, meine Eltern leben für sich und machen ihr Ding für sich, und das haut auch alles hin, und die gehn auch korrekt durch die Welt. So, und das ist es dann auch schon.
I.: Mm. Das heißt, die machen ihr Ding und Sie machen Ihr Ding?
P.: Wir verstehn uns schon gut, so ist das nicht.
....
I.: Ich möchte gerne noch mal zurück zur Schaltersituation. Ich kanns mir noch nicht genau vorstellen, wenn dann die Kunden …
P.: Mm, dass ich einfach weiß, wie ich fragen muss.
I.: Das heißt, wenn ich Kunde bin …
P.: Das heißt, wenn ich eine Situation hab, wo ich nicht weiter weiß, dass ich dann auch sag, einen Moment bitte, da muss ich gucken, und das dauert jetzt einen kleinen Augenblick.
I.: Wie haben Sie es bis jetzt immer gemacht?

P.: Ja, so muss ich das schon machen. Ich halt den dann zwar ein bisschen hin, aber das geht nicht anders. Und das ist, … das ist, … im Grunde genommen stört den Kunden natürlich ein kleiner Augenblick. Aber wenn er dann seine Leistung erhält, auch nicht mehr, dann sagt er o.k.

I.: Wie lange von der Uhr her ist so'n kleiner Moment?

P.: Von der Uhr her?

I.: Mm, von der Uhr her.

P.: Ein bis zwei Minuten.

I.: Mm. Wo Sie sich dann konzentrieren, also nachgucken oder so?

P.: Also, wenn's wirklich eng wird, dann muss ich schon gucken, das geht gar nicht anders, alles kann ich nicht im Kopf haben.

I.: Wenn es eng wird, müssen Sie gucken.

P.: Muss ich natürlich im Tarif gucken, das ist ganz klar, wenn ich gar nicht weiter weiß …

I.: Ja, das dauert dann ein bis zwei Minuten. Ist das …

P.: Wenn's kompliziert und das wirklich was Enges ist, dann kann es auch mal fünf bis zehn Minuten dauern. Es geht nicht alles von heute auf morgen, das ist so.

I.: Was wäre was Kompliziertes? Ich bin nicht in der Materie drin, ich kenn diese Arbeit nicht.

P.: Kompliziert wär das, wenn das jetzt ne große Karte wäre, wenn ich jetzt mal hier nen Tarif gucken muss und in den Zonen gucken muss. (Herr Brotler nennt später den Stadtplan seiner Heimatstadt).

32 Schmerzpatientin Frau Noak

Ort: Psychosomatische Schmerzklinik
Patientin, 55 Jahre, schlank, aufrechte Sitzhaltung

I.: Bitte erzählen Sie mir, warum Sie in die Klinik gegangen sind.

P.: Ich hab dazu eigentlich meine andere Aussage. Ist es nicht sinnvoller, von mir zu wissen, wer ich überhaupt bin? Ich denke, es ist vielleicht das Einfachste, wenn ich das wirklich mal vorlese (P. hält ein Manuskript von 4 bis 5 Seiten hoch).

I.: Sie wollen mir etwas vorlesen, was Sie vorher geschrieben haben?

P.: Dann haben Sie vielleicht einen besseren Einblick, weil Sie ja die Materie übergeben oder bearbeiten, wie auch immer. Vom Ansehen können Sie nicht wissen, wer dahintersteckt.

I.: Vom Ansehen kann man nicht immer wissen, wer vor einem sitzt.

P.: Das Gericht sollte mich mal vertreten gegenüber der Rentenkasse, ohne mich jemals gesehen zu haben. Das konnte ich irgendwo logisch nicht nachvollziehen, und dann hab ich zu meinen Unterlagen eben hab ich mich hingesetzt und hab eigentlich mein Leben mal dargelegt, um überhaupt, damit die sich mal vorstellen können, wen die vertreten sollen, von der Psyche her.

I.: Wann haben Sie das aufgeschrieben und warum?

P.: Vor 5 Jahren wurde meine Rente abschlägig entschieden und da bin ich gegen angegangen, habe Widerspruch eingelegt, so eben, dass das Amtsgericht oder, wie heißt das, ne Amtsgericht nicht, Sozialgericht meine Vertretung war …

Die Patientin liest Ihre Ausarbeitung vor. Stichworte:

»… meine Mutter mich nicht liebte und oft mit mir schimpfte«

Die Patientin erlebt das Ende des Krieges, Bomben, Luftschutzkeller, Vertreibung

»Nach dem Kindergottesdienst am Sonntag im Sommer wagte ich mich in die Gaststätte und trank hier eine Limo. Kurze Zeit darauf erschien die Polizei und belehrte mich, hier ohne Begleitung Erwachsener mich nicht aufhalten zu dürfen und ich musste das Haus verlassen. Ich schämte mich sehr um dieses Erlebnis.«

»Auf dem Heimweg mit dem Schlitten wurde ich von einem sehr netten Mann angesprochen. Dieser war nur so nett, weil er mir seine Männlichkeit zeigen und spüren lassen wollte. Dazu lockte er mich zu einem Hof mit Kellerabgang. Mein ganzes Glück, dass nicht mehr passierte, habe ich einem Hausbewohner zu verdanken. Plötzlich ging im Keller Licht an. Der Mann ließ von mir ab, aber mit dem

Versprechen, keinem davon zu erzählen. Aber wem auch? Gibt nur wieder Streit und so fängt eine kleine Seele an zu leiden und bettelt doch nur nach ein wenig Liebe.«

»Der Leidensweg einer kleinen wachsenden Seele geht weiter: Ich sitze in der Badewanne und merke, wie der Vorhang zur Seite geschoben wird und meine Mutter den Vater auffordert, guck mal, wie sie sich wäscht. Ich hätte schreien mögen, so verzweifelt war ich, so dumme Eltern zu haben. Ich konnte sie keineswegs mehr respektieren, was sollte ich auch machen, ich war doch erst 13. Meine endlose Hilflosigkeit, Trauer und Wut ließen mich auf die Idee kommen, eine Schlinge auf dem Boden zu befestigen. Es fehlte mir nur der Mut.«

»Mit 19 Jahren lernte ich meinen späteren Mann kennen. Als 19-Jährige stand an einem Morgen der Vater in der Tür und wollte mit mir schlafen, weil seine Frau zur Kur war. An diesem Tag bin ich nicht nach Hause gegangen und habe bei den späteren Schwiegereltern geschlafen. Ich war so wenig wie möglich zu Hause und lieber bei den Eltern meines Freundes zum Verdruss meiner Mutter. Weil sie wusste, dass es genau der erste Freund war, konnte sie ihre Eifersucht nicht unter Kontrolle bringen. Vor der Tür in einer Siedlung der künftigen Schwiegereltern schrie sie laut und ungehalten ›Du Nutte, komm sofort nach Hause.‹ Ich hetzte einen anderen Weg nach Hause. Es war fürchterlich, so eine Mutter, welche Scham. Jetzt wurde ich mit erhobener Hand bedroht, wehe, du kommst mit einem Kind nach Hause. Ich flüchtete aus dem Elternhaus und stürzte mich, sobald ich konnte in die Ehe.«

Krebserkrankung, OPs

Trennung vom Ehemann

»Am 04.02.1986 hat der Vater meiner Kinder seinem Leben durch die Dienstpistole ein Ende gesetzt.«

»Dazu anmerken möchte ich noch, dass ich keine Person bin, die in Selbstmitleid … oder eine Simulantin zu sein. In jungen Jahren habe ich bereits lernen müssen, hart zu sein. Ich denke, das Bild würde nicht zu einer Leistungssportlerin und späteren Schwesternhelferin, 8 Jahre Altenpflege passen, und diese Charakterschwäche wird nicht erwartet.«

P.: Ich verlange mir einiges ab, nur die Schmerzen kann ich nicht gut verkraften und wegdenken, die spüre ich und die zeichnen mich auch im Gesicht. (P. legt Papier zur Seite, wendet sich I. zu): Also nur um mal zu wissen, wer als Mensch da zu vertreten ist. Aber sowas zählt nicht.

I.: Sie haben das jetzt hier vorgetragen. Wie geht es Ihnen dabei?

P.: Ich fühle mich jetzt hier irgendwie stark, aufgefangen. Ich wollte das immer schon einmal vorlesen. Also, heute, äh, ich hab mit dem LHQ mehr Schwierigkeiten gehabt. Ich hab' dreimal nen Anlauf gehabt, mir war jedes Mal übel. Ich hab immer erst das Leichte rausgesucht, und was mir unangenehm war, da hatte ich ne Sperre.

I.: An was erinnert Sie der Bogen? Was ist das für eine Sperre?

P.: Dieses, das Erlebte, dass ich das zu Papier bringen muss, das geht mir noch gegen den Strich, ich kann das noch nicht akzeptieren, ich werde es nie akzeptieren können.

I.: Ja, das ist gut zu verstehen. Heißt das aber auch, wenn Sie der Bogen (LHQ) dazu bringt, dass Sie sich damit nochmal beschäftigen müssen?

P.: Ich bin seit 5 Jahren ernsthaft krank mit meinen aggressiven Kopfschmerzen. Ich versuche selbst alles für mich rauszufinden, ob ich krank bin. Meine Kopfschmerzen haben mich so wahnsinnig gemacht, dass ich gedacht habe, ich habe einen Tumor im Kopf. Es ist aber nichts, ich bin organisch gesund. Ich habe Schmerzen. Das kann ich nicht in Einklang bringen: Wenn ich nichts hab, will ich auch keine Schmerzen haben. Sie sind mir lästig, die quälen mich, bringen mich um meinen Nachtschlaf. Alle drei Stunden werde ich wach von Träumen.

I.: Nun ist eine der Grundideen hier im Hause, dass Schmerzen auch psychisch bedingt sein können. Ist Ihnen dieser Gedanke fremd?

P.: Natürlich ist mir das fremd. Sind hier nur Verrückte? Oder die haben oben nicht alle, das hab ich mich gefragt. Ich weiß, also ganz bescheuert bin ich nicht. Dass das keine Nervenanstalt ist, da hab ich mich schon schlau gemacht. Ich habe keine Kraft mehr. Irgendwo, ich bin so angespannt, ich komme mir wie so eine ausgetrocknete Zitrone vor, so ausgequetscht. Das Negative kann ich nicht mehr wegschieben. Heute haut es mich um, und das gefällt mir nicht.

I.: Heute haut es Sie um? Früher konnten Sie es verkraften?

P.: Vielleicht weil ich gefordert worden bin immer. Ich war ja auch immer ein bisschen jünger, und als Leistungssportlerin ist man ja sowieso immer etwas drahtiger, denke ich. Das ist nicht meine Art hier so rumzujammern, überhaupt nicht, das gefällt mir auch nicht. Das merkt mir auch keiner an, weil ich gegen angehe, auch wenn ich Schmerzen hab. Blende.

I.: Seit wann? Bitte?

P.: Ich sag: Blende. Das ist mein einziges Kapital, dass man nicht immer sieht, wie ich aussehe oder wie ich mich fühle.

I.: Oder Ihr großes Risiko?

P.: Aber stellen Sie sich doch mal vor. Wenn ich meine Gefühle, die ich jahrelang mit mir rumgewälzt hab, auch im Gesicht noch trage, wer guckt mich denn noch an? Ich meine jetzt überhaupt, um mich selbst im Spiegel mal zu sehen. Wenn mich da so eine Eule anguckt, da mag ich nicht mal den Spiegel sehen. Also, das ist mein Selbstschutz gewesen.

I.: Das glaube ich Ihnen, das war ein wichtiger Selbstschutz. Das kann natürlich heute für Sie eine Falle sein.

P.: Wieso Falle?

I.: Wenn Sie Ihren Kummer und Ihre Angst nicht rauslassen …

P.: … Blockade, ja. Da bin ich einfach zu dumm zu.

I.: Frau Noak, habe ich Sie richtig verstanden, rumjammern ist nicht Ihr Ding und Sie reden nicht über Gefühle, eine Blende geht zu oder eine Blockade tut sich auf. Ist das so korrekt?

P.: Korrekt.

I.: Nun … Mich interessieren als Psychologe Blenden und Blockaden. Werden wir darüber reden können?

P.: Ich wurde wegen der Berentung hier in diese Klinik geschickt …

I.: Wir müssen heute nicht entscheiden, wie es weiter geht.